Vera Friedli, Renato C. Müller Vasquez Callo,
Rahel Balmer-Zahnd

Betriebswirtschaftslehre
Zusammenhänge verstehen

hep der bildungsverlag

3., erweiterte Auflage

hep der bildungsverlag
www.hep-verlag.ch

FAIR KOPIEREN! URHEBERRECHT ACHTEN.
www.fair-kopieren.ch

Vera Friedli, Renato C. Müller Vasquez Callo, Rahel Balmer-Zahnd
Betriebswirtschaftslehre
Zusammenhänge verstehen
ISBN Print: 978-3-0355-0529-0
ISBN eLehrmittel: 978-3-0355-0602-0
ISBN Print inkl. eLehrmittel: 978-3-0355-0665-5

Bibliografische Information der Deutschen Nationalbibliothek:
Die Deutsche Nationalbibliothek verzeichnet diese Publikation
in der Deutschen Nationalbibliografie; detaillierte bibliografische
Daten sind im Internet über http://dnb.dnb.de abrufbar.

3., erweiterte Auflage 2016
Alle Rechte vorbehalten
© 2016 hep verlag ag, Bern

www.hep-verlag.ch

Zusatzmaterialien und -angebote zu diesem Buch:
http://mehr.hep-verlag.ch/bwl

Vorwort

«Betriebswirtschaftslehre» vermittelt auf ansprechende und praxisnahe Weise die Grundlagen und Zusammenhänge der Betriebswirtschaftslehre (BWL). Das Lehrmittel wurde für den Unterricht in allgemeiner Betriebswirtschaftslehre im Rahmen des Schwerpunktfachs «Wirtschaft und Recht» entwickelt und basiert auf dem Lehrplan gemäss Maturitätsanerkennungsreglement (MAR) und auf dem Rahmenlehrplan für die Berufsmaturität. Das kompakte Lehrmittel eignet sich jedoch nicht nur für Berufsmaturitätsschulen und Gymnasien, sondern auch für die höhere Berufsbildung und Weiterbildungskurse.

Für die vorliegende dritte Auflage wurde der Inhalt aktualisiert und erweitert. Neu gibt es ein Kapitel über Banken und Versicherungen sowie ein Kapitel über die betriebswirtschaftlichen Methoden. Zudem wurde das Kapitel über das Personalmanagement stark ausgebaut.

Der Aufbau der Kapitel orientiert sich an einem systematischen Konzept: Lernziele leiten den verständlich formulierten Lernstoff ein, der mit attraktiven Praxisfenstern ergänzt wird. Zu jedem Kapitel werden Repetitionsfragen angeboten. Ein Glossar greift zum Schluss die Schlüsselbegriffe und ihre Definition nochmals auf.

Ganz herzlich danken wir allen, die uns in unserer Arbeit unterstützt haben. Ein spezieller Dank geht an Manuel Schär und Lukas Meier vom hep verlag, die den gesamten Entstehungsprozess des Buches begleitet und unterstützt haben. Ebenso danken wir Stephan Amstutz, Oliver Bitterlin, Peter Heiniger, Christian Seewer und Christine Voellmy für ihre konstruktiven und substanziellen Rückmeldungen, die viel dazu beigetragen haben, das Lehrmittel noch zielgruppengerechter zu gestalten. Wir sind überzeugt, mit diesem Angebot sowohl den Lehrpersonen als auch den Lernenden ein attraktives Lehr- und Lernmittel zur Verfügung zu stellen, welches das Lernen wirksam unterstützt. Anregungen im Hinblick auf eine Neuauflage nehmen wir gerne entgegen.

Im Mai 2016
Das Autorenteam

Arbeitsanleitung für Lehrende und Studierende

Das vorliegende Lehrbuch ist mit verschiedenen Elementen versehen, die das Lernen und den Einsatz im Unterricht vereinfachen sollen.

Aufbau

Der Aufbau der Kapitel folgt bewusst immer derselben Struktur:
1. Lernziele: Für jedes Kapitel wurde eine Liste konkreter Lernziele erstellt, an denen sich sowohl Lernende als auch Lehrende orientieren können.
2. Lernstoff: Im Fliesstext wird der Lernstoff vermittelt, wenn immer möglich mit lernendengerechten Beispielen erklärt. Zur besseren Orientierung innerhalb eines Kapitels dienen Marginalien.
3. Praxisfenster: In den Praxisfenstern [P] werden zum Lernstoff passende aktuelle Ereignisse und Beispiele aus der Wirtschaftspraxis erläutert.
4. Repetitionsfragen: Die Repetitionsfragen orientieren sich an den Lernzielen. Sie ermöglichen den Lernenden, ihr erworbenes Wissen zu testen.
5. Schlüsselbegriffe: Am Ende der Kapitel steht eine Liste mit Schlüsselbegriffen. Die Definitionen dieser Begriffe finden sich im Glossar.

BWL-App

Die kostenlose App zu diesem Lehrbuch ist im App-Store und bei Google Play erhältlich. Sie können in dieser Schlüsselbegriffe nachschlagen und Ihr Wissen mithilfe einer digitalen Lernkartei trainieren und überprüfen. Zudem können Sie neu mit einem In-App-Kauf auf rund 200 neue Übungen zugreifen. Diese exklusiv für die BWL-App erstellten Aufgaben ermöglichen Ihnen, den Inhalt des Buches weiter zu vertiefen und anzuwenden.

Arbeitsheft

Das neue Arbeitsheft enthält für jedes Kapitel des Lehrbuchs zahlreiche Übungen und Fallbeispiele, von der einfachen Verständnisfrage bis hin zu komplexen Fallbeispielen aus der aktuellen Wirtschaftspraxis. Dieses Arbeitsheft ermöglicht damit eine intensive Anwendung und Vertiefung des Hefts. Zudem stehen unter www.hep-verlag.ch/bwl zahlreiche Arbeitsblätter und weitere Materialien zur Verfügung.

Lösungen

Das Lösungsbuch enthält die Lösungen zu den Repetitionsfragen des Lehrbuchs und zu den Aufgaben des Arbeitshefts.

Inhaltsübersicht

Unternehmen und Umwelt

1	Grundlagen der Betriebswirtschaftslehre (BWL)	13
2	Unternehmen im Mittelpunkt	35
3	Strategische Unternehmensführung	53

Unternehmensbereiche

4	Marketing	79
5	Leistungserstellung	115
6	Finanzen	135
7	Organisation	159
8	Personal	179

Vertiefung

9	Businessplan	201
10	Banken und Versicherungen	221
11	Betriebswirtschaftliche Methoden	249
12	Themen der Betriebswirtschaftslehre	275

Inhaltsverzeichnis

Teil I Unternehmen und Umwelt

1 Grundlagen der Betriebswirtschaftslehre (BWL) 13

- 1.1 Wirtschaft als Teil der Gesellschaft 15
- 1.2 Betriebswirtschaftslehre als Wissenschaft 16
- 1.3 Struktur der Schweizer Wirtschaft 20
- 1.4 Kriterien zur Unterscheidung von Unternehmen 22
- 1.5 Unternehmensziele 26
  - Zielbildung und -gliederung 26
  - Zielbeziehungen 26
  - Kennzahlen 27
- 1.6 Standortwahl 28
  - Standortfaktoren 28
  - Nutzwertanalyse (NWA) 28

2 Unternehmen im Mittelpunkt 35

- 2.1 Unternehmensmodell 37
  - Modelle 37
  - Anspruchsgruppen und Umweltsphären 37
- 2.2 Unternehmen als System 42
  - Funktionen im Unternehmen 42
  - Strategische Unternehmensführung 44
  - Prozessfunktionen 45
  - Querschnittsfunktionen 47

3 Strategische Unternehmensführung 53

- 3.1 Einführung in die strategische Unternehmensführung 55
- 3.2 Strategische Grundsätze 56
  - Werte 56
  - Vision 57
  - Leitbild 57
  - Corporate Social Responsibility 58

3.3	Strategische Planung	61
3.4	**Analyse der Ausgangslage**	**62**
	Unternehmensanalyse	62
	Umweltanalyse	65
	Strategische Analyse	66
3.5	**Entwicklung der Unternehmensstrategie**	**67**
	Unternehmensziele	67
	Produkt-Markt-Matrix	68
	Wettbewerbsstrategien	70
3.6	**Umsetzung der Unternehmensstrategie**	**72**
3.7	**Evaluation**	**73**

Teil II Unternehmensbereiche

4	**Marketing**	**79**
4.1	**Einführung**	**81**
4.2	**Markt- und Leistungsanalyse**	**82**
	Marktanalyse	82
	Leistungsanalyse	86
4.3	**Marktforschung**	**90**
	Einführung	90
	Methoden der Marktforschung	91
4.4	**Produkt- und Marktziele**	**94**
4.5	**Marketing-Mix**	**96**
	Produkt	96
	Preis	100
	Vertrieb	102
	Kommunikation	104

5	**Leistungserstellung**	**115**
5.1	**Überblick**	**117**
5.2	**Beschaffung**	**120**
5.3	**Produktion**	**124**
	Programmplanung	124
	Vollzugsplanung	126
	Netzplantechnik für die Terminplanung	127
5.4	**Lager und Distribution**	**129**

6	**Finanzen**	**135**
6.1	**Finanzierung**	**137**
	Finanzmanagement	137
	Arten der Finanzierung	138
6.2	**Rechnungswesen**	**142**
	Finanzbuchhaltung	143
	Betriebsbuchhaltung	148
	Ergänzende Berichte	152
7	**Organisation**	**159**
7.1	**Einleitung**	**161**
7.2	**Ablauforganisation**	**162**
7.3	**Aufbauorganisation**	**163**
	Einleitung	163
	Organisationsformen	165
7.4	**Zusammenarbeit mehrerer Unternehmen**	**170**
	Kooperation	171
	Konzentration	172
8	**Personal**	**179**
8.1	**Grundlagen des Personalmanagements**	**181**
8.2	**Personalbedarf und Personalrekrutierung**	**184**
	Personalauswahl	184
8.3	**Personalbeurteilung und Personalentwicklung**	**186**
	Das Mitarbeitergespräch	186
	Personalentwicklung	187
8.4	**Personalerhaltung**	**188**
	Anreizstrukturen	188
	Motivationstheorien	189
	Arbeitszeitmodelle	191
	Personalentlöhnung	192
8.5	**Personalaustritt**	**193**
	Das Arbeitszeugnis	193

Teil III Vertiefung

9	**Businessplan**	**201**
9.1	**Was ein Businessplan ist**	**203**
9.2	**Wozu man einen Businessplan braucht**	**204**
	Start-ups	205

9.3	Struktur und Form eines Businessplans	206
9.4	Praxisbeispiel I: Hitzberger	210
9.5	Praxisbeispiel II: VEG and the City	213

10 Banken und Versicherungen — 221

10.1	Bankgeschäfte	223
	Grundsätze des Kreditgeschäfts	223
	Ablauf eines Kreditgeschäfts	225
	Kreditarten	228
	Weitere Bankgeschäfte	231
10.2	Anlagestrategien	234
	Formen der Geldanlage	235
	Börse	238
10.3	Versicherungen	240

11 Betriebswirtschaftliche Methoden — 249

11.1	Einführung	251
11.2	Recherche	253
	Informationen gewinnen	253
	Zahlen visualisieren	253
11.3	Lösungssuche	256
	Ideen suchen und strukturieren	256
	Mögliche Lösungen bewerten	258
11.4	Entscheid und Umsetzung	262
11.5	Anwendungsbeispiel: Schweizer Möbelmarkt	264
	Recherche	264
	Lösungssuche	266

12 Themen der Betriebswirtschaftslehre — 275

12.1	Geschichte der Betriebswirtschaftslehre	277
12.2	Aktuelle Themen der Betriebswirtschaftslehre	278
12.3	Herausragende Schweizer BWL-Beiträge	281

Glossar und Stichwortverzeichnis — 285

Glossar	286
Stichwortverzeichnis	293

Unternehmen
und Umwelt

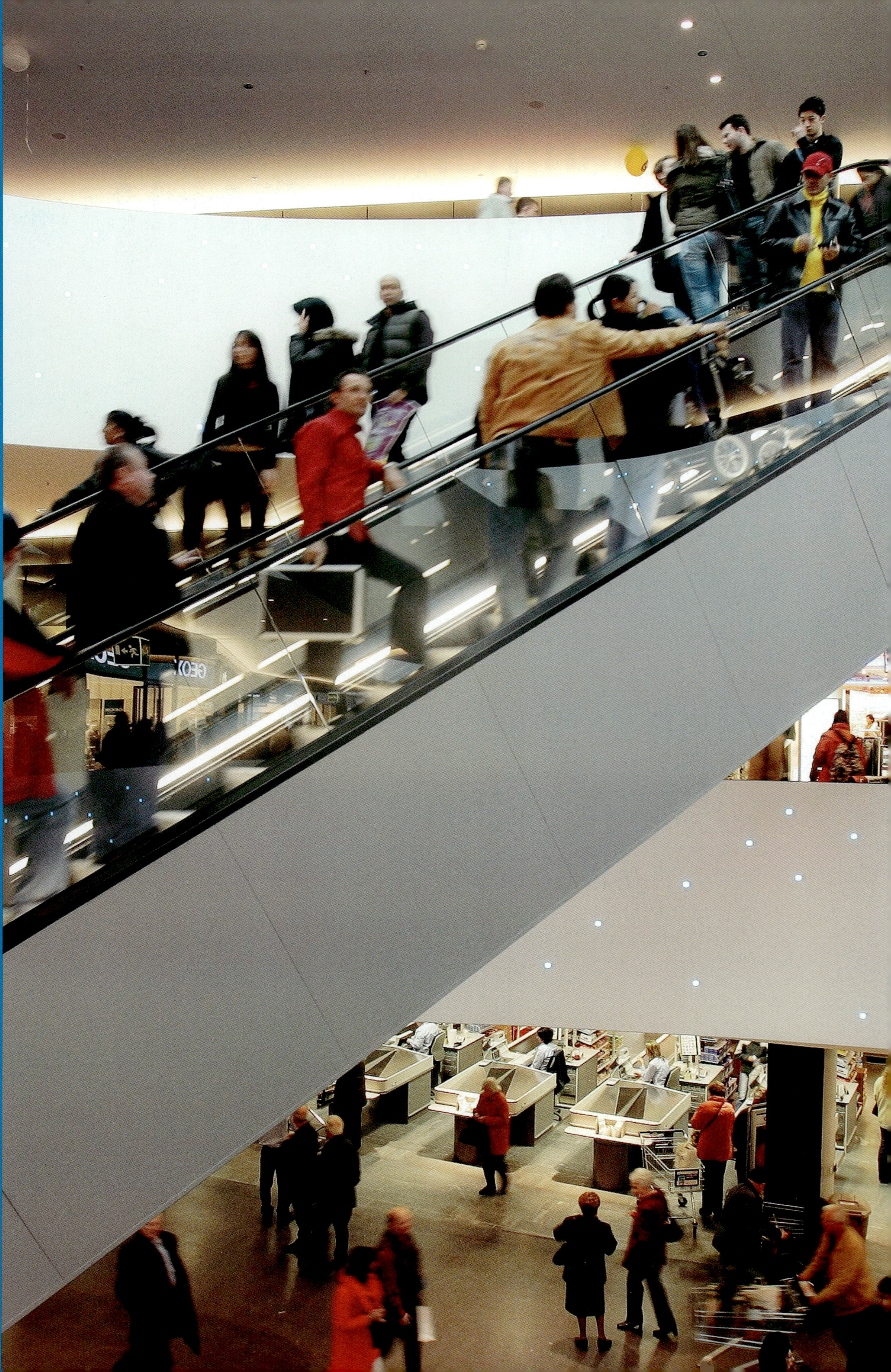
GEOX

Grundlagen der Betriebswirtschaftslehre (BWL)

1.1	Wirtschaft als Teil der Gesellschaft	15
1.2	Betriebswirtschaftslehre als Wissenschaft	16
1.3	Struktur der Schweizer Wirtschaft	20
1.4	Kriterien zur Unterscheidung von Unternehmen	22
1.5	Unternehmensziele	26
1.6	Standortwahl	28

*«Wirtschaft ist ein Teil der
Gesellschaft, der sie dienen soll.»*

Mario von Cranach (*1931), emeritierter Professor an der Universität Bern

LERNZIELE

Nachdem Sie dieses Kapitel gelesen haben, können Sie …

… das Spannungsfeld zwischen Bedarf und Deckungsmöglichkeiten als Grundproblem der Güterknappheit erklären.

… erklären, mit welchen grundlegenden Themen sich die Betriebswirtschaftslehre befasst.

… die Betriebswirtschaftslehre in den Wissenschaftskanon einordnen.

… den Begriff «Betriebswirtschaftslehre» definieren und zwischen allgemeiner und spezieller BWL unterscheiden.

… Wirtschaftsgüter anhand von Beispielen charakterisieren und systematisch einteilen.

… die drei Handlungsalternativen gemäss dem ökonomischen Prinzip an Beispielen erklären.

… aufzeigen, wo die Schweizer Beschäftigten arbeiten und wie Unternehmen unterschieden werden können.

… das Kernziel eines Unternehmens begründen.

… die Zielbildung eines Unternehmens herleiten und auf die verschiedenen Zielbeziehungen eingehen.

… den wichtigen Entscheid der Standortwahl und seine Bedeutung erklären.

… verschiedene Standortfaktoren in gängige Gruppierungen einordnen.

… für einfache Beispiele selbstständig eine Nutzwertanalyse durchführen.

Grundlagen der Betriebswirtschaftslehre (BWL)

1.1 Wirtschaft als Teil der Gesellschaft

Die Wirtschaft ist ein wichtiger Teil unserer Gesellschaft. Alle Menschen sind – auf vielfältige Weise – mit der Wirtschaft verknüpft, so beispielsweise:

- als **Arbeitnehmende** bei einem Unternehmen, um ein Einkommen zu erzielen,
- als **Konsumentinnen und Konsumenten** beim täglichen Einkauf, um Bedürfnisse zu befriedigen,
- als **Produzierende**, um Güter und Dienstleistungen herzustellen sowie einen Gewinn zu erzielen, und
- als **Sparerinnen und Sparer**, um Zinsen zu erwirtschaften.

Alle sind Teil der Wirtschaft

Der Mensch mit all seinen, an sich unbegrenzten, Bedürfnissen (subjektiven Mangelempfindungen) ist Ausgangspunkt und Antrieb der Wirtschaft. Die von den Wirtschaftsteilnehmenden geäusserten Wünsche können jedoch in der Regel nur begrenzt erfüllt werden, da die Sachgüter und Dienstleistungen (Mittel zur Bedürfnisbefriedigung) nicht in ausreichender Menge vorhanden sind, um sämtliche Bedürfnisse zu befriedigen. Bedürfnisse können nach Abraham Maslow in die fünf Kategorien Grundbedürfnisse (z. B. Nahrung), Sicherheitsbedürfnisse (z. B. Recht und Ordnung, Schutz vor Gefahren), soziale Bedürfnisse (z. B. Familie und Freunde), Bedürfnisse nach Achtung und Anerkennung (z. B. Prestige) und in den Wunsch nach Selbstverwirklichung unterteilt werden. Zwischen Bedarf und Deckungsmöglichkeit besteht also ein elementares Spannungsfeld, das auf die Güterknappheit zurückgeführt werden kann. Diese Knappheit führt dazu, dass Güter einen Preis haben. Damit der Mensch ein möglichst hohes Mass an Bedürfnisbefriedigung erzielen kann, beginnt er, seine verfügbaren Mittel wirtschaftlich einzusetzen, das heisst, er entscheidet, welchen Bedürfnissen welche Mittel zugewiesen werden und welche Prioritäten er dabei setzt.

Bedürfnisse stehen begrenzten Ressourcen gegenüber

MAMMUT

Auf dem Gipfel ist Qualität entscheidend
Die Marke Mammut steht für Innovation, Qualität und Funktionalität im Berg-, Kletter-, Outdoor- und Schneesport. Bei Mammut findet der Outdoorsportler alles, was er für seine Ausflüge, Berg- und Klettertouren, Skitage oder Expeditionen braucht: strapazierfähige Bekleidung, die auch extremen Wetterbedingungen standhält, bequemes und funktionales Schuhwerk, Rucksäcke mit rückenfreundlichem Tragkomfort oder Stirnlampen für die frühen Morgenstunden in den Bergen. Mit einem umfassenden Angebot an Produkten, die in der Schweiz entwickelt werden, begeistert die Mammut Sports Group sowohl Profis als auch Amateure.

Von der Seilerei zur Sportmarke
Im Jahr 1862 legte Kaspar Tanner mit der Gründung seiner handwerklichen Seilerei in Dintikon bei Lenzburg den Grundstein des Unternehmens. Im Laufe der Jahre entwickelte sich daraus die Sportmarke Mammut, die heute bei Kletterseilen zu den weltweiten Marktführern zählt. Jedes Jahr werden 7000 km Kletterseil hergestellt – dies entspricht der Distanz zwischen Zürich und New York!

664 Mitarbeitende – 302 davon in der Schweiz
Neben dem zentralen Firmensitz im schweizerischen Seon, wo heute 302 Personen arbeiten, ist die Mammut-Gruppe über Niederlassungen und Tochtergesellschaften global tätig und beschäftigt weltweit insgesamt 664 Mitarbeitende. Ein gut ausgebautes Agentennetz gewährleistet die Distribution rund um den Globus.

Der Fachhandel ist für den Vertrieb an die Endkunden der wichtigste Partner. In Zusammenarbeit mit diesem werden an ausgewählten Standorten in urbaner Lage spezialisierte Mammut-Stores aufgebaut. Neben dem Hauptsitz in der Schweiz verfügt die Mammut Sports Group über eigene Vertriebsgesellschaften in Deutschland, Grossbritannien, Norwegen, Japan, Korea, China und den USA.

Quelle: Mammut Sports Group AG, 2/2016

1.2 Betriebswirtschaftslehre als Wissenschaft

VWL und BWL

Traditionellerweise werden die Wirtschaftswissenschaften in Volkswirtschaftslehre (VWL) und Betriebswirtschaftslehre (BWL) unterteilt. Die VWL befasst sich mit Entscheidungen einzelner Menschen, dem Zusammenspiel von Menschen in vielfältigen wirtschaftlichen Beziehungen auf Märkten sowie mit der Gesamtbetrachtung all dieser Entscheidungen und Märkte (Beispiele: Wie kommt ein Preis zustande? Weshalb hat die Schweiz eine tiefere Arbeitslosenquote als Spanien? Wieso wird Handel zwischen den Ländern betrieben?). Die BWL konzentriert sich hingegen auf einzelne Betriebe (Einzelwirtschaften) und untersucht beispielsweise wirtschaftliche Fragen der Beschaffung, der Produktion, des Marketings, der Finanzierung oder der Kooperation. Neben der Beschreibung und Erklärung unternehmerischer Sachverhalte (Erklärungsaufgabe) hat die BWL auch das Ziel, konkrete Handlungsempfehlungen für Unternehmungen abzugeben (Gestaltungsaufgabe).

Definition BWL

Betriebswirtschaftslehre ist die Lehre von den wirtschaftlichen, organisatorischen, technischen sowie finanziellen Abläufen in Unternehmen und den unterschiedlichen wirtschaftlichen Institutionen. Neben der Volkswirtschaftslehre wird die Betriebswirtschaftslehre (BWL) als zweites Teilgebiet der Wirtschaftswissenschaften den Sozialwissenschaften zugeordnet.

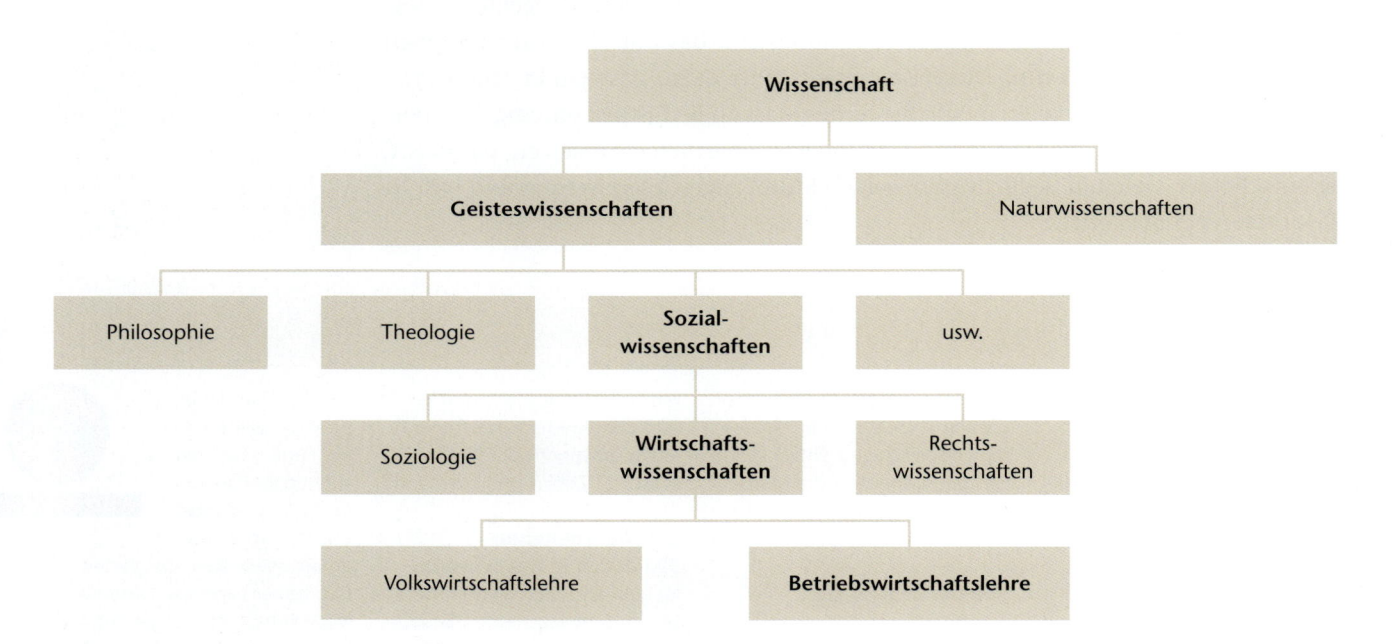

```
                          Wissenschaft
                         /            \
            Geisteswissenschaften    Naturwissenschaften
           /      |         |        \
   Philosophie Theologie  Sozial-     usw.
                        wissenschaften
                       /      |        \
                Soziologie  Wirtschafts-  Rechts-
                            wissenschaften wissenschaften
                            /         \
                Volkswirtschaftslehre  Betriebswirtschaftslehre
```

Allgemeine und spezielle BWL

Die BWL kann in zwei Hauptbereiche gegliedert werden: Die allgemeine BWL beschreibt und erklärt betriebliche Sachverhalte, die für alle Unternehmen zutreffen, unabhängig von ihrer Wirtschaftszugehörigkeit, der Rechtsform oder der Eigentümerschaft (z.B. wie Mitarbeitende geführt werden). Funktions- und branchenübergreifende Zusammenhänge stehen im Zentrum des Interesses. Die spezielle BWL

Grundlagen der Betriebswirtschaftslehre (BWL)

untersucht dagegen ausgewählte Fragen, die ausschliesslich für bestimmte Unternehmen bzw. Unternehmensteile wichtig sind.

In der speziellen BWL finden zwei Ansätze Verwendung: Bei der institutionellen BWL sind alle Funktionsbereiche eines Unternehmens von Interesse. Es wird aber immer auf einen bestimmten Betriebstyp (z. B. Branche, Betriebsgrösse oder Betriebsalter) fokussiert (z. B. BWL des Tourismus, der Immobilienwirtschaft oder der KMU). Die funktionale BWL hingegen konzentriert sich auf einzelne Funktionsbereiche von Unternehmen (z. B. auf Beschaffung, Materialwirtschaft, Logistik, Produktion, Marketing, Personalwesen, Finanzen). Ob man sich der institutionellen oder funktionalen BWL bedient, hängt grundsätzlich davon ab, welche Fragestellung untersucht werden soll. Sollen beispielsweise branchenspezifische Probleme (z. B. des Tourismus) gelöst werden, bietet sich die institutionelle BWL an. Sollen jedoch neue Marketinginstrumente getestet werden (z. B. Wirksamkeit eines Fernsehwerbespots), so bedient man sich der funktionalen BWL.

Institutionelle und funktionale BWL

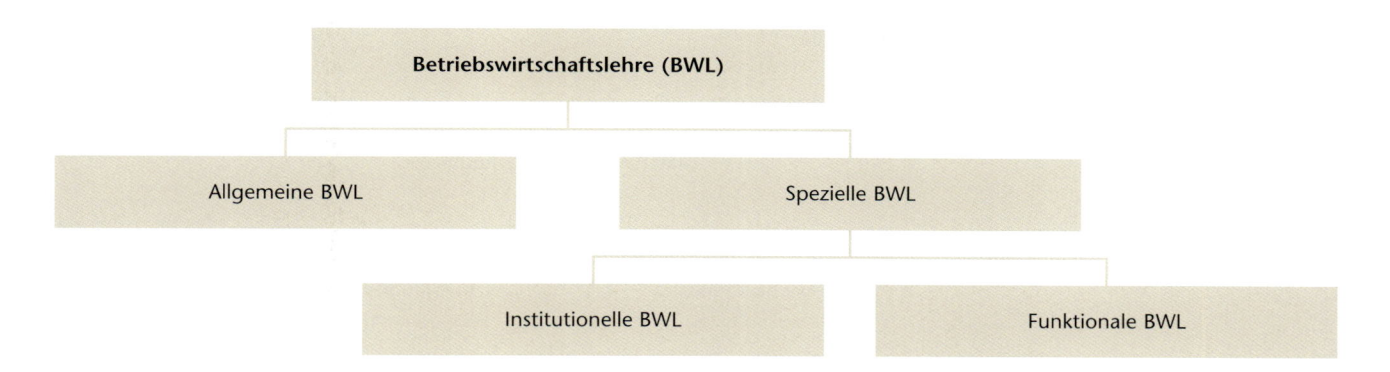

```
                Betriebswirtschaftslehre (BWL)
                   /                    \
          Allgemeine BWL            Spezielle BWL
                                   /             \
                          Institutionelle BWL   Funktionale BWL
```

Sollen branchenspezifische Probleme des Tourismus gelöst werden, bedient man sich der institutionellen BWL.

Unternehmen und Umwelt

Angrenzende Wissenschaften

Damit für betriebswirtschaftliche Probleme eine gute Lösung erzielt werden kann, ist es unabdingbar, dass auch weitere Wissenschaften in eine interdisziplinäre Lösungsfindung einbezogen werden (z. B. Ethik, Geografie, Informatik, Mathematik, Recht, Soziologie). Beispielsweise werden in der Personalführung auch Erkenntnisse aus der Psychologie beachtet.

Fokus auf Wirtschaftsgüter

Die Betriebswirtschaftslehre (BWL) fokussiert sich auf Bedürfnisse, die durch die Wirtschaft mittels der Bereitstellung von Gütern und Dienstleistungen befriedigt werden können. Diese Güter werden Wirtschaftsgüter genannt. Da freie Güter (z. B. Luft) nicht produziert und somit auch nicht bewirtschaftet werden müssen, werden diese von der BWL nicht genauer beachtet. Sie sind in ausreichender Menge vorhanden und somit nicht knapp. Die Wirtschaft befriedigt also menschliche Bedürfnisse nach Wirtschaftsgütern.

Wirtschaftsgüter können folgendermassen unterteilt werden:

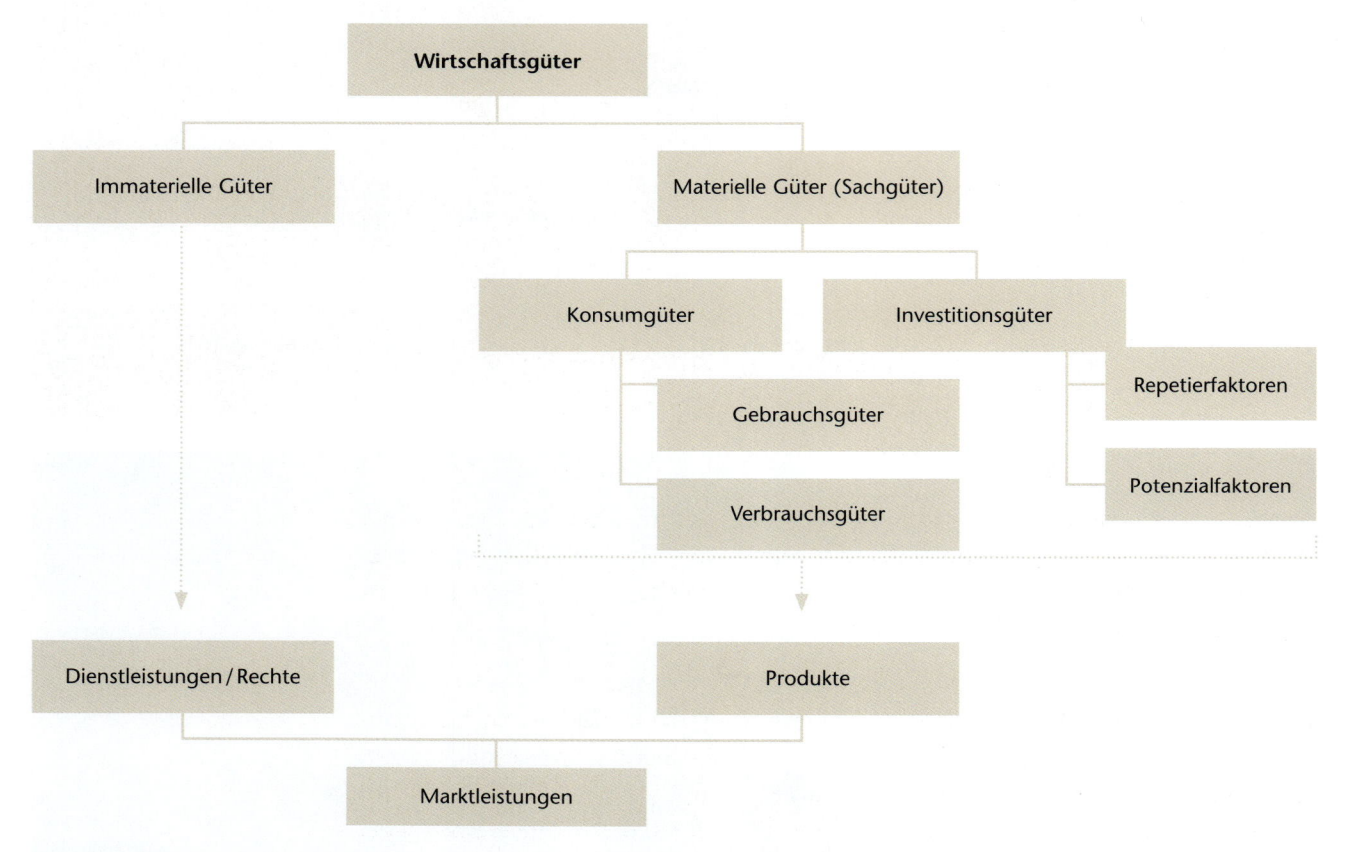

```
                    Wirtschaftsgüter
                    /              \
       Immaterielle Güter      Materielle Güter (Sachgüter)
                                    /              \
                              Konsumgüter      Investitionsgüter
                                /      \           /         \
                         Gebrauchsgüter      Repetierfaktoren
                                                Potenzialfaktoren
                         Verbrauchsgüter
              |                                   |
       Dienstleistungen/Rechte              Produkte
                      \                    /
                            Marktleistungen
```

Unterscheidung zwischen materiellen und immateriellen Gütern

Grundsätzlich wird zwischen immateriellen Gütern (Dienstleistungen aller Art, Patente, Rechte, Lizenzen usw.) und materiellen Gütern (Sachgütern) unterschieden. Materielle Güter lassen sich in Konsumgüter und Investitionsgüter unterteilen. Investitionsgüter werden für die Erstellung von Konsumgütern verwendet und tragen somit indirekt zur Bedürfnisbefriedigung der Konsumenten bei. Es handelt sich beispielsweise um Maschinen, Gebäude oder Fahrzeuge der Unternehmen. Oft werden Investitionsgüter auch als Produktionsgüter, Betriebsmittel oder Repetier- und Potenzialfaktoren *(vgl. Kapitel 5, S. 120)* bezeichnet. Konsumgüter können in Gebrauchs- und Verbrauchsgüter unterteilt werden. Gebrauchsgüter können wiederholt benutzt werden, so z. B. Bücher, Fernsehgeräte, DVDs oder Kleider. Wird ein Gut mit seinem Konsum verbraucht, spricht man von Verbrauchsgütern (z. B. Lebensmittel).

> **P** Bei einem Mammut-Kletterseil handelt es sich um ein Gebrauchsgut.

Grundlagen der Betriebswirtschaftslehre (BWL)

Maschinen zählen zu den Investitionsgütern.

Konsum- und Investitionsgüter werden unter dem Begriff «Produkte» (z. B. Notebook, Schokoladenriegel) zusammengefasst und so von den Dienstleistungen (z. B. Partnervermittlung, Unternehmensberatung) unterschieden. Produkte und Dienstleistungen bilden zusammen die Marktleistungen.

Damit die knappen Ressourcen (Produktionsfaktoren wie z. B. menschliche Arbeitskraft, Betriebsmittel, Werkstoffe, Wissen) optimal auf die unbegrenzten menschlichen Bedürfnisse abgestimmt werden können, lässt das ökonomische Prinzip grundsätzlich drei Handlungsalternativen offen:

1. **Maximumprinzip:** Mit einem gegebenen Input (Mitteleinsatz) soll ein möglichst grosser Output (Ergebnis) erzielt werden. Beispiel: Aus 125 Holzlatten sollen möglichst viele Tischplatten hergestellt werden.
2. **Minimumprinzip:** Ein vorgegebener Output (Ergebnis) soll mit einem möglichst kleinen Input (Mitteleinsatz) hergestellt werden. Beispiel: Sechs Tischplatten sollen aus möglichst wenigen Holzlatten fabriziert werden.
3. **Optimumprinzip:** Wenn weder der zu erreichende Output (Ergebnis) noch der verfügbare Input (Mitteleinsatz) genau vorgegeben sind, wird nach dem Optimumprinzip vorgegangen: Es findet eine Abwägung zwischen Kosten und Nutzen statt. Beispiel: Mit vertretbaren Kosten einen Flughafen so ausbauen, dass damit mehr Passagiere befördert werden können.

Das ökonomische Prinzip fordert also, dass eine optimale Relation zwischen Input und Output realisiert wird.

Ökonomisches Prinzip

Unternehmen und Umwelt

1.3 Struktur der Schweizer Wirtschaft

Übersicht Erwerbstätige

	2012	2013	2014	2015
Erwerbstätige total	4 732 000	4 800 000	4 887 000	4 963 000
Männer	2 607 000	2 625 000	2 663 000	2 693 000
Frauen	2 125 000	2 174 000	2 224 000	2 270 000
Schweizer/innen	3 368 000	3 392 000	3 418 000	3 453 000
Ausländer/innen	1 364 000	1 408 000	1 469 000	1 509 000

Quelle: Bundesamt für Statistik, Erwerbstätigenstatistik

Monatlicher Bruttolohn (Median) nach Branche in Franken

Finanz- und Versicherungsgewerbe	9374
Energieversorgung	8429
Medien	7711
Erziehung und Unterricht	7246
Immobilien	6337
Durchschnitt	6189
Verkehr	6135
Gesundheits- und Sozialwesen	6103
Baugewerbe	6068
Metallindustrie	5885
Detailhandel	4761
Gastgewerbe	4333

Quelle: Bundesamt für Statistik, Schweizerische Lohnstrukturerhebung 2014

Anteil Arbeitsstätten und Beschäftigte nach Sektoren

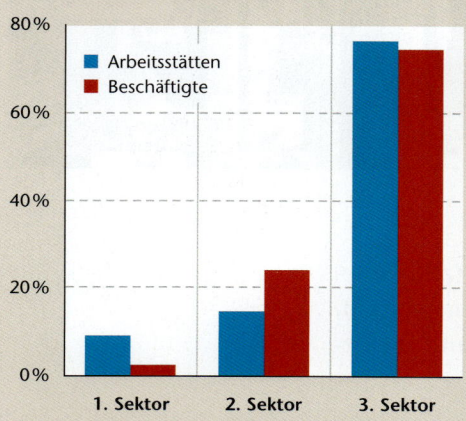

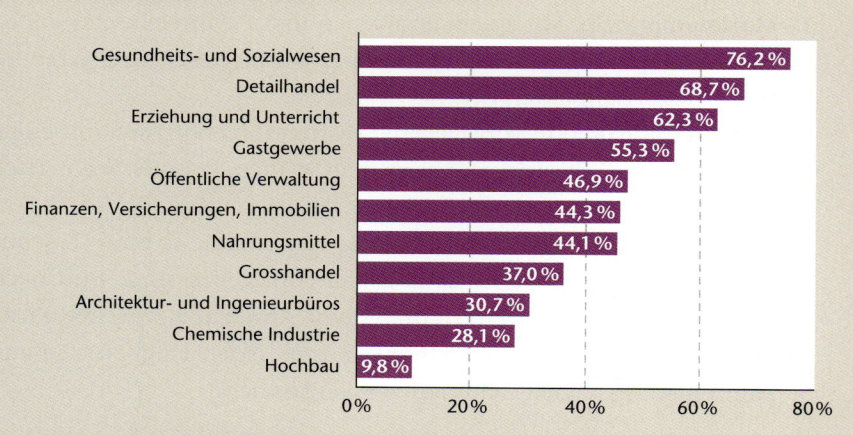

Quelle: Bundesamt für Statistik, Beschäftigtenstatistik 2013

Beschäftigte in ausgewählten Branchen

Branche	Beschäftigte
Gesundheitswesen	360 008
Erziehung und Unterricht	332 502
Detailhandel	318 338
Baugewerbe	233 079
Grosshandel	232 839
Öffentliche Verwaltung	191 126
Heime	177 546
Gastronomie	171 085
Landwirtschaft	157 494
Erbringung von Finanzdienstleistungen	137 256
Gebäudebetreuung; Garten- und Landschaftsbau	124 738
Architektur- und Ingenieurbüros	124 501

Quelle: Bundesamt für Statistik, Beschäftigtenstatistik 2013

Erwerbstätige nach Erwerbsstatus

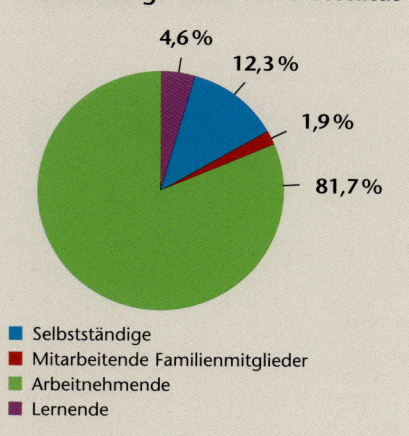

- Selbstständige: 12,3 %
- Mitarbeitende Familienmitglieder: 1,9 %
- Arbeitnehmende: 81,7 %
- Lernende: 4,6 %

Quelle: Bundesamt für Statistik, Arbeitskräfteerhebung 2015

Frauenanteil in ausgewählten Branchen

Gesundheits- und Sozialwesen	76,2 %
Detailhandel	68,7 %
Erziehung und Unterricht	62,3 %
Gastgewerbe	55,3 %
Öffentliche Verwaltung	46,9 %
Finanzen, Versicherungen, Immobilien	44,3 %
Nahrungsmittel	44,1 %
Grosshandel	37,0 %
Architektur- und Ingenieurbüros	30,7 %
Chemische Industrie	28,1 %
Hochbau	9,8 %

Quelle: Bundesamt für Statistik, Beschäftigtenstatistik 2013

Grundlagen der Betriebswirtschaftslehre (BWL)

Arbeitsstätten nach Grossregionen

Espace Mittelland	116 193
Genferseeregion	105 200
Zürich	97 483
Ostschweiz	80 602
Nordwestschweiz	68 613
Zentralschweiz	65 145
Tessin	29 942

Quelle: Bundesamt für Statistik, Statistik der Unternehmensstruktur 2013

Unternehmensgründungen und Konkurse

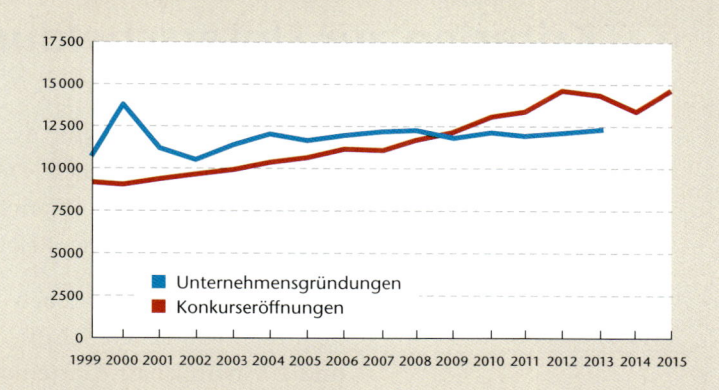

Quelle: Bundesamt für Statistik, Unternehmensdemografie

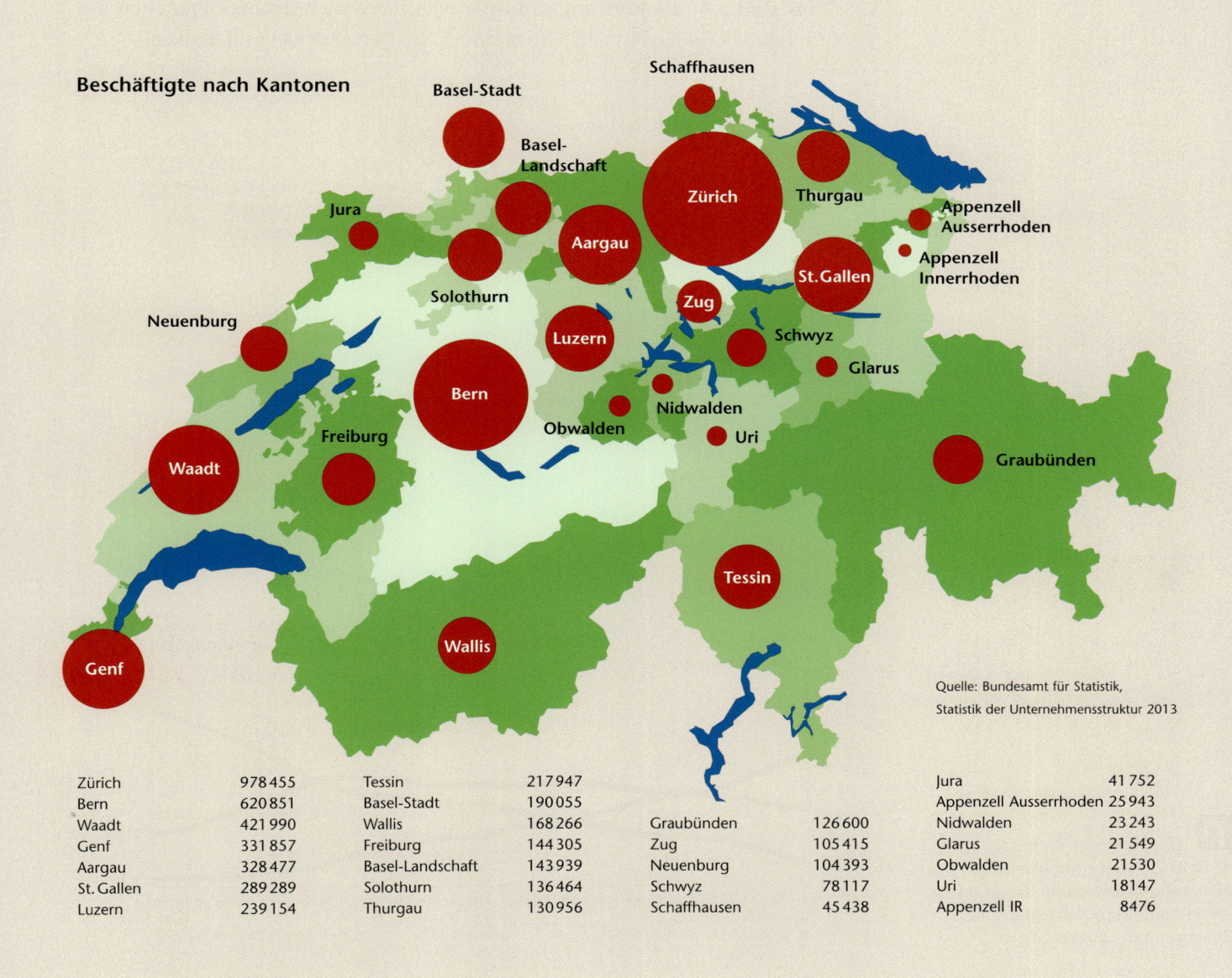

Beschäftigte nach Kantonen

Kanton	Beschäftigte	Kanton	Beschäftigte	Kanton	Beschäftigte	Kanton	Beschäftigte
Zürich	978 455	Tessin	217 947			Jura	41 752
Bern	620 851	Basel-Stadt	190 055			Appenzell Ausserrhoden	25 943
Waadt	421 990	Wallis	168 266	Graubünden	126 600	Nidwalden	23 243
Genf	331 857	Freiburg	144 305	Zug	105 415	Glarus	21 549
Aargau	328 477	Basel-Landschaft	143 939	Neuenburg	104 393	Obwalden	21 530
St. Gallen	289 289	Solothurn	136 464	Schwyz	78 117	Uri	18 147
Luzern	239 154	Thurgau	130 956	Schaffhausen	45 438	Appenzell IR	8 476

Quelle: Bundesamt für Statistik, Statistik der Unternehmensstruktur 2013

Unternehmen und Umwelt

1.4 Kriterien zur Unterscheidung von Unternehmen

In der Schweiz gibt es rund 654 800 Arbeitsstätten, davon sind ca. 563 200 marktwirtschaftliche Unternehmen. Diese Unternehmen unterscheiden sich u. a. aufgrund ihres Tätigkeitsgebiets (Branche), ihrer Eigentumsverhältnisse, ihrer Gewinnorientierung, ihrer Grösse, der Reichweite ihrer Tätigkeit sowie ihrer Rechtsform.

Wirtschaftssektoren und Branchen

Unternehmen können nach ihrem Tätigkeitsgebiet voneinander abgegrenzt werden. In einem ersten Schritt werden sie einem der drei Sektoren (1. Sektor – Land- und Forstwirtschaft, Gartenbau und Fischerei; 2. Sektor – Industrie und Gewerbe; 3. Sektor – Dienstleistungen) zugeordnet. Innerhalb dieses wirtschaftlichen Sektors werden sie dann in einem zweiten Schritt einer Branche zugeteilt. Branchen des 2. Sektors sind z. B. die Nahrungsindustrie oder der Maschinenbau. Branchen des 3. Sektors sind beispielsweise der Grosshandel, der Detailhandel und Banken.

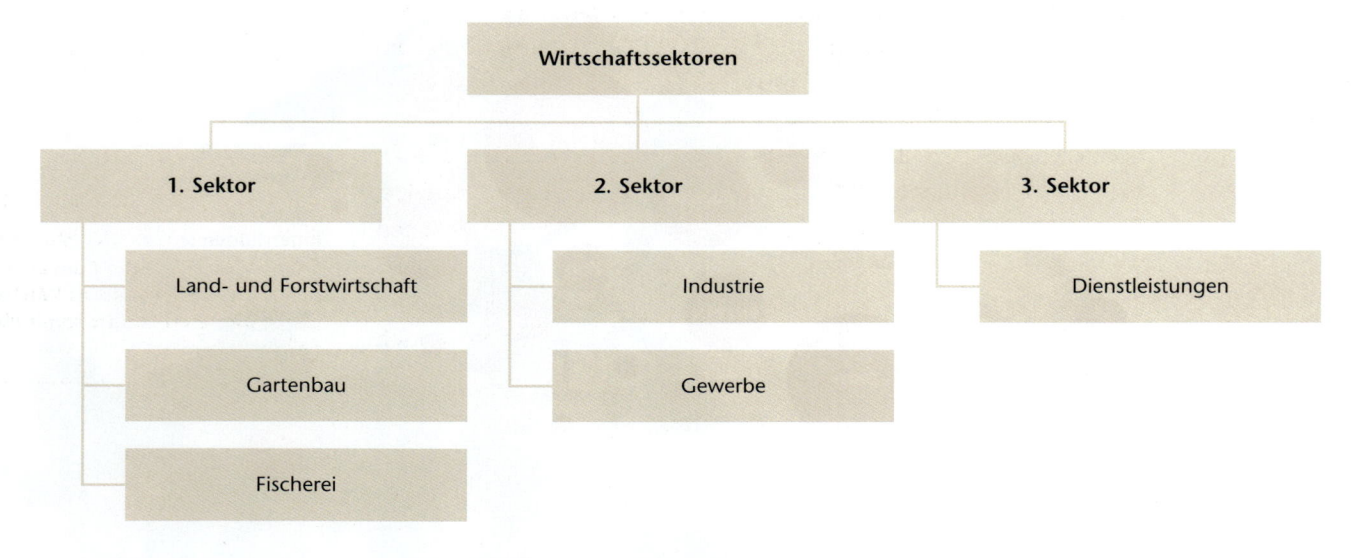

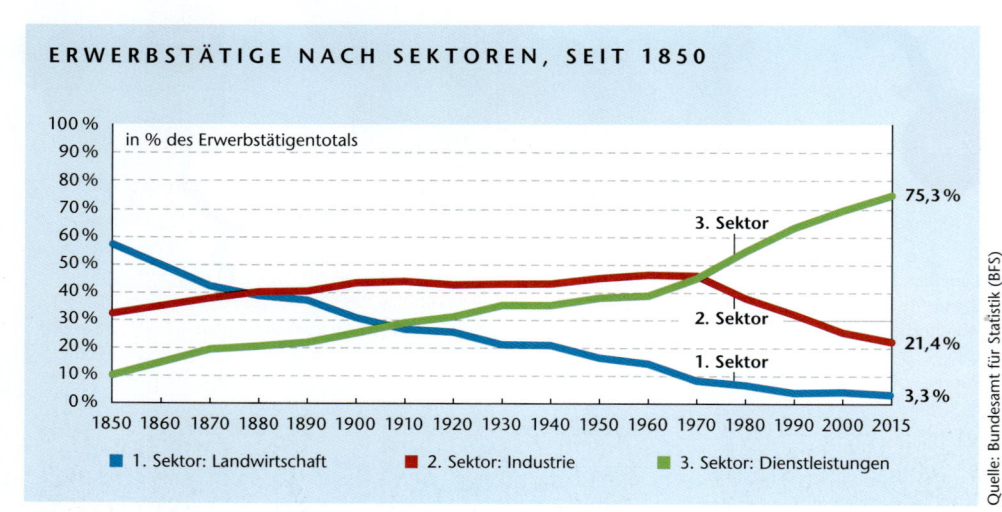

```
                     Wirtschaftssektoren
         ┌──────────────────┼──────────────────┐
      1. Sektor          2. Sektor          3. Sektor
         │                  │                  │
 Land- und Forstwirtschaft  Industrie     Dienstleistungen
         │                  │
      Gartenbau          Gewerbe
         │
      Fischerei
```

ERWERBSTÄTIGE NACH SEKTOREN, SEIT 1850

in % des Erwerbstätigentotals

- 3. Sektor: 75,3 %
- 2. Sektor: 21,4 %
- 1. Sektor: 3,3 %

(1850–2015)

■ 1. Sektor: Landwirtschaft   ■ 2. Sektor: Industrie   ■ 3. Sektor: Dienstleistungen

Quelle: Bundesamt für Statistik (BFS)

P Die Mammut Sports Group AG ist dem 2. Sektor (Verarbeitung und Fabrikation) und dabei der Branche «Herstellung von Bekleidung und Sportgeräten» zuzurechnen.

22

Grundlagen der Betriebswirtschaftslehre (BWL)

Wenn ein Unternehmen natürlichen (Menschen) oder juristischen Personen (anderen Unternehmen) gehört, handelt es sich um ein privates Unternehmen. Ist der Staat Eigentümer (Bund, Kanton oder Gemeinde), so wird von einem öffentlichen Unternehmen gesprochen. Wenn sowohl Private als auch der Staat an einem Unternehmen beteiligt sind, handelt es sich um ein gemischtwirtschaftliches Unternehmen. Private Unternehmen machen den weitaus grössten Anteil an sämtlichen Betrieben aus. ABB, Nestlé oder Novartis sind Beispiele für private Unternehmen. Öffentliche Unternehmen sind z. B. Kehrichtverbrennungsanlagen und Abfalldeponien oder die Suva. Ein typisches gemischtwirtschaftliches Unternehmen ist beispielsweise die Swisscom.

Eigentumsverhältnisse

🅿 Die Firma Mammut Sports Group AG gehört zu 100 Prozent der Conzzeta AG, es handelt sich also um ein privates Unternehmen.

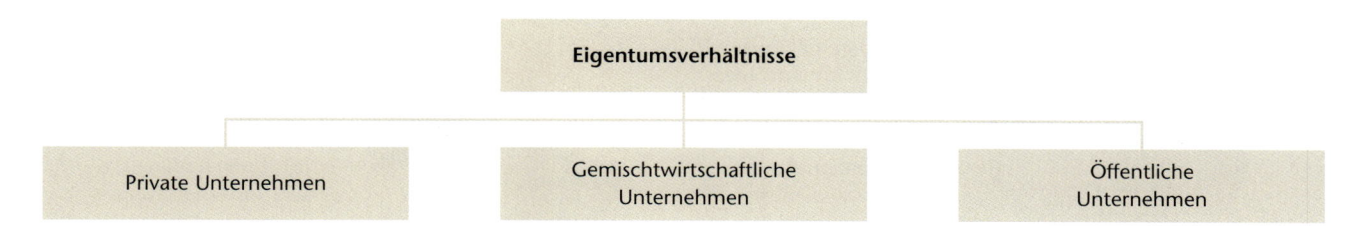

Eigentumsverhältnisse
- Private Unternehmen
- Gemischtwirtschaftliche Unternehmen
- Öffentliche Unternehmen

Üblicherweise ist davon auszugehen, dass Unternehmen unter anderem das Ziel verfolgen, Gewinn zu erwirtschaften. Nur wenn der Ertrag (die erwirtschafteten Werte) längerfristig grösser ist als der Aufwand (die eingesetzten Werte), kann ein Unternehmen bestehen. Selbstverständlich müssen die Eigentümer entscheiden, in welchem Ausmass ein Gewinn erzielt werden soll (maximaler Gewinn oder «angemessener» Gewinn). Es gibt auch Unternehmen, bei denen nicht die Gewinnerzielung im Vordergrund steht, sondern eine spezielle Bedürfnisbefriedigung. Diese Unternehmen werden als Non-Profit-Organisationen (NPO) bezeichnet (es werden gemeinnützige, soziale, kulturelle oder wissenschaftliche Ziele verfolgt). Bei der schweizerischen Rettungsflugwacht Rega oder bei der Krebsliga Schweiz handelt es sich um solche NPO. Damit die NPO ihre Zweckbestimmung erreichen können, erhalten sie zum Teil Unterstützungsbeiträge vom Staat und/oder von privaten Personen, sodass auch in diesen Organisationen sämtliche Kosten gedeckt werden können.

Gewinnorientierung

🅿 Die Besitzerin der Mammut Sports Group AG, die Conzzeta AG, will ein ertragreiches Wachstum generieren und ist somit klar gewinnorientiert.

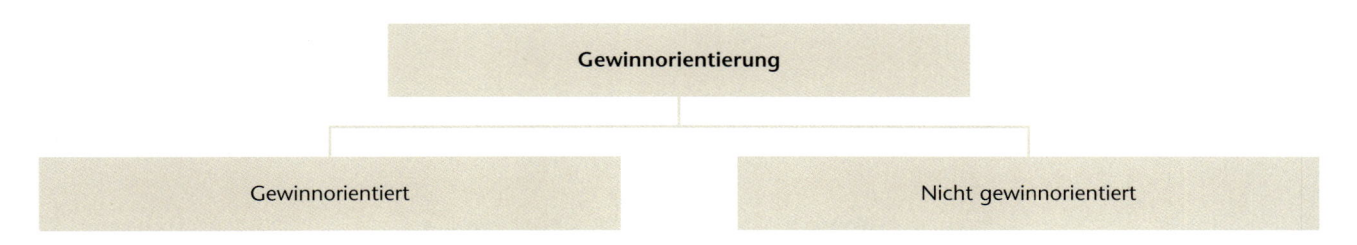

Gewinnorientierung
- Gewinnorientiert
- Nicht gewinnorientiert

Die Grösse eines Unternehmens kann auf vielfältige Weise, z. B. anhand der Anzahl Beschäftigter, des Umsatzes, der Bilanzsumme oder des Gewinns, gemessen werden. Eine übliche Unterteilung wird aufgrund der Anzahl Angestellter vorgenommen:

Grösse

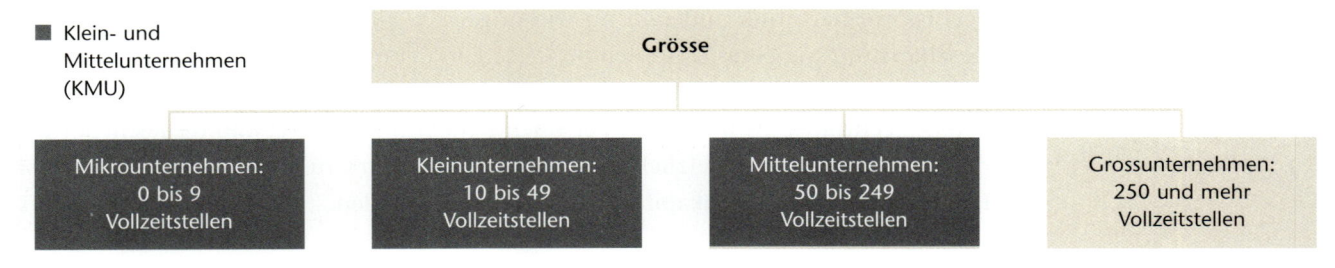

■ Klein- und Mittelunternehmen (KMU)

Grösse
- Mikrounternehmen: 0 bis 9 Vollzeitstellen
- Kleinunternehmen: 10 bis 49 Vollzeitstellen
- Mittelunternehmen: 50 bis 249 Vollzeitstellen
- Grossunternehmen: 250 und mehr Vollzeitstellen

Unternehmen und Umwelt

> **Die Mammut Sports Group AG** ist mit ihren 302 Mitarbeitenden in der Schweiz ein Grossunternehmen.

99,8 Prozent der marktwirtschaftlichen Unternehmen sind Mikro-, Klein- und Mittelunternehmen (KMU). Der Beschäftigungsanteil dieser KMU liegt bei 70 Prozent, die 1200 Grossunternehmen mit über 250 Mitarbeitenden beschäftigen knapp ein Drittel der Erwerbstätigen.

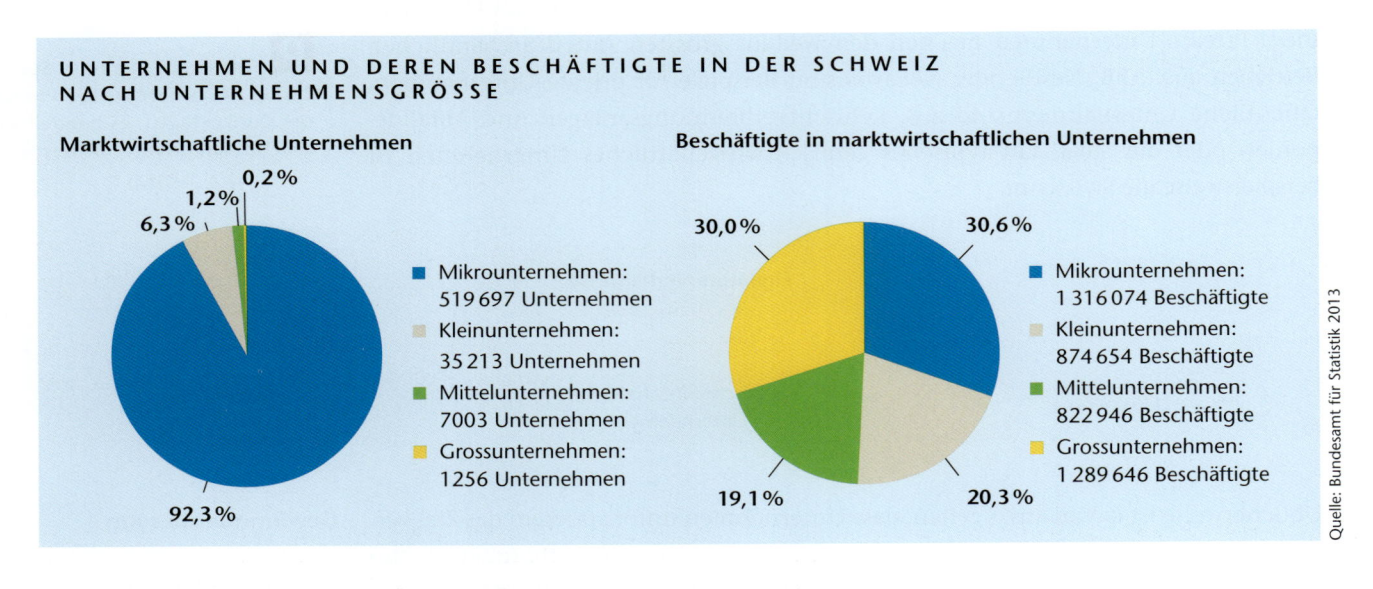

UNTERNEHMEN UND DEREN BESCHÄFTIGTE IN DER SCHWEIZ NACH UNTERNEHMENSGRÖSSE

Marktwirtschaftliche Unternehmen
- Mikrounternehmen: 519 697 Unternehmen — 92,3 %
- Kleinunternehmen: 35 213 Unternehmen — 6,3 %
- Mittelunternehmen: 7003 Unternehmen — 1,2 %
- Grossunternehmen: 1256 Unternehmen — 0,2 %

Beschäftigte in marktwirtschaftlichen Unternehmen
- Mikrounternehmen: 1 316 074 Beschäftigte — 30,6 %
- Kleinunternehmen: 874 654 Beschäftigte — 20,3 %
- Mittelunternehmen: 822 946 Beschäftigte — 19,1 %
- Grossunternehmen: 1 289 646 Beschäftigte — 30,0 %

Quelle: Bundesamt für Statistik 2013

Reichweite der wirtschaftlichen Tätigkeit

Unternehmen können auch gemäss ihrer geografischen Ausbreitung unterschieden werden:

- **Lokale Tätigkeit:** Das Unternehmen ist ausschliesslich in einer Gemeinde, in einem Dorf oder in einer Stadt tätig (z. B. das Sportgeschäft Kaufmann in Grindelwald).
- **Regionale Tätigkeit:** Das Unternehmen ist in einer gewissen Region tätig (z. B. die Jungfraubahnen im Berner Oberland).
- **Nationale Tätigkeit:** Das Unternehmen ist innerhalb eines Landes tätig (z. B. Coop Schweiz).
- **Internationale Tätigkeit:** Das Unternehmen ist in mehreren Ländern präsent, produziert und/oder vertreibt seine Produkte/Dienstleistungen sowohl im Inland als auch im Ausland (z. B. Nestlé).

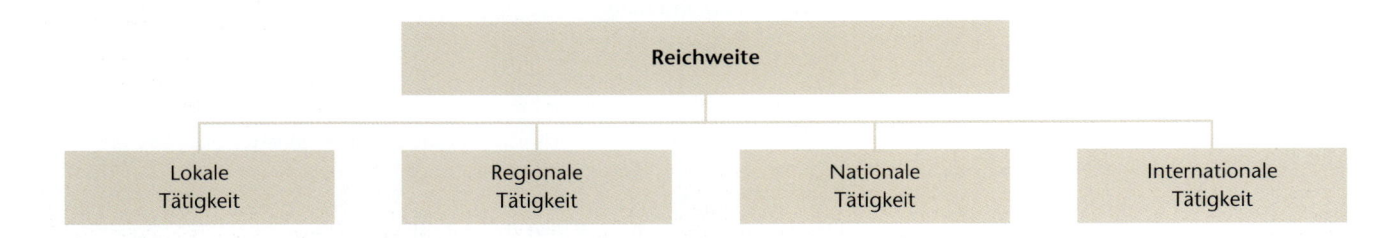

> **Bei der Mammut Sports Group AG** handelt es sich um ein international tätiges Unternehmen.

Reichweite
- Lokale Tätigkeit
- Regionale Tätigkeit
- Nationale Tätigkeit
- Internationale Tätigkeit

Rechtsform

Jedes Unternehmen verfügt über eine rechtliche Struktur, welche die Beziehungen gegenüber Dritten regelt und die eigene Organisationsstruktur bestimmt. Diese Rechtsform hat unter anderem Auswirkungen auf die Haftungsfrage und auf die Geschäftsführung eines Unternehmens. Zudem definiert sie, ob ein Unternehmen eine eigene Rechtspersönlichkeit darstellt, also eine juristische Person ist, oder ob deren Eigentümer als natürliche Personen handeln. Je nach gewählter Rechtsform müssen verschiedene gesetzliche Anforderungen bei der Gründung, dem Betrieb, der Liquidation, beim Grundkapital usw. eingehalten werden.

> **Die Mammut Sports Group AG** ist eine Aktiengesellschaft.

Grundlagen der Betriebswirtschaftslehre (BWL)

In der Schweiz sind im Gesellschaftsrecht folgende Rechtsformen vorgesehen:

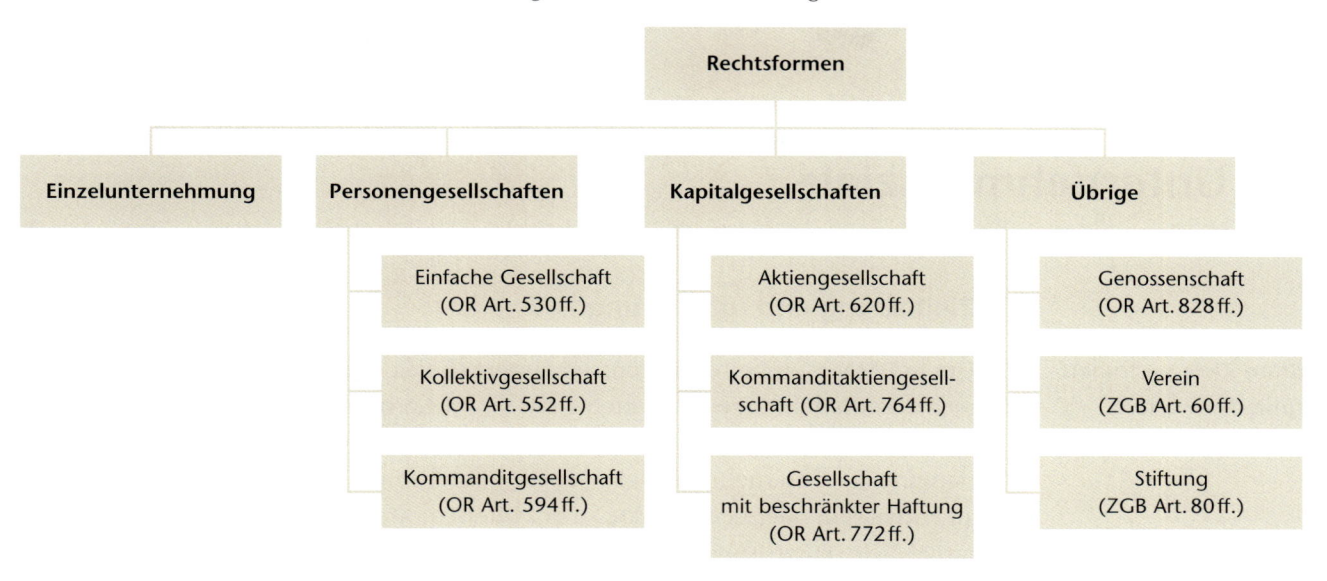

```
                           Rechtsformen
                                │
        ┌───────────────┬───────┴────────┬─────────────┐
Einzelunternehmung  Personen-       Kapital-         Übrige
                    gesellschaften  gesellschaften
```

- **Personengesellschaften:**
  - Einfache Gesellschaft (OR Art. 530 ff.)
  - Kollektivgesellschaft (OR Art. 552 ff.)
  - Kommanditgesellschaft (OR Art. 594 ff.)

- **Kapitalgesellschaften:**
  - Aktiengesellschaft (OR Art. 620 ff.)
  - Kommanditaktiengesellschaft (OR Art. 764 ff.)
  - Gesellschaft mit beschränkter Haftung (OR Art. 772 ff.)

- **Übrige:**
  - Genossenschaft (OR Art. 828 ff.)
  - Verein (ZGB Art. 60 ff.)
  - Stiftung (ZGB Art. 80 ff.)

DIE HÄUFIGSTEN RECHTSFORMEN UND IHRE WICHTIGSTEN MERKMALE

	Einzelunternehmen	Kollektivgesellschaft	Aktiengesellschaft (AG)	Gesellschaft mit beschränkter Haftung (GmbH)
Total 2013	325 832 Firmen	7703 Firmen	114 515 Firmen	86 741 Firmen
Gesetzliche Grundlagen	OR Art. 934, OR Art. 945 f., OR Art. 956, HRegV Art. 36 ff.	OR Art. 552 ff.	OR Art. 620 ff.	OR Art. 772 ff.
Eignung	Kleinunternehmen, personenbezogene Tätigkeiten (z. B. Künstler)	Kleinere/mittlere Geschäfte mit wenigen Teilhabern, die längerfristig, persönlich mitarbeiten wollen und sich gegenseitig vertrauen (stark personenbezogen)	Geeignet für fast alle Arten gewinnorientierter Unternehmen, aktive Mitarbeit der Teilhaber nicht erforderlich	Geschäfte jeder Art und Grösse, in der Regel kleinere, stark personenbezogene Unternehmen, aktive Mitarbeit der Gesellschafter häufig
Rechtsnatur	Alleineigentum des Firmeninhabers	Personengesellschaft	Juristische Person, Körperschaft	Juristische Person, Körperschaft
Grundkapital	Keine Auflagen	Keine Auflagen	CHF 100 000, davon CHF 50 000 einbezahlt	CHF 20 000
Anzahl Eigentümer	1 natürliche Person ist alleiniger Geschäftsinhaber	2 oder mehrere natürliche Personen sind Gesellschafter	Mindestens 1 natürliche/juristische Person oder Handelsgesellschaft	Mindestens 1 natürliche/juristische Person oder Handelsgesellschaft
Haftung	Unbeschränkte Haftung des Inhabers mit dem persönlichen Vermögen	Primär Haftung des Gesellschaftsvermögens; subsidiäre unbeschränkte und solidarische Haftung jedes Gesellschafters mit dem persönlichen Vermögen	Ausschliessliche Haftung des Gesellschaftsvermögens	Ausschliessliche Haftung des Gesellschaftsvermögens
Bildung Firmenname	Familienname des Inhabers mit oder ohne Vornamen. Mögliche Zusätze: Tätigkeit, Fantasiebezeichnungen.	Familienname mind. 1 Gesellschafters mit Zusatz, der das Gesellschaftsverhältnis andeutet, oder Familiennamen aller Gesellschafter. Namen anderer Personen als der Gesellschafter dürfen nicht enthalten sein. Mögliche Zusätze: Tätigkeit, Fantasiebezeichnungen.	Freie Wahl der Firma (Personennamen, Tätigkeit, Fantasiebezeichnungen). In der Firma muss die Rechtsform angegeben werden.	Freie Wahl der Firma (Personennamen, Tätigkeit, Fantasiebezeichnungen). In der Firma muss die Rechtsform angegeben werden.
Vorteile	• Einfachheit • Unabhängigkeit • Flexibilität • Geringe Gründungskosten	• Geringere Steuerbelastung als bei AG • Flexibilität • Geringe Gründungskosten	• Kapitalbeschaffung • Beschränkte Haftung • Anonymität • Einfache Anteilsübertragung	• Kapitalbeschaffung • Beschränkte Haftung • Geringes Mindestkapital
Nachteile	• Unbeschränkte Haftung • Fehlende Anonymität	• Unbeschränkte Haftung • Fehlende Anonymität	• Kosten • Doppelbesteuerung	• Fehlende Anonymität • Erschwerte Anteilsübertragung • Geringe Flexibilität der Struktur

Quelle: Recht für technische Kaufleute und HWD (2009); www.gruenden.ch; www.aargauservices.ch; Eidg. Amt für das Handelsregister, Bundesamt für Statistik

1.5 Unternehmensziele

Zielbildung und -gliederung

Klare Ziele verfolgen führt zum Erfolg

Um am Markt zu bestehen, müssen Unternehmen eine nachhaltige und marktgerechte Rentabilität erwirtschaften – das ist ihr Kernziel. Voraussetzung ist, dass sie klare Ziele (gewünschter und angestrebter Zustand) verfolgen. Strategische Ziele (langfristige Unternehmensziele – über 3 Jahre) sind beispielsweise, neue Produkte zu entwickeln oder neue Märkte zu erschliessen. Mittelfristige (1–3 Jahre) und operative Ziele (kurzfristige Ziele < 1 Jahr) sind beispielsweise Jahres- oder Quartalsziele einer Abteilung (z. B. der Relaunch eines Produkts, Verkaufsziele).

SMART

Damit Ziele eindeutig und nicht nur vage formuliert werden, sollten diese gemäss der SMART-Systematik bestimmt werden. SMART bedeutet «Specific, Measurable, Achievable, Realistic, Timely»:

S   Specific   Ziele müssen eindeutig definiert sein (spezifisch).
M   Measurable   Ziele müssen messbar sein (Messbarkeitskriterien).
A   Achievable   Ziele müssen erreichbar sein.
R   Realistic   Ziele müssen hinsichtlich Personaleinsatz/Zeit/Geld usw. realistisch sein
T   Timely   Zu jedem Ziel gehört eine klare Terminvorgabe.

Zielbeziehungen

Unternehmen verfolgen vielfältige Ziele, zwischen denen komplexe Beziehungen bestehen. Sie können miteinander harmonieren (Zielharmonie), aber auch in Konkurrenz zueinander stehen (Zielkonkurrenz) oder einander nicht tangieren (Zielneutralität).

Zielharmonie

Von Zielharmonie spricht man, wenn ein Ziel ein anderes ergänzt und dies dazu führt, dass mit dem Erreichen des ersten Ziels auch das andere Ziel besser erfüllt wird. Beispiel: Ein Unternehmen will seinen Ausschuss senken und auch seine Kosten reduzieren. Durch die Reduktion des Ausschusses werden automatisch auch Kosten gesenkt, da weniger fehlerhafte Produkte hergestellt werden.

Zielkonkurrenz

Konkurrierende Zielbeziehungen bestehen dann, wenn durch das Erreichen eines Ziels ein anderes in Gefahr gerät. Beispiel: Ein Unternehmen will eine hohe Lieferbereitschaft für seine Produkte garantieren, aber auch seine Lagerhaltungskosten senken. Damit das Unternehmen seine Produkte schnell liefern kann, fallen aber per se höhere Lagerhaltungskosten an.

P Von der Besitzerin der Mammut Sports Group AG, der Conzzeta AG, werden folgende Ziele verfolgt:

Unternehmenseigene Werte leben
- Verantwortlich handeln
- Entfaltungsmöglichkeiten schaffen
- Innovation fördern
- Rücksicht nehmen
- Gesunde Finanzbasis erhalten

Langfristig handeln
- Klare Beteiligungsstruktur
- Überlegt investieren
- Breit abstützen
- Ertragreiches Wachstum generieren
- Führung delegieren

Grundlagen der Betriebswirtschaftslehre (BWL)

Wenn das Erreichen eines Ziels keinen Einfluss auf ein anderes hat, wird von einer neutralen Zielbeziehung gesprochen. Beispiel: Ein Unternehmen verfolgt einerseits verstärkte Umweltschutzmassnahmen mit der Erneuerung seiner alten Lastwagenflotte und will andererseits eine hohe Produktqualität garantieren. Die Erneuerung der Lastwagenflotte wirkt sich in keiner Weise auf die Qualität der Produkte aus. **Zielneutralität**

Kennzahlen

Damit ein Unternehmen langfristig bestehen kann, muss als Kernziel eine nachhaltige und marktgerechte Rentabilität auf dem eingesetzten Kapital erzielt werden. Kann dieses Kernziel nicht erreicht werden, besteht die Gefahr, dass die Kapitalgeber das in das Unternehmen investierte Kapital abziehen und in Objekte mit höheren Renditeerwartungen anlegen. Eine hohe Wirtschaftlichkeit ist eine wichtige Voraussetzung für eine gute Rentabilität.

Gemäss dem ökonomischen Prinzip sollen die dem Unternehmen zur Verfügung stehenden Ressourcen optimal eingesetzt werden. Ob dies der Fall ist, kann anhand der Produktivität und der Wirtschaftlichkeit eines Unternehmens gemessen werden:

Produktivität bezeichnet das Verhältnis zwischen produzierten Gütern (Output) und den dafür eingesetzten Produktionsfaktoren (Input). **Produktivität**

$$\text{Produktivität} = \frac{\text{Output (Menge)}}{\text{Input (Menge)}}$$

In der Praxis häufig gemessene Werte sind Arbeitsproduktivität (z. B. Anzahl hergestellte Stühle / geleistete Arbeitsstunden), Flächenproduktivität (z. B. Umsatz eines Detailhandelsgeschäfts / Ladenfläche in m2) und Maschinenproduktivität (z. B. Anzahl produzierte Stücke / geleistete Maschinenstunden).

Damit die Effizienz (Wirtschaftlichkeit) eines Unternehmens aufgezeigt werden kann, müssen die vielen verschiedenen Teilproduktivitäten monetär bewertet werden. Die Wirtschaftlichkeit ergibt sich aus der Produktivität multipliziert mit Preisen für Input (Einkaufspreis) und Output (Verkaufspreis). **Wirtschaftlichkeit**

$$\text{Wirtschaftlichkeit} = \frac{\text{Output (Menge)} \times \text{Verkaufspreis}}{\text{Input (Menge)} \times \text{Einkaufspreis}} = \frac{\text{Ertrag}}{\text{Aufwand}}$$

Da die Aussagekraft des Gewinns, das heisst der Differenz zwischen Ertrag und Aufwand, als Kennzahl an sich eher gering ist, empfiehlt es sich, den Gewinn einer bestimmten Periode (in der Regel 1 Jahr) zum investierten Kapital in Beziehung zu setzen. Wenn man die Rentabilität berechnet, wird dieser Forderung Rechnung getragen. **Rentabilität**

$$\text{Rentabilität in \%} = \frac{\text{Gewinn}}{\text{Eingesetztes Kapital}} \times 100$$

$$\text{Eigenkapitalrentabilität in \%} = \frac{\text{Gewinn}}{\text{Eigenkapital}} \times 100$$

$$\text{Gesamtkapitalrentabilität in \%} = \frac{\text{Gewinn} + \text{Zinsen}}{\text{Gesamtkapital}} \times 100$$

1.6 Standortwahl

Standortfaktoren

Vielleicht haben Sie sich auch schon gefragt, warum IKEA gerade in Spreitenbach, direkt an der Autobahn, einen Verkaufsraum erstellt oder weshalb Coop in unmittelbarer Nähe von Migros eine Filiale eröffnet hat? Die Wahl des Standortes für ein Unternehmen bzw. der Standorte für seine Filialen ist sehr zentral und entscheidet wesentlich über den Erfolg, den ein Unternehmen hat. Je nach Unternehmensart können unterschiedliche Standortfaktoren *(vgl. dazu S. 29)* ausschlaggebend sein. Vielfach ist der Standort aufgrund von geografischen Kriterien gegeben oder wird von den Kosten oder staatlichen Auflagen beeinflusst. Den idealen Standort gibt es wohl nicht, in der Regel sind Kompromisse einzugehen.

Es ist auch möglich, dass das Unternehmen für einige seiner betrieblichen Funktionen unterschiedliche Standorte wählt (z. B. Verwaltung und Produktion an getrennten Standorten) bzw. als Unternehmenskette davon lebt, dass es möglichst viele verschiedene Standorte gibt (z. B. McDonald's, Coop).

Nutzwertanalyse (NWA)

Sucht ein Unternehmen einen neuen Standort für seinen Betrieb oder für eine neue Filiale, so werden in der Regel nach einer groben Vorausscheidung noch einige wenige Standorte in die engere Wahl mit einbezogen. Wie aber wird nun entschieden, welcher Standort der beste ist?

Eine Nutzwertanalyse kann helfen, den Entscheid zu objektivieren. Mit dem Instrument der Nutzwertanalyse werden für die Standorte gemeinsame Faktoren definiert, gewichtet und je Standort bewertet. Entscheidend ist nun die Summe der Bewertungen – der Standort mit den höchsten Bewertungen erhält den Zuschlag. Das Instrument der Nutzwertanalyse kann helfen, Vor- und Nachteile eines Standorts in Zahlen bzw. Bewertungen fassbar zu machen.

Beispiel einer NWA: Reis-Fix

Für eine neue Filiale der Reis-Fix, einer Take-away-Kette, hat sich die Unternehmensleitung bereits für Bern als Ort der Filiale entschieden. Noch stehen aber drei konkrete Standorte zur Diskussion, die es nun zu bewerten gilt *(vgl. NWA, S. 30)*. Da der Entscheid für den betreffenden Ort bereits gefallen ist, sind internationale, nationale und regionale Standortfaktoren für die Nutzwertanalyse zu vernachlässigen, da sie für alle drei infrage kommenden Standorte dieselben Bewertungen ergeben müssten.

Mögliche Kriterien

Das Unternehmen Reis-Fix entscheidet sich für folgende Kriterien:
- **Kundenfrequenz:** Für ein Take-away ist entscheidend, dass der Standort belebt ist, viele Menschen daran vorbeigehen, das Geschäft sehen und so auch spontan entscheiden, einzukaufen und zu essen.
- **Zentrale Verkehrslage:** Die Verkehrslage ist u. a. wichtig für die Erreichbarkeit mit dem Auto, die Anlieferung der Zutaten oder den Abtransport der Abfälle.

Grundlagen der Betriebswirtschaftslehre (BWL)

STANDORTFAKTOREN

Absatzorientierte Standortfaktoren: Für viele Unternehmen ist die Nähe zur Kundschaft von entscheidender Bedeutung (z. B. Banken, Hotels, Handwerkerbetriebe). Während bei Gebrauchsartikeln (z. B. Hosen, Schuhe) häufig die Nähe zu den Konkurrenten gesucht wird, meiden Anbieter von Waren des täglichen Gebrauchs (z. B. Bäcker, Metzger) die direkte Konkurrenz.

Umweltorientierte Standortfaktoren: Es gibt immer mehr gesetzliche Regelungen zum Schutz der Umwelt, z. B. Abgaswerte, vorgeschriebene Abwasserreinigungen usw. Je nach Gemeinde und Standort können diese unterschiedlich streng sein und damit das Budget mehr oder weniger belasten.

Politisch-rechtliche Standortfaktoren: Damit ein Unternehmen längerfristig planen kann, braucht es stabile und voraussehbare politisch-rechtliche Gegebenheiten, eine wirtschaftsfreundliche Gesetzgebung und kurze Bewilligungsverfahren.

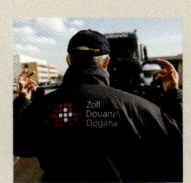

Interkantonale und/oder internationale Standortfaktoren: Unternehmen nützen das Steuergefälle zwischen verschiedenen Gemeinden, Kantonen und Staaten aus. Im internationalen Handel sind zudem auch die Zollkosten zu berücksichtigen.

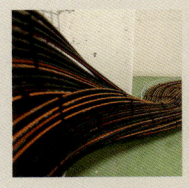

Infrastrukturorientierte Standortfaktoren: Zur Infrastruktur zählen Einrichtungen zur Versorgung, Entsorgung und Kommunikation (z. B. Strassennetz, Stromversorgungsnetz, digitales Hochleistungsdatennetz).

Arbeitsorientierte Standortfaktoren: Bei arbeitsintensiver Produktion, für die wenig Know-how erforderlich ist (z. B. Bekleidungsindustrie), sind die Kosten der Arbeitskräfte ein ausschlaggebender Faktor bei der Wahl des Standorts. Da die Schweiz sehr hohe Lohn- und Lohnnebenkosten hat, werden vermehrt Produktionsstätten von der Schweiz ins Ausland verlegt. Vorteile hat der Standort Schweiz bei hoch qualifizierten Mitarbeitenden, weil die Ausbildung hier einen hohen Stellenwert hat.

Material- und rohstofforientierte Standortfaktoren: Rohstoffe können örtlich gebunden sein und im Vergleich zu ihrem Wert hohe Transportkosten verursachen. In diesem Falle ist es von Vorteil, den Standort nahe an den benötigten Ressourcen zu planen bzw. für die Anlieferung günstige Bedingungen zu erreichen. So z. B. beim Bergbau oder bei leicht verderblichen Gütern. Bei wertvollen Rohstoffen (z. B. Erdöl, Gold) stellt sich zusätzlich die Frage nach der Zuliefersicherheit, die oftmals mit der politischen Stabilität einer Region verbunden ist.

Verkehrsorientierte Standortfaktoren: Bei der Beschaffung und dem Absatz stellt sich das Problem der Erreichbarkeit durch Anzahl und Ausbau der Verkehrsverbindungen. Eine günstige Verkehrsanbindung hilft, die Transportkosten niedrig zu halten. Dieser Faktor gilt auch für die Kundschaft. Ein Standort in der Nähe einer Autobahn bewährt sich bei Möbeln wegen seiner guten Erschliessung für Lieferanten und Kunden.

Grundstückorientierte Standortfaktoren: Boden und Raum sind in der Schweiz relativ knapp und somit teuer. Für eine Erweiterung eines Produktionsstandorts fehlt häufig der Platz, sodass ein Wechsel des Standorts nötig wird. Die Preise sind vom Boden- und Liegenschaftsmarkt abhängig.

- **Konkurrenzsituation:** Trotz belebter Lage sollten sich nicht schon zu viele direkte Konkurrenten in der näheren Umgebung befinden, sodass der Absatz für das Erreichen der Umsatzziele ausreicht. Ideal wären Nicht-Konsumationsgeschäfte in der Umgebung.
- **Kosten der Räume:** Gerade an belebten Standorten können die Mietkosten sehr hoch sein. Das kann sich bei entsprechendem Umsatz lohnen oder bei einem zu tiefen Umsatz zum Problem werden.
- **Standortimage:** Für ein Take-away ist es wichtig, dass der Standort entweder selbst zum Verweilen einlädt oder aber an einer Schnittstelle zu einem günstigen Aufenthaltsort liegt (z. B. in Bahnhöfen, vor Schulen, bei Schwimmbädern).

NUTZWERTANALYSE (NWA) FÜR STANDORTENTSCHEID FILIALE REIS-FIX*

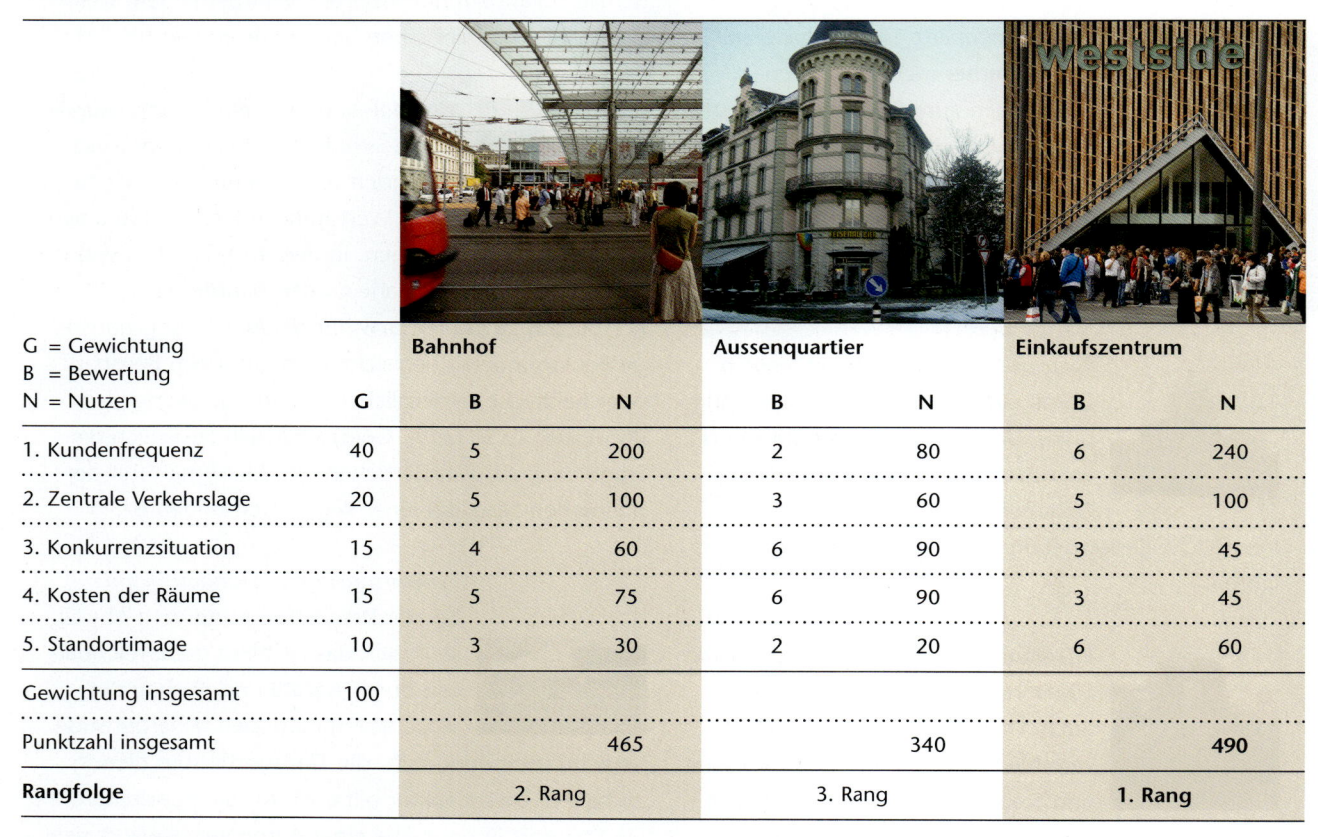

G = Gewichtung B = Bewertung N = Nutzen		Bahnhof		Aussenquartier		Einkaufszentrum	
	G	B	N	B	N	B	N
1. Kundenfrequenz	40	5	200	2	80	6	240
2. Zentrale Verkehrslage	20	5	100	3	60	5	100
3. Konkurrenzsituation	15	4	60	6	90	3	45
4. Kosten der Räume	15	5	75	6	90	3	45
5. Standortimage	10	3	30	2	20	6	60
Gewichtung insgesamt	100						
Punktzahl insgesamt			465		340		490
Rangfolge			2. Rang		3. Rang		**1. Rang**

* Die Bewertung geht von 1 bis 6 (1 = sehr schlecht, 6 = sehr gut). Die Summe aller Gewichtungen muss 100 Punkte ergeben. Gewichtung 3 Bewertung 5 Nutzen.

Gemäss dieser Nutzwertanalyse ist der Standort im Einkaufszentrum der beste.

Schwächen der NWA

Obwohl die Nutzwertanalyse eine wertvolle Hilfe bei der Standortwahl sein kann, muss man sich auch der Schwächen dieser Analyse bewusst sein. So ist die Vergleichbarkeit der Standorte nicht in jedem Fall gegeben. Zudem hängt die Bewertung stark vom Entscheidungsträger mit seinen persönlichen Vorlieben ab. Oft entsteht auch ein Problem, wenn sich mehrere Personen einigen müssen. Auch bei der Auswahl der Beurteilungskriterien spielen individuelle Präferenzen eine grosse Rolle. Es empfiehlt sich deshalb, neben der NWA weitere Beurteilungen vorzunehmen, um eine fundierte Entscheidungsgrundlage zu erhalten.

Grundlagen der Betriebswirtschaftslehre (BWL)

ZUSAMMENFASSUNG

Die Wirtschaft bildet einen wichtigen Teil unserer Gesellschaft, orientiert sich an den Bedürfnissen der Menschen und stellt die gewünschten Wirtschaftsgüter her. Die Wirtschaftswissenschaften werden in Volkswirtschaftslehre und Betriebswirtschaftslehre unterteilt. Der Fokus der Betriebswirtschaftslehre liegt auf einzelnen Unternehmen und ihren Aktivitäten. Es kann zwischen der allgemeinen und speziellen BWL – mit institutioneller und funktionaler BWL – unterschieden werden. Damit eine optimale Relation zwischen Input und Output realisiert werden kann, bedient man sich des ökonomischen Prinzips.

In der Schweiz arbeiten knapp 5 Millionen Beschäftigte in 654 800 Arbeitsstätten (2013). 86 % dieser Arbeitsstätten sind marktwirtschaftliche Unternehmen. Diese können nach Wirtschaftssektor/Branche, Eigentumsverhältnissen, Gewinnorientierung, Grösse, Reichweite ihrer wirtschaftlichen Tätigkeit und Rechtsform unterschieden werden.

Die nachhaltige und marktgerechte Rentabilität ist das Kernziel eines Unternehmens. Zu diesem Zweck werden strategische und operative Ziele anhand der SMART-Systematik entwickelt. Die formulierten Ziele können untereinander harmonieren, konkurrieren oder einander neutral gegenüberstehen. Produktivität, Wirtschaftlichkeit und Rentabilität sind wichtige Kennzahlen eines Unternehmens.

Der Standort eines Unternehmens bzw. seiner Filialen ist entscheidend für den Verlauf der Geschäftstätigkeit. Dabei spielen verschiedene Faktoren eine wesentliche Rolle. Das Instrument der Nutzwertanalyse kann helfen, Vor- und Nachteile eines Standortes in Zahlen bzw. Bewertungen fassbar zu machen.

Unternehmen und Umwelt

SCHLÜSSELBEGRIFFE

- Bedürfnisse
- Betriebswirtschaftslehre (BWL)
  - Allgemeine BWL
  - Spezielle BWL
  - Institutionelle BWL
  - Funktionale BWL
- Eigentumsverhältnisse
  - Private Unternehmen
  - Öffentliche Unternehmen
  - Gemischtwirtschaftliche Unternehmen
- Gewinnorientierung
- Grösse
  - KMU
  - Grossunternehmen
- Güterknappheit
- Input
- Kennzahlen
  - Produktivität
  - Wirtschaftlichkeit
  - Rentabilität
- Kernziel eines Unternehmens
- Non-Profit-Organisationen (NPO)
- Nutzwertanalyse
- Ökonomisches Prinzip
  - Maximumprinzip
  - Minimumprinzip
  - Optimumprinzip
- Output
- Rechtsformen
- Reichweite
  - Lokale Tätigkeit
  - Regionale Tätigkeit
  - Nationale Tätigkeit
  - Internationale Tätigkeit
- SMART
- Standortfaktoren
- Volkswirtschaftslehre (VWL)
- Wirtschaftliche Struktur der Schweiz
- Wirtschaftssektoren / Branche
- Wirtschaftsgüter
  - Materielle Güter
  - Immaterielle Güter
  - Gebrauchsgüter
  - Verbrauchsgüter
  - Produkte
  - Dienstleistungen
  - Konsumgüter
  - Investitionsgüter
- Zielbeziehungen
- Zielgliederung

→ Eine Definition der Schlüsselbegriffe finden Sie im Glossar.

QUELLEN UND WEITERFÜHRENDE LITERATUR

Hentze, Joachim / Heinecke, Albert / Kammel, Andreas: **Allgemeine Betriebswirtschaftslehre**, 1. Auflage, Bern u. a. 2001

Lang, Helmut: **Neue Theorie des Management und der Betriebswirtschaft**, 1. Auflage, Bremen / Hamburg 2006

Lechner, Karl / Egger, Anton / Schauer, Reinbert: **Einführung in die Allgemeine Betriebswirtschaftslehre**, 26. Auflage, Wien 2013

Schauer, Reinbert: **Betriebswirtschaftslehre Grundlagen**, 4. Auflage, Wien 2013

Schaufelbühl, Karl / Hugentobler, Walter / Blattner, Matthias (Hrsg.): **Betriebswirtschaftslehre für Bachelor**, 2. Auflage, Zürich 2007

Schmalen, Helmut: **Grundlagen und Probleme der Betriebswirtschaftslehre**, 15. Auflage, Stuttgart 2013

Wöhe, Günter / Döring, Ulrich: **Einführung in die Allgemeine Betriebswirtschaftslehre**, 25. Auflage, München 2013

Grundlagen der Betriebswirtschaftslehre (BWL)

REPETITIONSFRAGEN KAPITEL 1

1. Beschreiben Sie anhand von Beispielen, wie Sie mit der Wirtschaft verknüpft sind, was der eigentliche Motor der Wirtschaft ist und inwiefern die Güterknappheit dabei eine Rolle spielt.
   ....

2. Begründen Sie, wieso sich die BWL auf Wirtschaftsgüter fokussiert, und erklären Sie anhand von Beispielen, wie diese Wirtschaftsgüter unterteilt werden können.
   ....

3. Welche drei Handlungsalternativen ergeben sich aus dem ökonomischen Prinzip, und weshalb wird dabei eine optimale Relation zwischen Input/Output angestrebt?
   ....

4. Zeigen Sie auf, wie sich die Wirtschaftswissenschaften in den Wissenschaftskanon einordnen lassen.
   ....

5. Erklären Sie, was mit dem Begriff BWL gemeint ist, wie sich die BWL gliedert und weshalb es wichtig ist, auch andere Wissenschaften für die Problemlösung einzubeziehen.
   ....

6. Beschreiben Sie, wo die Schweizer Beschäftigten arbeiten. Was fällt Ihnen auf?
   ....

7. Recherchieren Sie auf der Internetseite des Bundesamtes für Statistik, wie viele Personen in den drei Sektoren Teilzeit arbeiten. Auf welche Umstände führen Sie die unterschiedlichen Anteile an Teilzeitbeschäftigung zwischen den Sektoren zurück?
   ....

8. Nach welchen Kriterien können Unternehmen unterschieden werden?
   ....

9. Welches ist das Kernziel, das ein Unternehmen langfristig verfolgen muss?
   ....

10. Grenzen Sie Produktivität, Wirtschaftlichkeit und Rentabilität voneinander ab.
    ....

11. Wie sollten Ziele formuliert werden, damit sie erfolgreich umgesetzt werden können?
    ....

12. Welche Zielbeziehungen bestehen in einem Unternehmen? Beschreiben Sie anhand von Beispielen.
    ....

13. Definieren Sie die Begriffe «Standort» und «Standortfaktor».
    ....

14. Welche Standortfaktoren stehen bei folgenden Unternehmen im Vordergrund: Landi-Filiale, Viersternehotel, Chemieunternehmen, Bank. Diskutieren Sie jeweils fünf Standortfaktoren.
    ....

15. An Ihrem Wohnort soll für den kommenden Sommer ein neuer Glacestand eröffnet werden. Dazu stehen drei Standorte in der engeren Wahl: Bahnhof/Bushaltestelle, Einkaufszentrum, Sportplatz. Führen Sie eine Nutzwertanalyse mit fünf relevanten Standortkriterien durch. Begründen Sie sowohl Ihre Wahl der Kriterien als auch deren Gewichtung.

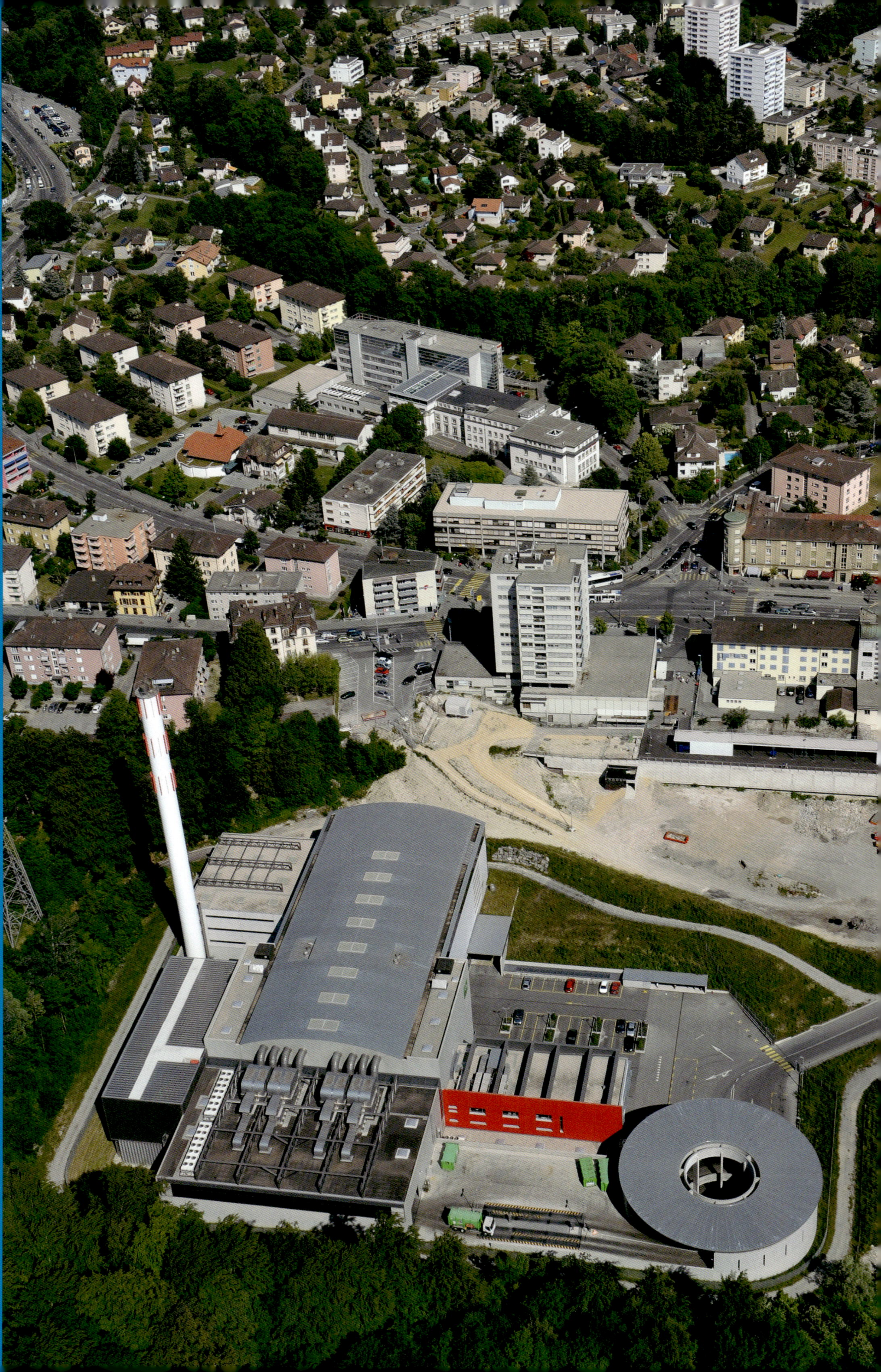

2

Unternehmen im Mittelpunkt

2.1	Unternehmensmodell	37
2.2	Unternehmen als System	42

*«Unternehmerin sein heisst:
Überblick haben, koordinieren,
Ziele setzen, Richtung weisen.»*

Marlies Blohm-Harry (*1934), Unternehmerin des Jahres 1986

LERNZIELE

Nachdem Sie dieses Kapitel gelesen haben, können Sie …

… Sinn und Zweck eines Modells erläutern und das einfache Modell des Unternehmens mit seinen Anspruchsgruppen und Umweltsphären darstellen.

… die wesentlichen Anspruchsgruppen eines Unternehmens nennen und deren Forderungen an das Unternehmen formulieren.

… in diesen Forderungen Konkurrenzen, Harmonien und Neutralitäten erkennen.

… die Unternehmensumwelt gemäss dem vorgestellten Modell in die fünf Umweltsphären einteilen und diesen wichtige Umfeldgrössen und Begriffe zuordnen.

… erklären, was ein System ist.

… erklären, welche Merkmale das Unternehmen als System aufweist.

… einen Überblick über die verschiedenen Funktionen im Unternehmen geben.

… die Funktionen nach Prozess- und Querschnittsfunktionen unterscheiden.

… erläutern, was Gegenstand der einzelnen Funktionen ist.

2 Unternehmen im Mittelpunkt

2.1 Unternehmensmodell

Modelle

Dass Sie heute Morgen zum Beispiel in die Schule gegangen sind, war ein mehr oder weniger bewusster Entscheid, der durch verschiedene Überlegungen und Gegebenheiten beeinflusst wurde: Erwartungen von Personen an Sie (Kollegen, Eltern, Lehrpersonen), Tests in der Schule, voraussichtlich behandelter Stoff, Alternativmöglichkeiten zur Schule (z. B. ausschlafen) usw. Auch in der Wirtschaft werden viele Entscheidungen durch unzählige Faktoren beeinflusst. Mit Modellen wird versucht, diese Faktoren zu ordnen und zu gewichten, um dadurch zu einer guten Entscheidung zu gelangen.

Modelle sind Abbildungen einer bestimmten Wirklichkeit beziehungsweise eines Ausschnittes daraus und stellen komplexe reale Zustände vereinfacht dar.

Wenn reale Sachverhalte – ohne analysiert und erklärt zu werden – abgebildet werden, spricht man von Beschreibungsmodellen. Die Buchführung eines Unternehmens ist ein Beispiel für ein Beschreibungsmodell. In einer Buchhaltung werden sämtliche Geschäftsfälle im Zeitablauf erfasst und dargestellt. **Beschreibungsmodelle**

Sollen Ursachen von betrieblichen Prozessabläufen erklärt werden, bedient man sich eines Erklärungsmodells. Damit können Hypothesen über Gesetzmässigkeiten aufgestellt werden. So stellt die Annahme, dass mit zunehmender Produktionsmenge die Stückkosten sinken, ein Erklärungsmodell dar. **Erklärungsmodelle**

Um die Bestimmung optimaler Handlungsmöglichkeiten zu erleichtern, werden Entscheidungsmodelle aufgestellt. Es handelt sich dabei um Aussagen, die auf die Zukunft gerichtet sind. **Entscheidungsmodelle**

Anspruchsgruppen und Umweltsphären

Ein Unternehmen agiert nicht isoliert, sondern steht in dauernder Wechselbeziehung zu seinem Umfeld, anderen Unternehmen, zum Staat und zu unterschiedlichen Personengruppen. Die Beziehungen sind sehr vielfältig und komplex. Das folgende Unternehmensmodell bildet als Erklärungsmodell das Unternehmen in seinem Umfeld ab und analysiert seine Beziehungen zu den Anspruchsgruppen.

Anspruchsgruppen

Unternehmen sind nicht Selbstzweck, sie möchten Bedürfnisse einer möglichst grossen Kundschaft befriedigen. Dazu müssen sie in Interaktion mit den verschiedensten Anspruchsgruppen treten. Anspruchsgruppen sind organisierte oder nicht organisierte Gruppen von Unternehmen, Menschen oder Institutionen, die Ansprüche an ein Unternehmen stellen.

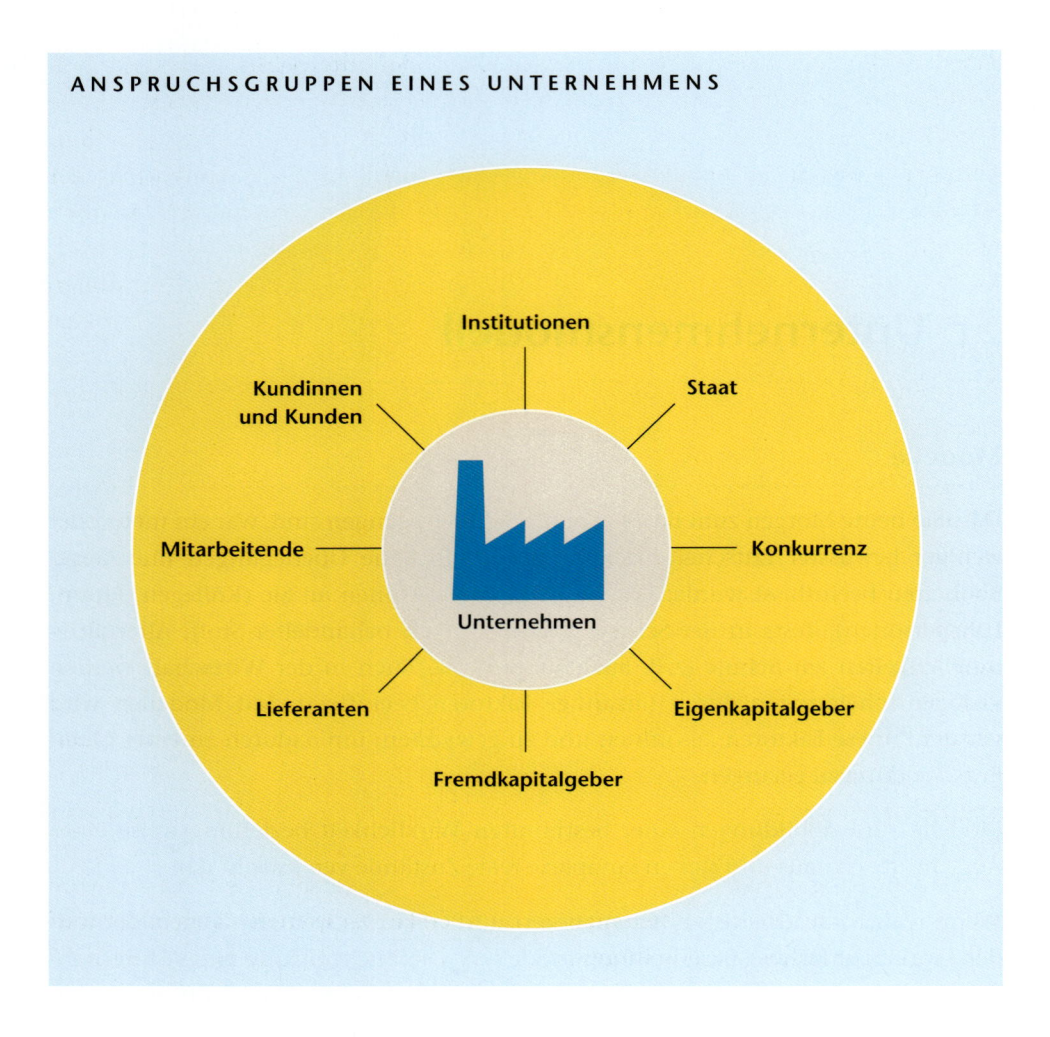

Unternehmen und Umwelt

ANSPRUCHSGRUPPEN EINES UNTERNEHMENS

- Institutionen
- Kundinnen und Kunden
- Staat
- Mitarbeitende
- Konkurrenz
- Lieferanten
- Eigenkapitalgeber
- Fremdkapitalgeber

(Unternehmen)

Ansprüche der Anspruchsgruppen

Gemäss dem Gewinnziel sind Unternehmen in besonderem Masse auf den Goodwill der Kundinnen und Kunden angewiesen, aber es gilt auch Forderungen anderer Gruppierungen zu berücksichtigen. Die folgende Tabelle stellt die Ansprüche der wesentlichen Anspruchsgruppen dar.

ANSPRUCHSGRUPPEN UND IHRE ANSPRÜCHE AN DAS UNTERNEHMEN

Anspruchsgruppen	Ansprüche an das Unternehmen
Eigenkapitalgeber / Eigentümer	Wertsteigerung der Anteile (Shareholder-Value), Rentabilität, Sicherheit für das eingesetzte Kapital
Fremdkapitalgeber (z. B. Bank)	Möglichst hoher Zins, pünktliche Rückzahlung, Sicherheiten
Lieferanten	Langfristige Beziehungen, stabile Liefermengen, zahlreiche Käufe, hohe Preise, prompte Bezahlung
Mitarbeitende	Fairer Lohn, Weiterbildungs- und Mitwirkungsmöglichkeiten, Arbeitsplatzsicherheit, gute Arbeitsbedingungen
Kundinnen und Kunden	Gutes Preis-Leistungs-Verhältnis, Zusatzleistungen und guter Service
Institutionen (z. B. Verbände, Presse, Parteien, Vereine)	Finanzielle Unterstützung bei ihren Projekten (Sponsoring), Ansprüche von Gewerkschaften, Umweltverbänden
Staat (Gemeinde, Kanton, Bund)	Hohe Steuereinnahmen, Schaffung und Erhaltung zukunftsorientierter Arbeitsplätze, gesellschaftlich verantwortliches Handeln, Einhalten von Gesetzen
Konkurrenz	Faires Verhalten im Wettbewerb (z. B. kein Preisdumping), Mitwirkung in (Branchen-)Verbänden

Unternehmen im Mittelpunkt 2

Alle diese durchaus berechtigten Interessen wirken auf unternehmerische Entscheide und Ziele ein. Zum Teil stehen sie in Konkurrenz zueinander, sodass nicht alle Ansprüche immer und in gleich hohem Masse erfüllt werden können. Im Konkurrenzfall stehen die Ansprüche im Gegensatz zueinander, z. B. konkurriert der Gewinnanspruch der Eigentümer mit den hohen Lohnforderungen der Mitarbeitenden oder dem Tiefpreisanspruch der Kundschaft. Die Forderungen der Fremdkapitalgeber stehen in weitgehender Harmonie zu den Ansprüchen der Eigentümer. Beide möchten gerne eine möglichst hohe Rendite erzielen bzw. ihre Kapitaleinlage gesichert wissen. Die Förderung des einen Anspruchs fördert gleichzeitig die Ziele der zweiten Gruppe. Neutral verhalten sich Ansprüche, die sich nicht gegenseitig beeinflussen.

Beziehungen der Ansprüche

Bei Ansprüchen, die in Konkurrenz zueinander stehen, muss die Unternehmensführung Prioritäten setzen. Ein bekannter Konkurrenzkampf der Ansprüche zeigt sich in der Diskussion um den Stakeholder- oder Shareholder-Value-Ansatz. Der Shareholder-Value-Ansatz setzt die Prioritäten klar bei den Ansprüchen der Eigentümer bzw. Aktienbesitzer (Shareholder) und zielt damit auf die Gewinn- bzw. Rendite- und Kursgewinnmaximierung. Dieser Ansatz kennt also nur eine Anspruchsgruppe, die Eigentümer. Diese Sichtweise ist verbreitet, gefährdet aber langfristige Unternehmensziele (z. B. durch verminderte Reinvestitionen des Gewinns). Demgegenüber setzt der Stakeholder-Value-Ansatz auf das Bewusstsein, dass ein Unternehmen mehreren Anspruchsgruppen gerecht werden muss, insbesondere auch der Kundschaft und den Mitarbeitenden. Die langfristig ausgewogene Berücksichtigung aller Anspruchsgruppen soll den Shareholder-Value maximieren. So führt z. B. eine höhere Motivation der Mitarbeitenden zu besseren Leistungsergebnissen und damit auch zu einem höheren Erfolg insgesamt.

Shareholder- vs. Stakeholder-Value-Ansatz

ALTI MOSCHTI MÜHLETHURNEN

Die Kulturgenossenschaft Alti Moschti Mühlethurnen wurde 1994 gegründet und veranstaltet seitdem in den Räumen der alten Gürbetaler Mosterei kulturelle Veranstaltungen wie Konzerte, Cabarets, Lesungen u.a.m. Mühlethurnen ist eine Gemeinde mit rund 1000 Bewohnerinnen und Bewohnern und liegt im Kanton Bern, zirka 20 km von Bern entfernt. Die Veranstaltungen finden in der Regel an den Abenden von Freitag bis Sonntag statt. Wichtigste Anspruchsgruppe ist die Kundschaft. Sie möchte gerne qualitativ hochstehende Konzerte und Veranstaltungen in einer angenehmen und speziellen Atmosphäre geniessen. Der Grossteil der Kundschaft kommt aus der Agglomeration Bern, aber nicht aus Mühlethurnen selbst. Nach den Wünschen des breiten Publikums in verschiedenen Alterskategorien kommt ein abwechslungsreiches Programm mit Klassik-, Pop-, Jazz- und Volksmusik, Cabaret und Lesungen zustande. Die Gründer wollten einen kreativen Ort mit innovativem Charakter schaffen, Künstler fördern und dem Publikum ganz spezielle Vorstellungen in einmaliger Ambiance bieten. Dazu kam aber auch bald der Gedanke der finanziellen Absicherung, weshalb eine Genossenschaft gegründet wurde. Die Gründungsidee kann nur mit viel unentgeltlichem Einsatz umgesetzt werden. So werden mit den Einnahmen nur die laufenden Kosten gedeckt, Gewinne oder Löhne werden keine ausbezahlt. Die Künstler wissen, dass die Alti Moschti einen einmaligen Raum bietet, welcher engen Kundenkontakt zulässt, in dem auch neue Programme starten können, der ideal ist für Premièren und Dernièren, wo Newcomer gefördert werden und persönlicher Kontakt zu den Veranstaltern besteht. Sie wünschen, dass sie von den Veranstaltern gut betreut sowie vermarktet werden und dass bei den Aufführungen die Technik einwandfrei funktioniert. Die Mitarbeitenden arbeiten ehrenamtlich, sind dafür aber bei den Veranstaltungen kostenlos mit dabei. Als direkte Konkurrenz ist die Mühle Hunziken zu nennen, welche auch geografisch nahe liegt, ebenso übers Wochenende Veranstaltungen anbietet und ein ähnliches Image pflegt. Die eher konservativ ausgerichtete Dorfbevölkerung von Mühlethurnen ist der Moschti nicht so zugetan. Die anfängliche Angst vor Ruhestörung und Mehrverkehr hat sich etwas gelegt, allerdings gehören die Dorfbewohner leider nicht zu den Stammkunden. Das örtliche Gewerbe unterstützt die Moschti z.T. durch Sponsoring und erwartet von ihr eine günstige Platzierung ihrer Labels sowie Aufträge bei Renovationsbedarf.

Unternehmen und Umwelt

Umweltsphären

Die Unternehmensumwelt wird in fünf Umweltsphären unterteilt: die ökonomische, technologische, ökologische, soziale und rechtliche Umweltsphäre. Während Unternehmen ihre Umwelt nicht aktiv gestalten können, bestimmen umgekehrt die Grössen aus der Umwelt den Leistungserstellungsprozess sowie den Geschäftsverlauf massgeblich. Die Entwicklungstrends müssen deshalb vom Unternehmen laufend analysiert werden.

Ökonomische Umweltsphäre

Die Einflüsse aus der Gesamtwirtschaft auf das Unternehmen wie z. B. die Konjunktur, Inflationsrate oder Wechselkurse zählen zur ökonomischen Umweltsphäre. So ist bei vielen Gütern der Umsatz bei guter Konjunkturlage höher als in Zeiten der Rezession.

Technologische Umweltsphäre

Ermöglichen neue Produktionstechniken eine effizientere Leistungserbringung, so zählt dieser Einfluss zu den Grössen der technologischen Umweltsphäre. Neue Techniken bringen im Idealfall verbesserte Produkte, Dienstleistungen oder Vermarktungsmöglichkeiten. So entstanden z. B. mithilfe des Internets neue Werbe- und Verkaufsplattformen, die wiederum neue Bestell- und Kommunikationsmöglichkeiten ergaben.

Ökologische Umweltsphäre

Die Einflüsse der Natur (z. B. Bodenknappheit, Rohstoffvorkommen, Luftverschmutzung) zählen zur ökologischen Umweltsphäre. Die voranschreitende Klimaerwärmung hat z. B. Auswirkungen auf die Winterferienorte unter 1200 m ü. M. Sie werden in naher Zukunft wohl kaum noch ausreichend Schnee erhalten, um die Wünsche des Wintertourismus erfüllen zu können. Der Einsatz von Beschneiungsanlagen oder alternative Sportmöglichkeiten müssen geprüft werden.

Soziale Umweltsphäre

In der sozialen Umweltsphäre betrachten wir Einflüsse aus dem Zusammenleben und -arbeiten in einer Gesellschaft, z. B. Einstellungen und Werthaltungen der Menschen. So genügt es vielen Konsumentinnen und Konsumenten nicht mehr, gute Qualität zu einem möglichst niedrigen Preis zu kaufen, denn sie achten zunehmend auch auf die Einhaltung sozialer und ökologischer Anforderungen. Politische Diskussionen, Entscheidungen und Werthaltungen prägen die soziale Umweltsphäre nachhaltig, z. B. bei folgenden Themen: fremde Kulturen, Frau und Arbeit, Kindertagesstätten, Sonntagsverkauf, Öffnung gegenüber anderen Ländern.

Ökologische Umweltsphäre: Die voranschreitende Klimaerwärmung stellt tiefer liegende Winterferienorte vor grössere Herausforderungen.

Unternehmen im Mittelpunkt

In der rechtlichen Umweltsphäre spielen Gesetze und Verbote eine wesentliche Rolle. So hatte die Einführung des Rauchverbots im Kanton Bern grosse Auswirkungen auf Gastronomiebetriebe. Sei es, dass gewisse Kundinnen und Kunden nicht mehr bedient werden können, sei es, dass Umbaumassnahmen notwendig werden, um die Gesetze einhalten zu können. Im Gegenzug dazu hat es nun aber wieder mehr Familien, die Restaurants besuchen. Weitere Beispiele für den Einfluss der rechtlichen Umweltsphäre sind Abgaswerte, Werbeverbote (z. B. für Tabak) oder gesetzlich geregelte Ladenöffnungszeiten.

Rechtliche Umweltsphäre

Entwicklungen und Gegebenheiten aus der Umwelt wirken sich auf die Ziele und Entscheide von Unternehmen und Anspruchsgruppen aus. Oft sind die Umweltvoraussetzungen für die Unternehmen einer Branche in derselben Region ähnlich, dies betrifft insbesondere die rechtliche Umweltsphäre. Die Analyse der Umwelt und die Prognose kommender Entwicklungen sind vordringliche Aufgaben der Unternehmensführung. Wenn es gelingt, ein optimales Miteinander von Unternehmen und Umwelt zu schaffen, ist das ein wesentlicher Wettbewerbsvorteil, den es zu nutzen gilt.

Zusammenwirken

Vollständiges Modell

Man kann nun das Unternehmen (zum Innenleben *vgl. Kapitel 2.2*), die Anspruchsgruppen und die Umweltsphären zusammenfügen. Zwischen allen Elementen des Modells bestehen vielfältige Beziehungen und Wechselwirkungen. Nicht immer sind die Umweltsphären eindeutig voneinander abzugrenzen. So kann z. B. die Einhaltung der Umweltverordnungen sowohl zur ökologischen als auch zur rechtlichen Umweltsphäre gezählt werden.

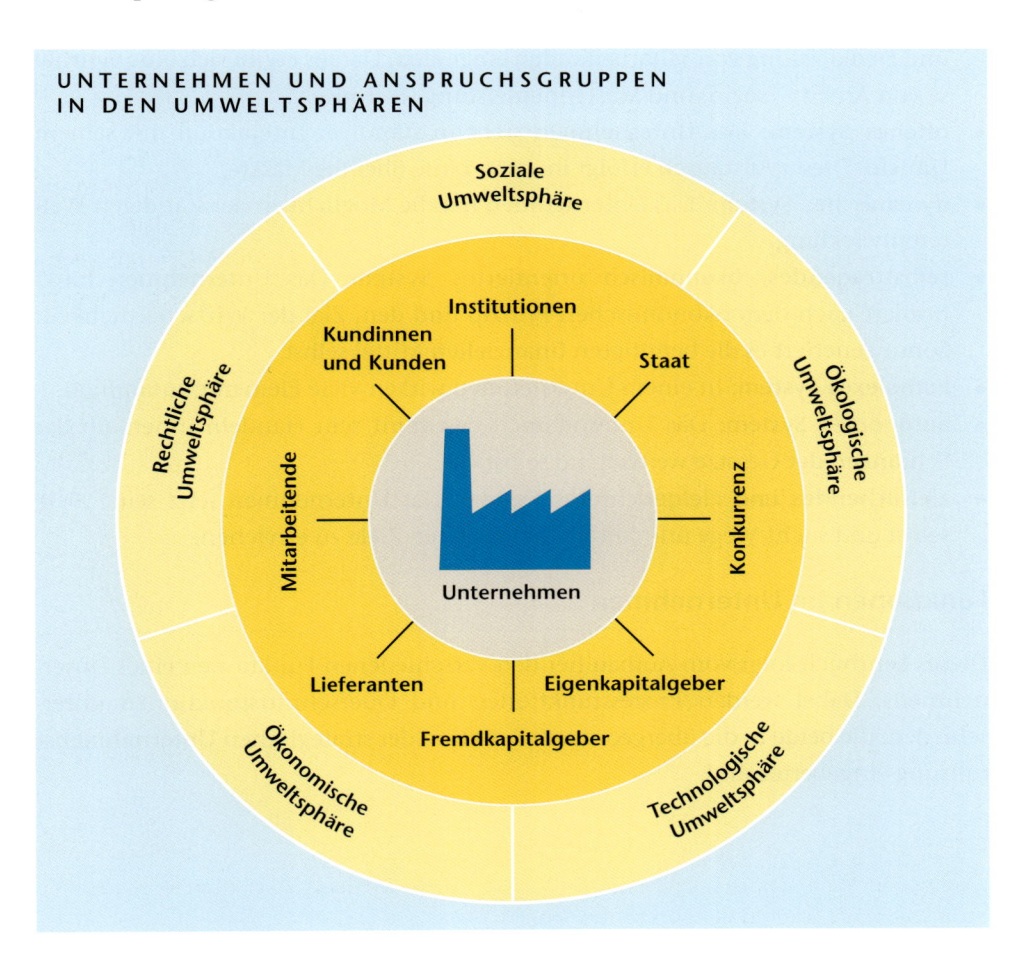

UNTERNEHMEN UND ANSPRUCHSGRUPPEN IN DEN UMWELTSPHÄREN

Soziale Umweltsphäre · Ökologische Umweltsphäre · Technologische Umweltsphäre · Ökonomische Umweltsphäre · Rechtliche Umweltsphäre

Institutionen · Kundinnen und Kunden · Staat · Konkurrenz · Eigenkapitalgeber · Fremdkapitalgeber · Lieferanten · Mitarbeitende · Unternehmen

2.2 Unternehmen als System

Nach dem Betrachten des Umfelds wenden wir uns nun dem Unternehmen selbst mit seinen unterschiedlichen Funktionen zu.

System

Ein System ist ein in sich geschlossener, funktionsfähiger Teil der Wirklichkeit. Es besitzt eine interne Struktur, d. h., es besteht aus unterscheidbaren Elementen, die in Wechselwirkung zueinander stehen. Die Verknüpfungen sind so, dass eine Veränderung an einer Stelle Veränderungen an vielen anderen Stellen nach sich zieht.

Ein Unternehmen kann als System dargestellt werden. Es umfasst die betrieblichen Funktionen Marketing, Leistungserstellung, strategische Unternehmensführung, Finanzen, Organisation und Personal.

Merkmale

Das Unternehmen als System hat verschiedene Ausprägungen. Das Unternehmen ist ein

- **produktives System:** Es erstellt Güter und/oder Dienstleistungen.
- **soziales System:** Es wird einerseits von Menschen geschaffen, andererseits arbeiten in einem Unternehmen Menschen zusammen.
- **sozio-technisches System:** Um eine Leistung zu erbringen, werden Betriebsmittel (Maschinen, Anlagen usw.), Werkstoffe (Rohstoffe, Energie usw.) sowie die Arbeit und Denkleistung von Mitarbeitenden eingesetzt. Daraus ergibt sich eine Synthese von Arbeits- (sozio) und Maschinenleistung (technisch).
- **offenes System:** Das Unternehmen steht in ständiger Interaktion mit seinem Umfeld. Dieser Austausch erfolgt in erster Linie über die Märkte.
- **dynamisches System:** Das Unternehmen hat die Möglichkeit der ständigen Weiterentwicklung.
- **selbsttragendes, ökonomisch orientiertes System:** Das Unternehmen funktioniert nach dem ökonomischen Prinzip und dem Ziel der Wirtschaftlichkeit. Somit generiert es die benötigten finanziellen Mittel selbst.
- **komplexes System:** In einem Unternehmen wirken viele Elemente zusammen.
- **autonomes System:** Das Unternehmen bestimmt sein Handeln innerhalb der Schranken der Gesetze weitgehend selbst.
- **zielsuchendes und zielgerichtetes System:** Das Unternehmen setzt seine Ziele selbst und sucht Wege und Mittel, die gesetzten Ziele zu erreichen.

Funktionen im Unternehmen

Dieses Lehrbuch folgt vom Aufbau her den verschiedenen Funktionen eines Unternehmens. Dabei werden Prozessfunktionen und Querschnittsfunktionen unterschieden, die beide in die übergeordnete Funktion der strategischen Unternehmensführung eingebettet sind.

2 Unternehmen im Mittelpunkt

UNTERNEHMEN ALS SYSTEM

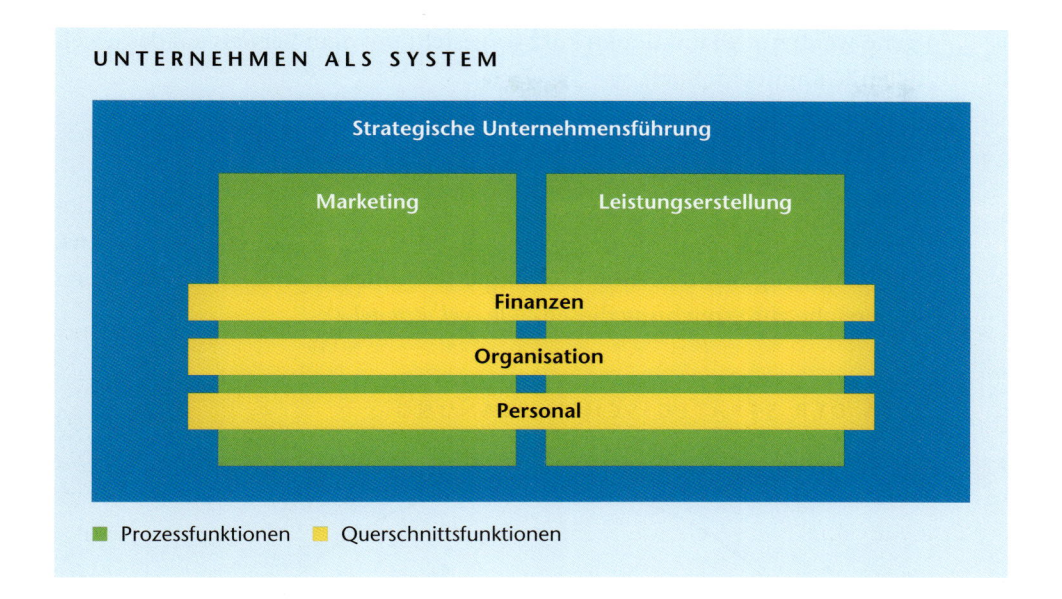

Strategische Unternehmensführung
- Marketing
- Leistungserstellung
- Finanzen
- Organisation
- Personal

■ Prozessfunktionen   ■ Querschnittsfunktionen

Die eigentliche Aufgabe der Unternehmen ist die Versorgung des Marktes mit Leistungen. Die dazu notwendigen Transformationen sind der zentrale Vorgang im Unternehmen. Daraus leiten sich die jeweiligen Funktionen ab, die direkt mit dem zentralen Prozess zusammenhängen, den zwei Prozessfunktionen Marketing und Leistungserstellung.

Prozessfunktionen

Nebst den zentralen Prozessfunktionen gibt es eine Vielzahl an Tätigkeiten, die der Unterstützung dienen. Querschnittsfunktionen unterstützen die Prozessfunktionen an verschiedensten Stellen, z. B. die Finanzierung der Werbekampagne, die Finanzierung der Produktionsmaschinen usw. In unserem Unternehmenssystem sind die Finanzen, die Organisation und die Personalfunktion Querschnittsfunktionen.

Querschnittsfunktionen

P DAS ST. GALLER MANAGEMENT-MODELL

Eines der bekanntesten Unternehmensmodelle ist das St. Galler Management-Modell (SGMM). Dieses wurde in den 1960er-Jahren durch Hans Ulrich und Walter Krieg entwickelt und 2014 zum vierten Mal überarbeitet bzw. präzisiert (seit 2002 unter dem Begriff «neues St. Galler Management-Modell»). Das SGMM bildet die Basis des Betriebswirtschaftsstudiums an der Universität St. Gallen sowie zahlreicher Managementbücher und steht bis weit über die Landesgrenze hinaus als Symbol für ein systemisches, integriertes Denken im Management.
Das Modell veranschaulicht das Unternehmen mit seinen Ordnungsmomenten (Strategie, Struktur und Kultur), seinen Prozessen (Management-, Geschäfts- und Unterstützungsprozesse) und seinen Entwicklungsmodi (Optimierung und Erneuerung) in Zusammenhang mit seinen Umweltsphären und seinen Anspruchsgruppen mit ihren Interaktionsthemen. Die Ausführungen zum Modell zeigen eindrücklich die vielfältigen Vernetzungen und Wechselwirkungen sowohl innerhalb des Systems als auch ausserhalb mit der Gesellschaft und den unterschiedlichen Akteuren der Wirtschaftswelt. Jede Entscheidung des Unternehmens unterliegt bestimmten Parametern und verändert sein Umfeld; jede Veränderung im Umfeld beeinflusst wiederum die Entscheidungen des Unternehmens.

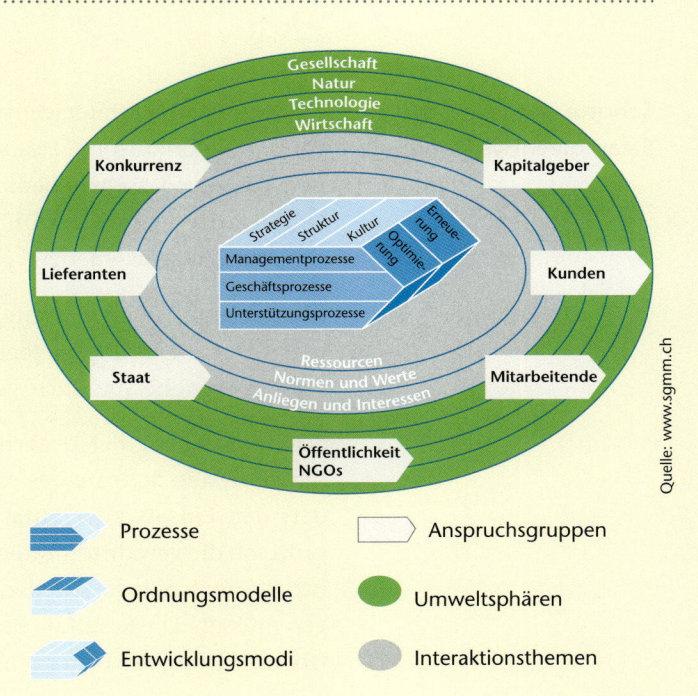

Legende:
- Prozesse
- Ordnungsmodelle
- Entwicklungsmodi
- Anspruchsgruppen
- Umweltsphären
- Interaktionsthemen

Quelle: www.sgmm.ch

Nachfolgend werden alle Funktionen kurz vorgestellt mit dem Verweis auf das jeweilige vertiefende Kapitel im Buch.

Strategische Unternehmensführung

Die strategische Unternehmensführung ist den Prozess- und Querschnittsfunktionen übergeordnet und verantwortlich für die Gesamtsteuerung des Unternehmens. Sie legt die langfristige Unternehmensstrategie fest und koordiniert die einzelnen Funktionsbereiche zur Erreichung dieser Ziele *(vgl. Kapitel 3)*.

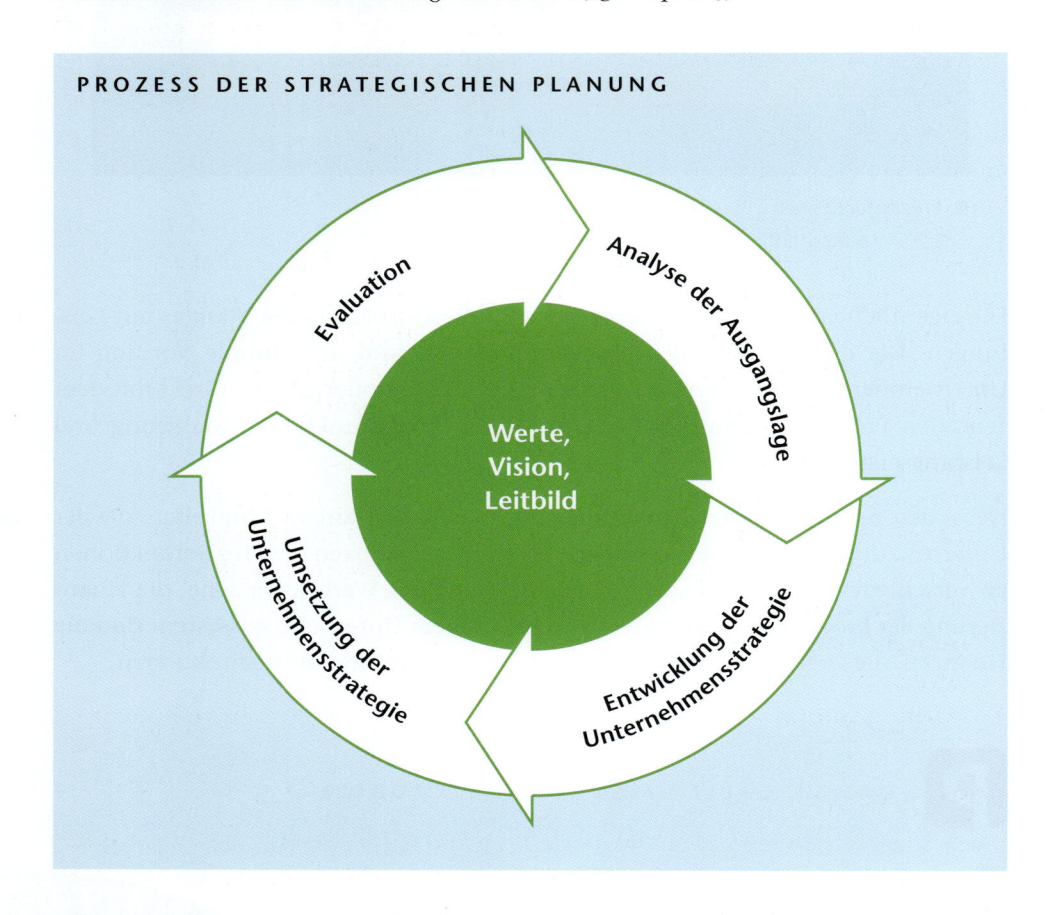

PROZESS DER STRATEGISCHEN PLANUNG

- Evaluation
- Analyse der Ausgangslage
- Entwicklung der Unternehmensstrategie
- Umsetzung der Unternehmensstrategie

Werte, Vision, Leitbild

Schritte der Strategieentwicklung

Zu Beginn einer Strategieentwicklung muss die Ausgangslage analysiert werden, z. B. wie viele Konkurrenten es auf dem angestrebten Markt hat, welche Produkte zur Befriedigung desselben Bedürfnisses es bereits gibt oder wie sich die marktrelevanten Gegebenheiten entwickeln. Aufgrund dieser Analyse können die Unternehmensziele formuliert werden.

Mit der Unternehmensstrategie wird die zielgerichtete Entwicklung eines Unternehmens geplant und festgelegt, z. B. welche Leistungen das Unternehmen erbringen soll oder welche Standorte gewählt werden sollen.

Nach Festlegung der Unternehmensstrategie folgt deren Umsetzung, die einer der schwierigsten Schritte des ganzen Prozesses ist. Eine erfolgreiche Umsetzung erfordert den Einsatz aller Mitarbeitenden. Mit der Evaluation wird schliesslich überprüft, ob die gewählte Strategie richtig ist, ob die Umsetzung der Strategie erfolgreich ist, wo noch Schwachstellen auszumachen sind und welche Verbesserungen erfolgen müssen. Die Resultate der Evaluation ergeben die erneuerte Ausgangslage für die Überarbeitung der Unternehmensstrategie.

Unternehmen im Mittelpunkt

Die obersten Leitlinien der Unternehmensführung und -strategie finden ihre Niederschrift in unternehmenseigenen Dokumenten wie der Vision oder dem Leitbild.

Prozessfunktionen

Marketing

Mit wachsendem Wohlstand und immer grösserem Waren- und Leistungsangebot wurde die Position der Nachfragenden stärker. Sie entscheiden über den Erfolg eines Angebots auf dem Markt und damit über den Erfolg des Unternehmens. Die Anbieter lernten schnell, sämtliche Aktivitäten am Markt auszurichten und so den Erfolg zu steuern. Nicht was technisch interessant und machbar ist, sondern was der Kunde möchte, soll das Handeln des Unternehmens und insbesondere die Leistungserstellung bestimmen.

Marketing als Philosophie

Marketing wird verstanden als die konsequente Ausrichtung der Unternehmensentscheidungen auf den Markt. Das Marketing konkretisiert die Ziele der Unternehmensführung, indem es Umsatzziele beziffert, anzustrebende Marktziele formuliert, Märkte und Marktsegmente definiert und Angaben zur Sortimentstiefe und -breite liefert. Es bestimmt somit die Leistungserstellung *(vgl. Kapitel 4)*.

Marketing als Prozessfunktion

Marketing als Prozessfunktion trifft vier grundlegende Entscheidungen:

Grundentscheidungen des Marketings

- In welchen Märkten soll das Unternehmen tätig sein? Neue Märkte sind zu definieren, bereits bearbeitete zu überprüfen und allenfalls neu abzugrenzen.
- Welche Kunden will das Unternehmen erreichen? Welche spezifischen Bedürfnisse haben sie?
- Mit welchen Leistungen erreicht das Unternehmen seine Kunden? Welches Leistungspaket soll der Kundschaft angeboten werden?
- Welche quantitativen Ziele setzt sich das Unternehmen in den einzelnen Märkten?

Leistungserstellung

Die Leistungserstellung als Funktion basiert auf den Entscheiden des Marketings und umfasst die Beschaffung, die Produktion bzw. Leistungserstellung, das Lager und die Distributionsaufgaben eines Unternehmens *(vgl. Kapitel 5)*.

Die Produktion im engeren Sinne betrifft die eigentliche Be- und Verarbeitung von Rohstoffen zu Produkten bzw. Halb- und Fertigfabrikaten oder die Erbringung von Dienstleistungen. Hierbei muss die Unternehmensleitung folgende Fragen zum Leistungssortiment beantworten:

Produktion

- **Leistungsprogramm:** Welche Leistungen in welcher Qualität sollen vom Unternehmen erbracht werden? Werden allenfalls Vorleistungen extern eingekauft?
- **Leistungsmenge:** Wie viele Produkte sollen produziert bzw. wie viele Dienstleistungen sollen erbracht werden?
- **Leistungserstellungsverfahren:** Mit welchen Produktionsmitteln sollen die Leistungen erstellt werden, und wie sind diese angeordnet (z. B. Maschinen, Kundenschalter)?

Unternehmen und Umwelt

Materialwirtschaft

Nach der Klärung des Leistungssortiments eines Unternehmens müssen die zur Erstellung notwendigen Produktionsfaktoren beschafft werden, so die benötigten Arbeitskräfte, das Kapital, Informationen, Rechte, Handelswaren usw. Ebenso müssen die halbfertigen und fertigen Produkte gelagert und transportiert werden. Die Materialwirtschaft (MAWI) befasst sich mit der Beschaffung, Lagerung und Verteilung der im Leistungsprozess erforderlichen und anfallenden Materialien (z. B. Rohstoffe, Halb- und Fertigfabrikate, Handelswaren). In Dienstleistungsbetrieben spielt die MAWI keine grosse Rolle.

Beschaffung

Mit zunehmender Globalisierung nimmt der Kostendruck bei Industriebetrieben kontinuierlich zu. Der Einkauf der zu verarbeitenden Materialien sowie eventueller Handelswaren ist dabei ein wesentlicher Kostenfaktor. Die Entscheide darüber, wer jeweiliger Lieferant der Materialien ist, wie gross die Liefermengen sein sollen und wie häufig die Lieferungen sind, werden damit sehr wichtig und bedürfen der ständigen Planung, Steuerung und Kontrolle. Sie richten sich an der Programm- und Absatzplanung aus *(vgl. Kapitel 5)*.

Lager und Distribution

Nicht immer kann «just in time» – genau dann, wann benötigt – geliefert werden oder lassen sich die genauen Verbrauchsmengen voraussagen. Die meisten Unternehmen verfügen deshalb über Lager mit Sicherheitsbeständen an benötigten Materialien. Die möglichst kostengünstige Bewirtschaftung eines Lagers ist sehr komplex. Nicht zuletzt müssen die Materialien auch rechtzeitig von den Lagerhallen zu den verarbeitenden Maschinen transportiert werden. Ebenfalls zumindest zwischengelagert werden müssen die Halbfertig- und Fertigprodukte, bevor sie weiterverwendet bzw. zum Verkauf versandt werden können *(vgl. Kapitel 5)*.

CORPORATE SOCIAL RESPONSIBILITY (CSR)

Freiwilliger Beitrag zur Nachhaltigkeit
Unter Corporate Social Responsibility (CSR), auf Deutsch unternehmerische Sozialverantwortung, versteht man den Beitrag eines Unternehmens zu einer nachhaltigen Entwicklung, der über die gesetzlichen Forderungen hinausgeht. CSR umfasst die Handlungen des Unternehmens auf den Märkten (Absatz und Beschaffung von Gütern und Dienstleistungen), die Beziehung mit ihren Mitarbeitenden sowie den Austausch mit den relevanten Anspruchsgruppen.

Wirtschaftlicher Erfolg
Ob ein Unternehmen nachhaltig oder umweltschädlich oder gar menschenfeindlich produziert und agiert wird von der Öffentlichkeit wahrgenommen und in den (sozialen) Medien oftmals unverzüglich kommentiert und bewertet. Das Verhalten des Unternehmens kann also einen direkten Einfluss auf seinen wirtschaftlichen Erfolg haben.

Dokumentierung des Engagements
Um ihr Engagement im Bereich der Sozialverantwortung zu dokumentieren, verwenden viele Unternehmen Instrumente wie ein Ethik-Kodex oder ein Ökolabel. Je nach Branche existieren unterschiedliche Labels. Beispiele bei Lebensmitteln sind *asc* und *msc* (für Fische), *Max Havelaar* (für Bananen und Kaffee), in der Kleiderbranche *Fairtrade* und *biocotton* und in der Hotelbranche *Blaue Taube* und *ibex fairstay*.

(ehemals Steinbock-Label)

Die Auszeichnung *ibex fairstay* ist ein Schweizer Gütesiegel, das die Nachhaltigkeit von Beherbergungsbetrieben in den Bereichen Management, Wirtschaftlichkeit, Umwelt, Soziales, regionale Verankerung und Kultur überprüft und je nach Leistung mit den vier Auszeichnungsstufen Bronze, Silber, Gold oder Platinum auszeichnet. Beispielsweise erhielt das Hotel Schützen in Rheinfelden die Auszeichnungsstufe Gold. Dieses Tagungshotel besticht durch seine saisonale Küche, die gute ÖV-Verbindungen sowie durch ein grosszügiges Wellness- und Entspannungsangebot, das in Zusammenarbeit mit dem Hotel Eden im Park angeboten wird.
Quelle: http://ibexfairstay.ch

Unternehmen im Mittelpunkt

Querschnittsfunktionen

Finanzen

Die Funktion der Finanzen dient der Erfassung und Dokumentation der Geld- und Güterflüsse im Unternehmen selbst sowie zwischen dem Unternehmen und Dritten *(vgl. Kapitel 6)*. Gemäss OR Art. 957 sind alle Einzelunternehmen, die ein Handels-, Fabrikations- oder ein anderes nach kaufmännischer Art geführtes Gewerbe führen sowie alle Betriebe, die im Handelsregister eingetragen sein müssen, verpflichtet, eine Finanzbuchhaltung (Bilanz und Erfolgsrechnung) zu führen.

Das Rechnungswesen gliedert sich in die Finanz- und Betriebsbuchhaltung. Ebenso gehören dazu ergänzende Berichte wie Betriebsstatistiken und Sonderrechnungen.

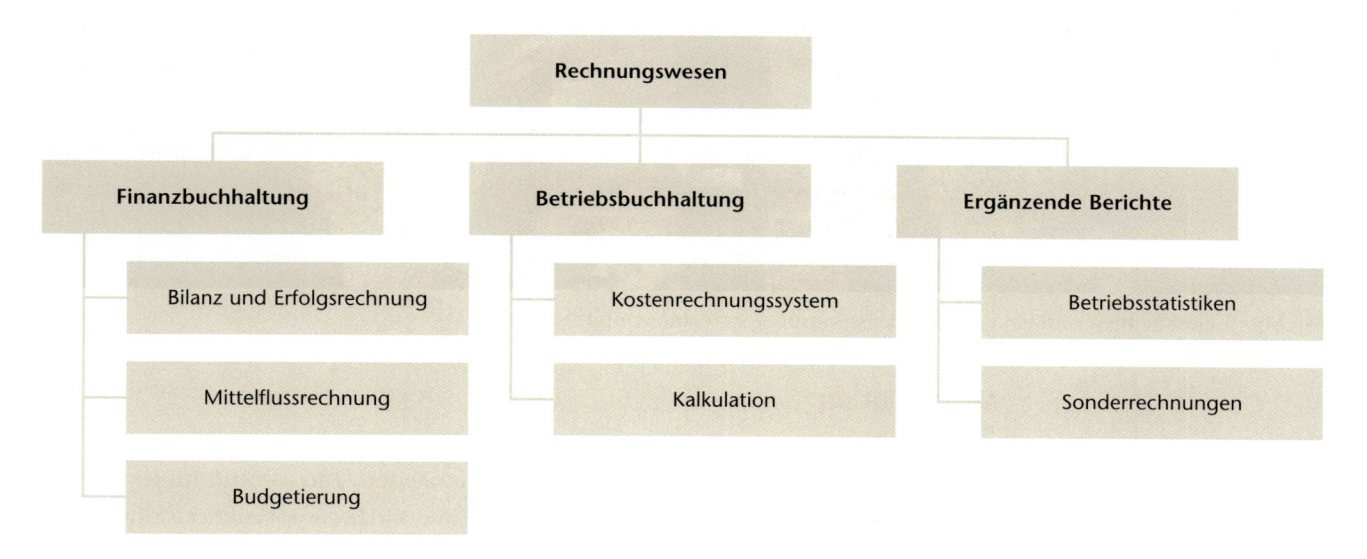

Rechnungswesen

```
                        Rechnungswesen
            ┌─────────────────┼─────────────────┐
    Finanzbuchhaltung   Betriebsbuchhaltung   Ergänzende Berichte
            │                 │                 │
  Bilanz und Erfolgsrechnung  Kostenrechnungssystem   Betriebsstatistiken
            │                 │                 │
    Mittelflussrechnung    Kalkulation       Sonderrechnungen
            │
      Budgetierung
```

Die Finanzierung umfasst das Finanzmanagement (z. B. wie viel Kapital wird benötigt?), die Beteiligungsfinanzierung (z. B. soll durch eine Kapitalerhöhung die Eigenkapitalbasis gestärkt werden?), die Fremdfinanzierung (z. B. soll das Unternehmen Bankkredite aufnehmen, oder handelt es mit Lieferanten Kredite aus?) und die Innenfinanzierung (z. B. soll das Unternehmen Gewinne für Investitionen zurückbehalten?).

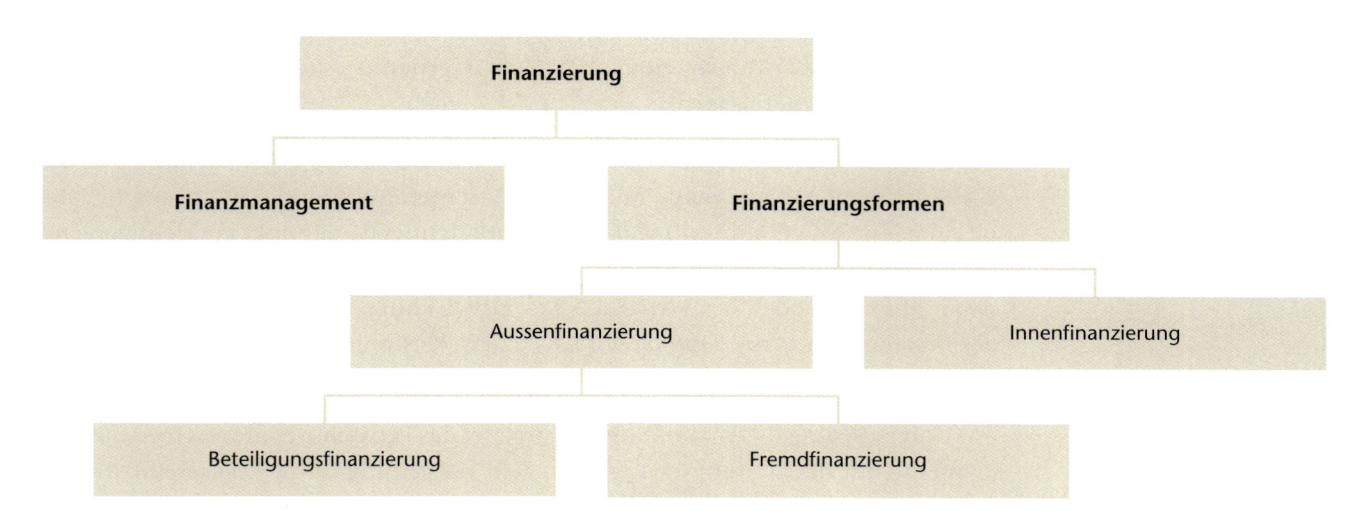

Finanzierung

```
                    Finanzierung
            ┌───────────┴───────────┐
   Finanzmanagement          Finanzierungsformen
                            ┌──────┴──────┐
                     Aussenfinanzierung   Innenfinanzierung
                      ┌──────┴──────┐
          Beteiligungsfinanzierung   Fremdfinanzierung
```

Unternehmen und Umwelt

Die Mitarbeitenden sind ein wichtiges Leistungspotenzial eines Unternehmens.

Organisation

Die Organisation regelt in einem Unternehmen Arbeitsabläufe, Über- und Unterstellungen, Aufgaben, Kompetenzen, Verantwortlichkeiten, Dienst- und Informationswege. Sie gliedert damit das Unternehmen in überschaubare, funktionsfähige und abgrenzbare Einheiten *(vgl. Kapitel 7)*.

Ablauforganisation Die Ablauforganisation legt die Reihenfolge verschiedener Arbeitsabläufe fest und sorgt so für ein reibungsloses Funktionieren der Prozesse.

Aufbauorganisation Die Aufbauorganisation fasst ähnliche Aufgaben zu Stellen zusammen und bildet daraus organisatorische Einheiten, sogenannte Abteilungen. Die Aufbauorganisation eines Unternehmens lässt sich als Organigramm abbilden.

Personal

Die Mitarbeitenden (auch Humanressourcen genannt) sind wichtige Leistungspotenziale des Unternehmens.

Aufgaben Das Personalwesen ist dafür verantwortlich, dass entsprechend dem Leistungsziel des Unternehmens Mitarbeitende mit der gewünschten Ausbildung / Erfahrung (Qualität) in der benötigten Anzahl (Quantität) zum richtigen Zeitpunkt am richtigen Ort sind. Dazu beschäftigt es sich mit der Planung, Auswahl, Anstellung und Einführung neuer Mitarbeitender, der Weiterbildung, Entwicklung, Förderung und Motivation des bestehenden Personalbestandes sowie den Pensionierungen und Entlassungen *(vgl. Kapitel 8)*.

Instrumente Zur Unterstützung dieser Funktionen erarbeitet das Personalwesen verschiedene Instrumente, für die Leistungsbeurteilung (z. B. Wegleitung für die Zielvereinbarung), Personalführung (z. B. Mitarbeiterzufriedenheitsbefragungen), Lohnfindung (z. B. Bonus-Lohnsystem) oder Arbeitszeitregelung (z. B. Gleitzeit, Jahresarbeitszeit) u. a.

Unternehmen im Mittelpunkt

ZUSAMMENFASSUNG

Das Kapitel bietet einen ersten Überblick über die betrieblichen Funktionen. Dabei werden Prozess- und Querschnittsfunktionen unterschieden. Übergeordnet ist die strategische Unternehmensführung mit der Planung. Als Prozessfunktionen gelten das Marketing und die Leistungserstellung. Unterstützende Funktionen und damit Querschnittsfunktionen sind die Finanzen, die Organisation und das Personalwesen.

Das Unternehmen lässt sich in einem Unternehmensmodell darstellen. Dieses Modell bettet das Unternehmen und seine Anspruchsgruppen in fünf Umweltsphären ein (die ökonomische, technologische, ökologische, soziale und rechtliche Umweltsphäre). Als Anspruchsgruppen eines Unternehmens gelten Eigentümer, Kapitalgeber, Kundschaft, Lieferanten, Mitarbeitende, Konkurrenten, der Staat und weitere Institutionen (Verbände, Vereine, Presse). Die Forderungen der Anspruchsgruppen können einander widersprechen oder miteinander harmonieren. Es gibt auch Forderungen, die andere nicht tangieren.

Unternehmen und Umwelt

SCHLÜSSELBEGRIFFE

- Anspruchsgruppen
  - Eigenkapitalgeber
  - Eigentümer
  - Fremdkapitalgeber
  - Mitarbeitende
  - Kundinnen und Kunden
  - Lieferanten
  - Institutionen
  - Konkurrenz
  - Staat
- Modell
  - Beschreibungsmodelle
  - Erklärungsmodelle
  - Entscheidungsmodelle
  - St. Galler Management-Modell
- Prozessfunktionen
- Querschnittsfunktionen
- Shareholder-Value-Ansatz
- Stakeholder-Value-Ansatz
- System
- Umweltsphären
  - Ökologische Umweltsphäre
  - Ökonomische Umweltsphäre
  - Rechtliche Umweltsphäre
  - Soziale Umweltsphäre
  - Technologische Umweltsphäre

→ Eine Definition der Schlüsselbegriffe finden Sie im Glossar.

QUELLEN UND WEITERFÜHRENDE LITERATUR

Grünig, Rudolf: **Das Planungskonzept. Instrument zur Gestaltung der Planung und ihrer Kontrolle.** Praxishilfen für Unternehmungen, Band 1, 3. Auflage, Bern u. a. 2002

Hugentobler, Walter / Schaufelbühl, Karl / Blattner, Matthias: **Integrale Betriebswirtschaftslehre**, 5. Auflage, Zürich 2013

Rüegg-Stürm, Johannes: **Das neue St. Galler Management-Modell.** Grundkategorien einer integrierten Managementlehre. Der HSG-Ansatz, 6. Nachdruck der 2. Auflage, Bern u. a. 2005

Unternehmen im Mittelpunkt

REPETITIONSFRAGEN KAPITEL 2

1. Weshalb werden in der BWL Modelle erstellt?

2. Nennen Sie die Anspruchsgruppen Ihrer Schule. Welche Beziehungen zwischen den Forderungen können Sie erkennen?

3. Formulieren Sie mögliche Konflikte zwischen den Ansprüchen der Anspruchsgruppen und den Interessen eines Unternehmens.

4. Beschreiben Sie anhand eines Ihnen bekannten Unternehmens, wie sich die Umweltsphären auf dieses auswirken.

5. Beschreiben Sie die Anspruchsgruppen der Moschti Mühlethurnen und deren Forderungen. Welche Beziehungen können Sie erkennen? Wie könnten bestehende Konflikte gelöst werden. Machen Sie konkrete Vorschläge.

6. Wie jedes Unternehmen steht auch die Moschti Mühlethurnen innerhalb der Umweltsphären. Nennen Sie aus jeder Umweltsphäre mindestens zwei Einflussgrössen, die für die Moschti Mühlethurnen besonders wichtig sind, und begründen Sie Ihre Auswahl.

7. Geben Sie für nachfolgende Aussagen an, ob diese richtig oder falsch sind, und begründen Sie Ihre Antwort:
   a) Ein Unternehmen ist ein produktives System, weil Menschen darin arbeiten.
   b) Ein System ist ein Teil der Wirklichkeit, der für sich alleine funktioniert.
   c) Die Funktion «Personal» ist eine typische Prozessfunktion, denn ohne Mitarbeitende kann ein Unternehmen nicht tätig sein.
   d) Die strategische Unternehmensführung ist den Prozess- und Querschnittsfunktionen über- und vorgelagert.
   e) In welchen Märkten ein Unternehmen tätig sein soll, ist eine grundlegende Entscheidung der Finanzfunktion.
   f) Die Materialwirtschaft beschäftigt sich mit der Frage, welches Produkt in welchen Varianten produziert werden soll.
   g) Die Querschnittsfunktion der Finanzen beschäftigt sich ausschliesslich mit der Buchhaltung bzw. der Erstellung von Bilanz und Erfolgsrechnung.
   h) Die Personalverantwortlichen sind dafür zuständig, dass immer ausreichend Personal zur Aufrechterhaltung des Leistungserstellungsprozesses da ist.

8. Eines der bekanntesten Unternehmensmodelle in der Schweiz ist das St. Galler Management-Modell (SGMM). Besuchen Sie die Website *www.sgmm.ch*. Lesen Sie die verschiedenen Module zum SGMM durch und beantworten Sie danach folgende Fragen:
   a) Das SGMM besteht aus mehreren Modellteilen. Welche Teile sind das und wie sind diese miteinander verbunden?
   b) Das SGMM wurde mehrmals überarbeitet. Worin unterscheiden sich die verschiedenen Generationen des Modells? Weshalb kam es zu den genannten Veränderungen bzw. Fokusänderungen?
   c) Wozu wird das SGMM hauptsächlich verwendet?

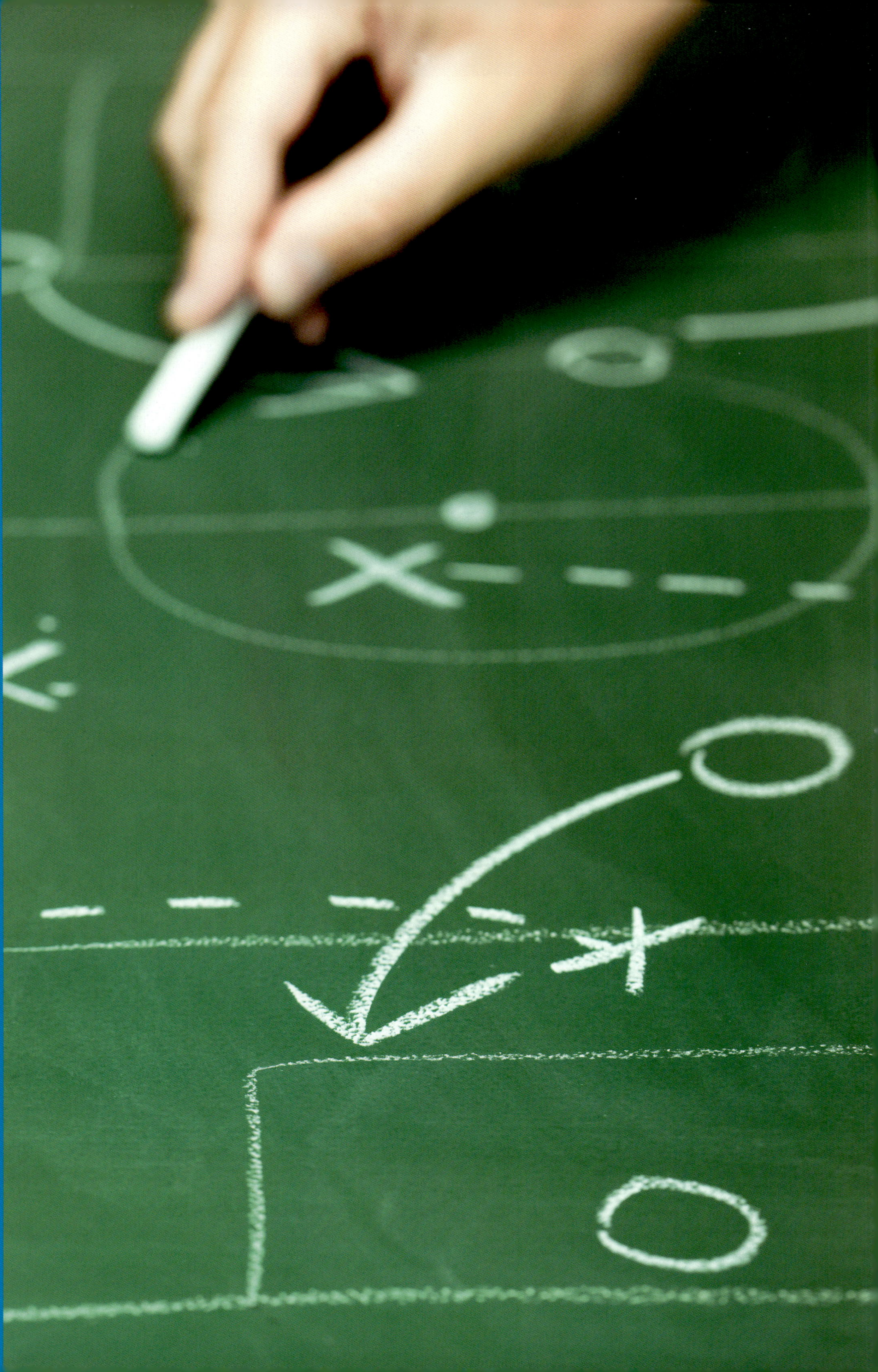

3

Strategische Unternehmensführung

3.1	Einführung in die strategische Unternehmensführung	55
3.2	Strategische Grundsätze	56
3.3	Strategische Planung	61
3.4	Analyse der Ausgangslage	62
3.5	Entwicklung der Unternehmensstrategie	67
3.6	Umsetzung der Unternehmensstrategie	72
3.7	Evaluation	73

«Unternehmensführung ist nicht die Beschäftigung mit Gegenwartsproblemen, sondern die Gestaltung der Zukunft.»

Daniel Goeudevert (*1942), Unternehmensberater, ehemaliger Vizepräsident des Internationalen Grünen Kreuzes

LERNZIELE

Nachdem Sie dieses Kapitel gelesen haben, können Sie …

… erklären, welche Aufgaben die strategische Planung umfasst und wie diese als Kreislauf darzustellen sind.

… die Wichtigkeit von Werten, Visionen und Leitbildern für Unternehmen beschreiben.

… Corporate Social Responsibility erläutern und entsprechende Instrumente aufzeigen.

… erklären, wie strategische Erfolgspotenziale zustande kommen.

… darstellen, welche Kräfte die Attraktivität eines Marktes beeinflussen.

… die Funktionsweise der SWOT-Analyse aufzeigen.

… verschiedene Unternehmens- und Wettbewerbsstrategien voneinander abgrenzen und beschreiben.

… den Unterschied zwischen einer Marktdurchdringung und einer Marktentwicklung erläutern.

3 Strategische Unternehmensführung

3.1 Einführung in die strategische Unternehmensführung

Führen heisst, mögliche Entwicklungen frühzeitig zu erfassen und entsprechend zu handeln – «Gouverner c'est prévoir!», sagte bereits im 19. Jahrhundert der französische Politiker Émile de Girardin. In einem Unternehmen ist es die zentrale Aufgabe der Unternehmensführung, langfristig zu denken und zu handeln und dadurch den Erfolg des Unternehmens auf lange Sicht zu sichern.

Die strategische Unternehmensführung ist für die Gesamtkoordination und -steuerung eines Unternehmens verantwortlich. Sie ist den betrieblichen Funktionen (wie z. B. der Leistungserstellung oder dem Marketing) übergeordnet, bestimmt die längerfristigen (strategischen) Ziele und koordiniert die verschiedenen Funktionsbereiche auf diese Ziele hin. In der Praxis könnten die Fragestellungen z. B. folgendermassen lauten: «Was ist unser spezifisches Erfolgsrezept?», «Für welche Zielgruppen im Markt können wir bester Problemlöser sein?» Bei Amazon, dem weltbekannten Online-Versandhaus, ist dies beispielsweise eine flexible Logistik für die Kundschaft, die online Bücher, eBooks, Elektronikgeräte, DVDs und viele weitere Produkte bestellt.

Strategische Unternehmensführung

Ständig verändern sich die Rahmenbedingungen oder die Erwartungen der Anspruchsgruppen an das Unternehmen. Damit diese Herausforderungen systematisch und mit klaren Zielvorstellungen bewältigt werden können, werden in der strategischen Unternehmensführung die langfristigen Unternehmensziele und die Unternehmensstrategie festgelegt. Bevor die Unternehmensleitung jedoch im Rahmen der strategischen Planung die eigentliche Unternehmensstrategie entwickeln kann, muss sie sich mit den eigenen Werten, der Vision und dem Leitbild auseinandersetzen.

Unternehmen und Umwelt

3.2 Strategische Grundsätze

Während die Vision als Kompass und Antriebsquelle einen sehr langfristig zu erreichenden Zielzustand beschreibt, bilden die Werte und das Leitbild den Rahmen, innerhalb dessen die Unternehmensstrategie erarbeitet wird. Corporate Social Responsibility umfasst die Bestrebungen des Unternehmens, seine ökologische und gesellschaftliche Verantwortung wahrzunehmen.

Werte

Als «Werte» werden grundlegende Einstellungen bezeichnet, die dem Handeln der Unternehmensleitung oder dem Unternehmen als Ganzes zugrunde liegen. Denn nicht alles, was machbar ist, ist aus moralischer Sicht auch wünschenswert. Die Wertvorstellungen prägen ein Unternehmen und sind wesentlich dafür verantwortlich, wie glaubwürdig das Unternehmen in der Öffentlichkeit wahrgenommen wird. Wichtig ist, dass Werte nicht nur verkündet werden, sondern dass sie ein echtes Anliegen darstellen und von der Unternehmensleitung vorgelebt werden.

MIGROS GENOSSENSCHAFTSBUND

MIGROS

WERTE DER MIGROS

Genossenschaftlicher Grundgedanke
Unsere Identität ist durch den genossenschaftlichen Grundgedanken geprägt – das erlaubt uns, den Gewinn, der nicht zur Sicherung des Unternehmens benötigt wird, zur Verbesserung der Lebensqualität unserer Kunden, Mitarbeiter und der Gesellschaft einzusetzen. Genossenschaftlich sein heisst auch, dass viele Interessen aufeinander abgestimmt und berücksichtigt werden müssen – da sind wir vielfältig wie die Schweiz mit ihrer föderalen Grundstruktur.

Tradition und Vielfalt
Wir sind stolz darauf, ein Schweizer Unternehmen zu sein – verbunden mit unserer Tradition und Geschichte. Gleichzeitig sind wir offen für die Vielfalt der Welt.

Nachhaltigkeit
Wir sind erfolgs- und leistungsorientiert, wobei wir der Nachhaltigkeit verpflichtet sind. Das bedeutet, ein Gleichgewicht zwischen den wirtschaftlichen, ökologischen und sozialen Ansprüchen zu finden.

Glaubwürdigkeit
Wir sind glaubwürdig und verantwortungsbewusst, weil wir in unseren Geschäftsbeziehungen redlich, berechenbar und zuverlässig denken, sprechen und handeln. Glaubwürdig machen wir uns, indem wir überprüfen und überprüfen lassen, ob wir Angekündigtes auch tun. Wir pflegen einen offenen Dialog nach innen und aussen.

Offenheit
Unsere Neugierde und unser Interesse richten sich auf die Verbesserung der Lebensqualität unserer Kundinnen und Kunden.

Leidenschaft
Wir lassen uns von der Auseinandersetzung mit ihren Bedürfnissen inspirieren und verwenden unsere ganze professionelle Leidenschaft darauf, sie mit unseren Produkten und Dienstleistungen stets aufs Neue positiv zu überraschen und zufrieden zu stellen.

Strategische Unternehmensführung

Vision

Die Vision stellt ein generelles Ziel des Unternehmens bzw. die Grundmotivation der Unternehmensleitung dar. Sie ist ein Zukunftsbild, das in der Regel die Unternehmensgründer bzw. Inhaber haben. Darin enthalten sind Prognosen, Hoffnungen und Ziele: Warum tun wir das, was wir heute tun? Wo wollen wir in fünf bis zehn Jahren stehen?

Eine Unternehmensvision gibt also die Richtung vor, in die sich ein Unternehmen entwickeln soll. Sie soll das Engagement der Mitarbeitenden fördern und die gemeinsamen Kräfte mobilisieren.

Ausgehend von der Vision, wird das Leitbild ausformuliert. Dieses konkretisiert die Ziele der Vision.

Leitbild

Mit dem Leitbild werden die generellen Richtlinien formuliert, auf die sich das Verhalten des Unternehmens stützen soll.

Es umfasst alle zentralen Werte eines Unternehmens, an denen sich dessen Tätigkeiten orientieren sollen. Das Leitbild wird einerseits intern als Orientierungshilfe bei Entscheidungen verwendet, andererseits extern zur Kommunikation der Grundsätze und Wertvorstellungen des Unternehmens eingesetzt. Es beschreibt zudem die Grundeinstellung gegenüber den Anspruchsgruppen eines Unternehmens.

VISION DER MIGROS

Migros – täglich besser leben
Die Migros ist bei ihren Kundinnen und Kunden, bei ihren Mitarbeiterinnen und Mitarbeitern und in der Öffentlichkeit als das führende Unternehmen für die Verbesserung der Lebensqualität anerkannt. Wir decken mit unseren Konsum- und Dienstleistungsprodukten die Bedürfnisse des täglichen Lebens ab. Dabei richten wir unser Angebot an alle Bevölkerungsschichten und deren spezifische Bedürfnisse nach Lebensqualität.

LEITBILD DER MIGROS

Unsere Versprechen ...

... an unsere Kundinnen und Kunden: Die Migros ist das Schweizer Unternehmen, das sich mit Leidenschaft für die Lebensqualität seiner Kundinnen und Kunden einsetzt.

... an unsere Mitarbeiterinnen und Mitarbeiter: Als vorbildliche Arbeitgeberin schaffen wir für unsere Mitarbeiterinnen und Mitarbeiter die Voraussetzungen für ein motivierendes und leistungsorientiertes Arbeitsklima, das die besten Kräfte anzieht.

... an unsere Genossenschafterinnen und Genossenschafter: Gegenüber unseren Genossenschafterinnen und Genossenschaftern verpflichten wir uns, Werte zu schaffen, die den langfristigen und unabhängigen Fortbestand der Migros sicherstellen.

... an unsere Lieferanten: Basierend auf der freien Marktwirtschaft und dem Leistungswettbewerb streben wir die direkte Zusammenarbeit mit unseren Lieferanten an. Wir verbessern Produkte und Dienstleistungen laufend, fördern die Gesundheit und das Wohlbefinden der Bevölkerung und setzen zudem ökologische und soziale Standards bei Arbeits- und Produktionsbedingungen.

... an die Gesellschaft: Wir fördern die freie, eigenverantwortliche Entfaltung des Menschen. Das Migros-Kulturprozent verschafft einer breiten Bevölkerung Zugang zu Kultur und Bildung und befähigt die Menschen, an den kulturellen, sozialen und wirtschaftlichen Veränderungen der Gesellschaft teilzuhaben. Wir betreiben unser Kerngeschäft sozialverträglich und ressourcenschonend. Zudem schaffen wir dank Pionierleistungen einzigartige Mehrwerte für Mensch, Tier und Umwelt.

Quelle: Migros Genossenschaftsbund

Unternehmen und Umwelt

Corporate Social Responsibility

Wir haben Corporate Social Responsibility (CSR) bereits in Kapitel 2 im Praxisfenster auf S. 46 kennengelernt. Doch warum ist es so wichtig, dass Unternehmen ihre Verantwortung gegenüber Gesellschaft und Umwelt wahrnehmen und dementsprechend nachhaltig agieren?

Bereits Ende des 19. Jahrhunderts sind sich Unternehmer ihrer gesellschaftlichen Verantwortung bewusst gewesen und haben sich für soziale Ziele engagiert. So hat z. B. der amerikanische Unternehmer Henry Ford seinen Mitarbeitenden Gesundheitsprogramme angeboten und Wohnungen bereitgestellt.

Aspekte der Nachhaltigkeit

Heute umfasst CSR zahlreiche Bereiche, welche die Unternehmensführung zu berücksichtigen hat, wenn sie das Unternehmen nachhaltig führen will. Dazu zählen unter anderem faire Arbeitsbedingungen, Einhaltung der Menschenrechte, Schonung der Umwelt, Kampf gegen Korruption, fairer Umgang mit der Konkurrenz, Berücksichtigung der Konsumenteninteressen und Transparenz.

Nützliches Engagement

Dabei geht es den Unternehmen nicht nur um die Verbesserung der Welt. Schon Henry Ford war klar, dass sich ein solches freiwilliges Engagement nicht nur für die Gesellschaft, sondern auch für das Unternehmen auszahlen kann. Wie wir im Unternehmensmodell gesehen haben, stehen Unternehmen in ständiger Interaktion mit ihren Anspruchsgruppen und Umweltsphären: Jegliches Handeln hat Auswirkungen und wird registriert. Wie sich ein Unternehmen in Bezug auf seine Verantwortung gegenüber Gesellschaft und Umwelt verhält, kann daher einen direkten Einfluss auf den wirtschaftlichen Erfolg eines Unternehmens haben. Dies gilt heute noch viel mehr als früher. Denn via soziale Medien und Internet können sich negative Berichte nun in Sekundenschnelle auf der ganzen Welt verbreiten.

Die verschiedenen Anspruchsgruppen haben in Bezug auf CSR ganz unterschiedliche Interessen, wie die Übersicht auf der folgenden Seite veranschaulicht.

Nachhaltigkeit im Tourismus: Immer mehr Konsumentinnen und Konsumenten entscheiden sich für nachhaltige Feriengebiete.

Strategische Unternehmensführung

CSR: INTERESSEN VON ANSPRUCHSGRUPPEN

Unterschiedliche Interessen im Rahmen von CSR

- **Gesellschaft und NGOs**: fordern faire Arbeitsbedingungen, keine Diskriminierungen, Einhaltung der Menschenrechte und Umweltschutz
- **Unternehmen**: wollen ihre CSR-Strategie umsetzen und negative Berichte vermeiden
- **Investoren**: fordern Einhaltung der Unternehmensgrundsätze, Transparenz und Risikoreduktion
- **Staat/Politik**: kann Vermittlerrolle zwischen den verschiedenen Interessensvertretern übernehmen
- **Konsumenten**: wollen transparente Informationen und nachhaltige Produkte, üben grosse Marktmacht aus (Boykotte)
- **Medien**: decken Missstände auf und können Unternehmen stark in Bedrängnis bringen

INSTRUMENTE ZUR UMSETZUNG VON CSR-ZIELEN

Instrument	Beschreibung	Beispiele aus der Praxis
Orientierung an nationalen und internationalen Richtlinien und Grundsätzen	Der Bund und verschiedene internationale Organisationen und NGOs haben Grundsätze für die Einhaltung und Umsetzung von CSR-Massnahmen festgelegt, an denen sich Unternehmen orientieren können.	• Positionspapier und Aktionsplan des Bundesrates zur Verantwortung der Unternehmen für Gesellschaft und Umwelt (vom 1. April 2015) • Leitsätze für multinationale Unternehmen der OECD • Global Reporting Initiative (Richtlinien für die Erstellung von Nachhaltigkeitsberichten)
Nutzung von Gütesiegeln	Solche Labels zeigen den Konsumentinnen und Konsumenten, dass ein Produkt eine besondere nachhaltige Qualität aufweist, z.B. beim Umwelt- oder Tierschutz (Überblick über die verschiedenen Gütesiegel unter www.labelinfo.ch).	• Fairtrade Max Havelaar: Gütesiegel der Max Havelaar Stiftung für fair gehandelte Produkte • ASC: Gütesiegel des Aquaculture Stewardship Council für Fisch aus nachhaltiger Fischzucht • ProSpecieRara: Gütesiegel der Stiftung für Produkte und Betriebe, die den Erhalt von traditionellen Kulturpflanzen und gefährdeten Nutztieren unterstützen
Unternehmenspolitik und Unternehmenskultur	In den Unternehmensgrundsätzen bzw. im Leitbild werden die Ziele bezüglich der sozialen Verantwortung des Unternehmens ausgeführt und beschrieben. Dabei werden die Prioritäten und deren Gewichtung verbindlich festgelegt.	Unternehmensgrundsätze von Nestlé (Auszug): *Als Unternehmen können wir nur dann erfolgreich sein, wenn wir Mehrwert für die Gesellschaft schaffen. Unsere Grundsätze bilden die Wertegrundlage unserer Arbeit.* (Quelle: Nestlé)
Managementsysteme, z.B. Etablierung eines Code of Conduct	Schaffung eines verbindlichen Verhaltenskodex über alle Führungsstufen. Dieser sogenannte Code of Conduct legt Handlungsrichtlinien fest und wird im Rahmen der Führung und in Mitarbeitergesprächen verankert und überprüft.	Code of Conduct der Credit Suisse (Auszug): *Der Code of Conduct legt unsere ethischen Grundwerte und professionellen Standards fest. Wir erwarten von unseren Verwaltungsratsmitgliedern und Mitarbeitenden, dass sie sich bei der Umsetzung unserer Vision daran halten. Nur wenn wir diese Rahmenbedingungen einhalten, können wir unseren Ruf, der für Integrität, faire Handlungsweise und umsichtiges Risikoverhalten steht, aufrechterhalten und festigen.* (Quelle: Credit Suisse)

Unternehmen und Umwelt

Initiativen	Unternehmen lancieren vielfältige Initiativen zur Umsetzung ihrer CSR-Ziele, beispielsweise bezüglich Umweltschutz, nachhaltigen Konsums oder Menschenrechten.	Coop-Initiative «Taten statt Worte»: *Unter diesem Motto fassen wir unsere Taten für Mensch, Tier und Natur zusammen. Im Zentrum steht der nachhaltige Konsum.* (Quelle: Coop)
Spenden	Spenden sind freiwillige Zuwendungen in Form von Geld oder Sachleistungen ohne Gegenleistung, z. B. für einen wissenschaftlichen, gemeinnützigen, kulturellen, wirtschaftlichen oder politischen Zweck.	IKEA Foundation: *IKEA Foundation spendete 2013 139 Millionen US-Dollar an Programme, die Kinder und Familien in den ärmsten Regionen der Welt unterstützen. 2013 belegte die IKEA Foundation einen obersten Rang in der Liste der spendenfreudigsten Stiftungen der Welt.* (Quelle: IKEA)
Stiftungen	Unternehmen können auch gemeinnützige Zwecke verfolgen, indem sie eine Stiftung gründen. Mit einer Stiftung widmet der Stifter ein Vermögen einem bestimmten Zweck. Dieses Vermögen wird rechtlich verselbstständigt und von einem Stiftungsrat verwaltet.	Die Holcim Stiftung: *Besonders förderungswürdig sind aus Sicht der Holcim Stiftung Arbeiten, die einen Beitrag zur Bewältigung aktueller gesellschaftlicher Probleme erwarten lassen oder aber durch Erprobung neuer Methoden, neuer Perspektiven oder neuartiger Fragestellungen für die wissenschaftliche Entwicklung wichtig sind.* (Quelle: Holcim)
Corporate Volunteering	Beim Corporate Volunteering dürfen sich Mitarbeiterinnen und Mitarbeiter in einem zeitlich festgelegten Rahmen während der Arbeitszeit für soziale oder ökologische Projekte engagieren.	Freiwilligenarbeit bei der Post: *Die Post unterstützt seit Jahren das politische und soziale Engagement ihrer Mitarbeitenden. Dabei setzt sie in der Freiwilligenarbeit auch auf neue Formen wie Corporate Volunteering. Das heisst, die Freiwilligenarbeit wird während der Arbeitszeit und auf Initiative des Unternehmens geleistet.* (Quelle: Die Post)
Public-Private Partnership (PPP)	Unter Public-Private Partnership versteht man Partnerschaften zwischen Unternehmen und öffentlichen oder sozialen Institutionen – von informellen Kooperationen bis hin zur Finanzierung.	Veloverleihsystem «Züri Velo»: *Die Stadt Zürich bekommt ein automatisches Veloverleihsystem im PPP-Modell. Als privater Partner für Planung, Aufbau, Betrieb und Finanzierung der mindestens 100 Stationen hat sich die Postauto-Tochter «PubliBike» durchgesetzt. Betriebsstart ist im Juni 2016.* (Quelle: Verein PPP Schweiz)
Sponsoring	Beim Sponsoring unterstützen Unternehmen Einzelpersonen, Organisationen oder Veranstaltungen in Form von Geld, Sach- und Dienstleistungen. Das Unternehmen erwartet im Gegenzug, dass durch diese Förderung die eigenen Marketing- oder Kommunikationsziele unterstützt werden *(vgl. Kapitel 4, S. 109)*.	Sponsoring der Mobiliar: *Der genossenschaftliche Gedanke soll auch über Partnerschaften und Sponsorings in die Gesellschaft und zu unserer Kundschaft getragen werden. Gemeinsam mit unseren Partnern engagieren wir uns mittel- bis langfristig in Projekten von nationaler Bedeutung. Mit ihrem Kultur- und Gesellschafts-Sponsoring unterstützt die Mobiliar z. B. das Paléo Festival, Das Zelt und den Zoo Zürich.* (Quelle: Mobiliar)
Kommunikation und Reporting	Die Berichterstattung über CSR-Aktivitäten soll konkret über die sozialen, ökonomischen oder umweltbezogenen Auswirkungen der Tätigkeiten eines Unternehmens orientieren. Dieses Reporting ergänzt die klassische Finanzanalyse und Finanzberichterstattung im Geschäftsbericht (Analyse der Nachhaltigkeitsberichterstattung von Unternehmen unter www.inrate.com).	Swisscom-Nachhaltigkeitsbericht 2014 (Auszug): *Menschen mit beschränkten finanziellen Mitteln unterstützt Swisscom durch zwei Angebote. Jugendliche unter 26 Jahren profitieren von einem vergünstigten Tarifplan. Die entsprechenden Abonnemente sind für Jugendliche bis 18 Jahre zusätzlich mit einer Kreditlimite versehen. Ebenso bietet Swisscom für Senioren spezielle Abonnemente, bei denen die Grundgebühren besonders tief liegen.*

Verankerung im Unternehmen

Welche Methoden ein Unternehmen bei der Umsetzung seiner CSR-Ziele auch wählt, entscheidend dabei ist, dass die gesellschaftliche Verantwortung im Unternehmen selbst verankert ist. Die soziale Verantwortung sollte daher bereits in den Werten und im Leitbild ein wichtiger Bestandteil sein *(vgl. das Beispiel der Migros, S. 56 f.)* und von den Führungskräften und Mitarbeitenden auch tatsächlich gelebt werden.

Kritische Betrachtung

Weil dies in der Praxis in manchen Unternehmen nicht der Fall ist, wird das Konzept der CSR teilweise auch kritisch diskutiert, insbesondere wenn Unternehmen Corporate Social Responsibility bloss zur Verbesserung des eigenen Images oder zur Verhinderung neuer staatlicher Regulierungen einsetzen.

3.3 Strategische Planung

Als «strategische Planung» wird der Prozess bezeichnet, mittels dessen eine Unternehmensstrategie entwickelt und umgesetzt wird. Die strategische Planung ist ein langfristiger, sich wiederholender Vorgang. Die Zukunft ist unsicher, die Rahmenbedingungen können sich rasch ändern. Die Kunst besteht daher darin, zukünftige Entwicklungen richtig einzuschätzen, um trotz der Unsicherheiten die gesetzten Ziele zu erreichen.

Die strategische Planung erfolgt als Prozess in vier aufeinanderfolgenden Schritten. Zuerst werden sowohl der ausgewählte Markt als auch das Unternehmen selbst analysiert. Auf der Basis dieser Analyse wird die Unternehmensstrategie formuliert (Welche qualitativen und quantitativen Ziele wollen wir auf welche Weise erreichen?). Ist die Strategie klar, gilt es diese umzusetzen. Mit der Evaluation wird abschliessend kontrolliert, ob die Umsetzung erfolgreich war und die gesteckten Ziele erreicht wurden. Die Resultate der Evaluation stellen die Grundlage dar, wenn der Prozess der strategischen Planung von Neuem beginnt.

Prozess in vier Schritten

Während des gesamten Prozesses bilden die Werte, die Vision und das Leitbild den Mittelpunkt, an dem es sich zu orientieren gilt.

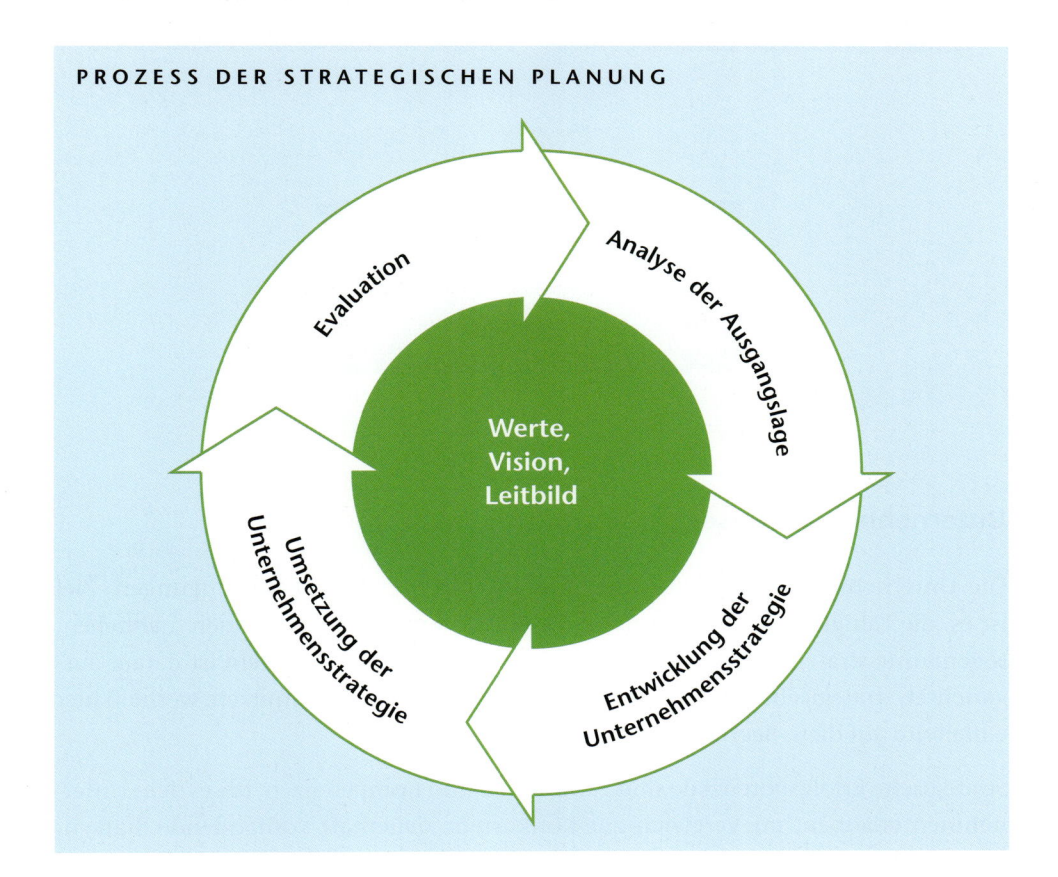

PROZESS DER STRATEGISCHEN PLANUNG

- Analyse der Ausgangslage
- Entwicklung der Unternehmensstrategie
- Umsetzung der Unternehmensstrategie
- Evaluation

Werte, Vision, Leitbild

3.4 Analyse der Ausgangslage

Damit eine Unternehmensstrategie formuliert werden kann, muss die Unternehmensleitung Informationen zur Umwelt und zum Unternehmen gewinnen. Einerseits ist dabei von Interesse, welche Chancen und Gefahren sich aus Veränderungen der Umwelt ergeben könnten (z. B. Erkennen von neuen Trends bei den Konsumentinnen und Konsumenten), andererseits stehen die Stärken und Schwächen des Unternehmens selbst im Fokus. Die interne und die externe Sicht werden einander anschliessend gegenübergestellt.

ANALYSE DER AUSGANGSLAGE

Unternehmensanalyse
Analyse der internen Rahmenbedingungen
Analysemethode: Fähigkeitsanalyse

Umweltanalyse
Analyse der externen Rahmenbedingungen
Analysemethode: Fünf-Kräfte-Modell

Strategische Analyse
Kombiniert die interne und externe Sicht
Analysemethode: SWOT-Analyse

Unternehmensanalyse

Strategische Erfolgspotenziale und Wettbewerbsvorteile

Die Unternehmensanalyse durchleuchtet die internen Rahmenbedingungen. Ziel ist es, die Fähigkeiten zu bestimmen, die ein Unternehmen von anderen abheben, sogenannte strategische Erfolgspotenziale. Das strategische Handeln ist darauf ausgerichtet, strategische Erfolgspotenziale zu erkennen und auszunutzen, weshalb hier einleitend auf diese Begrifflichkeiten eingegangen wird.

Strategische Erfolgspotenziale sind Fähigkeiten und Kompetenzen, die es dem Unternehmen erlauben, im Vergleich zur Konkurrenz dauerhaft vorhandene Stärken, sogenannte Wettbewerbsvorteile, aufzubauen.

Strategische Unternehmensführung

BEISPIELE STRATEGISCHER ERFOLGSPOTENZIALE

Bereiche strategischer Erfolgspotenziale	Beispiele
Produkte und Dienstleistungen	• Fähigkeit, durch die Nähe zur Kundschaft deren Bedürfnisse besser als die Konkurrenz zu erkennen und früher Lösungen für deren Probleme zu lancieren • Fähigkeit, einen besseren Kundenservice zu bieten
Markt	• Fähigkeit, einen Markt besser zu bearbeiten, z. B. durch die Anwesenheit mit einer Filiale vor Ort • Fähigkeit, auf einem Markt ein überlegenes Image (z. B. Kultstatus der Marke) aufzubauen
Unternehmensfunktionen	• Fähigkeit, den Herstellungsprozess besser zu beherrschen als die Konkurrenz und somit Innovationen früher zu entwickeln • Fähigkeit, günstig zu produzieren und damit die Kosten tief zu halten

Dabei ist wichtig zu bedenken, dass es sich bei einem Erfolgspotenzial erst um ein Potenzial handelt, das durch die nachgelagerten betrieblichen Funktionen wie Leistungserstellung oder Marketing erst noch gewinnbringend als Wettbewerbsvorteil umgesetzt werden muss.

Eine Möglichkeit, Stärken und Schwächen im eigenen Unternehmen zu erkennen, stellt die Fähigkeitsanalyse dar. Diese zeigt auf, in welchen Bereichen das Unternehmen gegenüber einem Hauptkonkurrenten Stärken besitzt und wo im Vergleich Schwächen auszumachen sind. Diese Einschätzungen sind möglichst mit objektiven Daten zu stützen.

Fähigkeitsanalyse

P **FÄHIGKEITSANALYSE DER MIGROS** – Die Migros wird sich bei einer Fähigkeitsanalyse am stärksten Konkurrenten, Coop, orientieren, um herauszufinden, wo sie selbst Stärken und Schwächen aufweist. Dazu könnte sie beispielsweise Statistiken des Bundesamts für Statistik, Studien von Marktforschungsinstituten oder Publikationen von der und über die Coop-Gruppe heranziehen.

Mit einer Fähigkeitsanalyse vergleicht sich ein Unternehmen mit seinem Hauptkonkurrenten.

Unternehmen und Umwelt

RASTER FÜR EINE FÄHIGKEITSANALYSE (BEISPIEL)

Kriterien		Bewertung im Vergleich zur Hauptkonkurrenz			Begründung
		schlechter	gleich	besser	
Marketing	• Werbung		X		
	• Kundenservice		X		
	• Sortiment	X			
	• Qualität		X		
	• Preis		X		
Produktion	• Produktivität			X	
	• Anlagen			X	
	• Fehlerquote		X		
Forschung und Entwicklung (F&E)	• Know-how	X			
	• Patente	X			
	• Abteilungsgrösse		X		
Finanzen	• Liquidität			X	
	• Stille Reserven			X	
	• Renditen			X	
Personal	• Förderung		X		
	• Altersstruktur			X	
	• Qualifikation		X		
	• Ausbildungsplätze	X			
	• Weiterbildungsmöglichkeiten		X		
Führung/Organisation	• Informationssystem			X	
	• Managementkompetenz		X		
Innovationsfähigkeit	• Erschliessung neuer Märkte	X			
	• Neue Produkte/Jahr	X			
Know-how	• Wissenstransfer mit Universitäten	X			
	• Strategische Allianzen		X		
Synergien	• Produktion		X		
	• Administration		X		

Tabelle in Anlehnung an Lombriser/Abplanalp (2015)

Strategische Unternehmensführung

Umweltanalyse

Die Umweltsphären bestimmen den Geschäftsgang eines Unternehmens massgeblich. Im Rahmen der Umweltanalyse werden deshalb die externen Rahmenbedingungen und Entwicklungstrends abgeschätzt.

Zur Beurteilung der Attraktivität bestehender und neuer Märkte eignet sich das Fünf-Kräfte-Modell nach Michael Porter. Porter unterscheidet in seiner Darstellung fünf verschiedene Wettbewerbskräfte, deren Zusammenwirken die Wettbewerbsintensität eines Marktes bestimmen. Die Wettbewerbsintensität ihrerseits beeinflusst die Attraktivität eines Marktes, denn je stärker der Konkurrenzkampf ist, desto grösser ist der Preisdruck.

Fünf-Kräfte-Modell nach Porter

FÜNF-KRÄFTE-MODELL NACH PORTER

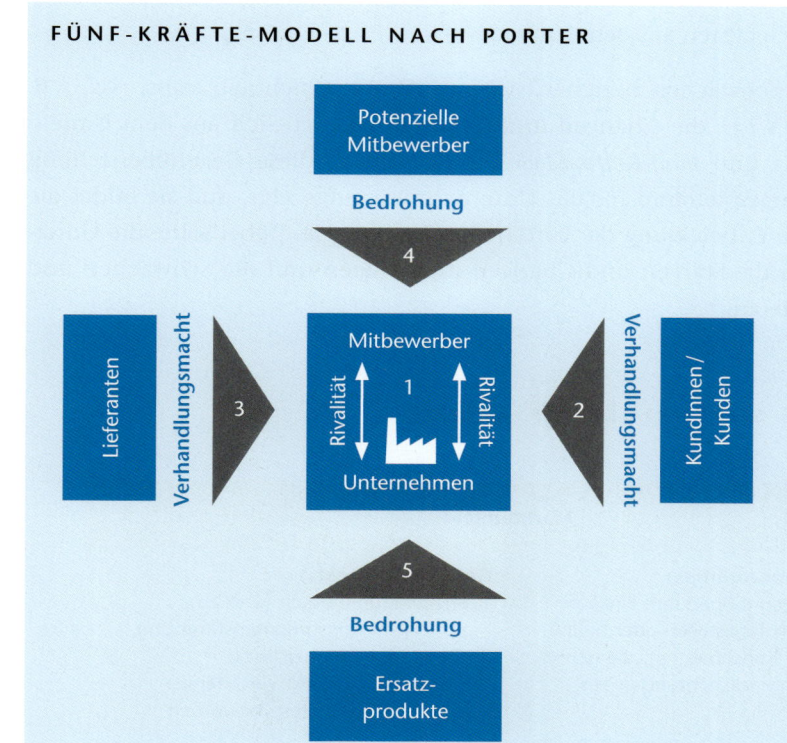

Die Wettbewerbskräfte lassen sich wie folgt identifizieren:

1. **Bestehende Rivalität im Markt:** Wie gross ist die Wettbewerbsmacht der Konkurrenten?
2. **Verhandlungsmacht der Kundinnen und Kunden:** Verfügen die Kunden über eine grosse Einkaufsmacht? Können sie einfach zur Konkurrenz wechseln?
3. **Verhandlungsmacht der Lieferanten:** Können die Lieferanten gemeinsam über Preis- oder Termindruck Macht auf uns ausüben?
4. **Gefahr potenzieller neuer Konkurrenten:** Wie gross ist die Gefahr, dass der Wettbewerb durch neu in den Markt eintretende Unternehmen weiter verschärft wird?
5. **Gefahr durch Ersatzprodukte:** Besteht die Gefahr, dass neue Produkte oder Dienstleistungen die bereits bestehenden überflüssig machen? Wird durch Technologiewandel eine günstigere Produktion möglich?

Abbildung in Anlehnung an Porter (1983)

🅿 MIGROS GENOSSENSCHAFTSBUND

Fünf-Kräfte-Modell für die Migros

1. Bestehende Rivalität im Markt: Die Konkurrenz im Markt ist relativ gross. Folgende Marktteilnehmer sind dabei u. a. zu beachten: Coop, Aldi, Lidl, Volg, Spar.
2. Verhandlungsmacht der Kunden: Kundinnen und Kunden schliessen sich eher nicht zusammen, um eine grössere Einkaufsmacht zu erwirken. Allerdings können sie sehr einfach zur Konkurrenz wechseln und zum Teil auch im Ausland einkaufen gehen. Ihre Verhandlungsmacht ist somit trotzdem als gross einzustufen.
3. Verhandlungsmacht der Lieferanten: Die Migros ist eine der grössten Abnehmerinnen, weshalb die Verhandlungsmacht der Lieferanten als eher gering einzustufen ist. Die Migros kann selbst Druck auf die Lieferanten ausüben, was teilweise zu Protesten führt (z. B. Bauernproteste).
4. Gefahr potenzieller neuer Konkurrenten: Diese Gefahr ist als mittel einzustufen, da einigermassen hohe Eintrittsbarrieren bestehen. Dies vor allem aufgrund der Knappheit von attraktiven Verkaufsstandorten. Allerdings haben sich Lidl und Aldi in den letzten Jahren in der Schweiz etabliert und üben nun Druck auf die Migros aus.
5. Gefahr durch Ersatzprodukte: Der Grossteil der Konsumenten kauft nach wie vor lieber in Geschäften als im Internet ein, weshalb momentan die Gefahr durch das Internetshopping (noch) nicht bedrohlich ist. Zudem betreibt die Migros mit LeShop selbst einen Online-Supermarkt.

Schlussfolgerung der Analyse: Der Detailhandel ist sehr wettbewerbsintensiv. Dank ihrer Grösse und Dominanz kann sich die Migros in diesem hart umkämpften Wettbewerb aber erfolgreich behaupten.

Unternehmen und Umwelt

Strategische Analyse

Die strategische Analyse ergibt sich aus einer Zusammenführung der internen und der externen Sicht. Dazu werden die Resultate aus der Unternehmens- und der Umweltanalyse einander gegenübergestellt. Es wird also abgeschätzt, wie sich die Umwelt in Zukunft verändern dürfte und wie gut ein Unternehmen zur Bewältigung dieser Entwicklungen gerüstet ist.

Zur Durchführung einer strategischen Analyse wird häufig die SWOT-Analyse angewendet. Diese Bezeichnung leitet sich aus folgenden englischen Begriffen ab:

- **S** für Strengths – Stärken eines Unternehmens,
- **W** für Weaknesses – Schwächen eines Unternehmens,
- **O** für Opportunities – Chancen des Umfelds,
- **T** für Threats – Gefahren aus dem Umfeld.

Die Stärken und Schwächen beziehen sich auf das Unternehmen selbst *(vgl. z. B. Fähigkeitsanalyse, S. 63)*, die Chancen und Gefahren ergeben sich aus dem Umfeld *(vgl. z. B. Kapitel 2 und Fünf-Kräfte-Modell, S. 65)*. Durch diese Gegenüberstellung wird der Handlungsspielraum für das Unternehmen aufgezeigt, und sie bildet die Grundlage für die Entwicklung der Unternehmensstrategie. Dabei sollte die Unternehmensstrategie die Stärken und Chancen maximieren und die Schwächen und Gefahren minimieren.

SWOT-ANALYSE AM BEISPIEL EINES SOFTDRINKHERSTELLERS

		Marktumfeld	
		Chancen (Opportunities) 1. Konsumenten tätigen ihre Einkäufe vermehrt an Tankstellen oder online 2. Neugierige Konsumenten, die gerne neue Geschmacksrichtungen ausprobieren	**Gefahren (Threats)** 1. Konjunktureinbruch führt zu schlechter Konsumentenstimmung 2. Starker Konkurrenzdruck: Der Getränkemarkt wird bereits von vielen Anbietern beworben
Unternehmen	**Stärken (Strengths)** 1. Guter Zugang zu Tankstellenshops 2. Qualitativ gutes Produkt	**Welche Stärken treffen auf welche Chancen?** Idealfall; Chancen können mit eigenen Stärken genutzt werden.	**Welche Stärken treffen auf welche Gefahren?** Durch die Ausnutzung eigener Stärken sollen Gefahren verringert oder vermieden werden.
	Schwächen (Weaknesses) 3. Hohe Produktionskosten und dadurch hoher Produktpreis 4. Schwaches Marketing	**Welche Schwächen treffen auf welche Chancen?** Schwächen sollen abgebaut oder in Stärken verwandelt werden, um die sich ergebenden Chancen zu nutzen.	**Welche Schwächen treffen auf welche Gefahren?** Gefährlichste Kombination; Es müssen gleichzeitig Schwächen abgebaut und die Gefahren verringert werden.

Abbildung in Anlehnung an Lombriser/Abplanalp (2015)

Auf der Basis der strategischen Analyse wird nun die Unternehmensstrategie entwickelt.

3.5 Entwicklung der Unternehmensstrategie

Viele Unternehmerinnen und Unternehmer scheitern, weil sie sich nicht um eine realistische Unternehmensstrategie bemühen. Oder was noch schlimmer ist: Sie haben gar keine (ausformulierte) Strategie. Erst mit einer Unternehmensstrategie wird nämlich die langfristige Entwicklungsrichtung eines Unternehmens schriftlich festgelegt.

Die SWOT-Analyse zeigt, dass ein Unternehmen durch die Gegenüberstellung der eigenen Stärken und Schwächen mit den Chancen und Gefahren aus dem Marktumfeld seinen Handlungsspielraum ausloten kann. Ausgehend von der SWOT-Analyse, werden nun in einem ersten Schritt die Unternehmensziele festgelegt, bevor die eigentliche Unternehmensstrategie entwickelt wird.

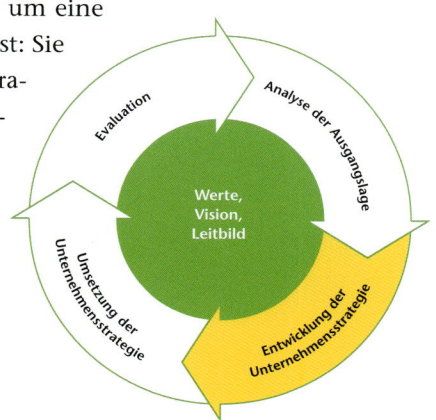

Unternehmensziele

Damit eine Unternehmensstrategie formuliert werden kann, müssen zunächst ebenfalls die Unternehmensziele festgehalten werden. Unternehmensziele stehen als oberste Ziele in der Zielhierarchie eines Unternehmens *(vgl. Kapitel 1.5, Unternehmensziele)* und verdeutlichen die Prioritäten der Unternehmensleitung. Bei den Unternehmenszielen können leistungswirtschaftliche, finanzwirtschaftliche und soziale Ziele unterschieden werden.

GLIEDERUNG DER UNTERNEHMENSZIELE

	Beispiele
Leistungswirtschaftliche Ziele	Wir streben innerhalb der nächsten drei Jahre einen Marktanteil von 10% an. In der Öffentlichkeit gelten wir als innovativstes Unternehmen unserer Branche.
Finanzwirtschaftliche Ziele	Im langjährigen Schnitt wollen wir eine Rendite von 12% erwirtschaften. Unsere Aktiven sind zu mindestens 40% durch Eigenkapital gedeckt.
Soziale und ökologische Ziele	Wir fördern die Weiterbildung unserer Mitarbeitenden. Für unsere Produktion verwenden wir vorwiegend Rohstoffe aus Bio-Anbau. Wir minimieren unseren CO_2-Ausstoss durch den Einsatz modernster Technik.

Auf der Grundlage der Unternehmensziele werden nun verschiedene Unternehmensstrategien vorgestellt. Dabei liegt der Fokus auf Unternehmensstrategien, die ein Unternehmenswachstum zum Ziel haben.

Unternehmensstrategien beziehen sich stets auf das gesamte Unternehmen oder auf Unternehmensbereiche – und nicht auf einzelne Produkte. Trotzdem ergeben sich teilweise Berührungspunkte zum Marketing *(vgl. Kapitel 4)*. Denn bei der Entwicklung von neuen Produkten fliessen immer auch die Überlegungen mit ein, die im Rahmen der Entwicklung der Produkt-Markt-Matrix und der Wettbewerbsstrategie gemacht werden, die nachfolgend vorgestellt werden.

Unternehmen und Umwelt

Produkt-Markt-Matrix

Die Produkt-Markt-Matrix von Harry Ansoff zeigt vier mögliche Unternehmensstrategien auf. Aus der Kombination, ob bestehende oder neue Dienstleistungen und Produkte angeboten und ob bisherige oder neue Märkte bedient werden, ergeben sich vier verschiedene Strategiemöglichkeiten.

PRODUKT-MARKT-MATRIX NACH ANSOFF

		Märkte	
		bisherige	neue
Produkte / Dienstleistungen	bisherige	Marktdurchdringung	Marktentwicklung
	neue	Produktentwicklung	Diversifikation

Marktdurchdringung

Bei der Marktdurchdringung werden bestehende Märkte mit bisherigen Produkten und Dienstleistungen intensiver bearbeitet. So kann die Absatzmenge pro Kunde gesteigert und/oder können mehr Kunden gewonnen werden. Bei einem gesättigten Markt bedeutet diese Strategie, dass die eigenen Marktanteile auf Kosten der Konkurrenz gesteigert werden sollen.

Marktentwicklung

Bearbeitet ein Unternehmen mit seinen bisherigen Marktleistungen neue Märkte oder Marktsegmente, spricht man von einer Marktentwicklung.

P MARKTDURCHDRINGUNG
Die Migros strebt an, durch verstärkte Marketingaktivitäten Kundinnen und Kunden anzusprechen, die bisher bei der Konkurrenz eingekauft haben.

P MARKTENTWICKLUNG
Die Migros übernahm 2006 die Aktienmehrheit am Online-Supermarkt LeShop und erweiterte damit ihr Geschäft im Internet. 2015 erwirtschaftete LeShop einen Umsatz von 176 Millionen Franken. Migros konnte damit ihre unbestrittene position als Marktführer im E-Commerce-Geschäft ausbauen.

Marktentwicklung: Die Migros besitzt seit 2006 den Online-Supermarkt LeShop.

Strategische Unternehmensführung

Bei der Strategie der Produktentwicklung werden neue Marktleistungen auf bisherigen Märkten angeboten. Diese können entweder als Innovation alte ersetzen oder als Varianten das Produkt- und Dienstleistungsprogramm erweitern. Beispielsweise ist die Ablösung der Röhrenbildfernseher durch LED-Fernseher eine Produktentwicklung.

Produktentwicklung

Die Strategie der Diversifikation führt ein Unternehmen mit neuen Produkten in neue Märkte. Dabei wird zwischen drei verschiedenen Formen der Diversifikation unterschieden:

Diversifikation

- **Horizontale Diversifikation:** Die neuen Produkte stehen im Zusammenhang mit den bisherigen Produkten, es können Synergien genutzt werden. Beispiel: Ein Automobilhersteller produziert neu auch Lastwagen.
- **Vertikale Diversifikation:** Die Leistungen der vorgelagerten Stufe (Lieferanten) und/oder der nachgelagerten Stufe (Händler) werden neu ins Unternehmen integriert. Ziel dieser Strategie ist es, von Lieferanten bzw. Händlern unabhängig zu werden. Beispiel: Ein Detaillist produziert die in seinen Läden verkauften Biskuits unter eigener Marke selbst.
- **Laterale Diversifikation:** Der Zusammenhang zur bisherigen Produktion fehlt. Das Know-how muss neu erworben werden, die finanziellen, personellen und infrastrukturellen Investitionen erfolgen in einer neuen Branche. Deshalb ist das Risiko zu scheitern bei der lateralen Diversifikation am grössten. Beispiel: Ein Solarzellenhersteller stellt neu Fahrräder her.

Victorinox stellt nicht nur Messer her, sondern auch Uhren, Reisegepäck und Parfüms.

Wettbewerbsstrategien

Ist im Rahmen der Unternehmensstrategie entschieden, welche Märkte mit welchen Produkten bearbeitet werden sollen, wird mit der Wettbewerbsstrategie festgelegt, *wie* der Wettbewerb konkret bestritten werden soll. Dabei wird versucht, vorhandene Wettbewerbsvorteile auszunützen oder neue aufzubauen. Michael Porter hat unterschiedliche Ausprägungen von Wettbewerbsstrategien formuliert, je nachdem, in welchem Umfang und aufgrund welcher Wettbewerbsvorteile der Wettbewerb bestritten wird.

AUSPRÄGUNGEN VON WETTBEWERBSSTRATEGIEN

		Wettbewerbsvorteil	
		Aggressive Preisstrategie	Differenzierungsstrategie
Wettbewerbsumfang	Gesamtmarktstrategie	Gesamtmarktbezogene aggressive Preisstrategie	Gesamtmarkbezogene Differenzierungsstrategie
	Nischenstrategie	Nischenbezogene aggressive Preisstrategie	Nischenbezogene Differenzierungsstrategie

Abbildung in Anlehnung an Porter (1983) und Kühn (2009)

Aggressive Preisstrategie

Bei einer aggressiven Preisstrategie (Kostenführerschaft) versucht ein Unternehmen durch Tiefstpreise den Wettbewerb für sich zu gewinnen. Diese Strategie kann also nur von Unternehmen verfolgt werden, die ihre Kosten dauerhaft tief halten können. Aggressive Preisstrategien findet man häufig in Märkten mit standardisierten und deshalb auswechselbaren Produkten. Kann sich ein Produkt nur über den Preis am Markt behaupten, läuft es Gefahr, rasch ersetzt zu werden, weil die Kundschaft mit grosser Wahrscheinlichkeit bei der nächstgünstigeren Gelegenheit zum noch billigeren Angebot wechseln wird. Beispiele solcher Anbieter sind Aldi, Denner, Mediamarkt oder IKEA.

Differenzierungsstrategie

Ein Unternehmen kann sich gegen Preissenkungen der Konkurrenz mit einer Differenzierungsstrategie schützen. Dabei wird versucht, die eigenen Produkte oder Dienstleistungen von denjenigen der Konkurrenz abzuheben. Gelingt dies, spricht man von einem «Leistungsvorteil». Dieser Vorteil kann entweder auf die Qualität (Unique Selling Proposition, USP) oder auf die Werbung und das Image (Unique Advertising Proposition, UAP) zurückzuführen sein. In der Regel ergibt sich ein Wettbewerbsvorteil auch aus einer Kombination dieser beiden Faktoren. Ein Beispiel dafür ist V-Zug AG, die qualitativ hochstehende Haushaltsgeräte herstellt und ihr Qualitätsimage mittels Werbung stützt.

Strategische Unternehmensführung

USP UND UAP

Differenzierung mit einem Alleinstellungsmerkmal (USP)	Differenzierung über Kommunikation (UAP)
Eine Unique Selling Proposition (kurz **USP** – englischer Ausdruck für einmaliges Verkaufsargument) ist das Resultat herausragender Eigenschaften der Produkte und Dienstleistungen. Damit versucht sich das Unternehmen von der Konkurrenz abzuheben, beispielsweise durch einzigartige Eigenschaften des Produkts (lange Lebensdauer, besonderes Design) oder durch einen besonderen Service (kurze Lieferzeiten, umfassende Garantieleistungen).	Eine Unique Advertising Proposition (kurz **UAP** – englischer Ausdruck für einmaliges Kommunikationsargument) ist das Ergebnis einer Strategie, bei der ein Unternehmen versucht, sich mit gezielter und innovativer Kommunikation von der Konkurrenz abzuheben. Gerade in gesättigten Märkten ist es äusserst wichtig, sich in den Köpfen der Zielkunden zu verankern.
Beispiel: Smart	*Beispiel: Kommunikationsstrategie von Red Bull in Verbindung mit sportlich-emotionalen Events*

Nischenstrategie

Die Nischenstrategie kann auch kleineren Unternehmen zu attraktiven Gewinnen verhelfen. Die Kundschaft einer Nische bezieht in ihren Kaufentscheidungen nur einen ganz bestimmten Teil des Gesamtangebots der Branche mit ein. Beispielsweise ist der Markt für Kleinstwagen eine Nische innerhalb der Autobranche (z. B. Smart). Das Bedürfnis beispielsweise nach einem praktischen Stadtauto stellt spezifische Ansprüche an die Produkte und die Leistungen und trennt dabei eine Nische deutlich von der Gesamtbranche ab. Eine Nische wird deshalb vor allem durch spezialisierte Unternehmen mit herausragender Kompetenz in diesem bestimmten Bereich bedient und ist somit vor Unternehmen, die den Gesamtmarkt bearbeiten, meistens abgeschirmt.

Gesamtmarktstrategie

Bei einer Gesamtmarktstrategie stützt das Unternehmen seine Strategie auf die gesamte Branche ab. Preisliche, kommunikative oder produktbezogene Massnahmen zielen auf die Gesamtbranche und nicht nur auf einen einzelnen Ausschnitt einer Branche. Das Angebot deckt alle möglichen Bedürfnisse ab. Beispielsweise bietet Hotelplan Reisen für viele verschiedene Bedürfnisse an und zielt mit seinem Angebot auf den gesamten Reisemarkt.

Aus der Kombination dieser vier Ausprägungen ergeben sich die vier Grundtypen von Wettbewerbsstrategien.

GESAMTMARKTSTRATEGIE
Die Migros fährt als grösstes Detailhandelsunternehmen der Schweiz eine Gesamtmarktstrategie: Sie ist in allen Kantonen vertreten und bietet fast alle Güter des täglichen Bedarfs in verschiedenen Preiskategorien, Marken und Produktvarianten an, dazu noch Elektronik, Sportartikel, Gartenzubehör, Dienstleistungen, Weiterbildungen u. a.

3.6 Umsetzung der Unternehmensstrategie

Die Umsetzung der Strategie ist einer der herausforderndsten Schritte im gesamten Prozess. Viele Erfolg versprechende Strategien scheitern an der Umsetzung. An der Entwicklung der Strategien sind meist nur die oberen Führungskräfte beteiligt. Eine erfolgreiche Implementierung erfordert jedoch den aktiven Beitrag sämtlicher Mitarbeitenden.

Die Vision, die Ziele und die Strategie müssen den Mitarbeitenden nachvollziehbar und stufengerecht kommuniziert und die Gründe und Vorteile dafür erklärt werden. Sonst besteht die Gefahr, dass sich die Betroffenen nicht damit identifizieren. Es muss ein gemeinsames Verständnis für die neue Strategie geschaffen werden, damit auch bei Schwierigkeiten alle Beteiligten in die gleiche Richtung ziehen. Das oft abstrakt formulierte Strategiedokument wird dabei auch mithilfe von Managementinstrumenten wie Informationssystemen, Zielvereinbarungen, Budgetierungs- und Entlöhnungssystemen konkretisiert und verständlich kommuniziert.

Unternehmenskonzept Das Unternehmenskonzept formuliert die Unternehmensstrategie aus. Es beschreibt die konkreten Ziele und gibt den Mitarbeitenden Auskunft über die Mittel und die Methoden, wie die Strategie umgesetzt werden soll. Das Unternehmenskonzept umfasst die Ziele, Mittel und Methoden in drei Bereichen: im leistungswirtschaftlichen, im finanzwirtschaftlichen und im sozialen Bereich.

ÜBERSICHT UNTERNEHMENSKONZEPT

	Leistungswirtschaftlicher Bereich	Finanzwirtschaftlicher Bereich	Sozialer und ökologischer Bereich
Ziele	Marktziele, Produktziele, Imageziele	Gewinnziele, Wirtschaftlichkeitsziele, Liquiditätsziele	Ziele betreffend die Mitarbeitenden, die Gesellschaft und die Umwelt
Beispiel	Wir streben innerhalb der nächsten drei Jahre einen Marktanteil von 10% an.	Unsere Aktiven sind zu mindestens 40% durch Eigenkapital gedeckt.	Wir fördern die Weiterbildung unserer Mitarbeitenden.
Mittel	Bedarf beim Personal, bei Produktionsmitteln (Räumlichkeiten, Maschinen, Werkzeuge) und bei der Werbung/PR	Kapitalbedarf, Kapitalstruktur	Aufwand für die Entwicklung der Mitarbeitenden, der Gesellschaft und der Umwelt
Beispiel	Wir schaffen drei neue Stellen im Vertrieb/Aussendienst, um den angestrebten Marktanteil zu erreichen.	Wir beschaffen 8 Mio. Franken neues Eigenkapital.	Wir setzen jährlich 200 000 Franken für die Weiterbildung ein.
Methode	Vorgehen in der Beschaffung, der Produktion, der Organisation, der Werbung/PR	Wege der Kapitalbeschaffung, Möglichkeiten der Gewinnverwendung, Sicherung der Liquidität	Verhalten gegenüber den Mitarbeitenden, den Anspruchsgruppen und der Umwelt
Beispiel	Wir schalten im März Stelleninserate in Branchenblättern und in Tageszeitungen und besetzen die Stellen bis Juni.	Durch die Ausgabe neuer Aktien im Herbst erhöhen wir unser Eigenkapital um 8 Mio. Franken.	Wir finanzieren allen Mitarbeitenden drei Tage Weiterbildung pro Jahr.

Strategische Unternehmensführung

Wichtig ist nicht nur ein schlüssiges Konzept, sondern auch, dass die Vor- und Nachteile für jeden einzelnen Mitarbeitenden transparent gemacht werden. Es muss gelingen, ein gemeinsames Verständnis für die neue Strategie zu entwickeln. In dieser entscheidenden Phase ist Überzeugungskraft, Glaubwürdigkeit und Klarheit gefragt.

3.7 Evaluation

Die Evaluation bildet den Abschluss im Prozess der strategischen Planung. Das bedeutet aber nicht, dass Kontrollen nur am Schluss erfolgen und diese den Prozess endgültig abschliessen. Vielmehr finden die Umsetzung, Evaluation und Kontrolle und allenfalls korrigierende Rückkopplungen zeitlich parallel statt.

Die Strategiekontrolle erfolgt idealerweise auf drei Ebenen:
1. **Kontrolle der zugrunde liegenden Annahmen:** Stimmen die anfangs getroffenen Annahmen noch, oder haben sich wichtige Grössen und Einflüsse geändert?
2. **Kontrolle der Umsetzung:** Gibt es bei der Umsetzung Widerstände oder grosse Schwierigkeiten?
3. **Kontrolle der Wirksamkeit:** Haben wir die gesetzten Unternehmensziele erreicht (Soll-Ist-Vergleich)?

Die Resultate dieser Evaluation fliessen wieder in den Prozess der strategischen Planung ein und führen zu Anpassungen der Annahmen, der Umsetzung oder der Unternehmensstrategie selbst.

Kontrolle der Wirksamkeit: Wurden die gesetzten Ziele erreicht?

ZUSAMMENFASSUNG

Die Kunst erfolgreicher Unternehmensführung besteht darin, alle wichtigen Rahmenbedingungen und marktrelevanten Gegebenheiten und Entwicklungen zu beobachten und richtig zu interpretieren. Es bedarf also neben der Innenorientierung auch einer Aussenorientierung, um einschätzen zu können, wie sich die Kundenerwartungen und der Markt entwickeln. Damit ein Unternehmen langfristig erfolgreich bleibt, muss es sich mit den grundlegenden Anforderungen der strategischen Unternehmensführung befassen.

Dazu wird der Prozess der strategischen Planung anhand von vier Teilschritten herangezogen: Ausgehend von vorherrschenden Werten, der Formulierung der Vision und des Leitbildes, wird über die Analyse der Ausgangslage die Unternehmensstrategie entwickelt und umgesetzt. Die gesellschaftliche Verantwortung der Corporate Social Responsibility wahrzunehmen kann für die Unternehmensführung eine gute Orientierung bieten.

Zur Beurteilung der Ausgangslage eines Unternehmens und für die Einschätzung der Attraktivität eines Marktes nutzt die Unternehmensleitung verschiedene Methoden wie die Fähigkeitsanalyse, das Fünf-Kräfte-Modell oder die SWOT-Analyse. Anschliessend konkretisiert das Unternehmen im Rahmen der Unternehmensstrategie die zu erreichenden Unternehmensziele. Dabei stehen verschiedene Möglichkeiten zur Ausgestaltung der Unternehmensstrategie zur Verfügung, je nachdem, ob ein neuer oder ein bestehender Markt mit neuen oder bestehenden Marktleistungen bedient werden soll. Die zu wählende Wettbewerbsstrategie definiert dann, wie man auf bestimmten Märkten mit seinen Produkten und Dienstleistungen präsent sein will. Den Abschluss der strategischen Planung bilden die konkrete Umsetzung der Strategie bis auf Mitarbeitendenstufe, beispielsweise mithilfe des Unternehmenskonzepts, und die fortwährende Evaluation des Prozesses mit der Einleitung von möglichen Korrekturmassnahmen im Rahmen des Prozesses.

3 Strategische Unternehmensführung

SCHLÜSSELBEGRIFFE

- Corporate Social Responsibility
- Fähigkeitsanalyse
- Fünf-Kräfte-Modell
- Leitbild
- Produkt-Markt-Matrix
  - Marktdurchdringung
  - Marktentwicklung
  - Produktentwicklung
  - Diversifikation (horizontal, vertikal, lateral)
- Strategische Erfolgspotenziale
- Strategische Planung
- Strategische Unternehmensführung
- SWOT-Analyse
- Unternehmensstrategie
- Unternehmensziele
- Vision
- Werte
- Wettbewerbsstrategien
  - Aggressive Preisstrategie
  - Differenzierungsstrategie
    - Unique Advertising Proposition (UAP)
    - Unique Selling Proposition (USP)
  - Nischenstrategie
  - Gesamtmarktstrategie
- Wettbewerbsvorteil

→ Eine Definition der Schlüsselbegriffe finden Sie im Glossar.

QUELLEN UND WEITERFÜHRENDE LITERATUR

Ansoff, Igor: **Management Strategie**, München 1966

Grünig, Rudolf / Kühn, Richard: **Methodik der strategischen Planung**, 5. Auflage, Bern u. a. 2009

Kaplan, Robert S. / Norton, David P.: **Strategy Maps: Der Weg von immateriellen Werten zum materiellen Erfolg**, Stuttgart 2004

Lombriser, Roman / Abplanalp, Peter A.: **Strategisches Management**, 6. Auflage, Zürich 2015

Porter, Michael: **Wettbewerbsstrategie**, Frankfurt a. M. 1983

Schneider, Andreas / Schmidpeter René: **Corporate Social Responsibility**. Verantwortungsvolle Unternehmensführung in Theorie und Praxis, 2. Auflage, Berlin u. a. 2015

Thommen, Jean-Paul: **Managementorientierte Betriebswirtschaftslehre**, 10. Auflage, Zürich 2016

Unternehmen und Umwelt

REPETITIONSFRAGEN KAPITEL 3

1. Suchen Sie im Internet ein Leitbild eines Unternehmens und analysieren Sie dieses. Was fällt Ihnen besonders positiv auf, und was gefällt Ihnen weniger daran?

2. Erklären Sie den Begriff «Corporate Social Responsibility» in Ihren eigenen Worten.

3. Was lesen Sie aus der Fähigkeitsanalyse auf Seite 63 heraus? Worin ist das Beispielunternehmen besonders gut? Wo gibt es Nachholbedarf?

4. Erläutern Sie die einzelnen Schritte der strategischen Planung in je zwei Sätzen.

5. Weshalb ist die strategische Planung als Kreislauf zu verstehen?

6. Mit welchen Methoden kann man die Ausgangslage eines Unternehmens analysieren?

7. Welche Kräfte werden im Fünf-Kräfte-Modell dargestellt, und wie können diese beschrieben werden?

8. Was versteht man unter einer SWOT-Analyse? Welche Kombinationen sind innerhalb der SWOT-Analyse möglich?

9. Geben Sie die Produkt-Markt-Matrix nach Ansoff wieder und ergänzen Sie die einzelnen Strategien mit je einem anschaulichen Beispiel.

10. Was versteht man unter einer lateralen Diversifikation, und weshalb kann sie risikoreich sein?

11. Warum ist die professionelle Umsetzung der Unternehmensstrategie so zentral für den Erfolg der strategischen Unternehmensführung? Was sind dabei die entscheidenden Faktoren?

12. Auf welchen Ebenen erfolgt die Evaluation bzw. Strategiekontrolle, und weshalb ist diese wichtig für den gesamten strategischen Prozess?

Unternehmensbereiche

Prudential
SAMSUNG
SAMSUNG
SUNTORY WHISKY
prodigy
We'll try to do better next century.
GLADIATOR
Coca-Cola
SPECTACOLOR
utobytel.com
Turn here.
TIMES SQUARE GALLERY
Kodak
maxell
MARQUIS

Marketing

4

4.1	Einführung	81
4.2	Markt- und Leistungsanalyse	82
4.3	Marktforschung	90
4.4	Produkt- und Marktziele	94
4.5	Marketing-Mix	96

«Wenn ich Hundefutter verkaufen will, muss ich erst einmal die Rolle des Hundes übernehmen: denn nur der Hund allein weiss ganz genau, was Hunde wollen.»

Ernest Dichter (1907–1991), US-amerikanischer Sozialforscher

LERNZIELE

Nachdem Sie dieses Kapitel gelesen haben, können Sie …

… erklären, welches die einzelnen Schritte bei der Erstellung eines Marketingkonzepts sind.

… die Wichtigkeit und Ansatzpunkte der Markt- und Leistungsanalyse erläutern.

… wesentliche Marktgrössen nennen, deren Aussagekraft erläutern und einfache Beispiele berechnen.

… das BCG-Portfolio für einfache Beispiele selbst erstellen und die Normstrategien formulieren.

… einen Produktlebenszyklus schematisch aufzeichnen, die einzelnen Phasen sowie die Umsatz- und Gewinnkurve im Zeitverlauf beschreiben.

… ausführen, warum Marktforschung wichtig ist und welche Marktforschungsmethoden es gibt.

… Vor- und Nachteile einzelner Marktforschungsmethoden beschreiben.

… für einfache Beispiele selbst Produkt- und Marktziele formulieren.

… beschreiben, was man unter dem Marketing-Mix versteht.

… erläutern, was alles zum Bereich «Produkt» gehört, und die einzelnen Aspekte konkret beschreiben.

… zeigen, wie ein Preis zustande kommt und welche Aspekte dabei wichtig sind.

… verschiedene Absatzwege beschreiben und ihre Eignung beurteilen.

… erläutern, was sich hinter dem Kürzel AIDA versteckt.

… für einfache Beispiele ein Werbekonzept erstellen.

… verschiedene Kommunikationsformen nennen und deren Eignung beschreiben.

Marketing

4.1 Einführung

Täglich kommt jeder von uns bewusst oder unbewusst mit Marketing in Berührung. Man fährt an Plakatwänden vorbei, klickt auf eine Online-Werbung, findet im Supermarkt ein vielfältiges Sortiment, vergleicht die Preise oder lässt sich von einem Sonderangebot an der Kasse verführen. Doch was ist eigentlich Marketing? Sind damit nur Werbung und Verkauf gemeint? Welchen Zweck verfolgen Unternehmen mit Marketing? Solchen Fragen geht dieses Kapitel nach.

Vereinfacht ausgedrückt, stellt der Funktionsbereich Marketing das Bindeglied zwischen Unternehmen und Markt dar. Das Marketing nimmt somit die Aufgaben wahr, Kundenbedürfnisse zu erkennen und zu befriedigen. Es schliesst damit auch die Denkhaltung mit ein, dass das Unternehmen immer mit Blick auf den Markt geführt werden sollte.

Marketing

Die Unternehmensleitung muss ein Konzept erarbeiten, um Produkte und Dienstleistungen zu entwickeln, diese bei einem breiten Publikum bekannt zu machen und den Absatz optimal zu gestalten. Dazu wird ein Marketingkonzept entwickelt, das in Abstimmung mit der Unternehmensstrategie entsteht und folgende Schritte umfasst:

Marketingkonzept

1. Markt- und Leistungsanalyse,
2. Marktforschung,
3. Produkt- und Marktziele,
4. Marketing-Mix.

Marktpotenzial

Die folgenden Kapitel sind entsprechend diesen vier Schritten gegliedert.

- Marketing-Mix
- Produkt- und Marktziele
- Marktforschung
- Markt- und Leistungsanalyse

4.2 Markt- und Leistungsanalyse

Marketing-Mix

Produkt- und Marktziele

Marktforschung

Markt- und Leistungsanalyse

In den Kapiteln 2 und 3 wurden bereits Methoden vorgestellt, die der Analyse des Unternehmensumfeldes dienen. An dieser Stelle stehen nun Methoden im Vordergrund, die den zu bearbeitenden Markt näher beschreiben und die Stellung der angebotenen Leistungen in Bezug auf die Konkurrenz oder Umsatzentwicklung analysieren.

Marktanalyse

Bei der Marktanalyse geht es in erster Linie darum zu klären, wie gross der Markt ist, wie der Markt gegliedert ist (Marktsegmentierung) und wie die Konkurrenzsituation auf dem Markt ist.

Marktgrösse

Für die Analyse der Marktgrösse können wir drei verschiedene Kennzahlen verwenden: das Marktpotenzial, das Marktvolumen und den Sättigungsgrad.

Marktpotenzial

Das Marktpotenzial beschreibt die theoretisch höchstmögliche Absatzmenge einer Leistung im Markt. Dabei handelt es sich um eine Abschätzung der Aufnahmefähigkeit eines Marktes. Das Marktpotenzial wird als Umsatzzahl angegeben, beispielsweise in Schweizer Franken oder US-Dollar.

RECHENBEISPIEL PHARMA-MARKT

Maximal möglicher Umsatz (= Marktpotenzial), geschätzt = USD 1200 Mrd.

Marktvolumen

Das Marktvolumen gibt die effektiv verkaufte Menge einer Leistung pro Jahr an. Berücksichtigt werden dabei die Umsatzzahlen aller Anbieter. Auch das Marktvolumen wird als Umsatzzahl angegeben.

RECHENBEISPIEL PHARMA-MARKT

Effektiver Umsatz USD 995,2 Mrd. (= Marktvolumen)

Sättigungsgrad

Durch den Vergleich von Marktpotenzial und Marktvolumen lässt sich der Sättigungsgrad in Prozent bestimmen.

$$\text{Sättigungsgrad in \%} = \frac{\text{Marktvolumen}}{\text{Marktpotenzial}} \times 100$$

Fällt dieser Sättigungsgrad hoch aus, wird der Markt kaum noch wachsen. Für das einzelne Unternehmen ist eine Umsatzsteigerung nur noch auf Kosten der Konkurrenz möglich. Es findet ein Verdrängungskampf statt. Ist der Sättigungsgrad hingegen tief, befinden wir uns in einem wachsenden Markt – was für Unternehmen besonders attraktiv ist.

Marketing

RECHENBEISPIEL PHARMA-MARKT

Sättigungsgrad in % $\dfrac{\text{USD 995,2 Mrd.}}{\text{USD 1200 Mrd.}} \times 100 = 82,9\%$

Der Pharma-Markt ist ein wachsender Markt. Er kann schätzungsweise noch um 17,1 Prozent zulegen.

Marktstellung

Die Marktstellung oder Marktposition zeigt die Stellung des Unternehmens im Markt. Wichtigste Kennzahl für die Marktstellung ist der Marktanteil. Der *Marktanteil* entspricht dem Anteil in Prozent am Marktvolumen (bzw. vom Gesamtumsatz), welchen ein Unternehmen erwirtschaftet hat.

Marktanteil

Marktanteil Unternehmen in % = $\dfrac{\text{Umsatz des Unternehmens}}{\text{Marktvolumen}} \times 100$

RECHENBEISPIEL PHARMA-MARKT

Die acht grössten Anbieter				
Weltweiter Medikamentenumsatz (rezeptpflichtige Medikamente) in Mrd. USD, 2014				
1	Novartis (CH)	56,1	5 Merck Sharp & Dohme (USA)	38,1
2	Pfizer (USA)	47,3	6 Johnson & Johnson (USA)	38,1
3	Sanofi (F)	42,5	7 AstraZeneca (UK/SE)	34,2
4	Roche (CH)	38,7	8 GlaxoSmithKline (UK)	33,3

Quelle: Interpharma/IMS Health

Marktanteil Novartis in % $\dfrac{\text{USD 56,1 Mrd.}}{\text{USD 995,2 Mrd.}} \times 100 = \mathbf{5,6\%}$

Das Unternehmen mit dem höchsten Marktanteil wird als *Marktführer* (bzw. Marktleader) bezeichnet. Ein hoher Marktanteil kann es dem Unternehmen ermöglichen, den Markt nach seinen Bedingungen zu gestalten. Marktführerschaft ist für Unternehmungen daher interessant, besonders für Grossunternehmen.

ÜBERSICHT MARKTPOTENZIAL, MARKTVOLUMEN UND MARKTANTEIL

Marktpotenzial Pharma-Markt: USD 1200 Mrd. (geschätzt)

Marktvolumen
Pharma-Markt: USD 995,2 Mrd.

Marktanteil
Novartis: USD 56,1 Mrd.

> Unternehmensbereiche

Die Basler Novartis ist das grösste Pharma-Unternehmen der Welt.

Relativer Marktanteil

Besteht der Markt aus vielen Unternehmen mit vergleichsweise kleinen Marktanteilen, sagt der absolute Marktanteil allerdings wenig aus über den tatsächlichen Einfluss eines Unternehmens. In diesem Fall ist es sinnvoll, den *relativen Marktanteil* zu ermitteln. Dieser entspricht dem Marktanteil des eigenen Unternehmens im Verhältnis zu dem des stärksten Konkurrenten.

$$\text{Relativer Marktanteil} = \frac{\text{Eigener Marktanteil}}{\text{Marktanteil des grössten Konkurrenten}}$$

RECHENBEISPIEL PHARMA-MARKT

Umsatz Pfizer = USD 47,3 Mrd.

$$\text{Marktanteil Pfizer in \%} \quad \frac{\text{USD 47,3 Mrd.}}{\text{USD 995,2 Mrd.}} \times 100 = \mathbf{4{,}8\,\%}$$

Marktanteil Novartis in % = 5,6 %

$$\text{Relativer Marktanteil Pfizer} \quad \frac{4{,}8\,\%}{5{,}6\,\%} = \mathbf{0{,}86}$$

Der hohe relative Marktanteil von Pfizer zeigt, dass die Firma trotz des geringeren absoluten Marktanteils eine wichtige Rolle spielt. Der Pharma-Markt ist stark umkämpft; es gibt keinen klar dominierenden Marktführer. Stattdessen verfügen verschiedene Unternehmen über einen hohen relativen Marktanteil.

Marktsegmentierung

Das Unternehmen muss in seinem Marketingkonzept bestimmen, welche Zielgruppe durch seine Leistung angesprochen werden soll.

Ein Markt besteht nicht aus Konsumentinnen und Konsumenten, die alle denselben Hintergrund und dieselben Bedürfnisse haben. Vielmehr besteht ein Markt aus vielen mehr oder weniger unterschiedlichen Individuen, die sich anhand verschiedener Kriterien gruppieren lassen. Dies lässt sich am Beispiel des Ferienmarktes veranschaulichen. Einige Teenager bevorzugen günstige Sommerferien am Strand (Marktsegment A), manche Singles mittleren Alters wiederum wünschen sich aktive Abenteuerferien (Marktsegment B), und einige Senioren gehen am liebsten auf eine Kreuzfahrt (Marktsegment C). Ein Unternehmen muss also entscheiden, welches Marktsegment sich am besten eignet, um die eigenen Produkte und Dienstleistungen abzusetzen – es wählt aus den verschiedenen Marktsegmenten seine Zielgruppen aus. Marktsegmente sind dabei in der Regel eine Kombination aus folgenden Kriterien:

Zielgruppe

UNTERSCHEIDUNGSKRITERIEN VON MARKTSEGEMENTEN

Geografische Unterteilung	**Beispiele:** Staat, städtische oder ländliche Wohnverhältnisse
Soziologische Unterteilung	**Beispiele:** Geschlecht, Alter, Familienstand, Ausbildung, Beruf, Einkommen
Verhaltensorientierte Kriterien	**Beispiele:** Informationsverhalten, Produkt- bzw. Markenwahlverhalten, Verwendungshäufigkeit, Preisverhalten
Psychografische Merkmale	**Beispiele:** Einstellung zum Umweltschutz, Lebensstil, eigene Verhaltensregeln, ästhetisches Empfinden

Ein Beispiel für die Umschreibung einer Zielgruppe im Kosmetikbereich: Frauen um die 30, die beruflich Karriere machen und Wert auf ein gepflegtes Äusseres legen. Sie benutzen täglich Kosmetika und möchten sich sicher und attraktiv fühlen. Aufgrund guten Einkommens kaufen sie in etablierten Parfümerieketten ein.

Ist die Zielgruppe bestimmt, gilt es möglichst viel über diese herauszufinden: verfügbares Einkommen, wann und wo gekauft wird oder wie häufig das Produkt angewendet wird. Diese Fragen werden durch gezielte Befragungen eruiert *(vgl. Marktforschung, S. 90)*.

Konkurrenzanalyse

Wie bereits in vorangehenden Kapiteln aufgezeigt, ist es für den Erfolg eines Unternehmens unumgänglich, sich auch mit der Konkurrenz auseinanderzusetzen. Hierzu werden die wichtigsten sowie mögliche neue Konkurrenten bestimmt und analysiert. Folgende Punkte sind dabei von Interesse:
- charakteristische Merkmale der Konkurrenten, ihrer Marktleistungen und Marketinginstrumente,
- Stärken und Schwächen der Konkurrenz im Vergleich zum eigenen Unternehmen *(vgl. Fähigkeitsanalyse, S. 63)*.

Zur Beantwortung dieser Fragen genügt es in der Regel, die Konkurrenz und ihr Verhalten zu beobachten und Unternehmensinformationen *(vgl. Marktforschung, Sekundärmarktforschung, S. 93)* auszuwerten.

Nachdem die nötigen Informationen zum bearbeiteten Markt und zu den ebenfalls in diesem Markt tätigen Konkurrenten bekannt sind, können in einem nächsten Schritt die eigenen Leistungen analysiert werden.

Leistungsanalyse

Handelt es sich nicht um neue Leistungen (Dienstleistungen oder Produkte), muss das Unternehmen regelmässig überprüfen, wo diese stehen, z. B. wie hoch der Marktanteil ist, wie sich der Umsatz des Produktes entwickelt oder welche Änderungen auf dem Markt zu erkennen sind. Hierzu dienen u. a. die folgenden zwei Instrumente: das BCG-Portfolio und der Produktlebenszyklus.

BCG-Portfolio

Die von der Boston Consulting Group (BCG, weltweit tätiges Managementberatungs-Unternehmen) entwickelte Marktwachstums-Marktanteils-Portfolio-Methode wird zur Beurteilung des gegenwärtigen Leistungssortiments herangezogen und gibt Empfehlungen, sogenannte Normstrategien, ab. Die Beurteilung erfolgt nach den zwei Grössen Marktwachstum und relativer Marktanteil. Das nachfolgende Portfolio zeigt die Positionierung von vier Leistungen eines Unternehmens. Die Grösse der Kreise symbolisiert dabei je deren Umsatz.

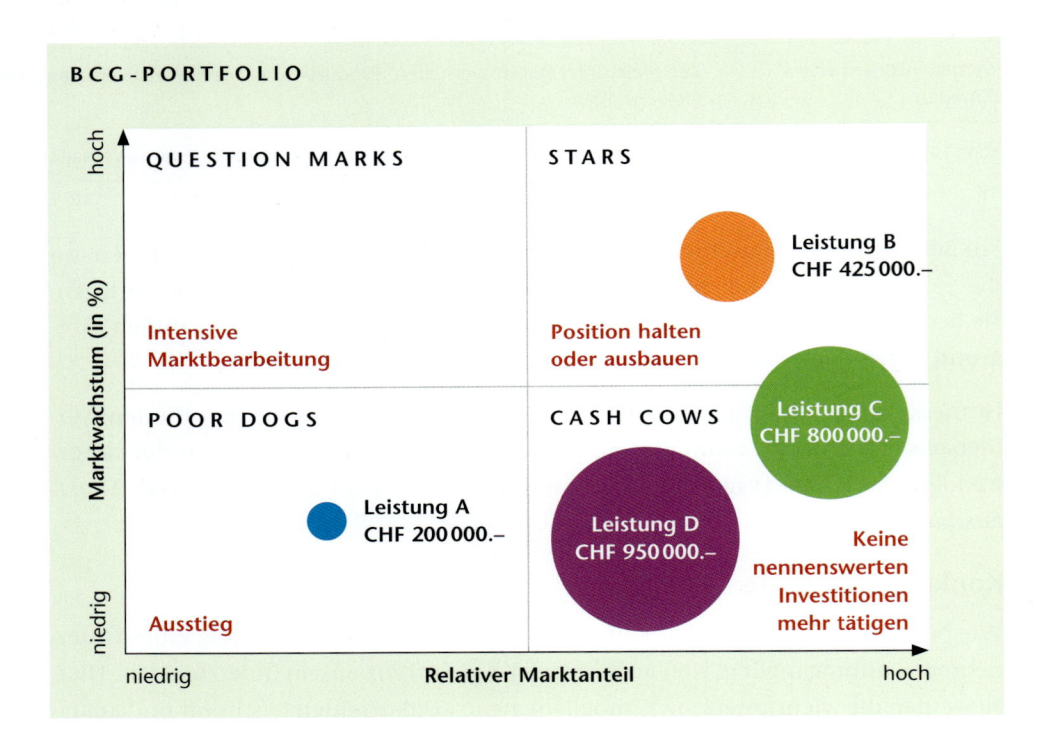

BCG-PORTFOLIO

	niedrig — Relativer Marktanteil — hoch
QUESTION MARKS	**STARS**
Intensive Marktbearbeitung	Leistung B CHF 425 000.– Position halten oder ausbauen
POOR DOGS	**CASH COWS**
Leistung A CHF 200 000.– Ausstieg	Leistung D CHF 950 000.– Leistung C CHF 800 000.– Keine nennenswerten Investitionen mehr tätigen

(Marktwachstum (in %): niedrig – hoch)

Die vier Quadranten können folgendermassen beschrieben werden:

Poor Dogs

Poor Dogs weisen einen kleinen Marktanteil und niedrige Marktwachstumsraten auf. Solche Leistungen sind schwach im Wettbewerb aufgestellt, bringen kaum Geld ein, binden aber Ressourcen (Kapital, Mitarbeitende, Maschinenkapazitäten).
Normstrategie: Abbau der Leistungen und Einsatz der frei werdenden Ressourcen in andere, besser positionierte Marktleistungen (z. B. Question Marks).

Marketing

Question Marks

Question Marks verzeichnen einen kleinen Marktanteil, allerdings hohe Marktwachstumsraten. Bei diesen Leistungen sind die Zukunftsaussichten fraglich, sie könnten sich je nach Erfolg in Richtung Stars oder zu Poor Dogs hin entwickeln.
Normstrategie: Durch intensive Marktbearbeitung (z. B. Werbung) soll das Question Mark zum Star gemacht werden. Dieses Vorgehen bedarf jedoch grosser finanzieller Investitionen.

Stars

Stars weisen einen hohen Marktanteil mit hohen Marktwachstumsraten auf. Diese Leistungen sind die erfolgreichen eines Unternehmens und haben sich am Markt durchgesetzt. Stars sind aber nach wie vor werbe- und damit kostenintensiv.
Normstrategie: Position halten oder ausbauen, indem beispielsweise durch hohe Werbeinvestitionen die Wettbewerbsvorteile gehalten werden.

Cash Cows

Cash Cows verzeichnen einen hohen Marktanteil mit niedrigen Marktwachstumsraten. Diese Leistungen waren in der Regel vorher Stars, deren Marktwachstum aber nun z. B. durch Technologiefortschritt zurückgeht.
Normstrategie: Da die Leistung früher oder später ihren Markt verlieren wird, werden keine nennenswerten Investitionen mehr getätigt, sie werden nicht mehr aktiv beworben. Dem z. T. noch recht beachtlichen Umsatz stehen kaum noch Ausgaben gegenüber, weshalb die Produkte hohe und stabile Gewinne abwerfen. Durch diese Einnahmen können andere, noch kostenintensivere Leistungen (z. B. Question Marks und Stars) eines Unternehmens finanziert werden. Das Abschöpfen kann sehr lange dauern, definitiv desinvestiert wird erst, wenn die Erfolgskurve in die roten Zahlen rutscht *(vgl. Produktlebenszyklus, unten)*.

Aus der Beschreibung der vier Quadranten lässt sich nun folgende Analyse zum abgebildeten Portfolio machen: Das Portfolio ist unausgewogen, denn obschon sich viele Produkte in den liquiditätsbringenden Bereichen befinden, mangelt es an Nachfolgeprodukten. Das Unternehmen wird mittel- bis langfristig Probleme mit seiner Stellung am Markt bekommen.

Produktlebenszyklus

Der Fokus lag bis hierher vor allem auf der Beschreibung des Marktes. Nun wird ein Modell vorgestellt, das sich mit dem Erfolg einer Marktleistung über die Zeit beschäftigt: der Produktlebenszyklus. Jedes Produkt durchläuft einen Lebenszyklus, von der Entwicklung bis zu seiner Streichung aus dem Sortiment. Insgesamt nennt das Modell fünf Phasen, die sie bezüglich Umsatz und Gewinn unterscheiden: Einführung, Wachstum, Reife, Sättigung und Rückgang.

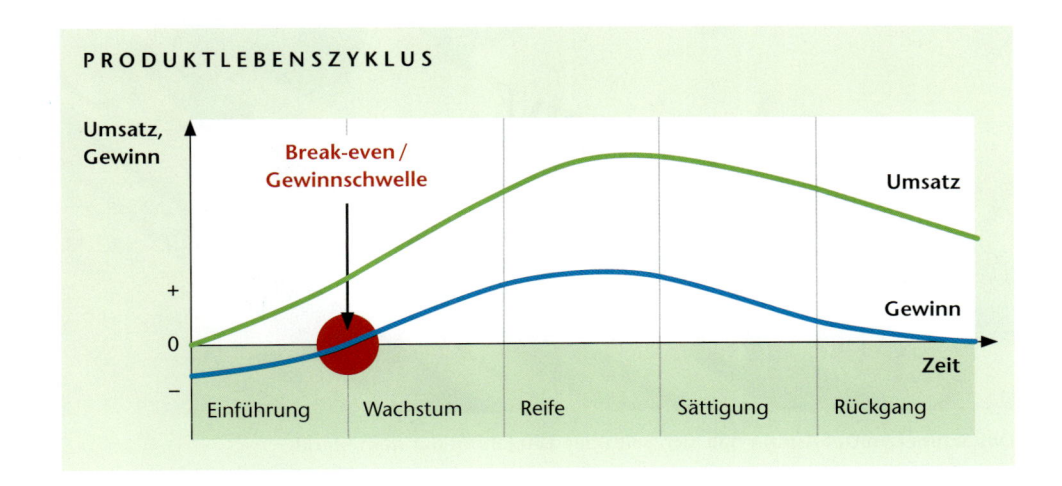

PRODUKTLEBENSZYKLUS

Einführungsphase

Für die einzelnen Phasen des Lebenszyklus eines Produkts lassen sich die folgenden Schwerpunkte und Ziele ableiten:

In der Einführungsphase sind die Kosten sehr hoch: Es müssen viele Anfangsinvestitionen getätigt werden, um die neu entwickelte Leistung einzuführen. Für diese Phase ist es deshalb charakteristisch, dass bei steigendem Umsatz noch kaum Gewinn realisiert wird. Im Vordergrund steht, dass die Leistung einem breiten Publikum bekannt gemacht werden kann, viele potenzielle Kundinnen und Kunden zu einem Erstkauf animiert werden.

In dieser Phase besteht ein hohes Risiko: Es entscheidet sich, ob sich die Leistung auf dem Markt durchsetzen kann. Falls nicht, wird die Leistung bereits in dieser Phase aus dem Sortiment genommen *(vgl. Parallele zu Poor Dogs und Question Marks)*. Beispiel für eine gescheiterte Einführung auf dem europäischen Mineralwassermarkt lieferte Coca-Cola 2004 mit dem Mineralwasser DASANI, das sich am Markt insbesondere aufgrund seines hohen Preises und Verunreinigungsvorwürfen nicht durchsetzen konnte.

Wachstumsphase

Nach erfolgreicher Einführung erreicht die Leistung die Wachstumsphase und damit in der Regel die Gewinnzone. Der Umsatz der Leistung steigt weiter an. Die Verbreitung des Produkts wächst. Weiterhin braucht es grosse Investitionen in Werbung und Verkaufsförderungsmassnahmen, um die Marke und die Leistung weiter zu etablieren.

Die Konkurrenz wird aufmerksam auf das Produkt und beginnt darauf zu reagieren, indem sie ähnliche Leistungen auf den Markt bringt. Ein Beispiel für ein Produkt, das sich zurzeit in der Wachstumsphase befindet, ist der Streamingdienst Netflix. Nach seiner Etablierung unternimmt das Unternehmen nun weitere grosse Anstrengungen, um die Verbreitung voranzutreiben. Werbeaktionen und neue Zusatzfunktionen führen zu einem weiteren Ausbau des Marktanteils.

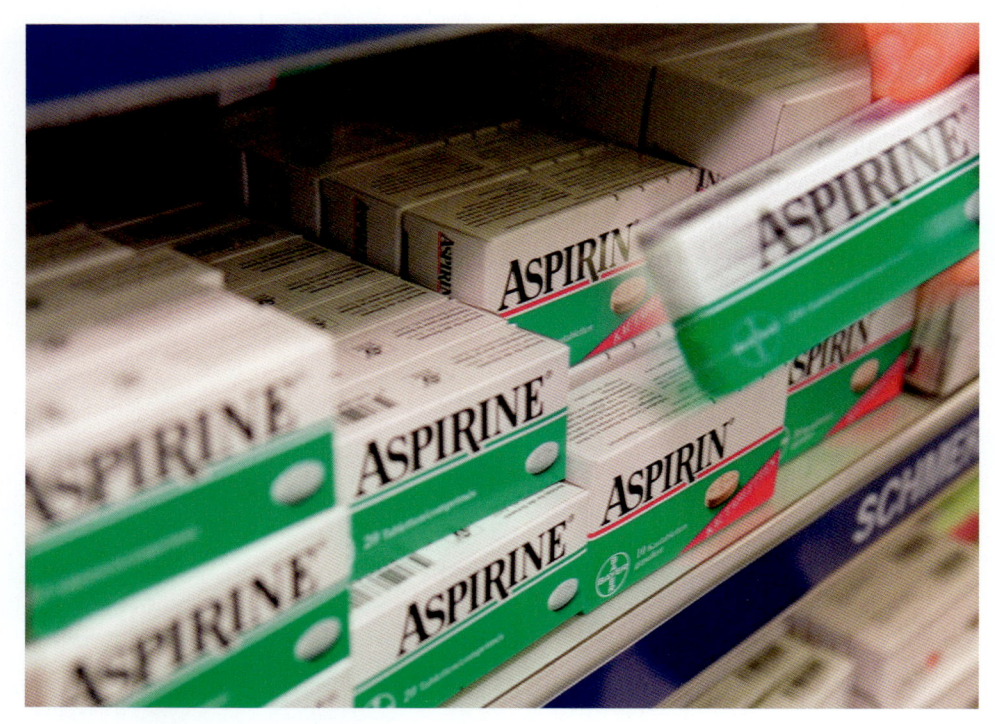

Das Schmerzmittel Aspirin hält sich seit über 100 Jahren auf dem Markt.

Marketing

Reifephase

In der Reifephase weist der Markt ein hohes Volumen auf, die Gewinnkurve und die Absatzmenge erreichen ihren Höchstpunkt. Der Kampf um Marktanteile entbrennt. In dieser Phase können Marktanteilsgewinne beinahe nur noch auf Kosten der Konkurrenz erreicht werden. Marketingaktivitäten richten sich gegen die Mitkonkurrenten (z. B. Betonung des Prestiges der eigenen Marke), um so deren Kunden als eigene zu gewinnen. Beispiel hierfür sind Abonnemente für Telekommunikationsdienstleistungen.

Sättigungsphase

In der Sättigungsphase ist der Markt gesättigt, der Preiskampf zwischen den Konkurrenten erreicht seinen Höhepunkt, die Umsatzkurve flacht ab, und der Gewinn wird kleiner. Die Anstrengungen für das Marketing werden reduziert, da es kaum noch Neukunden anzusprechen gibt. Um den Ausstieg hinauszuzögern, entstehen in dieser Phase häufig Varianten zur ursprünglichen Marktleistung. Beispiele: Swiffer lancierte nach Swiffer Dry auch noch Swiffer Wet, Coca-Cola differenzierte mit Light, Zero und neu Life.

Rückgangsphase

Die Kunden wenden sich von der Leistung ab, kaufen Substitutionsgüter oder neue, innovativere Produkte. Der Umsatz bricht ein, der Gewinn tendiert gegen null, oder es resultieren sogar Verluste. Das Unternehmen nimmt die Leistung vom Markt und ersetzt ihr Produkt durch neue Artikel (z. B. wurde die Produktion von analogen VHS-Videorekordern durch jene von DVD-Playern ersetzt).

Die Lebenszyklen (insbesondere die Sättigungsphase) gestalten sich je nach Produkt sehr unterschiedlich. Während Handys oder Computer innerhalb kurzer Zeit veralten, gibt es Produkte, die sich seit über 100 Jahren auf dem Markt behaupten. Beispiele dafür ist Coca-Cola (seit 1886), Aspirin (seit 1899) und Ovomaltine (seit 1904).

Für ein Unternehmen ist es wichtig, dass sich seine verschiedenen Marktleistungen nicht alle in derselben Lebenszyklusphase befinden, dass sich die Geldflüsse (Investitionen, Umsatzeingang, Gewinne) die Waage halten und das Unternehmen nicht plötzlich ohne eine einzige verkaufbare Leistung dasteht.

Um beispielsweise festzustellen, in welcher Phase sich ein Produkt befindet, oder um Kundenbedürfnisse zu erfahren, wird Marktforschung betrieben. Mit diesem Thema befasst sich das nächste Kapitel.

4.3 Marktforschung

Aus Sicht des Marketings muss das Unternehmen stets mit Blick auf den Markt geführt werden. Ziel muss es sein, möglichst frühzeitig zu erkennen, wenn sich die Bedürfnisse der aktuellen und potenziellen Kundschaft verändern, damit sich das Unternehmen beispielsweise mit einer neuen Produktlinie oder neuen Vertriebsstrukturen anpassen kann. Diese Informationen erhalten die Verantwortlichen aus der Marktforschung, also aus der Befragung oder Beobachtung von Personen und der Analyse von Dokumenten.

Einführung

Marktforschungen können unterschiedlichen Zwecken dienen. Je nach Informationsbedarf liegt das Gewicht eher auf Marktdiagnosen, Marktprognosen und/oder Marktkontrollen.

Marktdiagnose — Bei der Marktdiagnose wird die Marktsituation zum Zeitpunkt der Erhebung bestimmt (z. B. wie stark die Konkurrenz auf dem Markt ist, welche Marktsegmente bzw. Zielgruppen beobachtet werden können, welche Vertriebsmöglichkeiten und welche Werbeträger es auf dem Markt gibt).

Marktprognose — Die Marktprognose beschäftigt sich mit der Erstellung einer Voraussage bezüglich der Marktsituation in einem bestimmten Zeitraum (z. B. wie sich der Markt entwickeln wird, welche Nachfrageänderungen aufgrund einer Preisänderung erwartet werden, welche Reaktionen bei einer Rezepturänderung erfolgen könnten).

Marktkontrolle — Die Marktkontrolle untersucht die Wirkung der verschiedenen am Markt eingesetzten Marketinginstrumente. So interessiert z. B., wie stark die Nachfrage nach einem Produkt zugenommen hat, nachdem eine Werbekampagne lanciert wurde, oder ob die Anstrengungen, ein neues Image aufzubauen, erfolgreich waren.

Für das Unternehmen kann Marktforschung viele Vorteile haben:

VORTEILE UND WIRKUNGEN EINER GEZIELTEN MARKTFORSCHUNG

Früherkennung von Risiken Die Marktforschung ermöglicht es, bestehende respektive sich abzeichnende Marktrisiken frühzeitig zu erkennen und darauf zu reagieren.	**Auswählen von relevanten Informationen** Die gezielte Marktforschung ermöglicht eine Filterung von relevanten Informationen aus der Informationsfülle, der das Unternehmen grundsätzlich gegenübersteht.
Entwicklungsvorsprung Durch eine gezielte Marktforschung kann das Unternehmen die Chancen für Leistungsentwicklungen allenfalls vor der Konkurrenz wahrnehmen.	**Lerneffekt** Die Resultate der Marktforschung begünstigen Lernprozesse im Unternehmen.
Reduktion von Unsicherheit Die Ergebnisse der gezielten Marktforschung erlauben eine Präzisierung und Objektivierung von Entscheiden.	**Prognosen erstellen** Die richtige Interpretation der Ergebnisse der Marktforschung lässt verlässlichere Prognosen zu.

Marketing

Der Zugang zu den richtigen Informationen und deren Aufbereitung sind zentral, denn nur so können die Verantwortlichen damit wirksame Entscheidungen bezüglich Marketing und der Leistungserstellung treffen.

Methoden der Marktforschung

Zu Beginn einer Marktforschung stehen die Fragen, die das Unternehmen geklärt haben möchte, also der Erhebungszweck. Das Durchführen eigener Marktforschungen (primäre Erhebung) ist sehr zeit- und kostenintensiv. Neben eigenen Erhebungen stehen häufig auch andere Quellen (sekundäre Erhebung) zur Verfügung, welche die Fragestellung zumindest zu einem gewissen Teil beantworten könnten.

Nachfolgend werden unterschiedliche Methoden der Marktforschung kurz vorgestellt.

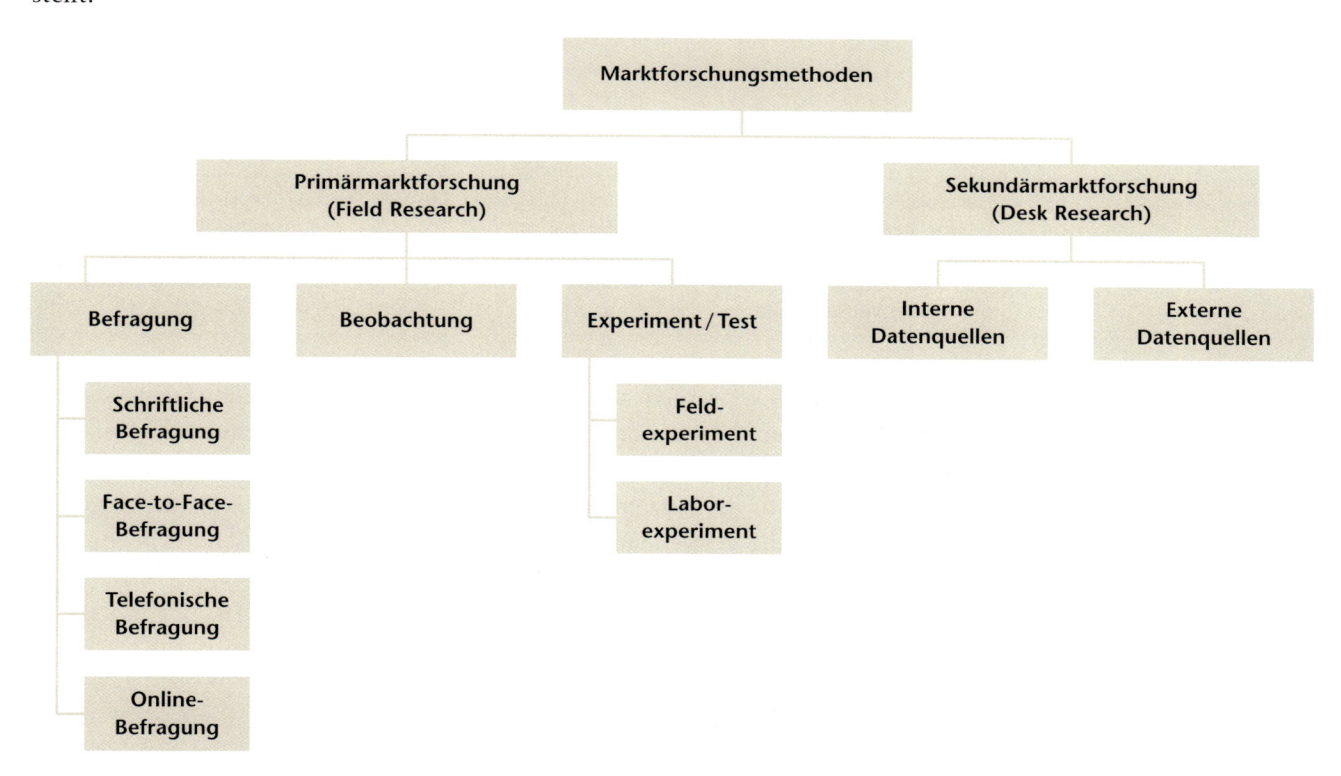

```
                        Marktforschungsmethoden
                        /                      \
        Primärmarktforschung              Sekundärmarktforschung
         (Field Research)                    (Desk Research)
        /      |        \                    /            \
  Befragung  Beobachtung  Experiment/Test   Interne        Externe
                              |          Datenquellen   Datenquellen
                         Feldexperiment
                         Laborexperiment
  - Schriftliche Befragung
  - Face-to-Face-Befragung
  - Telefonische Befragung
  - Online-Befragung
```

Primärmarktforschung

Stehen für einen bestimmten Bereich noch gar keine bzw. keine geeigneten Daten zur Verfügung, erfolgt eine Primärmarktforschung mittels Befragungen, Beobachtungen oder Tests. Nachfolgende Übersicht zeigt schematisch die Vorteile und Nachteile der einzelnen Methoden auf.

Befragungen haben zum Ziel, Äusserungen, Stellungnahmen und/oder Bewertungen von Befragten zu sammeln und zu analysieren.

Befragung

METHODEN DER BEFRAGUNG

	Beschreibung	Vorteile	Nachteile
Schriftliche Befragung	Die schriftliche Befragung wird sehr häufig angewendet. Die Kommunikation erfolgt nur über einen Fragebogen.	• Niedrige Kosten bei der Erhebung • Gute Verbreitungsmöglichkeit	• Keine Rückfragen möglich • Meist nur geringe Rücklaufquoten (oftmals weniger als 20%)
Face-to-Face-Befragung	Bei dieser Methode stehen sich die Interviewerin und der Befragte persönlich gegenüber.	• Der Interviewer erkennt nonverbale Reaktionen: z. B. Begeisterung oder eine ablehnende Körperhaltung. • Demonstrationsmaterial ist einsetzbar.	• Grosser Zeitaufwand (u. a. An- und Rückreise) • Störfaktoren der Umgebung, wie die Anwesenheit Dritter, sind schwierig auszuschliessen. • Teuer in der Durchführung und in der Auswertung
Telefonische Befragung	Die telefonische Befragung ist vor allem für Umfragen zu aktuellen Themen sehr geeignet.	• Rückfragen sind möglich. • Nachkontrolle des Gesprächs durch Aufzeichnung	• Kein Demonstrationsmaterial einsetzbar • Häufige Ablehnung gegenüber ungewollten Telefonaten
Online-Befragung	Die weite Verbreitung des Internets eröffnet auch der Marktforschung die Möglichkeit, dieses Medium für Marktforschungszwecke zu nutzen.	• Schnell und kostengünstig einsetzbar • Umfrage kann aktuell gehalten werden.	• Kein physisches Demonstrationsmaterial einsetzbar • Internetzugang nicht in jeder Bevölkerungsschicht gegeben

Beobachtung

Mit dieser Methode werden visuell erkennbare Sachverhalte über beobachtete Individuen gesammelt. Dazu zählen Verhaltensreaktionen und physische Veränderungen. Beispielsweise kann das Einkaufs-, Verwendungs- oder Auswahlverhalten beobachtet werden. Im Einzelhandel können auf diese Weise z. B. die Wege der Kundschaft oder die Verweildauer an bestimmten Orten des Geschäfts beobachtet und registriert werden.

Die Resultate der Marktforschung (hier eine Face-to-Face-Befragung) sind zentral, um die Bedürfnisse der aktuellen und potenziellen Kundschaft zu ermitteln.

Von Vorteil ist, dass das Verhalten in bestimmten Situationen direkt beobachtbar ist. Der Nachteil liegt darin, dass Meinungen und Emotionen nicht bzw. nur sehr schlecht beobachtbar sind.

Beim Experiment oder Test handelt es sich um eine Mischform zwischen der Beobachtung und der Befragung. Dabei werden zwei Arten von Experimenten unterschieden: Feldexperimente und Laborexperimente.

Experiment/Test

ARTEN VON EXPERIMENTEN

	Beschreibung	Vorteile	Nachteile
Feldexperiment	Die Durchführung findet vor Ort (z. B. am Verkaufsort) unter realen Bedingungen statt.	• Der Realitätsbezug ist gewährleistet.	• Schlechte Kontrolle aller Einflussgrössen • Schlechte Geheimhaltung vor Mitbewerbern • Hohe Kosten
Laborexperiment	Die Rahmenbedingungen für dieses Beobachtungsverfahren werden künstlich geschaffen. Die Experimente finden unter kontrollierten Testbedingungen meistens in den Räumlichkeiten von Marktforschungsinstituten statt.	• Durch die gute Kontrolle der Einflussgrössen können neue Produkte getestet werden, ohne dass dies die Konkurrenz erfährt und ohne dass der Test durch äussere nicht kontrollierbare Einflussgrössen gestört wird.	• Die künstlich geschaffenen Bedingungen haben meist wenig mit der Realität zu tun. • Hohe Kosten

Sekundärmarktforschung

Stellt die Unternehmensleitung fest, dass zur aktuellen Frage bereits Daten bestehen, kann sie eine Sekundärmarktforschung (auch bekannt als Desk Research) einleiten. Hier bestehen zwei Möglichkeiten: Zurückgreifen auf innerbetriebliche Informations- und Datenmaterialien oder Beschaffung von ausserbetrieblichen, bereits bestehenden Informations- und Datenmaterialien.

Zu den internen Datenquellen zählen u. a. Unterlagen aus dem Bereich des Rechnungswesens (z. B. Daten der Absatz- und Vertriebskosten), Statistiken betreffend Umsätzen nach Produkten oder nach Gebieten, Kundenstatistiken (z. B. Reklamationseingänge oder Auftragsgrössen) sowie frühere Primärerhebungen, die für die neue Problemstellung nochmals ausgewertet werden.

Interne Datenquellen

Die Anzahl und Vielfalt externer Datenquellen ist enorm. Ein Unternehmen kann von diesem Angebot schnell und kostengünstig profitieren. Die Schwierigkeit bei solchen ausserbetrieblichen Informationsmaterialien besteht darin, aktuelle, richtige und für die konkrete Untersuchung aussagefähige Daten zu erhalten bzw. aus den Quellen herauszufiltern. Als externe Datenquellen bieten sich an: Veröffentlichungen von staatlichen und internationalen Institutionen (z. B. SECO, BFS, OECD), Veröffentlichungen von Organisationen und Verbänden (z. B. Wirtschafts- und Konsumentenverbände), Veröffentlichungen von Marktforschungsinstituten, Preislisten, Werbematerialien und Internetauftritte der Konkurrenz.

Externe Datenquellen

Nach erfolgter Analyse des Marktes, der Konkurrenz und der eigenen Leistungen sowie aufgrund der Auswertungen aus der Marktforschung lassen sich nun konkrete Produkt- und Marktziele definieren.

Unternehmensbereiche

4.4 Produkt- und Marktziele

Marketing-Mix

Produkt- und Marktziele

Marktforschung

Markt- und Leistungsanalyse

Das Unternehmen muss bestimmen, wie seine Marktleistung aussieht (Produktziele) und wie sich diese im Markt positionieren soll (Marktziele). Produkt- und Marktziele bedingen sich gegenseitig und lassen sich nicht immer klar trennen. Z. B. entscheidet die angestrebte Marktposition (Marktziel) über die Produktionsmenge (Produktziel).

PRODUKTZIELE

Produktziele	Beschreibung	Beispiele
Art der Marktleistung	Welche Art von Marktleistung möchte das Unternehmen anbieten? Welches Bedürfnis soll die Leistung befriedigen?	Herstellung von Fussballschuhen
Qualität	Welchen Qualitätsansprüchen soll die Marktleistung genügen?	Sehr gute Qualität, guter Kundenservice (z. B. Umtausch, drei Jahre Garantie)
Sortiment	Wie breit und tief soll das angebotene Sortiment sein?	Schmales Sortiment (nur Fussballschuhe), allerdings sehr tief (unterschiedlichste Ausführungen, Modelle und Farben)
Produktionsmenge	Welche Menge soll hergestellt werden?	Jährlich sollen 10 000 Paar Fussballschuhe hergestellt werden.

Zur Bestimmung der Produktziele gehört auch die Frage, welches Sortiment bzw. welche Varianten der Marktleistung angeboten werden sollen.

Sortimentsgestaltung

Bei der Sortimentsgestaltung wird über die Art, Menge, Qualität und den Preis der angebotenen Produkte entschieden. Als Sortiment wird dabei die Gesamtheit aller vom selben Unternehmen angebotenen Leistungen verstanden. Sortimente lassen sich in zwei Dimensionen beschreiben: breit/schmal und tief/flach.

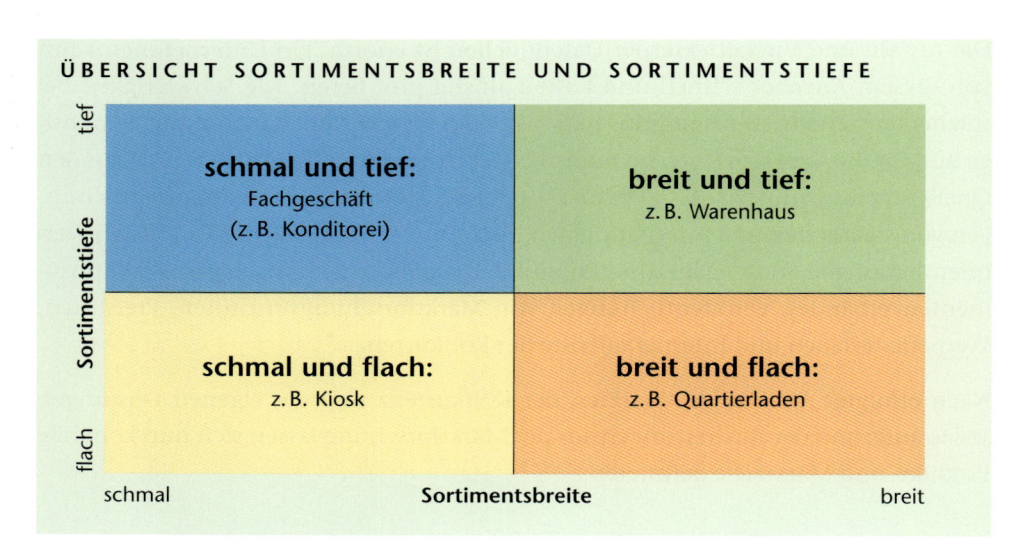

ÜBERSICHT SORTIMENTSBREITE UND SORTIMENTSTIEFE

	Sortimentsbreite schmal	Sortimentsbreite breit
Sortimentstiefe tief	schmal und tief: Fachgeschäft (z. B. Konditorei)	breit und tief: z. B. Warenhaus
Sortimentstiefe flach	schmal und flach: z. B. Kiosk	breit und flach: z. B. Quartierladen

Marketing 4

Buchhandlung: tiefes Sortiment an Büchern.

Werden viele verschiedenartige Artikelgruppen angeboten, bezeichnet man das als breites Sortiment. Ein breites Sortiment hat z. B. ein Warenhaus (Lebensmittel, Kleider, Schuhe, Haushaltsartikel, Haushaltsmaschinen, Unterhaltungselektronik, usw.). Demgegenüber weisen Unternehmen mit nur wenigen Artikelgruppen ein schmales Sortiment auf.

Breites/schmales Sortiment

Werden viele verschiedenartige Varianten derselben Artikelgruppe angeboten, nennt man das Sortiment tief, z. B. weist ein Schuhladen in der Regel ein tiefes Sortiment auf (Turnschuhe, Wanderschuhe, Hausschuhe, Stiefel, Stilettos und Kinderschuhe). Werden nur sehr wenige oder gar keine Untervarianten angeboten, spricht man von einem flachen Sortiment.

Tiefes/flaches Sortiment

MARKTZIELE

Marktziele	Beschreibung	Beispiele
Absatzmarkt	Auf welchem Absatzmarkt will das Unternehmen präsent sein?	Markt für Fussballschuhe in Europa
Marktsegment/ Zielgruppe	Welches Segment des Gesamtabsatzmarktes soll angesprochen werden?	Kinder und Jugendliche
Umsatz	Wie hoch ist der angestrebte Umsatz?	Im aktuellen Geschäftsjahr mindestens 1 Million Schweizer Franken Umsatz erwirtschaften.
Absoluter Marktanteil	Wie hoch soll der absolute Marktanteil sein?	Das Marktvolumen beträgt 10 Millionen Schweizer Franken. Unser Unternehmen soll einen Umsatz von 1 Million Schweizer Franken erzielen, was somit einem absoluten Marktanteil von 10 Prozent entspricht.
Relativer Marktanteil	Wie hoch soll der relative Marktanteil sein?	Die Hauptkonkurrenten auf dem Markt haben zusammen ein Umsatzvolumen von 6 Millionen Schweizer Franken. Der relative Marktanteil unseres Unternehmens beträgt somit 16 Prozent (bei 1 Million Schweizer Franken Umsatz).

Nachdem nun bekannt ist, welche Produkt- und Marktziele verfolgt werden sollen, geht es im nächsten Schritt um deren konkrete Umsetzung.

4.5 Marketing-Mix

Marketing-Mix
Der Marketing-Mix besteht aus verschiedenen kongruenten Massnahmen in Bezug auf das Produkt, den Preis, den Vertrieb und die Kommunikation. Damit die definierten Markt- und Produktziele erreicht werden können, müssen diese Massnahmen im Einklang mit der Wettbewerbsstrategie optimal aufeinander abgestimmt werden.

Konzept der 4 P
Der Marketing-Mix wird auch als Konzept der 4 P bezeichnet (in Anlehnung an die englischen Begriffe: product, price, place, promotion):

MARKETING-MIX

Produkt
Welche Produkte und Dienstleistungen wollen wir anbieten?

Preis
Zu welchem Preis und welchen Konditionen verkaufen wir unsere Leistungen?

Vertrieb
Wie gelangen unsere Produkte und Dienstleistungen zur Kundschaft?

Kommunikation
Wie kommunizieren wir unsere Produkte und Dienstleistungen?

PRODUKT
- Grundnutzen, Zusatznutzen, Nebennutzen
- Qualität
- Sortiment
- Verpackung
- Marke
- Kundendienst

PREIS
- Preisfestsetzung
- Konditionen
- Skonto
- Rabatte

KOMMUNIKATION
- Klassische Werbung
- Online-Werbung
- Direktmarketing
- Event-Marketing
- Messen
- Verkaufsförderung
- Public Relations (PR)
- Sponsoring

VERTRIEB
- Direkter und indirekter Absatzweg
- Organisierter Zwischenhandel
- Persönlicher Verkauf

Produkt

Die Leistungsgestaltung folgt den Markt- und Produktzielen. Dabei müssen verschiedene Entscheide zum Nutzen, zur Qualität, zur Verpackung, zur Markengestaltung und zum Kundendienst getroffen werden.

Nutzen

Ein Produkt bzw. eine Dienstleistung wird von den Konsumentinnen und Konsumenten als Bündel verschiedener Nutzen wahrgenommen. Dass ein Auto fahren kann, wird als Grundnutzen vorausgesetzt. Die Marktleistung «Auto» muss aber auch noch andere Nutzen befriedigen (z. B. Design, Marke). Der Gesamtnutzen einer Leistung kann daher unterteilt werden in Grundnutzen, Zusatz- und Nebennutzen.

Marketing

Der Grundnutzen bezeichnet die grundlegenden Anforderungen an eine Leistung, z. B. bei einer Lampe, dass sie leuchtet.

Grundnutzen

Der Zusatznutzen kann z. B. funktional, ästhetisch, ökologisch oder symbolisch sein. Zum Zusatznutzen gehören die Marke, die Verpackung, das Design, das Styling oder besondere Eigenschaften. Beim Auto wären dies z. B. der Benzinverbrauch, die Marke, das Design oder die CO_2–Emission.

Zusatznutzen

Zu den Nebennutzen werden besondere Dienstleistungen gezählt, wie die Installation, der Service, die Produktschulung, Garantieleistungen oder Lieferbedingungen. In unserem Beispiel des Autos entspricht das u. a. der Verkaufsberatung oder den Servicebedingungen (z. B. garantiert ein Automobilhersteller 24 Monate lang den fehlerfreien Zustand und Betrieb seiner Fahrzeuge ohne Kilometerbegrenzung).

Nebennutzen

Während sich die Leistungen bezüglich Grundnutzen häufig nicht gross unterscheiden, kann sich ein Unternehmen bei Zusatz- und Nebennutzen profilieren und sich so von der Konkurrenz abheben. Zusatz- und Nebennutzen lassen sich nicht immer klar unterscheiden. Die Leistungsentscheidungen zielen immer auf das Gesamt-Nutzenpaket ab.

Qualität

Im Rahmen von Forschung und Entwicklung werden immer neue Produkte und Dienstleistungen entwickelt. Dabei muss bei der Qualität eines Produktes oder einer Dienstleistung darauf geachtet werden, dass die Bedürfnisse der Kundschaft optimal erfüllt werden.

Zur Qualität einer Leistung gehören u. a. folgende Aspekte:
- Qualität der eingesetzten Rohstoffe,
- Rezeptur (z. B. bei Medikamenten, Lebensmitteln),
- Gebrauchsnutzen (z. B. Sauberkeit der Wäsche bei einer Waschmaschine),
- Zuverlässigkeit (z. B. keine Pannen bei einem Auto),
- Haltbarkeit (z. B. Haltedatum bei Lebensmitteln),
- Regelkonformität (bei Gütern, die besonderen Zulassungsregeln unterworfen sind, wie Medikamente, Elektrogeräte),
- Sicherheit (z. B. bei elektrischen Geräten wie Mixer oder Wasserkocher),
- Design (z. B. der Marke entsprechend bei Kopfhörern),
- Marke (mit der Marke wird i. d. R. eine gewisse Qualität versichert).

Sortiment

Erste Entscheidungen zum Sortiment fallen bereits in der Unternehmensstrategie *(vgl. Kapitel 3, S. 68)*. Bei der Formulierung der Produktziele werden diese Entscheidungen dann konkretisiert. Auf der Ebene des Marketing-Mix gilt es nun, die Feinabstimmung zur Zielgruppe vorzunehmen und zu entscheiden, in welchen Varianten das betreffende Produkt produziert werden soll (z. B. Damen- und Herrenvelos in vier Farben unter demselben Namen).

Verpackung

Käuferinnen und Käufer finden beispielsweise in einem Supermarkt eine Fülle an Artikeln, gehen in kürzester Zeit an Hunderten von Produkten vorbei und treffen den Kaufentscheid häufig erst vor dem Regal. Die prägnante Gestalt einer Produkt-

> Unternehmensbereiche

verpackung nimmt angesichts der Fülle an gleichartigen Gütern also eine wichtige Rolle ein. Da ist es naheliegend, dass der Gestaltung einer Verpackung grosse Aufmerksamkeit geschenkt wird.

Funktionen der Verpackung

Je nach Marktleistung hat die Verpackung unterschiedliche Funktionen. Diese verschiedenen Aspekte lassen sich in zwei Grundfunktionen zusammenfassen:
- **technisch-logistische Funktionen:** Schutz vor Schlägen, Aroma- oder Frischegarantie, Gewährung der Stapelfähigkeit,
- **Marketingfunktion:** Träger von Informationen (z. B. Marke, Inhaltsstoffe, Allergikerinformationen, Gefahrensymbole), Prestigeverstärkung und Unterstützung der Marke durch Design, Farbe und Form (z. B. bei Parfums).

Marke

Die Marke (engl. *brand*) ist ein Erkennungszeichen und markiert das Produkt. Sie kann für ein einzelnes Produkt oder eine Gruppe von Produkten stehen. Weitestgehend austauschbare Angebote können mit einer Marke individualisiert werden. Als Marke kann ein Name, ein Begriff, ein Zeichen, ein Symbol, ein Produktdesign oder eine Kombination dieser Elemente stehen.

NUTZEN DER MARKE FÜR DIE KUNDSCHAFT UND DAS UNTERNEHMEN

Nutzen für die Kundschaft	Nutzen für das Unternehmen
- Qualitätsversprechen gibt Sicherheit - Orientierungshilfe in der Leistungsvielfalt - Zusätzlicher emotionaler Reiz (z. B. Zugehörigkeit)	- Wiedererkennungswert - Möglichkeit höherer Preise und damit höherer Margen - Erhöhte Kundentreue

P RIVELLA

Beispiel einer Verpackungsgeschichte bei Rivella
1952 erfand der Rivella-Gründer Dr. Robert Barth das Getränk Rivella rot. Seit seiner Einführung erfuhr das Produkt aufgrund neuer Materialien (von Glas zu PET), neuer Technologien (vom Bügel- zum Schraubverschluss) und nicht zuletzt modernerem Design etliche Verpackungsumgestaltungen.

| 1952 | 1967 | 1971 | 1980 | 1987 | 1991 | 1995 | 1996 | 2001 | 2007 | 2011 | 2016 |

Marketing

MARKEN

Auszug aus dem Interview «Jeder manipuliert jeden» mit Wally Olins (1930–2014), dem Doyen des globalen Brandings. Wally Olins war einer der erfahrensten Praktiker auf dem Gebiet der «Corporate Identity» und hat sich mit zahlreichen Publikationen international einen Namen gemacht.

«Weshalb zahlen wir mehr für Coke?
Olins: Coca-Cola ist eine der bekanntesten und beliebtesten Marken weltweit, weil sie eine Konstanz hat, eine Einzigartigkeit, einen speziellen Auftritt, und zwar seit mehr als 100 Jahren. Überall gibt es Coke, es ist Teil des Lebensstils. Das macht die Marke so wertvoll.

Sie haben die Markenpflege in der Unternehmenswelt etabliert. Wie sind Sie darauf gekommen?
Früher präsentierten sich Unternehmen in der Werbung, dann merkten Ölfirmen, dass man sich auch über die Tankstelle präsentieren kann. Mir wurde klar, dass die Kommunikation einer Firma mit der Kundschaft sehr vielseitig und komplex ist: dass eine Firma über Werbung, aber auch über ihre Produkte, ihr Logo, ihre Mitarbeiter, ihre Uniformen, ihr Verhalten, ihre Werte, ihre Organisation kommuniziert.»

Quelle:
Bilanz – Das Schweizer Wirtschaftsmagazin, Nr. 3/09, S. 52–57.

RANKING: DIE ZEHN WERTVOLLSTEN MARKEN DER WELT

Marke	Markenwert 2015 in Mio. USD	Veränderung gegenüber 2014
1. Apple	246 992	+67 %
2. Google	173 652	+9 %
3. Microsoft	115 500	+28 %
4. IBM	93 987	–13 %
5. Visa	91 962	+16 %
6. at&t	89 492	+15 %
7. Verizon	86 009	+36 %
8. Coca-Cola	83 841	+4 %
9. McDonald's	81 162	–5 %
10. Marlboro	80 352	+10 %

Quelle: Millward Brown Optimor, Brandz Top 100, Most Valuable Global Brands 2015 – Weiterführende Informationen zum Markenwert: www.millwardbrown.com/brandz

Google wurde im Ranking der wertvollsten Marken von Apple überholt und belegt nun den zweiten Platz.

Unternehmensbereiche

Markenarten

Für die Kundengewinnung und die dauerhafte Bindung sind folglich Investitionen in die Entwicklung und Erhaltung einer Marke nötig. Es ist aufwendig, eine Marke erfolgreich aufzubauen und längerfristig in den Köpfen der Konsumierenden zu verankern. Der Wert einer Marke wird erst durch die Markentreue der Kundschaft und durch ihre Bekanntheit gestärkt.

MARKENARTEN

Dachmarken	Eine Dachmarke wird im Gegensatz zu einer Einzelmarke für viele verschiedene, meist sehr unterschiedliche Produkte benutzt. Gefahr dabei ist, dass die Marke verwässert, da sie nicht mehr für ein einzelnes Produkt steht. Beispiele dafür sind Nestlé, Ferrero und Unilever.
Markenfamilien	Ein Unternehmen kann auch mehrere (oft komplementäre) Produkte unter einer Marke laufen lassen. Beispielsweise werden unter der Marke Knorr Knorr Salat Sauce, Knorr Suprême Suppen, Knorr Aromat, Knorr Kräuterlinge oder Knorr Le Jardin geführt. Häufig entstehen Markenfamilien aus ursprünglichen Einzelmarken, zu denen unterdessen erfolgreiche Varianten hinzugekommen sind.
Einzelmarken	Diese Marken werden nur für ein Produkt entwickelt. Ein Beispiel dafür ist der Mars-Riegel.
Handels- oder Eigenmarken	Handels- oder Eigenmarken werden direkt von einer Handelskette vertrieben, wie beispielsweise Aproz oder Frey-Schokolade von der Migros. Dabei bilden Handelsmarken häufig günstige Alternativen zu den Markenprodukten.
No-Names	Es gibt auch Produkte, die ohne Marke verkauft werden und als «No-Name-Produkte» bekannt sind. Da bei No-Names keine Investitionen in den Aufbau der Marke notwendig sind, werden diese häufig um einiges günstiger als entsprechende Markenprodukte angeboten.

Kundendienst

Ein professioneller Kundendienst hat einen positiven Einfluss auf die Kundenzufriedenheit. Er leistet damit einen entscheidenden Beitrag zum Aufbau einer dauerhaften Kundenbeziehung. Die angebotene Leistung des Unternehmens wird mit der Dienstleistung «Kundendienst» oder «Service après-vente», wie es auf Französisch so treffend heisst, optimal ergänzt.

Je nach Produkt fällt dem Kundendienst eine engere oder breitere Palette von Aufgaben zu. Diese kann z. B. umfassen: Beratung beim Kauf, Lieferung, Installation, individuelle Lösungen für Probleme nach dem Kauf, Wartung von technischen Geräten, Hotline für die Beschwerdebehandlung und Abklärung der Garantieansprüche oder das Bereitstellen von Ersatzgeräten.

Preis

Nebst Entscheidungen zur Marktleistung müssen der Preis und die Verkaufskonditionen bestimmt werden. Der Aspekt «Preis» beinhaltet verschiedene Gestaltungsmöglichkeiten und folgt den vorangegangenen Entscheidungen, insbesondere bei der Wahl einer preisbezogenen Wettbewerbsstrategie *(vgl. Kapitel 3, S. 70)*.

Preisfestsetzung

Magisches Dreieck der Preispolitik

Der Preis einer Marktleistung hängt im Wesentlichen von drei Grössen ab:
- Herstellungskosten: Die Herstellungskosten bilden die Untergrenze für den Preis.
- Preise der Konkurrenz: Der Preis der Konkurrenz bestimmt den vorhandenen preispolitischen Spielraum.
- Zahlungsbereitschaft der Kundschaft: Für Kundinnen und Kunden gilt, dass der Preis dem individuellen Nutzen entsprechen muss.

Daraus lassen sich drei unterschiedliche Richtungen der Preisorientierung ableiten:

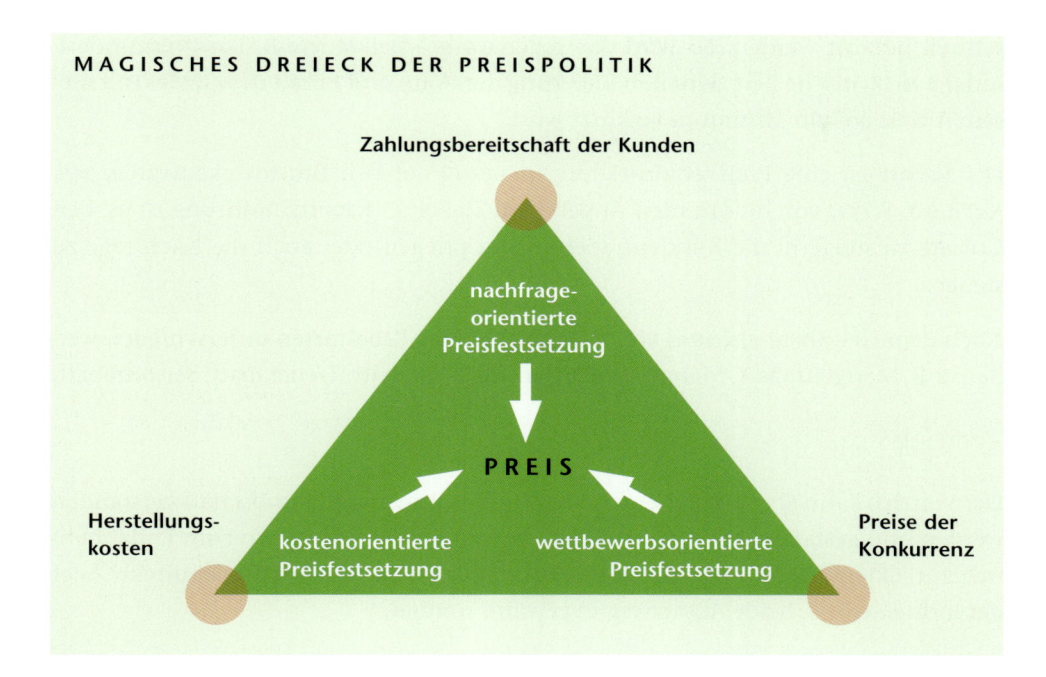

MAGISCHES DREIECK DER PREISPOLITIK

- Zahlungsbereitschaft der Kunden → nachfrageorientierte Preisfestsetzung
- Herstellungskosten → kostenorientierte Preisfestsetzung
- Preise der Konkurrenz → wettbewerbsorientierte Preisfestsetzung

→ PREIS

Der letztlich festgesetzte Preis ist in der Regel eine Kombination aller drei Sichtweisen.

Bei der kostenorientierten Preisfestsetzung bestimmen die anfallenden Kosten der Leistung den Preis. Zu den Kosten wird dabei ein Gewinnaufschlag (sog. Marge) gerechnet. Diese Art der Preisbildung wenden häufig kleinere Unternehmen an, da die Berechnung nicht aufwendig ist. Details zur Kostenrechnung und Kalkulation finden Sie in *Kapitel 6, S. 148 ff*.   *Kostenorientierung*

Werden auf einem Markt ähnliche Produkte angeboten, ist es sinnvoll, sich am Preis der Konkurrenz zu orientieren. Dabei bietet sich der Durchschnittspreis aller Anbieter oder der Preis des jeweiligen Marktführers als Orientierung an. Gerade in einem Markt mit sehr einheitlichen Gütern (z. B. Benzin) wirken sich schon kleine Preisdifferenzen erheblich auf die Nachfrage aus.   *Wettbewerbsorientierung*

Bei der nachfrageorientierten Preisbildung orientiert man sich an der Zahlungsbereitschaft der Kunden. Dabei können verschiedene Methoden zur Anwendung kommen. So werden z. B. die Konsumenten gebeten, den Preis eines neuen Produkts einzuschätzen, oder es wird gefragt, ob die Kunden bereit wären, das Produkt zu einem bestimmten Preis zu kaufen oder nicht.   *Nachfrageorientierung*

Zahlungskonditionen

Die Zahlungskonditionen (Zahlungsbedingungen) werden über die Art und Weise der Zahlung (z. B. bar, Kreditkarte, Rechnung, Raten, Leasing) und den Zahlungszeitpunkt bestimmt. Zusätzlich können weitere Vereinbarungen, z. B. Preisnachlässe bei vorzeitiger Zahlung (Skonto) oder Preisnachlässe ab einer bestimmten Kaufmenge (Rabatte) ausgemacht werden.

Die Vereinbarung von Zahlungskonditionen hat insbesondere bei gewichtigeren Käufen den Vorteil, dass der Anbieter den Zahlungseingang besser planen kann und der Abnehmer genügend Zeit hat, die Ware und Rechnung zu überprüfen und bei allfälligen Beanstandungen noch vor Zahlung zu intervenieren.

Unternehmensbereiche

Skonto

Der Skonto ist ein Barzahlungsabzug, der v. a. bei Geschäften zwischen Unternehmen gewährt wird. Er hat zum Ziel, dass Rechnungen für erbrachte Leistungen schnell bezahlt werden. So wird das sogenannte «Delkredere-Risiko» vermindert, indem die kritische Zeit zwischen Lieferung der Ware und Erhalt des Geldes mit diesem Anreiz auf ein Minimum verkürzt wird.

Rabatt

Der Rabatt ist eine Preisvergünstigung in Bezug auf den Bruttoverkaufspreis *(vgl. Kapitel 6, S. 151)* von bestimmten Angeboten. Ziel einer Rabattgewährung ist es, den Umsatz zu steigern, die Kundenbeziehung zu pflegen oder auch die Nachfrage zu steuern.

Nach dem Gewährungsgrund können verschiedene Rabattarten unterschieden werden: z. B. Mengenrabatt, Mängelrabatt, Barzahlungsrabatt, Treuerabatt, Saisonrabatt.

Vertrieb

Der Vertrieb kann als Nahtstelle zwischen Unternehmen und Kundschaft verstanden werden und gestaltet den Weg, den ein Angebot vom Produzenten zum Endabnehmer zurücklegt. Dabei muss zuerst der Entscheid gefällt werden, ob der direkte oder der indirekte bzw. beide Absatzweg(e) gewählt werden.

Absatzwege – direkt und indirekt

Der direkte Absatz erfolgt ohne Zwischenhandel, direkt zwischen Hersteller und Endverbraucherin. Beim indirekten Absatzweg wird hingegen auf die Hilfe von Zwischenhändlern zurückgegriffen.

Nachfolgend ist je ein Beispiel zum direkten und indirekten Absatzweg aufgeführt.

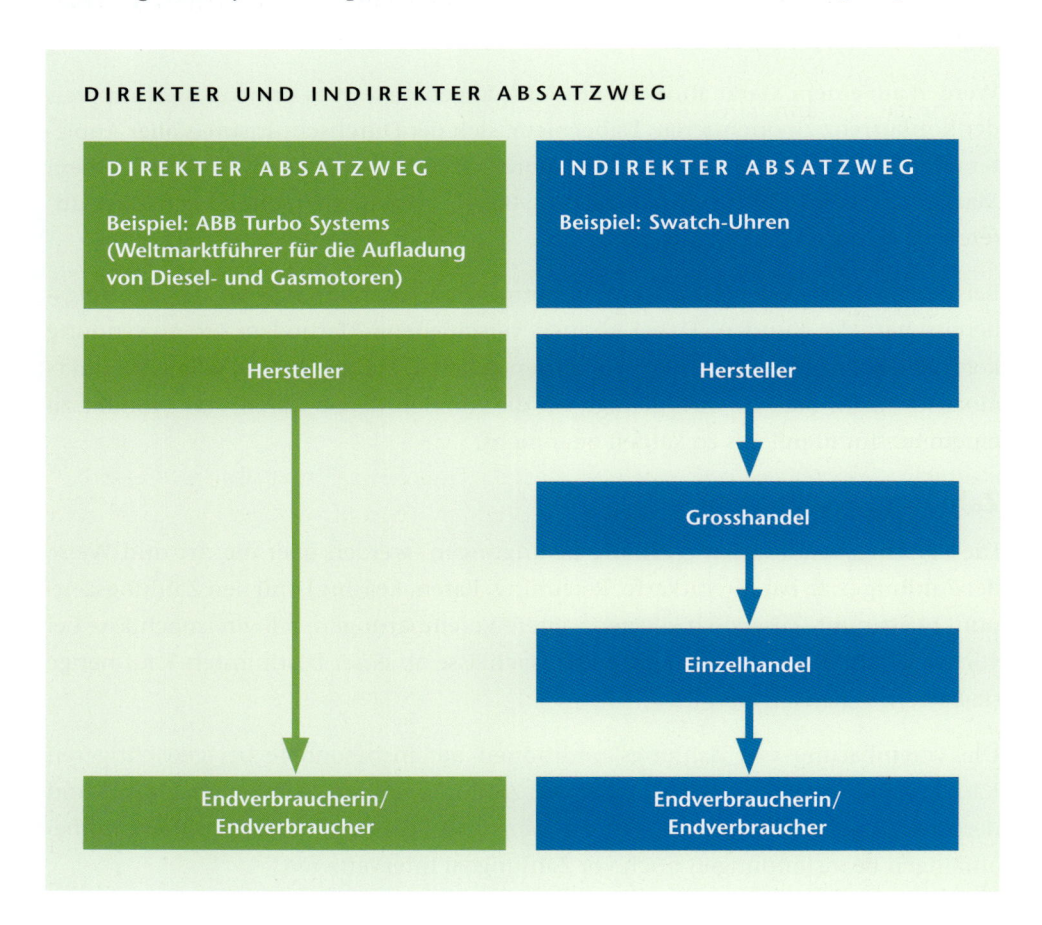

DIREKTER UND INDIREKTER ABSATZWEG

DIREKTER ABSATZWEG	INDIREKTER ABSATZWEG
Beispiel: ABB Turbo Systems (Weltmarktführer für die Aufladung von Diesel- und Gasmotoren)	Beispiel: Swatch-Uhren
Hersteller	Hersteller
	Grosshandel
	Einzelhandel
Endverbraucherin/ Endverbraucher	Endverbraucherin/ Endverbraucher

Marketing

Beim direkten Absatzweg verkauft ein Produzent seine Leistungen selbst oder über eigene Kanäle. Für folgende Leistungen bietet sich der direkte Absatzweg an: **Direkter Absatzweg**

- Güter mit erhöhtem Erklärungsbedarf: Der Produzent stellt durch den direkten Absatzweg sicher, dass die Funktionsweise seines Produktes richtig erklärt und verstanden wird.
- Heikler Transport oder Verderblichkeit der Güter: Um die Waren nicht unnötig zu beschädigen, wird häufig kein Zwischenhandel eingesetzt.
- Starke regionale Konzentration der Endverbraucher oder grosse zeitliche Abstände der Nachfrage: So macht es ökonomisch keinen Sinn, ein weit vernetztes Vertriebssystem aufzubauen.

Beim indirekten Absatzweg sind nicht nur der Produzent und der Endverbraucher beteiligt, sondern noch weitere Vertriebsstufen zwischengeschaltet. Der indirekte Absatzweg wird häufig dann gewählt, wenn folgende Voraussetzungen gegeben sind: **Indirekter Absatzweg**

- Das Produkt ist nicht komplex, hat also keinen umfangreichen Erklärungsbedarf.
- Der Transport ist unkompliziert und die Güter verderben nicht.
- Die Kunden sind nicht regional konzentriert, weshalb eine dezentrale Vertriebsstruktur Sinn macht.

Formen des organisierten Zwischenhandels

Der indirekte Absatzweg kennt verschiedene mehr oder weniger standardisierte Formen. Zwei wichtige Ausprägungen sind der Handel und das Franchising.

Der Handel, unterteilbar in Einzelhandel (Verkauf an Endverbraucher) und Grosshandel (Verkauf an Wiederverkäufer), ist ein wichtiges Element in der Vertriebskette zwischen dem Hersteller und dem Endverbraucher. Er übernimmt dabei verschiedene Funktionen. So werden von ihm die Überbrückungsfunktion (wie Transport, Lagerung oder Kreditgewährung in Form von Teilzahlungen), eine Sortimentsfunktion (wie grosse Mengen in verbrauchsgerechte Mengen aufsplitten und ein Produkt zusammen mit ähnlichen Produkten anbieten) und eine Dienstleistungsfunktion (wie Beratung, Markterschliessung oder Information) wahrgenommen. **Handel**

Das Franchising ist eine Vertriebsform, bei der ein Unternehmen als sogenannter «Franchisegeber» einem Franchisenehmer gegen ein Entgelt das Recht vergibt, Leistungen unter seinem Namen zu vertreiben. Für den Franchisegeber resultiert daraus ein dichtes Netz an Vertriebspartnern, die seine Wettbewerbsposition absichern. **Franchising**

Beim Franchising werden die Form des indirekten Absatzweges und des direkten Absatzweges miteinander kombiniert. Wie beim direkten Vertrieb wird ein einheitlicher Marktauftritt gewährleistet, und der Markt wird direkt bedient. Aus der indirekten Vertriebsform ist abgeleitet, dass die Franchisenehmer als rechtlich selbstständige Einheiten auf dem Markt auftreten und unternehmerisches Denken an den Tag legen müssen. Bekannte Beispiele für das Franchisesystem sind United Colors of Benetton, McDonald's, Hertz oder Fressnapf.

Lagern und Liefern

Gegenstand des Vertriebs ist der Transport der Marktleistungen von der Produktionsstätte zum Verkaufsraum bzw. zu den Verbrauchern. Dazu gehört auch die Lagerbewirtschaftung. Letztlich ist es das Hauptziel eines einwandfreien Vertriebs, dass die richtige Leistung zum richtigen Zeitpunkt am richtigen Ort eintrifft. Es wird folglich eine hohe Zuverlässigkeit angestrebt, die unmittelbar abhängig ist vom Lieferbereitschaftsgrad. Diese Kennzahl, die aussagt, in welchem Ausmass ein Unter- **Lieferbereitschaftsgrad** nehmen fähig ist, die gewünschten Leistungen bereitzustellen, ist zu optimieren. Viele Unternehmen erreichen einen Lieferbereitschaftsgrad von 90 bis 95 Prozent. Eine 100-prozentige Lieferbereitschaft wird nicht angestrebt. Sie würde extrem hohe Lagerhaltungskosten mit sich bringen und sich kaum auf den Umsatz auswirken.

$$\text{Lieferbereitschaftsgrad in \%} = \frac{\text{Anzahl der vollständig ausgeführten Bestellungen}}{\text{Anzahl der gesamten Bestellungen}} \times 100$$

Die Auslieferung der Ware an den Endverbraucher ist heute nur noch selten beim Kerngeschäft angesiedelt. Vielmehr wird nach Möglichkeiten gesucht, dieses an Logistikunternehmen auszulagern und die physische Distribution dann als zusätzliche kostenpflichtige Dienstleistung zu verkaufen *(weiterführende Informationen vgl. Kapitel 5, S. 129)*.

Persönlicher Verkauf

Der persönliche Kontakt zwischen dem Verkaufspersonal sowie der Kundschaft ist der ursprünglichste Weg, den eine Leistung vom Produzenten zum Käufer zurücklegen kann. Für Industriegüter und Medizinaltechnik wird häufig ein professioneller Aussendienst eingesetzt, um die komplexen Güter eingehend zu erklären und den korrekten Gebrauch sicherzustellen. Ziel ist es dabei, den Verkaufsabschluss im direkten Kontakt zu realisieren.

Kommunikation

Das vierte Instrumentarium im Marketing-Mix ist die Kommunikation. Sie ist letztlich entscheidend dafür, dass die Konsumentinnen und Konsumenten von den Produkten und Dienstleistungen erfahren.

Einführung

Mit «Kommunikation» sind die Aufnahme, der Austausch und die Übermittlung von Informationen gemeint. Beispielsweise kann ein Unternehmen (Sender) die herausragenden Eigenschaften des eigenen Produktes (Kommunikationsbotschaft) über ein Plakat (Kommunikationskanal) an die potenziellen Käufer des Produktes (Empfänger) kommunizieren, um damit Interesse für das Produkt zu erreichen (Kommunikationswirkung). Für eine erfolgreiche Kampagne muss folglich ein klares Werbekonzept erstellt werden. Deshalb folgt hier einleitend die Beschreibung des Aufbaus eines Werbekonzeptes.

Werbekonzept

Ein Werbekonzept setzt sich aus folgenden Komponenten zusammen:
- **Werbesubjekt:** Werbesubjekt ist die Zielgruppe. Auf sie sind die Kommunikationsmassnahmen ausgerichtet.
- **Werbeobjekt:** Das zu vermarktende Produkt oder die zu vermarktende Dienstleistung bilden als Werbeobjekt den Ausgangspunkt einer Kampagne.
- **Werbeziele:** Die Werbeziele sind aus den Marketingzielen abgeleitet und betreffen den Bekanntheitsgrad oder die Positionierung der Leistung im Markt.
- **Werbebotschaft:** Die Werbebotschaft muss bestimmt werden. Welche Aussage bzw. welches Gefühl soll die Kommunikation vermitteln?

Marketing   4

- **Werbemedien:** Mit welchem Medium soll geworben werden? Als Werbemittel kommen z. B. Anzeigen in Zeitungen, Plakate, Werbespots im Fernsehen und Radio sowie Online-Werbung in Frage.
- **Werbeperiode:** In welchem Zeitraum und in welcher Häufigkeit soll die Werbung erscheinen?
- **Werbeort:** Es muss bestimmt werden, wo die Werbung geschaltet wird, z. B. in welcher Stadt, auf welchem Sender, auf welchem Online-Portal.
- **Werbebudget:** Es muss festgelegt werden, wie hoch die finanziellen Aufwände sein dürfen.

Ziel des Werbekonzeptes ist es, die Wirksamkeit der Werbung zu steigern. Als das bekannteste Wirkungsmodell gilt dabei das AIDA-Modell.   *AIDA-Modell*

Beim AIDA-Modell wird die Wirkung der Werbebotschaft über vier verschiedene Phasen aufgebaut, mit dem Ziel, den Kauf auszulösen. Veranschaulichen lässt sich dies anhand einer Plakatwerbung von Rivella *(vgl. Praxisfenster)*.

Es gibt verschiedene Möglichkeiten, für Produkte und Dienstleistungen aufmerksam zu machen. Wichtige Kommunikationsinstrumente sind dabei die folgenden: *Kommunikationsinstrumente*

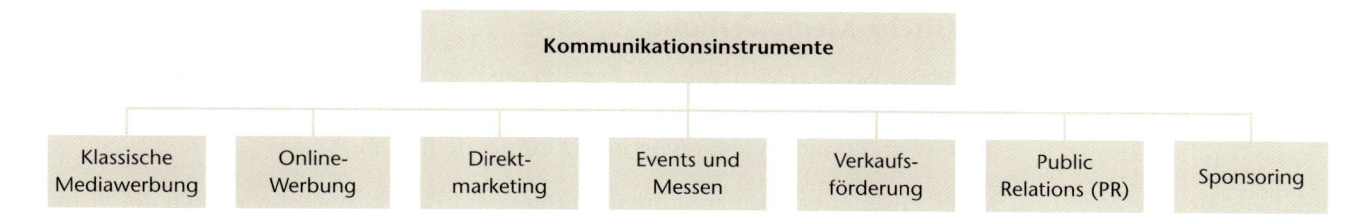

Kommunikationsinstrumente
- Klassische Mediawerbung
- Online-Werbung
- Direktmarketing
- Events und Messen
- Verkaufsförderung
- Public Relations (PR)
- Sponsoring

Im Folgenden werden die einzelnen Kommunikationsinstrumente vorgestellt, wobei die Abgrenzung der einzelnen Instrumente nicht immer trennscharf ist.

P | RIVELLA-PLAKATWERBUNG

Erklärung der Abkürzung	Beschreibung bzw. Kommunikationsziele	Beispiel Rivella
A für **Attention**	Aufmerksamkeit auf die Werbeaktion und damit auf die Leistung des Unternehmens lenken	Das Plakat mit der fröhlichen Jugendgruppe am Fotoautomat fällt einer Passantin auf.
I für **Interest**	Das Werbeversprechen weckt das Interesse für das Produkt oder für die Dienstleistung.	Sie findet die Werbung ansprechend, da diese eine aktive, optimistische und kreative Einstellung zum Leben verkörpert.
D für **Desire**	Den Wunsch für den Kauf der Leistung erzeugen	Die Passantin identifiziert sich mit diesen Werten und möchte das Getränk wieder mal konsumieren.
A für **Action**	Das Werbeversprechen löst den Kauf aus.	Sie geht in den Supermarkt und kauft sich dort das Getränk.

mach's zusammen. mach's. rivella

105

> Unternehmensbereiche

Werbung auf öffentlichen Verkehrsmitteln zählt zur klassischen Mediawerbung.

Klassische Mediawerbung

Bei der klassischen Mediawerbung erfolgt die Kommunikation über gedruckte Medien, über das Fernsehen, das Kino oder via Radio. Die Bezeichnung «klassisch» grenzt diese Werbeform von jener über neue Online-Medien ab.

Printwerbung

Als Printwerbung bezeichnet man Werbung auf Papier. Typische Medien der Printwerbung sind:
- Zeitungen, wie Tages-, Wochen- und Gratiszeitungen,
- Fachzeitschriften,
- Aussenwerbung, wie Plakatwände oder Werbung auf öffentlichen Verkehrsmitteln.

Diese Medien müssen bezüglich ihrer Auflage, ihrer Erscheinungshäufigkeit, ihres Leserkreises oder ihrer Wirksamkeit für die unternehmenseigenen Ziele analysiert und gegeneinander abgewogen werden, da Werbeschaltungen kostspielig sind.

Elektronische Medien

Daneben gibt es die Möglichkeit, über elektronische Medien zu werben:
- via Fernsehen,
- via Kino,
- via Radio.

Für das werbende Unternehmen sind hier die Einschaltquoten, die Sendezeiten und die Ausstrahlungshäufigkeiten der Spots, aber auch die erreichte Publikumsgruppe (Senioren oder junges Publikum?) sowie die Kosten wichtig.

Online-Werbung

Das Internet bietet vielfältige Möglichkeiten zur Werbung. Die folgenden Arten von Online-Werbung spielen heute eine bedeutende Rolle:
- **Pop-up-Werbung:** Diese Werbeanzeigen erscheinen in einem gesonderten Fenster und überlagern die aktuelle Website – häufig auch in Form von Werbefilmen.
- **Buttons:** Auf fremden Websites werden Links zur eigenen Website eingerichtet, meist als Logo.

Marketing

- **Social Media:** Die meisten Unternehmen haben Profile auf sozialen Netzwerken wie Facebook, Xing, LinkedIn und Google+. Interessierte Personen können sich so direkt mit der Firma austauschen und Fan werden. Weiter nutzen Unternehmen auch sogenannte digitale Echtzeit-Kommunikation, wie Twitter und Instagram. Die Social Media bieten für Unternehmen viele Vorteile, jedoch auch Herausforderungen: Die Inhalte müssen regelmässig gepflegt und moderiert werden; und auf allfällige negative Äusserungen gilt es professionell zu reagieren.
- **Apps und Games:** Unternehmen können über eigene Apps und Games eine marktgerichtete Kommunikation betreiben, neue Kunden gewinnen und bestehende an das Unternehmen binden.
- **Videoportale:** Unternehmen präsentieren auf ihren Websites Firmenvideos, Image-, Produktefilmen oder Anleitungen, wie bestimmte Produkte genutzt werden können. Einige Unternehmen präsentieren sich auch auf eigenen Youtube-Kanälen.
- **Diskussionsforen und Blogs:** Unternehmen können auch Diskussionsforen auf ihren Internetseiten anbieten und so konkrete Hilfestellungen leisten oder mittels Blogs Inhalte veröffentlichen – dies stellt aber einen grossen Aufwand dar.
- **E-Mails:** Im Rahmen von Direktwerbung *(vgl. nachfolgend)* werden häufig Newsletter und individualisierte E-Mails eingesetzt.

ENTWICKLUNG DER NETTO-WERBEUMSÄTZE IN DER SCHWEIZ

	2009	2010	2011	2012	2013	2014
Netto-Werbeumsätze Schweiz	**4500**	**4457**	**4573**	**4341**	**4267**	**4197**
Presse	1916	2001	2004	1783	1615	1536
Tages-, regionale Wochen-, Sonntagspresse	1309	1341	1337	1154	1032	978
Publikums-, Finanz- und Wirtschaftspresse	382	425	424	400	367	350
Spezialpresse	119	126	125	118	112	107
Fachpresse	106	108	118	111	104	100
Elektronische Medien	768	844	919	910	942	960
Fernsehen (inkl. Sponsoring)	595	669	745	726	749	772
Radio (inkl. Sponsoring)	135	135	139	147	157	150
Kino	26	28	24	26	26	28
Teletext	7	7	6	5	4	3
Adscreen	4	5	5	6	7	7
Übrige Medien	1816	1612	1650	1648	1710	1702
Aussenwerbung	350	366	398	417	415	426
Adressbücher	215	227	235	214	208	217
Direktwerbung	1251	1019	1017	1017	1086	1059
Online (geschätzt)	359	452	521	572	642	723

in Mio. CHF gerundet

Quelle: Stiftung Werbestatistik Schweiz

Trotz einem zunehmenden Angebot im Bereich der neuen Medien fällt ein grosser Teil der Werbeausgaben in der Schweiz immer noch auf die Printmedien. Die Gratiszeitungen glichen dabei die Verluste bei der abonnierten Presse teilweise aus. Zudem fällt auf, dass die Online-Werbung jährlich wächst, ihr Anteil im Vergleich zu den anderen Medien ist allerdings momentan noch geringer. Weiterhin am Steigen ist der Umsatz der Fernsehwerbung, während die Umsätze der Teletextwerbung am Sinken sind.

Direktmarketing

Mit dem Direktmarketing werden die Zielgruppen direkt und einzeln angesprochen. Folgende Instrumente kommen dabei infrage:
- persönlich adressierte oder unadressierte Werbesendungen per Post,
- direkter Kontakt via Telefon, Internet oder Fax,
- direkte Ansprache mittels SMS (Short Messaging Service) oder MMS (Multimedia Messaging Service).

Events und Messen

Event-Marketing

Beim Event-Marketing betreibt das Unternehmen in zwanglosen Situationen produkt- oder firmenbezogene Kommunikation, z. B. an Red Bull Air Races. Das Unternehmen versucht dabei, ihren Zielpersonen die Einzigartigkeit ihrer Produkte zu vermitteln, und macht sich dafür die vorherrschende Erlebnis- und Genussorientierung der Konsumentinnen und Konsumenten zunutze.

Messen

Anders als beim Event-Marketing sind an Messen mehrere Unternehmen vertreten. In der Regel finden Messen in regelmässigen Abständen statt und haben festgelegte thematische Schwerpunkte. Beispiele grosser Messen sind die BEA in Bern, die Olma in St. Gallen oder die Baselworld (Uhren- und Schmuckmesse). Mit der Teilnahme an Messen wird das Ziel verfolgt, vielen potenziellen Käuferinnen und Käufern das Angebot zu präsentieren. Vor allem bei neuen und komplexen Gütern wie Industriegütern (z. B. Druckmaschinen und 3-D-Druckern) kann der persönliche Kontakt von Fachpersonen zu Endabnehmern viel zum Verständnis des Produktes beitragen. Aufgrund der Resonanz kann der Anbieter zum Ende einer Messe auch das Interesse an seiner Marktleistung besser einschätzen. Die Betreuung und die Miete eines Standplatzes bedarf aber einigen Aufwands.

Verkaufsförderung

Die Verkaufsförderung ist eine zeitlich befristete Massnahme, die den Absatz bei Händlern und Konsumierenden mit gezielten Aktionen fördern soll.

Verkaufsförderung beim Händler

Zur Verkaufsförderung bei Händlern bieten sich folgende Massnahmen an:
- Preisnachlässe, z. B. bei höherem Absatz, Bonussysteme,
- Präsentationsmaterial, z. B. Gestelle, Plakate und Bildschirme,
- Hostessen, z. B. für Präsentationen und Degustationen,
- Schulung der Mitarbeitenden, z. B. im Umgang mit dem Produkt.

Verkaufsförderung beim Endverbraucher

Zur Verkaufsförderung bei Endverbrauchern sind folgende Massnahmen möglich:
- Musterproben, z. B. im Geschäft abgegeben oder per Post zugestellt,
- Gutscheine, z. B. für den günstigeren Einkauf von Gütern,
- Aktionen und Sonderangebote, z. B. «3 für 2», oder «25% mehr Inhalt»,
- Werbegeschenke, z. B. Badetuch,
- Treuebonussysteme, z. B. Kaffee-Stempelkarten, Kundenkarten,
- Anrechnung des Restwertes des alten Produktes beim Kauf eines neuen, z. B. beim Autokauf,
- Degustationen und Demonstrationen, z. B. Käse, Wein, Pralinés.

Marketing

Public Relations (PR)

Die Öffentlichkeitsarbeit, auch Public Relations (PR) genannt, dient dem Aufbau und der Pflege von Beziehungen mit den verschiedenen Anspruchsgruppen. Im Unterschied zur Werbung wird mit PR die gesamte unternehmerische Tätigkeit kommuniziert (z.B. Unternehmen als Arbeitgeber, CSR-Bestrebungen), wohingegen sich die Werbung auf spezifische Informationen über Produkte und Dienstleistungen beschränkt.

Ziel der PR ist es, das Image des Unternehmens in der Öffentlichkeit zu fördern. Dabei werden persönliche und unpersönliche PR-Instrumente unterschieden:

PR-Instrumente

PR-INSTRUMENTE (BEISPIELE)

Persönliche PR-Instrumente	Unpersönliche PR-Instrumente
• Medienkonferenzen • Vorträge • Betriebsbesichtigungen • Tage der offenen Tür	• Geschäftsberichte- und Nachhaltigkeitsberichte • Broschüren • Pressemappen • Kundenzeitungen

Sponsoring

Beim Sponsoring unterstützen Unternehmen Personen oder Organisationen z.B. in den Bereichen Sport, Kultur, Soziales, Umwelt oder Medien mit finanziellen Leistungen oder Sachleistungen. Im Gegenzug verpflichtet sich der Gesponserte, den Namen des Sponsors werbeträchtig einzubringen, z.B. via Aufführung auf seiner Programmbroschüre oder der Website.

Sponsoring verzeichnete in den letzten Jahren eine stark steigende Bedeutung. Viele Konzert- oder Sportveranstaltungen wären ohne Sponsorengelder heute nicht mehr durchführbar. Teilweise finanzieren Unternehmen auch Vorlesungen oder ganze Institute an Universitäten. Kritisch wird Sponsoring dann, wenn der Gesponserte nicht mehr unabhängig in seiner Meinungsäusserung bzw. Anlassgestaltung ist.

CUSTOMER RELATIONSHIP MANAGEMENT (CRM): NESPRESSO

Kundenbindung als Ziel

Kaffeekapseln mit den besten Kaffees der Welt, einfach zu bedienende Espressomaschinen der neusten Technologie mit ansprechendem Design und ein ausgeklügeltes Kundenbeziehungsmanagement (CRM) – dies sind die drei Säulen des erfolgreichen Nespresso-Geschäftsmodells. Neukunden zu gewinnen, ist bis zu fünfmal teurer, als bestehende Kunden zu binden. Aus diesem Grund ist das CRM heute in vielen Firmen ein wesentlicher Bestandteil des Marketings. Dem liegt die konsequente Ausrichtung des Unternehmens auf die Kunden zugrunde. Mit der Auswertung des individuellen Kaufverhaltens will man die Kundenzufriedenheit und die Kauffrequenz z.B. mit auf die Kundenbedürfnisse zugeschnittenen Aktionen erhöhen. Durch gezieltes Up- (höherwertige Produkte/Dienstleistungen verkaufen) und Cross-Selling (Verkauf von ergänzenden Produkten – bei Nespresso Kaffeegeschirr, Gebäck usw.) wird ebenfalls versucht, den Umsatz zu erhöhen.

Community von Kaffeetrinkern

Der Nespresso-Club sowie die eigenen Nespresso-Boutiquen sind wichtige Instrumente des Kundenbeziehungsmanagements von Nespresso. Das Image wird so gezielt beeinflusst. Es soll eine «Community» von Kaffee-Connaisseurs geschaffen werden, die sich klar von den Konkurrenten abgrenzt. Club-Kunden sollen zu Markenfans werden, die wie Botschafter für Nespresso Werbung machen. Alle Neukunden erhalten eine Willkommensbox und anschliessend regelmässige Mailings (Clubzeitschrift und Hinweise), um eine enge Beziehung zu schaffen. Defekte Maschinen werden beim Kunden abgeholt und eine Leihmaschine gratis zur Verfügung gestellt. Mit «Nursing»-Anrufen wird in den ersten acht Wochen die Kundenzufriedenheit erhoben, weitere Informationen vermittelt und der persönliche Kontakt gepflegt. Falls Kunden plötzlich unregelmässig oder gar nicht mehr bestellen, wird telefonisch nachgefragt, ob man mit der Maschine zufrieden ist. Die Ambition von Nespresso ist es, mit höchster Qualität (Kapseln, Maschine, CRM) zur weltweiten Ikone für perfekten Kaffee zu werden.

Quelle: Nespresso; Homburg/Krohmer (2012)

ZUSAMMENFASSUNG

Erfolgreichen Unternehmen ist gemeinsam, dass sie ihr Tun auf die Bedürfnisse der Kundschaft ausrichten. Die Unternehmensleitung muss ein Marketingkonzept erarbeiten, um die Produkte und Dienstleistungen bekannt zu machen. Die Markt- und Leistungsanalyse bilden dabei den Ausgangspunkt: Im Rahmen der Marktanalyse muss ein Unternehmen unter anderem entscheiden, welches Marktsegment sich am besten eignet, um die eigenen Produkte und Dienstleistungen abzusetzen – es wählt aus den verschiedenen Marktsegmenten seine Zielgruppe aus. In der Leistungsanalyse ist dann wichtig zu beachten, dass die Entwicklung des Umsatzes eines Produktes nicht linear verläuft, sondern einem Lebenszyklus folgt, dem Rechnung getragen werden muss. Ergänzend dazu liefert die BCG-Portfolio-Methode Resultate zu Wachstumsaussichten von Produkten. Weiter ist der Zugang zu den richtigen und wichtigen Informationen zentral für die Unternehmensleitung, damit sie wirksame Entscheidungen treffen kann. Diese Ergebnisse liefert die Marktforschung.

Anhand dieser Beobachtungen und Analysen können anschliessend die Marketingmassnahmen auf die zuvor definierten Produkt- und Marktziele ausgerichtet werden. Ziel ist es dabei, einen möglichst stimmigen Mix auf dem Markt zu präsentieren. Dabei werden die vier Bereiche im Marketing-Mix aufeinander abgestimmt: Produkt, Preis, Vertrieb und Kommunikation (4 P). Die Marketingaktivitäten müssen dabei im Einklang mit der gewählten Unternehmens- und Wettbewerbsstrategie stehen.

Marketing

SCHLÜSSELBEGRIFFE

- BCG-Portfolio
  - Poor Dogs
  - Question Marks
  - Stars
  - Cash Cows
- Konkurrenzanalyse
- Marketing
- Marketingkonzept
- Marketing-Mix (auch 4 P)
- Produkt
  - Nutzen (Grund-, Zusatz-, Nebennutzen)
  - Qualität
  - Sortiment (Sortimentstiefe, -breite)
  - Verpackung
  - Marke (Dachmarke, Markenfamilie, Einzel-, Handels-, Eigenmarken, No Names)
  - Kundendienst
- Preis
  - Magisches Dreieck der Preispolitik
  - Zahlungskonditionen
  - Skonto
  - Rabatt
- Vertrieb
  - Direkter Absatzweg
  - Indirekter Absatzweg
  - Handel
  - Franchising
  - Lieferbereitschaftsgrad
  - Persönlicher Verkauf
- Kommunikation
  - Werbekonzept
  - AIDA-Modell
  - Mediawerbung klassisch
  - Online-Werbung
  - Direktmarketing
  - Event-Marketing
  - Messe
  - Verkaufsförderung
  - Public Relations (PR)
  - Sponsoring
- Marketingziele
  - Produktziel
  - Marktziel
- Marktgrössen
  - Marktpotenzial
  - Marktvolumen
  - Sättigungsgrad
  - Marktanteil
  - Relativer Marktanteil
- Marktforschung
  - Marktdiagnose
  - Marktprognose
  - Marktkontrolle
- Marktforschungsmethoden Primärmarktforschung
  - Befragung
  - Beobachtung
  - Experiment (auch Test)
- Sekundärmarktforschung
  - Interne Quellen
  - Externe Quellen
- Marktsegmentierung – Marktsegment
- Produktlebenszyklus
- Zielgruppe

→ Eine Definition der Schlüsselbegriffe finden Sie im Glossar.

QUELLEN UND WEITERFÜHRENDE LITERATUR

Becker, Jochen: **Marketing-Konzeption.** Grundlagen des ziel-strategischen und operativen Marketing-Managements, 10. Auflage, München 2012

Homburg, Christian / Krohmer, Harley: **Marketingmanagement.** Strategie – Instrumente – Umsetzung – Unternehmensführung, 4. Auflage, Wiesbaden 2012

Hugentobler, Walter / Schaufelbühl, Karl / Blattner, Matthias: **Integrale Betriebswirtschaftslehre**, 5. Auflage, Zürich 2013

Kotler, Philip / Keller, Kevin L.: **Marketing Management**, 14. Auflage, New Jersey 2015

Kühn, Richard / Pfäffli, Patrick: **Marketing.** Analyse und Strategie, 14. Auflage, Zürich 2012

Schmid, Beat F. / Lyczek, Boris: **Unternehmenskommunikation.** Kommunikationsmanagement aus Sicht der Unternehmensführung, 2. Auflage, Wiesbaden 2008

Tropp, Jörg: **Moderne Marketing-Kommunikation.** System – Prozess – Management, 2. Auflage, Wiesbaden 2014

Unternehmensbereiche

REPETITIONSFRAGEN KAPITEL 4

1. Was versteht man unter einem Marketingkonzept?

2. Erklären Sie Ihrer Lernpartnerin oder Ihrem Lernpartner, was sie unter den Begriffen «Marktanalyse» und «Leistungsanalyse» verstehen.

3. Anhand welcher Kriterien können Marktsegmente gebildet werden?

4. Erstellen Sie eine mögliche Marktsegmentierung für den Schweizer Softdrink-Markt.

5. Welche Phasen werden im Produktlebenszyklus unterschieden? Wie verlaufen die Kurven «Umsatz» und «Gewinn»? Begründen Sie deren Entwicklung.

6. Vergleichen Sie die Instrumente des BCG-Portfolios mit dem Modell des Produktlebenszyklus: Worin unterscheiden sie sich, wo finden Sie Übereinstimmungen?

7. Welche Marktforschungsmethoden kennen Sie? Welches sind jeweils die gewichtigsten Vor- und Nachteile?

8. Was ist unter dem «magischen Dreieck der Preispolitik» zu verstehen? Was lässt sich aus diesem Dreieck herauslesen?

9. Wie ist der Vertrieb von McDonald's organisiert?

10. Erinnern Sie sich an einen Fernsehwerbespot von Audi? Oder von Coca-Cola? Beschreiben Sie, wie diese Spots die AIDA-Formel umsetzen.

11. Erstellen Sie für ein selbst ausgewähltes Produkt ein Werbekonzept.

Zutritt verboten!
Ende des
Schutzbereiches

Leistungserstellung

5.1	**Überblick**	117
5.2	**Beschaffung**	120
5.3	**Produktion**	124
5.4	**Lager und Distribution**	129

«Eine Weltneuheit pro Jahr lautet bei uns die Vorgabe.»

Dr. Urs Rickenbacher, CEO Lantal Textiles

LERNZIELE

Nachdem Sie dieses Kapitel gelesen haben, können Sie …

… erklären, was mit dem Begriff Leistungserstellung gemeint ist.

… den Transformationsprozess der Leistungserstellung beispielhaft erläutern.

… die Ziele der Leistungserstellung erklären.

… eine Wertschöpfungskette und deren Ausgestaltung anhand von Beispielen erläutern.

… das System der betrieblichen Produktionsfaktoren theoretisch und praktisch vorstellen.

… die Beschaffung von Potenzialfaktoren beispielhaft erläutern.

… das Vorgehen bei der Beschaffung von Repetierfaktoren und Werkstoffen Schritt für Schritt darstellen.

… die Gründe für eine produktionssynchrone Beschaffung erläutern.

… erklären, was mit dem Begriff «Produktionsplanung» gemeint ist.

… die Entscheidungen der Programmplanung theoretisch und praktisch erläutern.

… die Entscheidungen der Vollzugsplanung theoretisch und praktisch erläutern.

… einen Netzplan für einen Herstellungsprozess aufstellen und interpretieren.

… die Aufgaben eines Lagers sowie die Anforderungen an das Lager erklären.

… verschiedene Verteilstrukturen beispielhaft erläutern.

… zum optimalen Standort eines Lagers Auskunft geben.

5 Leistungserstellung

5.1 Überblick

Sie bereits in Kapitel 2 gelernt haben, umfasst die Leistungserstellung als Prozessfunktion die Beschaffung, die Produktion, das Lager und die Distributionsaufgaben eines Unternehmens. Jedes Unternehmen verwandelt einen Input (Ressourcen) mittels eines Transformationsprozesses in einen Output (Marktleistungen) für die Kundschaft. Der dem Input durch den Transformationsprozess hinzugefügte Wert wird Wertschöpfung genannt.

Wertschöpfung

Dabei spielt es keine Rolle, ob es sich um ein Unternehmen der Industrie (z. B. Lantal Textiles als Hersteller von Sitzsystemen für Flugzeuge) oder des Dienstleistungssektors (z. B. eine Anwaltskanzlei, die Rechtsberatung anbietet) handelt. Wenn ein verkaufsfähiges Produkt erzeugt wird, werden Ressourcen bzw. Mittel benötigt, um diese Marktleistung zu erbringen. Sowohl Lantal als auch die Anwaltskanzlei schaffen ihr Endprodukt (Sitzsysteme bzw. Rechtsberatung) durch die Transformation der eingesetzten Ressourcen (Material für die Sitzsysteme bzw. Gespräche und Recherchen in Gesetzen und Fachliteratur für die Rechtsberatung).

LANTAL TEXTILES AG

Im Luftkissenbett über die Wolken
Die Vision der Langenthaler Firme Lantal Textiles AG ist es, mit wegweisenden Interieurs jedem Passagier unterwegs das höchste Mass an Wohlbefinden zu bieten. Das pneumatische Komfortsystem, bei dem herkömmliche Schaumstoffpolsterungen in Sitzen und Matratzen durch Luftkissen ersetzt werden, ist ein Ausdruck dieses Anspruchs. Seit dem Frühling 2009 wird die Weltneuheit nach und nach in Business- und First-Class-Sitze verschiedenster Airlines, unter anderen der Swiss, integriert. Mit diesem Pneumatischen Komfortsystem können Reisende den Härtegrad des Sitzes je nach persönlicher Vorliebe individuell anpassen, von härter in der aufrechten Position über mittel beim Entspannen bis hin zu weicher in der vollständig flachen Position.
«Wir sind überzeugt, dass die pneumatischen Sitzkissen den Komfortstandard der Zukunft setzen und Luftfahrtgesellschaften wie Reisenden einzigartige Vorteile bieten», erklärt Dr. Urs Rickenbacher, CEO Lantal Textiles AG.

Kostenvorteile und Senkung des CO_2-Ausstosses
Das pneumatische Komfortsystem hat nicht nur Vorteile für die Reisenden, sondern ist auch ökonomisch und ökologisch attraktiv. So wird durch die markanten Gewichtseinsparungen der Kerosinverbrauch entscheidend gesenkt, was nicht nur Kostenvorteile bietet, sondern auch einen wichtigen Beitrag zur Senkung des CO_2-Ausstosses von Flugzeugen bedeutet. Der Weltmarktführer aus dem Oberaargau ist führend in Design, Herstellung und Vermarktung von Textilien und Dienstleistungen für den internationalen Luft-, Bus- und Bahnverkehr und für Jets und Yachten des VIP-Bereichs. Das 1886 als Leinenhersteller gegründete Unternehmen in Langenthal hat 2015 einen Umsatz von 96,7 Millionen Franken erwirtschaftet, wies einen Exportanteil von 94 Prozent auf und beschäftigte rund 395 Mitarbeitende (inklusive 19 Lehrlinge).

Quelle: Lantal Textiles AG, 3/2016

Unternehmensbereiche

DIE LEISTUNGSERSTELLUNG ALS TRANSFORMATIONSPROZESS

Lieferant → Input – Ressourcen → Transformationsprozess → Output – Marktleistung → Kundin / Kunde

Wertschöpfung = Gesamtleistung (Output) – Vorleistung (Input)

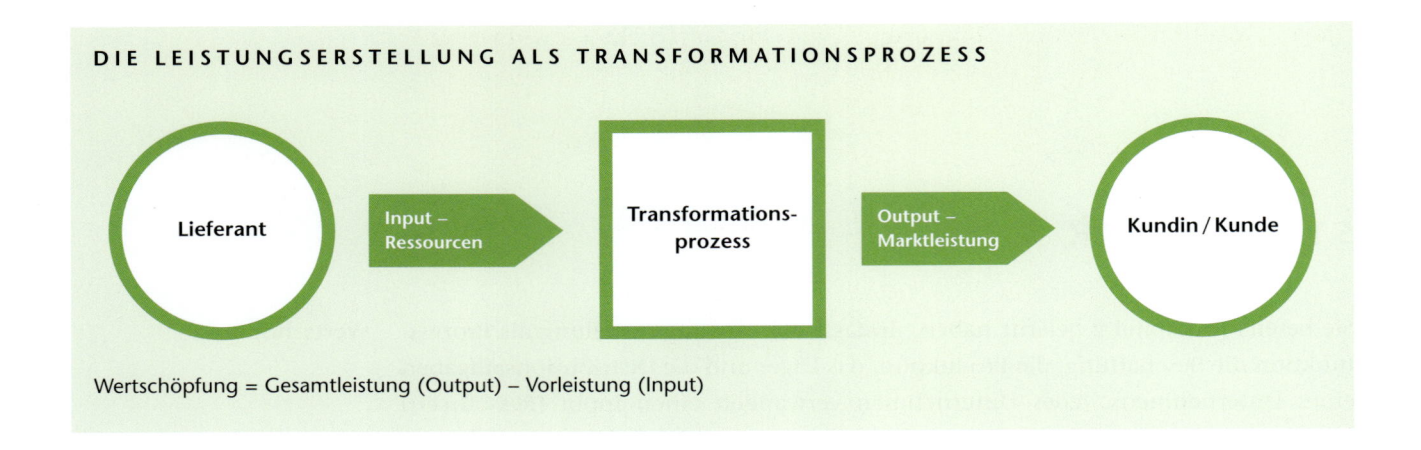

Ziele der Leistungserstellung

Aus der Strategischen Unternehmensführung und den Unternehmenszielen lassen sich Ziele für die Leistungserstellung ableiten. Im Zentrum stehen dabei die zwei Hauptziele *Kostenorientierung* und *Kundenorientierung*.

🅿 Lohnt es sich für Lantal Textiles, weitere Webmaschinen für Sitzbezüge anzuschaffen? Damit könnte auf der einen Seite die Lieferzeit für Sitzbezüge für Flugzeuge verkürzt und dadurch eventuell die Kundenzufriedenheit erhöht werden. Auf der anderen Seite müssen die zusätzlichen Webmaschinen finanziert und ausgelastet werden.

Bei der Kostenorientierung (auch Betriebsorientierung genannt) fokussiert sich die Unternehmensleitung auf die Herstellkosten und möchte durch eine hohe Auslastung, eine hohe Wirtschaftlichkeit und mit niedrigen Lagerbeständen eine möglichst hohe Kontinuität in der Leistungserstellung erzielen. Den Kundinnen und Kunden werden daher vornehmlich standardisierte Güter und Dienstleistungen angeboten. Bei der Kundenorientierung liegt der Fokus auf einer hohen Kundenzufriedenheit. Diese soll durch eine grösstmögliche Flexibilität erreicht werden: durch kurze Lieferzeiten, eine hohe Liefertreue oder individuell auf die Kundschaft zugeschnittene Leistungen.

Zwischen der Kosten- und der Kundenorientierung besteht eine Zielkonkurrenz *(vgl. dazu auch Kapitel 1, S. 26)*: Eine maximale Kundenorientierung ist mit hohen Kosten verbunden. Die Kundenorientierung wird dort ihr Optimum finden, wo die Kosten für die Flexibilität (z. B. Kosten für erhöhten Planungsaufwand, erhöhte Lagerhaltung, erhöhte Verkaufs- und Marketingkosten) gleich gross sind wie die Opportunitätskosten (Kosten des entgangenen Nutzens: z. B. Kosten für verlorene Deckungsbeiträge durch nicht realisierten Umsatz aufgrund mangelnder Kundenorientierung).

Wertschöpfungskette

In der Regel wird bei der Leistungserstellung auf ein mehrstufiges Netzwerk zurückgegriffen, das die Wertschöpfungskette zwischen den Lieferanten und der Kundschaft bildet. Innerhalb der Wertschöpfungskette fliessen zwischen Kunde und Lieferant Material, Güter, Informationen und Geld hin und her. Dabei können auch die Kunden der Kunden und die Lieferanten der Lieferanten einbezogen werden.

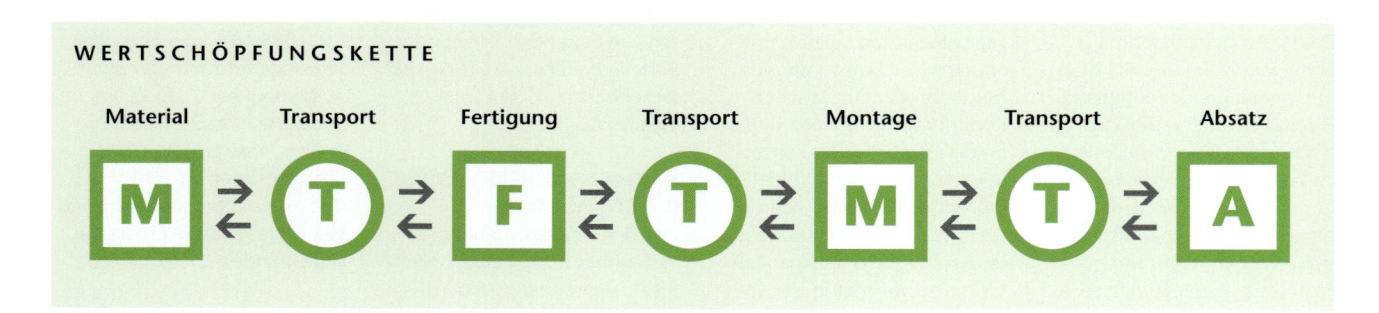

WERTSCHÖPFUNGSKETTE

Material — Transport — Fertigung — Transport — Montage — Transport — Absatz

M ⇄ T ⇄ F ⇄ T ⇄ M ⇄ T ⇄ A

Leistungserstellung

Die Ausgestaltung der Wertschöpfungskette ist für ein Unternehmen von zentraler Bedeutung, da durch eine effiziente Netzwerkgestaltung gegenüber Konkurrenten Wettbewerbsvorteile erzielt werden können. Drei wichtige strategische Aspekte stehen dabei im Vordergrund:

1. **Das Mass der vertikalen Integration**
   Will das Unternehmen möglichst viel selbst machen (hohe vertikale Integration), oder will es einen grossen Anteil der Produktion einkaufen und nur noch wenig selbst machen (geringe vertikale Integration; *vgl. dazu auch Kapitel 3, S. 69)*? Dies wird als die klassische «Make-or-buy-Entscheidung» bezeichnet (Eigenfertigung oder Fremdbezug).

VOR- UND NACHTEILE DER VERTIKALEN INTEGRATION

Vorteile	Nachteile
• Zeit- und Kostenvorteile (z. B. Einsparen von Transportzeit und Transportkosten) • Vorprodukte können besser auf Endprodukte abgestimmt werden. • Geringere Abhängigkeit von Zulieferern (besserer Zugang zu wichtigen Gütern) • Geringere Verhandlungsmacht der Zulieferer • Sicherung von Differenzierungszielsetzungen (z. B. spezifischere Qualitätskontrollen und schnellere Produktmodifikationen) • Weiterentwicklung des Know-hows des Unternehmens • Synergieeffekte innerhalb der Produktionsprozessstufen • Verbesserter Zugang zu Marktinformationen • Neuproduktentwicklungen können leichter geheim gehalten werden.	• Kostenvorteile aufgrund der Arbeitsteilung und der Spezialisierung können verloren gehen. • Evtl. höhere Kontroll- und Koordinationskosten aufgrund mangelnder Erfahrung • Höhere Organisations- und Bürokratiekosten bei wachsender Unternehmensgrösse • Ehemalige Lieferanten werden zu Konkurrenten.

2. **Die Wahl der Standorte**
   Der Absatz- und der Beschaffungsmarkt beeinflussen die Wahl der Standorte *(vgl. dazu auch Kapitel 1, S. 28)*. Wichtige Fragen, die jedes Unternehmen klären muss, betreffen die Transportkosten, das Verfügbarkeitsrisiko für die Beschaffung, die Verteilung der Güter sowie die Kosten für die Leistungserstellung (z. B. Bauland, Lohnniveau, Energiepreise, Steuern) und die gewünschte Kundennähe.

3. **Die Bestimmung der Kapazitäten**
   Mit Blick auf die erwartete Nachfragemenge inkl. möglicher Nachfrageschwankungen können die Produktionskapazitäten der einzelnen Standorte bestimmt werden. Eine hohe Flexibilität (z. B. mit einem Lagerbestand und Pufferzeiten) ist dabei wünschenswert, um optimal auf die Nachfrage reagieren zu können. Diese ist jedoch, wie zuvor ausgeführt, mit höheren Kosten verbunden.

5.2 Beschaffung

Betriebliche Produktionsfaktoren

Zur Leistungserstellung benötigen Unternehmen Betriebsmittel und Werkstoffe. Betriebsmittel umfassen den gesamten sachlichen Input eines Unternehmens, der nicht Bestandteil des Outputs wird (z. B. eine Webmaschine). Werkstoffe umfassen den gesamten sachlichen Input eines Unternehmens, der Bestandteil des Outputs wird (z. B. Garn für Flugzeugsitzbezüge). Betriebsmittel können in Repetierfaktoren und Potenzialfaktoren unterteilt werden.

Betriebsmittel und Werkstoffe bilden gemeinsam mit den objektbezogenen Arbeitsleistungen (ausführende menschliche Arbeitsleistungen am Erzeugnis) die elementaren Produktionsfaktoren. Diese elementaren Produktionsfaktoren genügen alleine nicht für die erfolgreiche Leistungserstellung, es werden zusätzliche dispositive (leitende) Arbeitsleistungen benötigt: zum einen originäre Führungsentscheidungen, grundlegende, eigenständige Entscheidungen der Unternehmensleitung (z. B. ob neue Produkte eingeführt werden) und zum anderen derivative Führungsentscheidungen, die sich aus den originären Entscheidungen ableiten lassen und an Spezialisten delegiert werden können. Es handelt sich hierbei um die Aufgaben Planung, Organisation und Kontrolle. Wissen wird heute vermehrt, obwohl eigentlich in den dispositiven Arbeitsleistungen enthalten, als weiterer eigenständiger Produktionsfaktor angesehen.

SYSTEM DER BETRIEBLICHEN PRODUKTIONSFAKTOREN

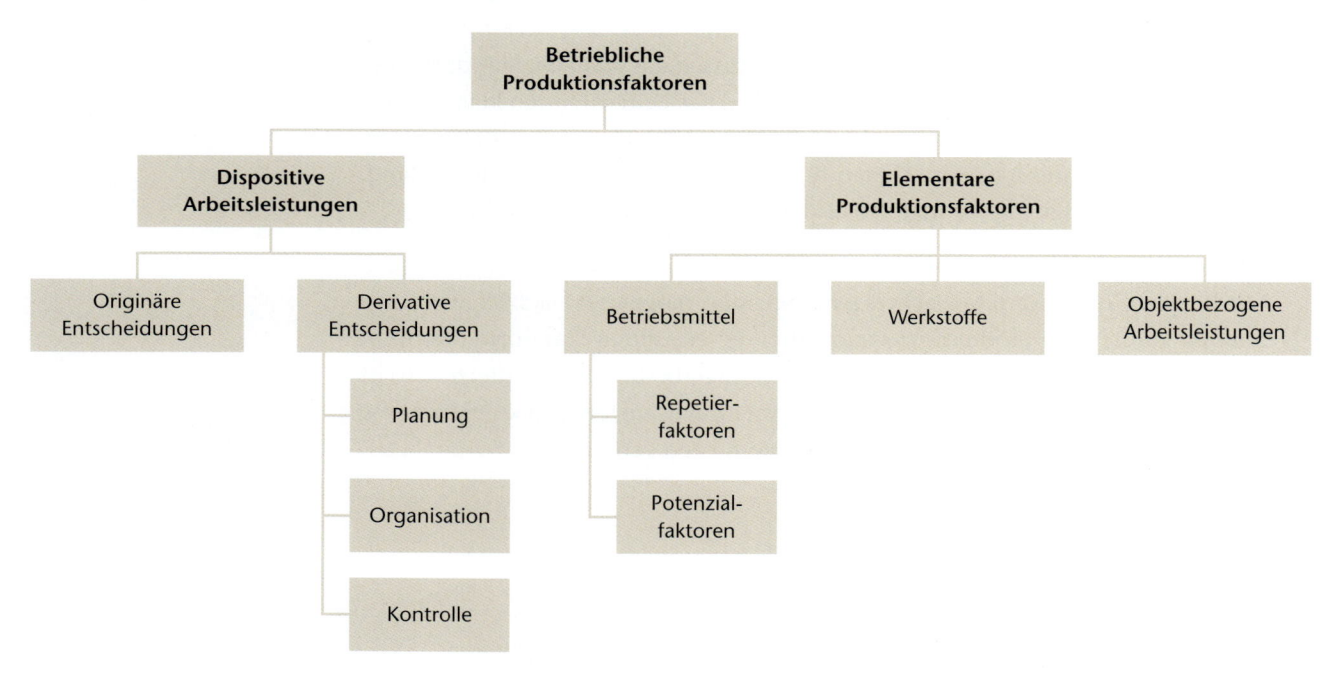

Leistungserstellung

Wie bereits einführend bemerkt, können Betriebsmittel in Repetierfaktoren und Potenzialfaktoren unterteilt werden. Repetierfaktoren (auch Verbrauchsfaktoren genannt) werden im Prozess der Leistungserstellung unmittelbar verbraucht oder umgewandelt. Sie können beliebig geteilt und in unterschiedlichsten Mengen beschafft werden. Beispiele von Repetierfaktoren sind Betriebsstoffe wie Treib- und Brennstoffe sowie Reinigungsmittel. Damit eine kontinuierliche Produktion sichergestellt werden kann, müssen Repetierfaktoren immer wieder neu beschafft und eingesetzt werden.

Repetierfaktoren

Potenzialfaktoren werden für die Leistungserstellung ausschliesslich mittelbar verbraucht bzw. gebraucht und sind in der Regel nicht teilbar. Potenzialfaktoren werden aufgrund von technischen Gegebenheiten als Nutzenbündel beschafft und geben dann über längere Zeit hinweg Nutzungen (Potenzialeinheiten) ab. Klassische Potenzialfaktoren sind z. B. Maschinen und Gebäude.

Potenzialfaktoren

Aufgrund der Investitionsplanung entscheidet die Unternehmensleitung über die Beschaffung von sehr teuren Potenzialfaktoren (z. B. Maschinen, Gebäude oder Grundstücke). Diese werden dann in der Regel durch die Einkaufsabteilung nach Vorgabe der Geschäftsleitung bzw. der Abteilungsleitung (bei weniger teuren Potenzialfaktoren) beschafft. Durch das Sammeln aller Bestellungen in der Einkaufsabteilung können bei Lieferanten Liefervergünstigungen (z. B. Rabatte, besondere Garantie- oder Wartungszusagen) ausgehandelt werden.

Beschaffung von Potenzialfaktoren

Aufgrund der nahezu beliebigen Teilbarkeit von Repetierfaktoren und Werkstoffen, können diese in den verschiedensten Mengen eingekauft werden. Die Einkaufsabteilung eines Unternehmens muss also für Repetierfaktoren und Werkstoffe eine bestimmte Einkaufsmenge festlegen und beschaffen. Dazu wird ein Bedarfs-, ein Vorrats- und ein Bestellmengenplan erstellt.

Beschaffung von Repetierfaktoren und Werkstoffen

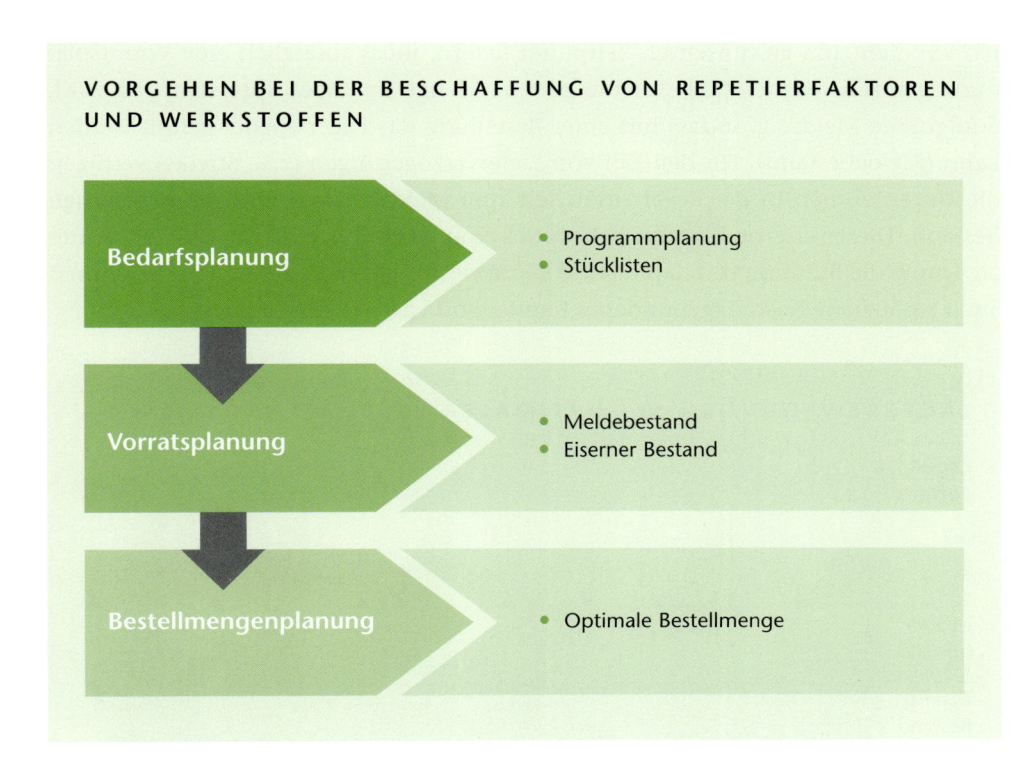

VORGEHEN BEI DER BESCHAFFUNG VON REPETIERFAKTOREN UND WERKSTOFFEN

- **Bedarfsplanung**
  - Programmplanung
  - Stücklisten

- **Vorratsplanung**
  - Meldebestand
  - Eiserner Bestand

- **Bestellmengenplanung**
  - Optimale Bestellmenge

Unternehmensbereiche

ZERLEGUNG EINES PROGRAMMPLANS IN EINEN BEDARFSPLAN

Ein Unternehmen stellt die beiden Erzeugnisse E_1 und E_2 her. Diese setzen sich wie folgt aus den Zwischenprodukten Z_1, Z_2 und Z_3 sowie den Einzelteilen a, b und c zusammen (Stückliste):

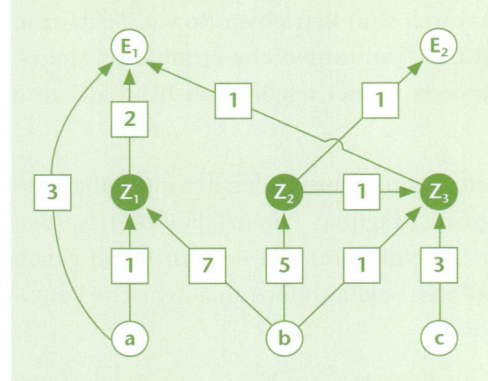

Der **Programmplan** sieht folgende Herstellungsmengen vor:
E_1: 100 Stück
E_2: 50 Stück
Z_2: 20 Stück (Ersatzteile)

Hieraus resultiert der **Bedarfsplan**
Z_1: 200 Stück   a: 500 Stück
Z_2: 170 Stück   b: 2350 Stück
Z_3: 100 Stück   c: 300 Stück

Z. B.: E_1 besteht aus 1 Z_3, 2 Z_1 und 3 a;
Z_1 besteht aus 1 a und 7 b

Quelle: Schmalen (2002), S. 307

Bedarfsplanung

Um den genauen Bedarf an Repetierfaktoren und Werkstoffen zu ermitteln, werden
- die Programmplanung (→ welche Produktarten sollen in welcher Menge hergestellt werden) und
- die Stücklisten (→ welche Einzelteile werden für jedes Erzeugnis benötigt)
- zu Hilfe genommen. Damit lässt sich exakt ermitteln, welche Mengen genau benötigt werden.

Vorratsplanung

Da es nicht immer zweifelsfrei so ist, dass der in der Bedarfsplanung ermittelte Bedarf an Repetierfaktoren und Werkstoffen auch den Tatsachen entspricht (z. B. wird bei der Produktion mehr Ausschuss als angenommen fabriziert) und dass die Lieferanten wirklich zum gewünschten Zeitpunkt liefern, muss zusätzlich eine Vorratsplanung gemacht werden. Sobald eine gewisse Menge im Lager unterschritten wird, erfolgt eine Meldung, sodass mit einer Bestellung das Lager wieder gefüllt werden kann (Meldebestand). Für den Fall von Lieferverzögerungen (z. B. Streiks) verfügen die Unternehmen in der Regel zusätzlich zum Meldebestand über einen eisernen Bestand. Dieser eiserne Bestand sichert die Produktion für eine gewisse Zeit weiter ab. Durch die Bindung von Kapital und Raum verursacht diese zusätzliche Sicherheit auch zusätzliche Kosten (gebundenes Kapitel und Lagerhaltungskosten).

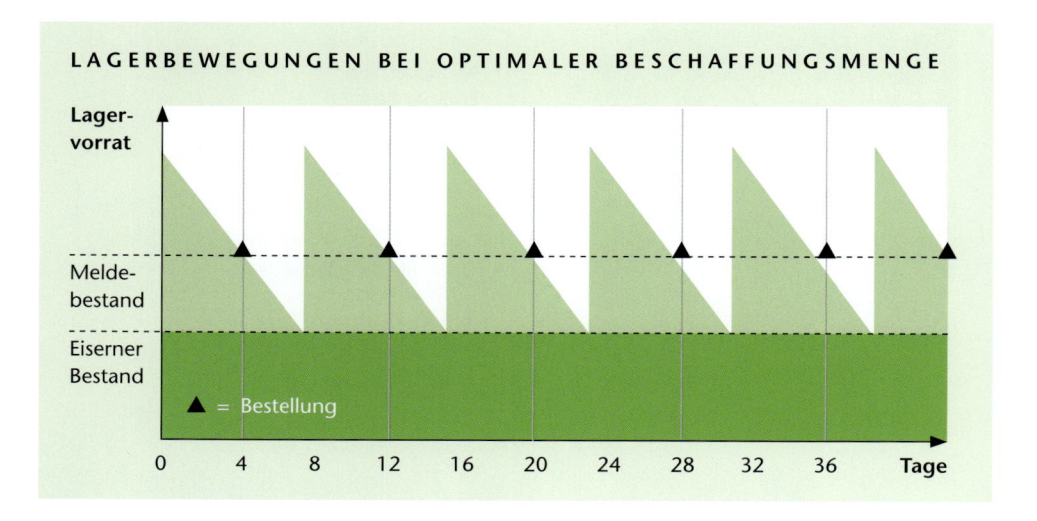

LAGERBEWEGUNGEN BEI OPTIMALER BESCHAFFUNGSMENGE

▲ = Bestellung

Leistungserstellung

Die Bestellmengenplanung ermittelt die Bestellmenge, die für das Unternehmen am günstigsten ist und als optimale Bestellmenge bezeichnet wird. Werden durch das Unternehmen grosse Mengen bestellt, erhält es in der Regel Mengenrabatt, und die bestellfixen Kosten (z. B. Materialprüfung pro Lieferung) verteilen sich auf eine grössere Menge Repetierfaktoren und Werkstoffe (→ Einkaufskosten pro Stück sinken mit grösserer Bestellmenge). Wenn jedoch eine hohe Menge bestellt wird, steigen die Aufbewahrungskosten (Lagerkosten) an (→ Aufbewahrungskosten pro Stück steigen mit grösserer Bestellmenge). Die optimale Beschaffungsmenge ist folglich diejenige Menge, bei der die Summe aus Einkaufs- und Aufbewahrungskosten je Stück am geringsten ist.

Bestellmengenplanung

ERMITTLUNG DER OPTIMALEN BESTELLMENGE

Kosten pro Stück / Bestellmenge
- Gesamtkosten pro Stück
- Aufbewahrungskosten pro Stück
- Einkaufskosten pro Stück
- Optimale Bestellmenge

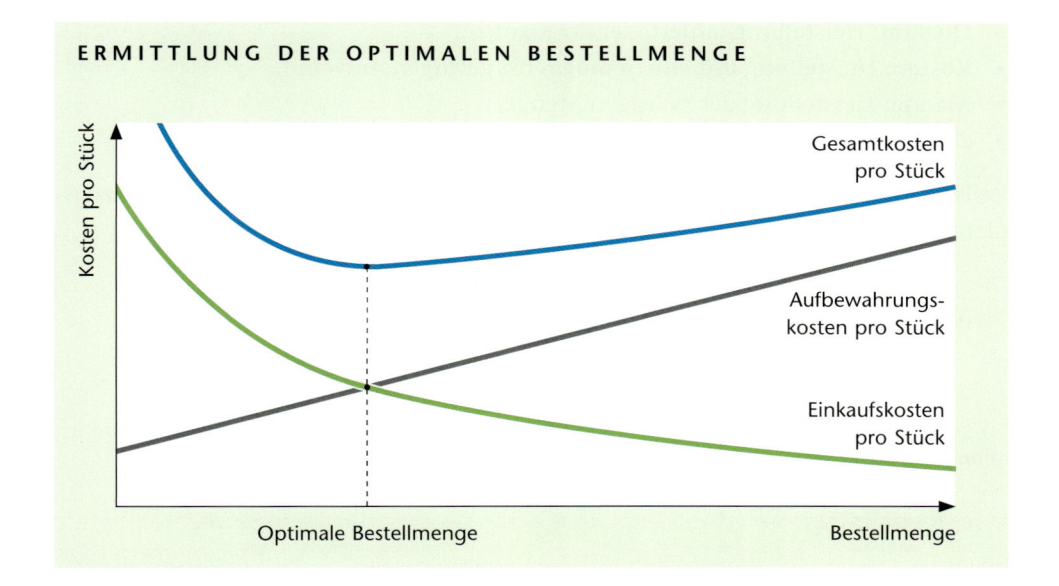

Um die hohe Kostenbelastung (gebundenes Kapital und Lagerkosten) der Lagerhaltung zu senken, sind viele Unternehmen zu einer produktionssynchronen Beschaffung übergegangen. Eiserne Bestände verschwinden, und Lieferanten liefern «just in time» (JIT) eine genau vorgegebene Menge an Repetierfaktoren und Werkstoffen, die nach der Anlieferung sofort verarbeitet wird. Damit die produktionssynchrone Beschaffung gelingt, werden hohe Anforderungen an alle Beteiligten gestellt:
- Zulieferer und Weiterverarbeiter müssen informationstechnisch eng verknüpft sein (→ Optimierung hinsichtlich Termin-, Mengen- und Qualitätsvorgaben);
- enge Kopplung mit langfristigen Lieferverträgen;
- vereinbarte Termine und Qualität müssen exakt eingehalten werden.

Produktionssynchrone Beschaffung

P Der Computerhersteller Dell produziert nach dem Just-in-time-Konzept: Es wird erst mit der Herstellung eines Computers begonnen, wenn der Auftrag dafür vorliegt. Die Einzelteile werden anschliessend so bestellt, dass sie direkt in die Fertigung einfliessen (Senkung der Lagerhaltungskosten). Die Auslieferung erfolgt durchschnittlich sechs Tage nach Auftragseingang, die Konkurrenz benötigt üblicherweise sieben Wochen dafür.

Unternehmensbereiche

5.3 Produktion

Einleitung

In der Leistungserstellung wird der Transformationsprozess, welcher Input zu Output umwandelt, auch als Produktion bezeichnet. Folgende Aspekte sind für eine erfolgreiche Produktion von zentraler Bedeutung:
- **Qualität:** Herstellung fehlerfreier Erzeugnisse,
- **Kosten:** Herstellung mit einem möglichst geringen Aufwand,
- **Menge:** Herstellung der richtigen Menge,
- **Zeit:** schnelle Herstellung und pünktliche Lieferung.

Produktionsplanung

Welche Produkte (Programmplanung) mit welchen Produktionsfaktoren (Vollzugsplanung) hergestellt werden sollen, ist Gegenstand der Produktionsplanung.

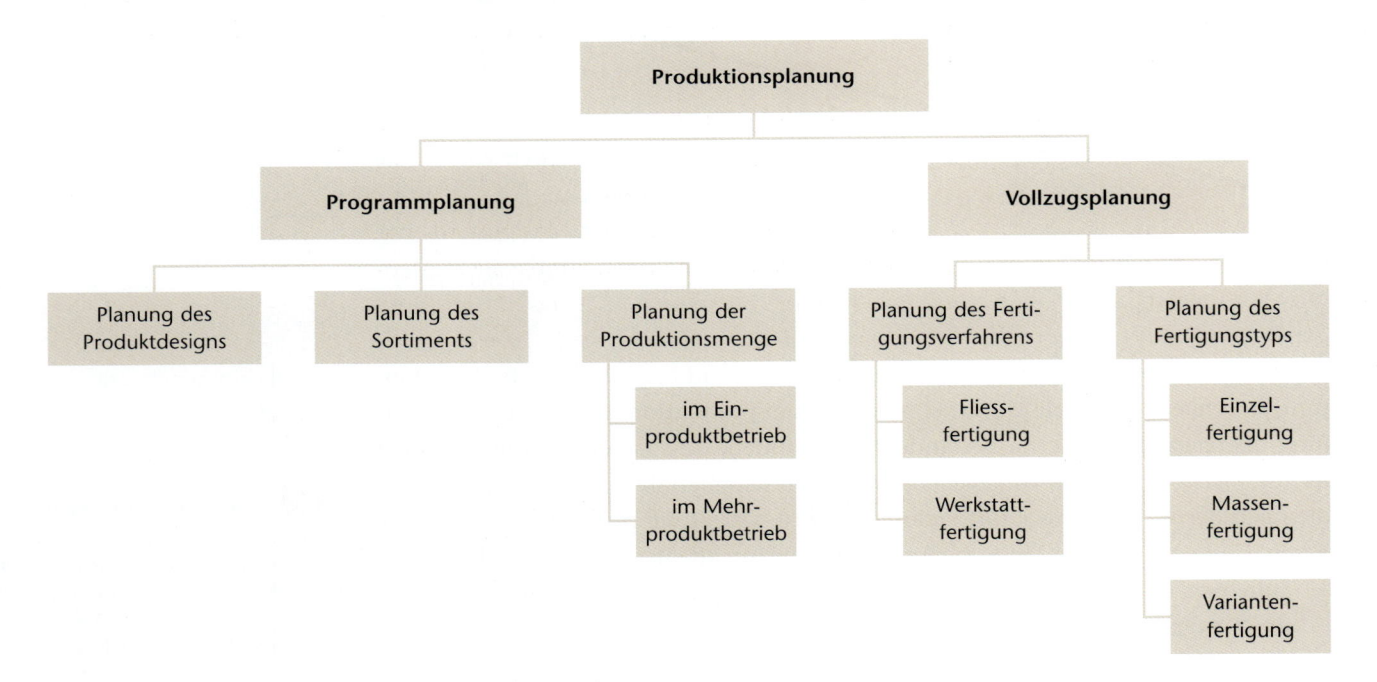

```
                            Produktionsplanung
                    ┌──────────────┴──────────────┐
              Programmplanung                Vollzugsplanung
        ┌──────────┼──────────┐          ┌──────────┴──────────┐
   Planung des  Planung des  Planung der  Planung des Ferti-  Planung des
   Produkt-    Sortiments   Produktions-  gungsverfahrens     Fertigungstyps
   designs                  menge
                            ├── im Ein-      ├── Fliess-       ├── Einzel-
                            │   produkt-     │   fertigung     │   fertigung
                            │   betrieb      │                 │
                            └── im Mehr-     └── Werkstatt-    ├── Massen-
                                produkt-         fertigung     │   fertigung
                                betrieb                        │
                                                               └── Varianten-
                                                                   fertigung
```

Programmplanung

Bevor produziert werden kann, muss sich ein Unternehmen darüber im Klaren sein, welche Produkte in welcher Menge hergestellt werden sollen. Diese Fragen werden im Rahmen der Programmplanung geklärt. Man befasst sich mit dem Produktdesign, dem Sortiment und der Produktionsmenge.

Planung des Produktdesigns

Um festzustellen, ob mit den vorhandenen Produktionsfaktoren das Produkt überhaupt hergestellt werden kann, muss als Erstes das Produktdesign bis ins kleinste Detail abgeklärt werden. Allenfalls müssen fehlende Produktionsfaktoren eingekauft oder Produkteigenschaften verändert werden.

Leistungserstellung

Bevor produziert werden kann, befasst man sich mit dem Produktdesign, dem Sortiment und der Produktionsmenge sowie mit der Vollzugsplanung. Im Bild der Biscuithersteller Kambly.

Planung des Sortiments

Grundsätzlich wäre es wünschenswert, wenn ein möglichst umfassendes Sortiment an Produkten für sämtliche Kundengruppen hergestellt werden könnte, um so die Absatzchancen zu steigern. Die Produktion eines solch umfassenden Sortiments wäre jedoch äusserst kompliziert (z. B. ständiges Umrüsten der Maschinen) und somit sehr teuer. Aus diesem Grund greifen viele Unternehmen auf das Baukastenprinzip (Plattformstrategie) zurück. Dabei wird beispielsweise durch die Vereinheitlichung der inneren Bestandteile eines Produkts versucht, eine äussere Typenvielfalt zu erreichen.

Planung der Produktionsmenge

Bei der Planung der Produktionsmenge ist zwischen einem Einproduktbetrieb oder einem Mehrproduktbetrieb zu unterscheiden. Das Ziel im Einproduktbetrieb ist es, die Produktionsmenge optimal auf die Absatzmenge abzustimmen. Falls die Absatzmenge im Zeitverlauf konstant ist, kann die Produktionsmenge einfach angeglichen werden. Treten jedoch z. B. Saisonschwankungen bei der Absatzmenge auf, muss die Produktionsmenge über die Beschäftigung (Saisonarbeitsplätze), die Lagerhaltung (Vorproduktion vor einer erwarteten Spitze → z. B. Glace im Sommer) oder mittels Diversifikation (Ausweitung des Waren- oder Produktionssortiments eines Unternehmens → z. B. Rasenmäherproduktion im Winterhalbjahr, Schneefräsenproduktion im Sommerhalbjahr) angepasst werden *(vgl. Kapitel 3, S. 69)*.

Bei Mehrproduktbetrieben gestaltet sich die Produktionsplanung besonders komplex:
- Einzelne Produkte weisen unterschiedliche Stückgewinne auf.
- In der Regel werden für die Herstellung alle betrieblichen Anlagen von fast allen Produkten beansprucht.
- Die betrieblichen Anlagen werden durch die Herstellung unterschiedlicher Produkte verschieden beansprucht.

Es empfiehlt sich deshalb möglichst viele Produkte herzustellen, deren Herstellungsprozess möglichst wenige Anlagen mit einer geringen Beanspruchungszeit belegt und möglichst hohe Stückgewinne aufweist.

Vollzugsplanung

Die Vollzugsplanung befasst sich mit der Frage, wie und mit welcher Anordnung von Produktionsfaktoren die aus der Programmplanung festgelegte Menge hergestellt werden soll. Fertigungsverfahren und Fertigungstyp sind Gegenstand der Vollzugsplanung.

Fertigungsverfahren

Fliessfertigung

Zuerst wird festgelegt, wie die Herstellung räumlich organisiert werden soll. Dabei stehen dem Unternehmen die Fertigungsverfahren Fliess- oder Werkstattfertigung zur Auswahl. Wenn die Potenzialfaktoren und Arbeitsplätze zum Produkt kommen, spricht man von Fliessfertigung.

VOR- UND NACHTEILE DER FLIESSFERTIGUNG

Vorteile	Nachteile
• Geringe Durchlaufzeiten • Hohe Produktivität • Bandgeschwindigkeit ermöglicht eine genaue Bestellmengenplanung. • Gesamter Produktionsprozess ist gut überschaubar, was eine genaue Kontrolle ermöglicht.	• Nur für voll ausgereifte Produkte möglich • Monotone Arbeit für die Mitarbeitenden • Hoher Kapitalbedarf für eine Fertigungsstrasse • Erhöhte Störungsanfälligkeit • Hoher Kapitaleinsatz wegen Abschreibungs- und Zinsbelastung der Fertigungsstrasse

Werkstattfertigung

Kommt das Produkt zu den Potenzialfaktoren und Arbeitsplätzen, spricht man von Werkstattfertigung. Jedes Produkt «sucht» sich seinen Weg durch die Werkstatt, von einem Arbeitsplatz zum nächsten.

VOR- UND NACHTEILE DER WERKSTATTFERTIGUNG

Vorteile	Nachteile
• Hohe Flexibilität bei Nachfrageänderungen • Vielseitige Arbeit für die Mitarbeitenden	• Reihenfolgeplanung ist komplex • Lange Transportwege → höhere Transportkosten

Computergestützte Fertigung

Sowohl in der Fliessfertigung als auch in der Werkstattfertigung werden heute Computer zur Steuerung eingesetzt. Computer helfen mit, das gesamte Produktionssystem zu optimieren (man spricht auch von CIM → Computer-integrated Manufacturing). Wichtige Bestandteile von CIM sind beispielsweise:

- **CAD (Computer-aided Design):** Erstellen von Konstruktionsplänen mit spezieller Software – auch 3D möglich.
- **CAM (Computer-aided Manufacturing):** Computergesteuerte Maschinen, flexible Fertigungszellen und -systeme.
- **PPS (Produktionsplanungs- und Produktionssteuerungssysteme):** Produktionsplanungssysteme für die Mengen-, Termin- und Kapazitätsplanung; Produktionssteuerungssysteme für die Auftragsfreigabe und -überwachung.

Leistungserstellung

Fertigungstypen

Die Antwort auf die Frage, in welcher Anzahl die im Programmplan festgelegte Produktionsmenge hergestellt wird, bestimmt den Fertigungstyp. Es wird zwischen Einzel-, Massen- und Variantenfertigung unterschieden.

Wenn jedes Produkt nur einmal hergestellt wird, spricht man von Einzelfertigung (z. B. eine Standuhr). Diese Produkte werden mit Universalmaschinen in Werkstattfertigung von vielseitig befähigten Arbeitskräften hergestellt. Die Herstellerbetriebe haben kein festes Produktionsprogramm. Die Produkte werden nach Kundenwunsch individuell gefertigt.

Einzelfertigung

Von Massenfertigung wird gesprochen, wenn ein identisches Produkt in unbegrenzter Stückzahl hergestellt wird (z. B. Schrauben). Als Fertigungsverfahren für die Massenfertigung eignet sich die Fliessfertigung.

Massenfertigung

Werden verschiedene Produkte in begrenzter Stückzahl hergestellt, bezeichnet man das als Variantenfertigung. Bei BMW können die Produktionsmaschinen zum Beispiel so umgerüstet werden, dass auf der gleichen Produktionsstrasse sämtliche Modellvarianten (1er bis 7er sowie Spezialanfertigungen) produziert werden können.

Variantenfertigung

Netzplantechnik für die Terminplanung

Um die Komplexität des Herstellungsprozesses abzubilden (hier als Beispiel die Anfertigung eines Spezial-LKW-Aufbaus) und die Terminplanung im Griff zu behalten, werden komplexere Projekte mithilfe der Netzplantechnik in die einzelnen Herstellungsteilschritte aufgeschlüsselt (z. B. anhand der CPM-Version: Critical Path Method).

Herstellungsschritte und Zeitbedarf

PROJEKTELEMENTE UND IHR ZEITBEDARF

Vorgang		Zeitbedarf in Wochen	direkt vorausgehende Vorgänge
A:	Anfertigung der Konstruktionszeichnung	4,0	–
B:	Bau des Gussmodells für das Gehäuse	2,3	A
C:	Drehen der Zahnräder	0,8	A
D:	Giessen und spanende Bearbeitung des Gehäuses	0,6	B
E:	Beschaffung und Prüfung von Lagern, Dichtungen und Spezialteilen	1,6	A
F:	Wellen drehen	0,8	A
G:	Zahnfräsen	1,0	C
H:	Wärmebehandlung	0,5	G, F
I:	Zusammenbau	2,0	D, E, H

Quelle: Schmalen (2002), S. 339

Netzplan

Aus der obigen Tabelle ist ersichtlich, welche Vorgänge nötig sind, bis das Produkt fertiggestellt ist. Neben dem Zeitbedarf jedes Vorgangs ist zudem ersichtlich, welcher Vorgang diesem unmittelbar vorausgeht. Das Gesamtprojekt lässt sich in einem Netzplan grafisch abbilden.

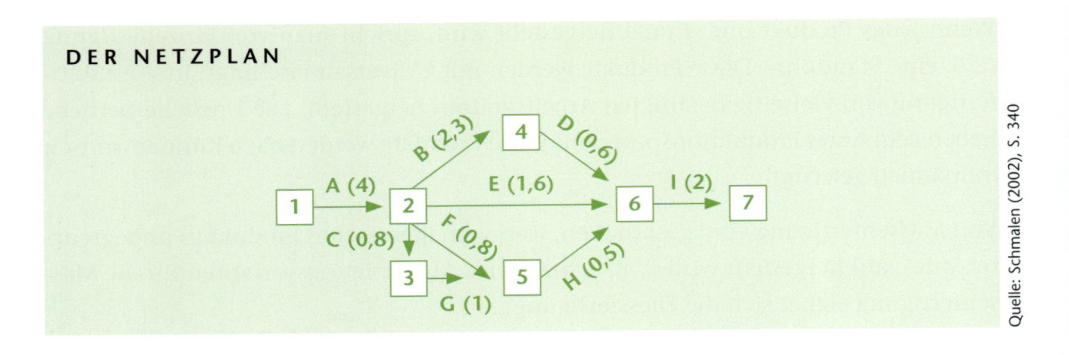

DER NETZPLAN

Quelle: Schmalen (2002), S. 340

Kritischer Weg

Der Zeitbedarf aller vier Wege wird aus der nachfolgenden Abbildung ersichtlich. Der Weg mit dem grössten Zeitbedarf wird als «kritischer Weg» (critical path) bezeichnet. Dieser Weg gibt den Mindestzeitbedarf des Projekts an. Tritt auf diesem Weg eine Terminverzögerung auf, verzögert sich unweigerlich das gesamte Projekt. Die drei anderen Wege weisen im Vergleich zum längsten Weg Pufferzeiten auf, sodass hier eine allfällige Verzögerung nicht unbedingt das ganze Projekt verlängern würde.

DER KRITISCHE WEG

Weg	Zeitbedarf
1 – 2 – 4 – 6 – 7	4,0 + 2,3 + 0,6 + 2,0 = 8,9
1 – 2 – 6 – 7	4,0 + 1,6 + 2,0 = 7,6
1 – 2 – 5 – 6 – 7	4,0 + 0,8 + 0,5 + 2,0 = 7,3
1 – 2 – 3 – 5 – 6 – 7	4,0 + 0,8 + 1,0 + 0,5 + 2,0 = 8,3

Quelle: Schmalen (2002), S. 340

5.4 Lager und Distribution

Nach der Leistungserstellung müssen die hergestellten Produkte zwischengelagert und an die Kundinnen und Kunden ausgeliefert werden. Lager und Distribution widmen sich diesen Aufgaben. Die Wertschöpfungskette würde ohne Lager nicht funktionieren. Genau wie bei der Beschaffung von Werkstoffen und Repetierfaktoren muss ein Unternehmen definieren, wie die Lager und die Distribution ausgestaltet werden sollen. Eine hohe Lieferbereitschaft wird durch hohe Lagerbestände erreicht *(vgl. Kapitel 4, S. 103)*. Es gilt jedoch auch hier, dass hohe Lagerbestände Kosten verursachen (Kapitalbindung und Lagerkosten).

Weg der Produkte

Die Hauptaufgabe eines Lagers ist es, einen Ausgleich zwischen Nachfrage und Angebot herzustellen. Dabei müssen die Aspekte Zeit, Menge, Qualität und Kosten beachtet werden. Die Aktivitäten in einem Lager lassen sich in folgende Teile untergliedern:

Lager: Aufgaben und Anforderungen

- **Wareneingang** → Prüfung, ob die Ware den Bestellspezifikationen (Artikel, Menge, Lieferant, Liefertermin, Anlieferort, Qualität) entspricht.
- **Einlagerung** → Zuweisung eines produkt- und marktanforderungsgerechten Lagerplatzes.
- **Auslagerung** → Entnahme der Ware aufgrund von Kunden- oder Fertigungsaufträgen.
- **Kommissionierung** → Zusammenstellung der Ware gemäss dem Kundenwunsch.
- **Bereitstellung** → Bereitstellung für die Auslieferung (Verpackung, Bündeln, Transportsicherung, Reihenfolge).
- **Warenausgang** → Prüfung der Ware auf Vollständigkeit und Richtigkeit vor dem Verlassen des Lagers.

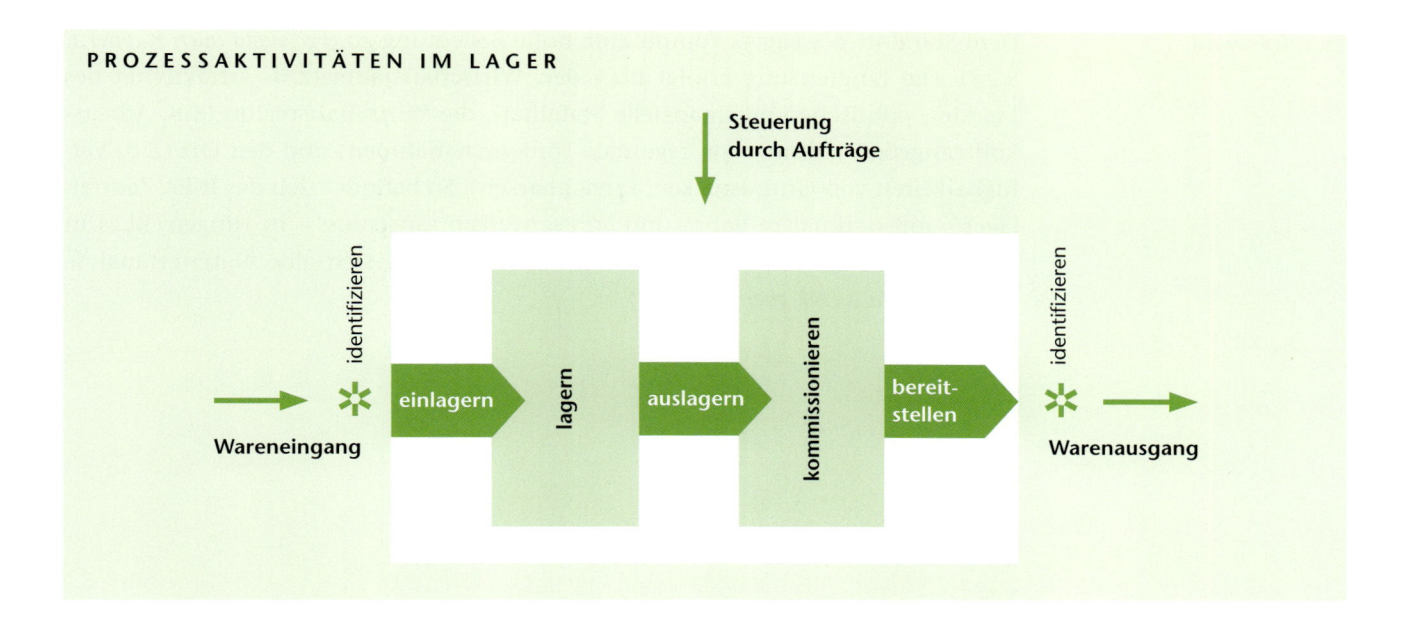

PROZESSAKTIVITÄTEN IM LAGER

Unternehmensbereiche

Logistisches Konzept

Das logistische Konzept bestimmt, wie Waren und Güter vom Hersteller zu den Kundinnen und Kunden gelangen sollen. Es können drei Grundtypen der Logistik unterschieden werden:

- **Individuelle Belieferung** → Eignet sich bei einfachen logistischen Anforderungen.
- **Einstufige Struktur** → Eine zentrale Sammlung und Verteilung der Waren wird ermöglicht (z. B. Verteilzentren der Migros).
- **Zweistufige Struktur** → Günstiger Ausgleich über Regionen hinweg (z. B. Sammeln von Produkten aus dem asiatischen Raum vor der Verteilung nach Europa).

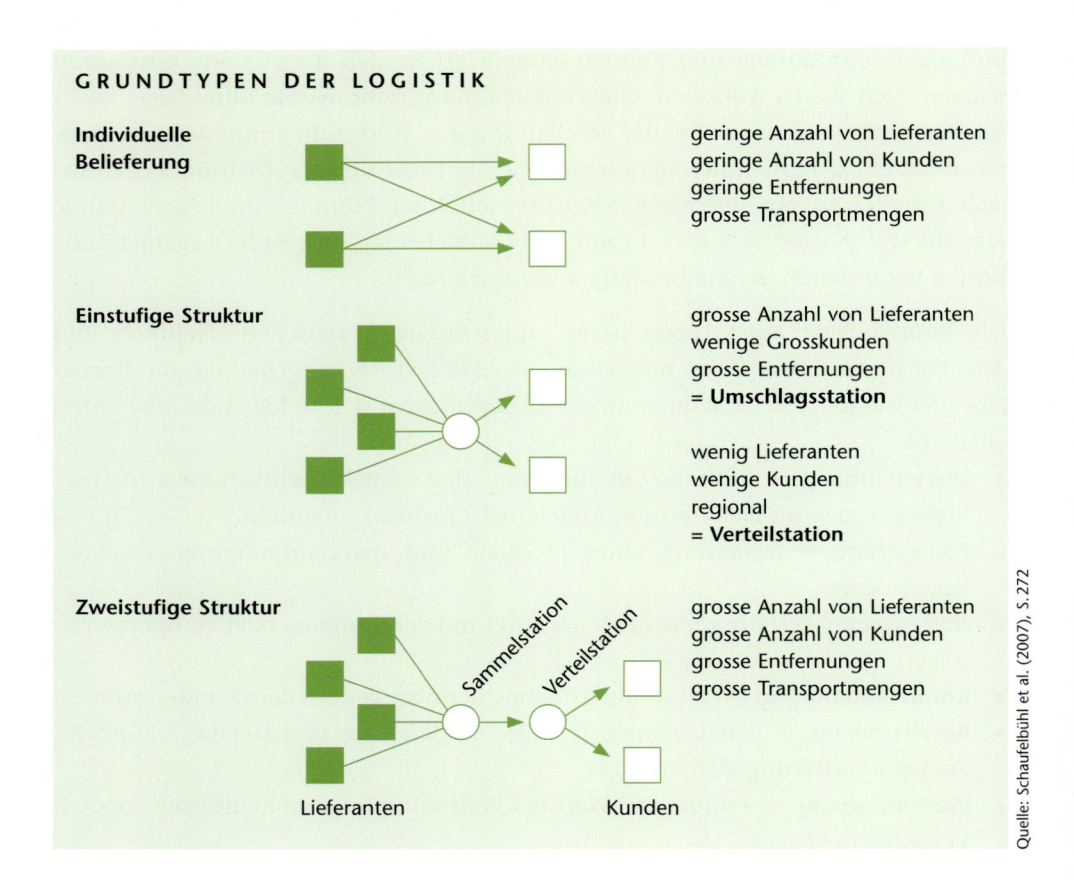

GRUNDTYPEN DER LOGISTIK

Individuelle Belieferung
- geringe Anzahl von Lieferanten
- geringe Anzahl von Kunden
- geringe Entfernungen
- grosse Transportmengen

Einstufige Struktur
- grosse Anzahl von Lieferanten
- wenige Grosskunden
- grosse Entfernungen
- = Umschlagsstation

- wenig Lieferanten
- wenige Kunden
- regional
- = Verteilstation

Zweistufige Struktur (Sammelstation, Verteilstation)
- grosse Anzahl von Lieferanten
- grosse Anzahl von Kunden
- grosse Entfernungen
- grosse Transportmengen

Lieferanten — Kunden

Quelle: Schaufelbühl et al. (2007), S. 272

Standortwahl

Dem Standort des Lagers kommt eine hohe Bedeutung zu *(vgl. dazu auch Kapitel 1, S. 28)*. Die Eingrenzung erfolgt über den Wirtschaftsraum (z. B. Attraktivität des Marktes, politische und finanzielle Stabilität), die Wirtschaftsregion (z. B. Arbeitskräfteangebot, Lohnniveau, regionale Fördermassnahmen) und den Ort (z. B. Verfügbarkeiten von Grundstücken, Erreichbarkeit). So befindet sich das IKEA-Zentrallager – mit optimalem Bahn- und Strassenverkehrsanschluss – in Hingen/BL. Um den geeignetsten Standort zu ermitteln, empfiehlt es sich eine Nutzwertanalyse durchzuführen *(vgl. ebenfalls S. 28)*.

Leistungserstellung 5

ZUSAMMENFASSUNG

Die Leistungserstellung umfasst Beschaffung, Produktion, Lager und Distribution. Der beim Transformationsprozess (Input zu Output) generierte Wert wird als Wertschöpfung bezeichnet. Die Kostenorientierung und die Kundenorientierung sind die Hauptziele der Leistungserstellung und müssen aufeinander abgestimmt werden. Die Leistungserstellung eines Unternehmens bildet in der Regel zusammen mit anderen Unternehmen (z. B. Lieferanten und Kunden) die Wertschöpfungskette. Eine gut gestaltete Wertschöpfungskette kann gegenüber der Konkurrenz ein Wettbewerbsvorteil sein. Für die Leistungserstellung benötigen Unternehmen Betriebsmittel (Repetier- und Potenzialfaktoren) und Werkstoffe. Mit den objektbezogenen Arbeitsleistungen bilden diese die elementaren Produktionsfaktoren, die zusammen mit den dispositiven Arbeitsleistungen (originäre und derivative Entscheidungen) die betrieblichen Produktionsfaktoren ergeben. Die Beschaffung von Repetierfaktoren und Werkstoffen erfolgt gemäss der Bedarfs-, der Vorrats- und der Bestellmengenplanung. Die Aspekte Qualität, Kosten, Menge und Zeit sind in der Produktion von zentraler Bedeutung. Die Produktionsplanung erfolgt aufgrund der Programm- und der Vollzugsplanung. Komplexe Herstellungsprozesse können mithilfe der Critical Path Method dargestellt und überwacht werden. Der Ausgleich zwischen Nachfrage und Angebot wird über das Lager geregelt. Das logistische Konzept bestimmt schliesslich, wie die Ware vom Produzenten zu den Kundinnen und Kunden kommt.

Unternehmensbereiche

SCHLÜSSELBEGRIFFE

- Bedarfsplanung
- Beschaffung
- Bestellmengenplanung
- Betriebliche Produktionsfaktoren
  - Dispositive Arbeitsleistungen
    - Originäre Entscheidungen
    - Derivative Entscheidungen
  - Elementare Produktionsfaktoren
    - Betriebsmittel
      - Repetierfaktoren
      - Potenzialfaktoren
  - Werkstoffe
  - Objektbezogene Arbeitsleistungen
- Distribution
- Lager
- Netzplantechnik
- Produktion
- Produktionsplanung
  - Programmplanung
  - Vollzugsplanung
- Produktionssynchrone Beschaffung
- Transformationsprozess
- Vorratsplanung
- Wertschöpfung
- Wertschöpfungskette

→ Eine Definition der Schlüsselbegriffe finden Sie im Glossar.

QUELLEN UND WEITERFÜHRENDE LITERATUR

Hentze, Joachim / Heinecke, Albert / Kammel, Andreas: **Allgemeine Betriebswirtschaftslehre**, 1. Auflage, Bern u. a. 2001

Lechner, Karl / Egger, Anton / Schauer, Reinbert: **Einführung in die Allgemeine Betriebswirtschaftslehre**, 26. Auflage, Wien 2013

Schauer, Reinbert: **Betriebswirtschaftslehre Grundlagen**, 4. Auflage, Wien 2013

Schaufelbühl, Karl / Hugentobler, Walter / Blattner, Matthias (Hrsg.): **Betriebswirtschaftslehre für Bachelor**, 2. Auflage, Zürich 2007

Schmalen, Helmut: **Grundlagen und Probleme der Betriebswirtschaftslehre**, 12. Auflage, Stuttgart 2002

Schmalen, Helmut: **Grundlagen und Probleme der Betriebswirtschaftslehre**, 15. Auflage, Stuttgart 2013

Wöhe, Günter / Döring, Ulrich: **Einführung in die Allgemeine Betriebswirtschaftslehre**, 23. Auflage, München 2013

Leistungserstellung 5

REPETITIONSFRAGEN KAPITEL 5

1. Was versteht man unter dem Begriff «Leistungserstellung»?

2. Beschreiben Sie anhand eines Beispiels, wie die Wertschöpfung im Transformationsprozess abläuft.

3. Welches sind die Ziele der Leistungserstellung, und wie werden diese aufeinander abgestimmt?

4. Was ist eine Wertschöpfungskette, und wie kann diese ausgestaltet werden?

5. Weshalb kann eine optimal ausgestaltete Wertschöpfungskette gegenüber der Konkurrenz einen Vorteil bringen?

6. Erläutern Sie das System der betrieblichen Produktionsfaktoren an Beispielen.

7. Wie geht man bei der Beschaffung von Potenzialfaktoren vor?

8. Wie werden Repetierfaktoren und Werkstoffe beschafft?

9. Wann ist die Bestellmenge optimal?

10. Was muss bei der produktionssynchronen Beschaffung alles beachtet werden?

11. Welche Aspekte sind bei der Produktion von zentraler Bedeutung?

12. Welche Entscheidungen müssen bei der Programmplanung getroffen werden?

13. Welche Fragen werden mit der Vollzugsplanung beantwortet?

14. Wieso wird die Netzplantechnik in der Produktion eingesetzt, und wie funktioniert sie?

15. Welche Aufgaben und Anforderungen werden an ein Lager gestellt?

16. Erläutern Sie die drei Grundtypen der Logistik beispielhaft.

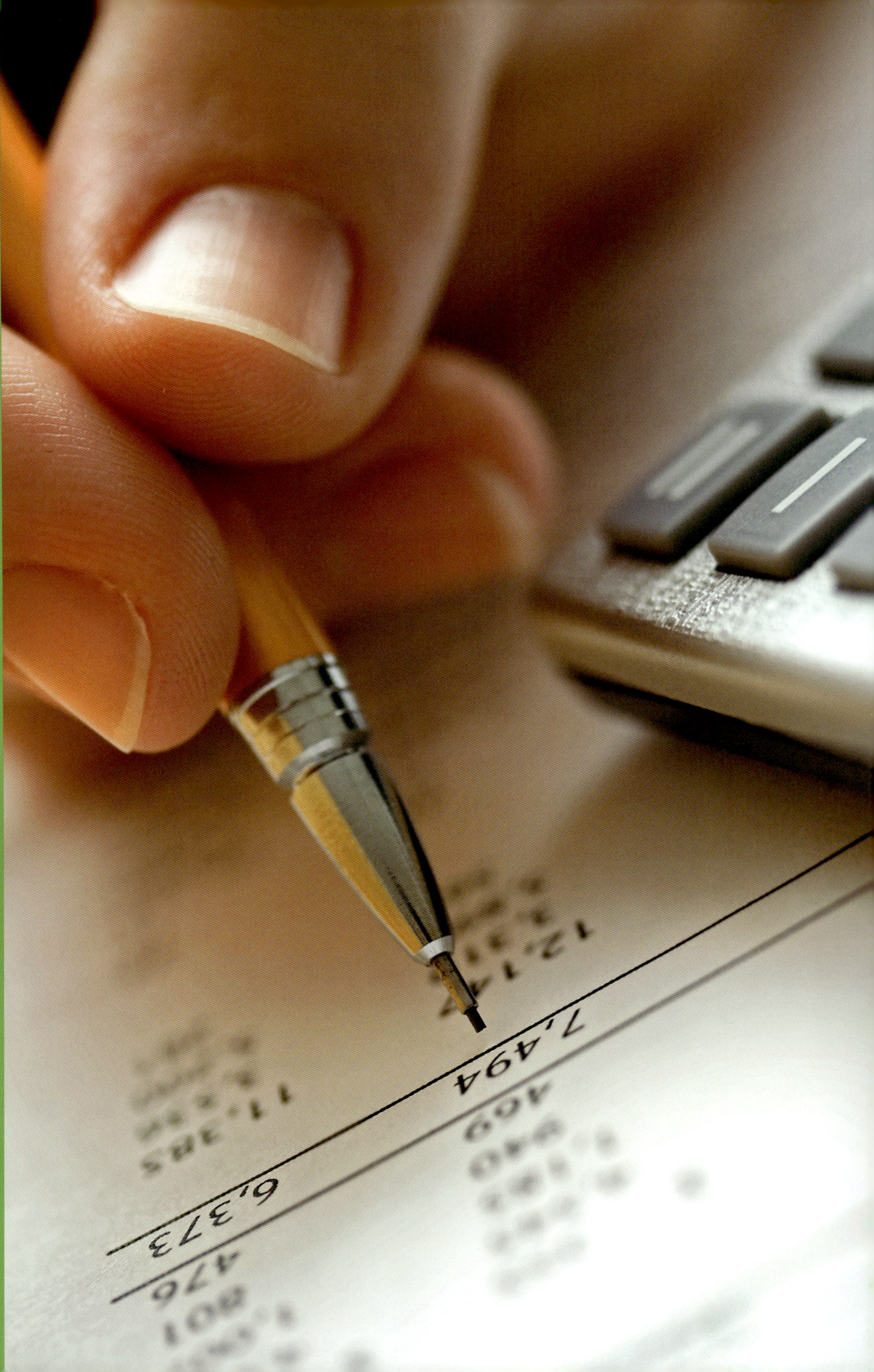
7,494
6,373

Finanzen

6.1	**Finanzierung**	137
6.2	**Rechnungswesen**	142

«Geschäft ist mehr als Geld. Ein Geschäft, das nichts als Geld verdient, ist kein gutes Geschäft.»

Henry Ford (1863–1947)

LERNZIELE

Nachdem Sie dieses Kapitel gelesen haben, können Sie …

… erklären, was der Geld- und Kapitalmarkt ist.

… eine Übersicht über die Finanzierungsarten erstellen.

… erläutern, welche Formen der Fremdfinanzierung möglich sind.

… erläutern, was unter Beteiligungsfinanzierung verstanden wird.

… erklären, was eine Innenfinanzierung ist und welche Möglichkeiten es dabei gibt.

… erklären, welches die Aufgaben des Rechnungswesens sind.

… erläutern, welche Rechnungen die Finanz- und Betriebsbuchhaltung umfasst.

… erklären, was eine Bilanz und was eine Erfolgsrechnung ist.

… beschreiben, wozu eine Geldflussrechnung dient.

… den Zweck und Aufbau eines Budgets erläutern.

… die Bestandteile der Betriebsbuchhaltung nennen und deren Zusammenhänge erklären.

Finanzen

In diesem Kapitel geht es ums Geld: um das Geld im Unternehmen und um Geldflüsse zwischen dem Unternehmen und Dritten (z. B. Banken, Lieferanten oder Kunden). Das Rechnungswesen dokumentiert die Geld- und Güterflüsse, es ist dafür verantwortlich, dass der Überblick über Vermögen und Schulden jederzeit gewährleistet ist, und nimmt somit eine zentrale Stellung im Unternehmen ein.

Die Finanzierung kümmert sich demgegenüber ausschliesslich um Fragen der Geldbeschaffung, also für welchen Zweck die Geldmittel benötigt werden (z. B. für neue Maschinen), wie lange sie dem Unternehmen zur Verfügung stehen sollen (kurz- oder langfristig) oder welche Art der Geldmittelbeschaffung die günstigste ist (Eigenkapital oder Geldaufnahme auf dem Geld- und Kapitalmarkt).

6.1 Finanzierung

Bevor ein Unternehmen überhaupt produktiv werden kann, muss es viele Investitionen tätigen (z. B. Produktionsräume mieten, Produktionsmaschinen kaufen, Mitarbeitende einstellen). Das alles kostet Geld. In der Regel können die Unternehmensinhaber diese Mittel nicht alleine aufbringen, weshalb sie Geld aufnehmen müssen. Die Finanzierung beschäftigt sich damit, diese für die Leistungserstellung benötigten Geldmittel, das sogenannte Kapital zu beschaffen. Dieses Kapital kann auf dem Geld- oder Kapitalmarkt beschafft oder selbst erarbeitet werden. Dabei stellen sich folgende Fragen: Wie viel Kapital braucht das Unternehmen (in Abstimmung mit dem Produktionsplan)? Kommt das Geld von den Eigentümern selbst oder von Dritten (z. B. Banken)? Wie lange braucht das Unternehmen dieses Geld?

Finanzmanagement

Die Finanzierung ist eine Managementaufgabe und umfasst die Planung, Entscheidung, Anordnung und Kontrolle aller Finanzierungsmassnahmen. Wichtig dabei sind vor allem zwei Punkte: die Finanzplanung und die Finanzkontrolle.

Der Kapitalbedarf richtet sich nach den Zielen des Unternehmens und kann in verschiedenen Unternehmen je nach Art und Verlauf der Unternehmenstätigkeit sehr unterschiedlich sein. Entscheidende Einflussfaktoren sind Betriebsgrösse, Produktionsverfahren, Sortiment, vorhandenes Kapital und Liquidität (interne Faktoren) wie auch die Bedingungen auf dem Geld- und Kapitalmarkt, Inflationsrate oder steuerrechtliche Aspekte (externe Faktoren). Zur Planung der benötigten Mittel dienen die Kapitalbedarfsrechnung sowie die Finanzpläne der verschiedenen Unternehmensbereiche *(vgl. Businessplan, Kapitel 9)*.

Finanzplanung

Gegenstände der Finanzkontrolle sind die laufende Überwachung der Geldmittelströme und der Vergleich der budgetierten Zahlen mit den effektiven Ergebnissen. So soll gewährleistet sein, dass bei allfälligen Abweichungen sofort Gegenmassnahmen ergriffen werden können. Die Kontrolle erfolgt anhand ausgewählter Kennzahlen *(vgl. S. 152)*.

Finanzkontrolle

Arten der Finanzierung

Die Finanzierung lässt sich nach folgenden Kriterien gliedern:
- nach der Herkunft der Geldmittel in Innen- und Aussenfinanzierung,
- nach der Rechtsstellung der Geldmittel in Eigen- und Fremdfinanzierung.

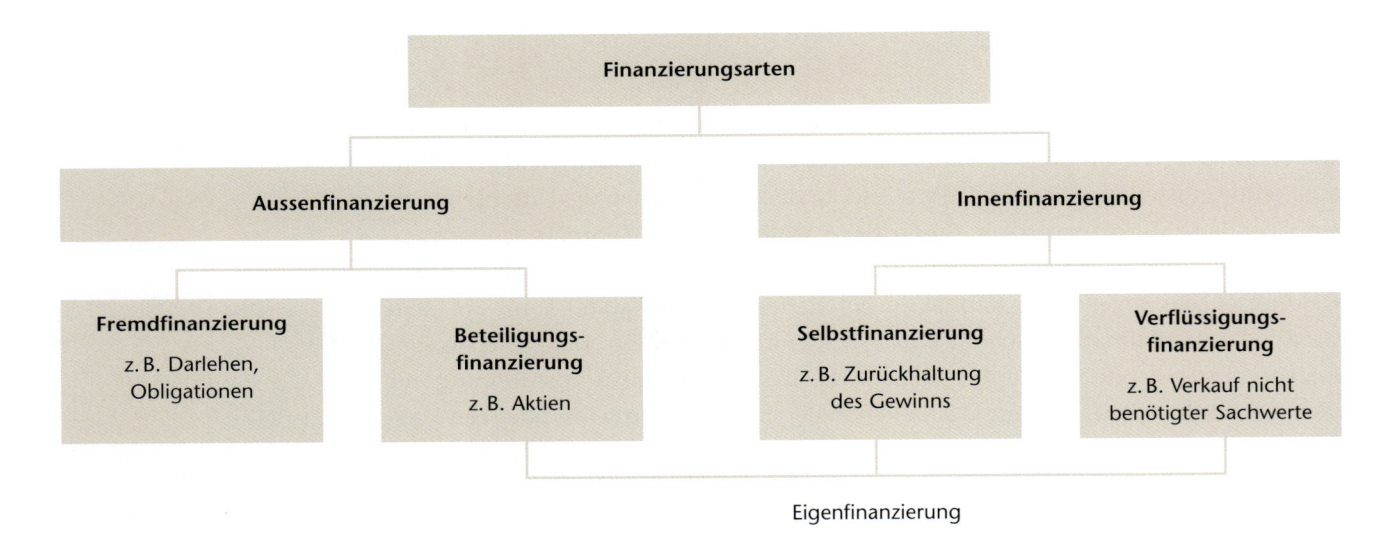

Innen- und Aussenfinanzierung

Bei der Innenfinanzierung kommt das Kapital von innerhalb des Unternehmens, d. h., es wird im Unternehmen selbst erwirtschaftet. Bei der Aussenfinanzierung hingegen fliesst das Geld von aussen in das Unternehmen ein.

Eigen- und Fremdfinanzierung

Zwischen Eigen- und Fremdfinanzierung bestehen rechtliche Unterschiede. Bei der Fremdfinanzierung leiht der Kapitalgeber dem Unternehmen für eine bestimmte Zeit Geld, er verfügt dabei aber über keinerlei Mitspracherechte. Bei der Eigenfinanzierung wird bzw. ist der Geldgeber Eigentümer oder Beteiligter am Unternehmen und erhält bzw. hat bereits entsprechende Mitbestimmungsrechte.

Wie die Fremd-, die Beteiligungs-, die Selbst- und die Verflüssigungsfinanzierung funktionieren und welches ihre Vor- und Nachteile sind, wird im Folgenden erläutert.

```
                    Finanzierungsarten
                    /              \
            Aussenfinanzierung    Innenfinanzierung
            /           \         /              \
    Fremdfinanzierung  Beteiligungs-  Selbstfinanzierung  Verflüssigungs-
    z. B. Darlehen,    finanzierung   z. B. Zurückhaltung  finanzierung
    Obligationen       z. B. Aktien   des Gewinns         z. B. Verkauf nicht
                                                         benötigter Sachwerte
                              Eigenfinanzierung
```

Fremdfinanzierung

Bei der Fremdfinanzierung wird das Kapital von Dritten für eine bestimmte Zeitdauer zur Nutzung zur Verfügung gestellt. Als Gegenleistung ist ein Zins geschuldet sowie die Rückzahlung des Kredits auf den vereinbarten Zeitpunkt hin. Da das Geld von ausserhalb des Unternehmens kommt, zählt die Fremdfinanzierung zur Aussenfinanzierung.

Man kann die Fremdfinanzierung danach unterscheiden, ob sie kurz- oder langfristig erfolgt.

Kurzfristiges Fremdkapital

Kurzfristige Form des Fremdkapitals sind: Kundenanzahlung, Lieferantenkredit und Kontokorrentkredit. Eine Kundenanzahlung ist eine Zahlung vor Lieferung und stellt somit eine Art Kredit dar. Von einem Lieferantenkredit spricht man, wenn zwischen der Warenlieferung und deren Bezahlung eine Zeitspanne liegt. Dies entspricht ebenfalls einem kurzfristigen Kredit, da das Kapital in dieser Zeit noch im Unternehmen verbleibt. Ein Kontokorrentkredit schliesslich ist ein kurzfristiges Bankdarlehen, das zu einem vorher festgelegten Zins bis zu einer gewissen Bezugslimite gewährt wird.

Finanzen

Langfristiges Fremdkapital

Beim langfristigen Fremdkapital unterscheidet man zwischen Obligationen und Hypotheken. Obligationen sind Wertpapiere mit festem Zinssatz und im Voraus festgesetzter Laufzeit. Sie werden von Grossunternehmen, staatlichen Institutionen wie Bund und Kantonen sowie von Banken (Kassenobligationen) herausgegeben. Hypothekarkredite sind grundpfandgesicherte Darlehen, die in der Regel von Banken gewährt werden. Zudem können Unternehmen auf dem Kapitalmarkt auch langfristige Darlehen von Finanzinstituten und Privaten erhalten, die nicht grundpfandgesichert sind.

Sonderformen

Daneben gibt es auch noch andere Formen der Fremdfinanzierung, u. a. das Leasing, das Factoring und die Finanzierung durch Fördergelder.

Leasing

Beim Leasing werden die Güter nicht gekauft, sondern vom Hersteller gegen Entgelt zur Nutzung zur Verfügung gestellt. Der Vorteil des Leasings besteht darin, dass sich die Kosten auf gleichmässige Raten verteilen lassen und so gut kalkulierbar sind. Zudem besteht beim Leasing die Möglichkeit, ein Austauschrecht zu vereinbaren. In diesem Fall kann der Leasingnehmer jeweils auf die neuste Produktvariante wechseln und so stets vom neusten technischen Stand profitieren. Nachteilig am Leasing sind die hohen Kosten: Zählt man die Leasingraten zusammen, ergibt sich eine höhere Summe, als wenn der Gegenstand gekauft würde. Ebenso muss die Sache in der Regel vom Leasingnehmer zusätzlich versichert werden, denn dieser trägt das Risiko, dass die Sache vorzeitig untergeht bzw. unbrauchbar wird.

LEASING

```
                    Zinszahlung →
                                      Kreditinstitut
                    ← Kredit

                              Leasingvertrag
    Leasinggeber  ←———————————————————————→  Leasingnehmer
                              Leasingraten

         Bezahlung der                    Lieferung der Leasinggüter →
         Leasinggüter →   Hersteller von
                          Investitionsgütern
```

Factoring

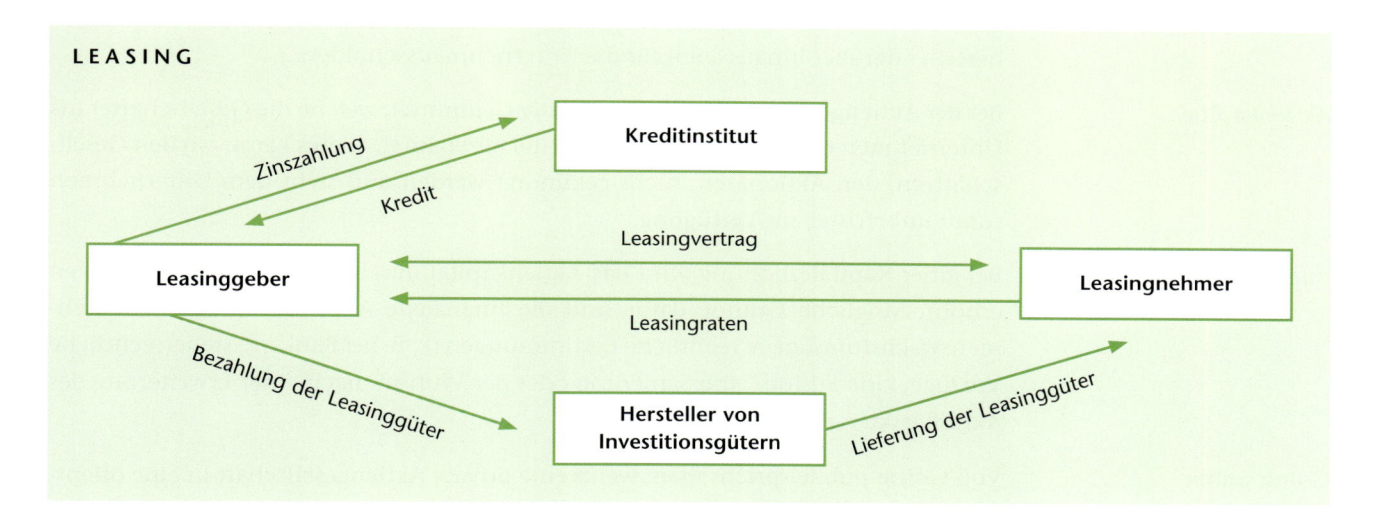

Beim Factoring werden Forderungen aus Leistungen an einen Dritten verkauft, d. h., der Käufer der Forderungen, der Faktor, bevorschusst die Gelder für das abtretende Unternehmen. So kommt das Unternehmen sofort zu den ausstehenden Geldmitteln und nicht erst, wenn der Schuldner die Rechnung zahlt.

Fördergelder

Bei der Finanzierung durch Fördergelder erhalten Unternehmen Fremdkapital ohne Zins und Rückzahlungsverpflichtung. Sowohl staatliche Stellen als auch Stiftungen und Privatpersonen können solche Fördergelder gewähren. Nutzniesser sind Unternehmen, die sich sonst nicht genügend finanzieren können, z. B. Non-Profit-Organisationen im kulturellen und sozialen Bereich *(vgl. Kapitel 1, S. 23)*.

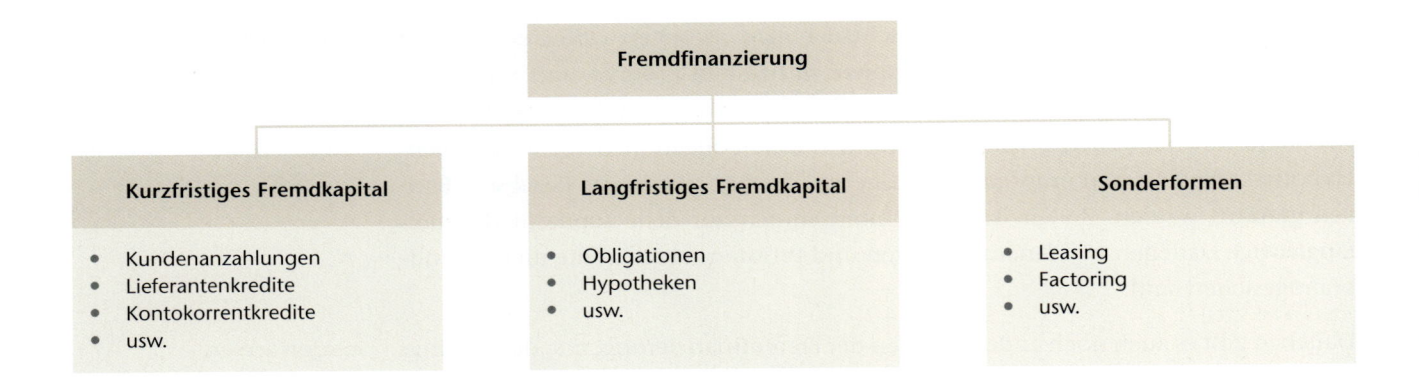

> **Fremdfinanzierung**
>
> | Kurzfristiges Fremdkapital | Langfristiges Fremdkapital | Sonderformen |
> |---|---|---|
> | • Kundenanzahlungen
• Lieferantenkredite
• Kontokorrentkredite
• usw. | • Obligationen
• Hypotheken
• usw. | • Leasing
• Factoring
• usw. |

Beteiligungsfinanzierung

Eine Eigenfinanzierung von aussen nennt man Beteiligungsfinanzierung. Die Geldmittel stammen von ausserhalb des Unternehmens, wobei die Geldgeber, die sogenannten Gesellschafter, je nach Rechtsform des Unternehmens zu Eigentümern bzw. Beteiligten am Unternehmen werden.

Das Eigenkapital kann auf zwei Arten erbracht werden:
- Bisherige Gesellschafter erhöhen ihren Anteil, oder
- neue Gesellschafter kommen durch ihre Einlage zum Kreis der Beteiligten hinzu.

Der Kapitalgeber erhält ein Anrecht auf einen Anteil am Gewinn bzw. am Liquidationserlös. Im Gegenzug trägt er das Unternehmensrisiko mit; je nach Rechtsform haftet er darüber hinaus auch für die Unternehmensschulden.

Aktienkapital
Bei der Aktiengesellschaft (AG) werden die Geldmittel, welche die Gesellschafter ins Unternehmen einbringen als Aktienkapital bezeichnet. Dieses kann von den Gesellschaftern, den Aktionären, nicht gekündigt werden und steht dem Unternehmen somit unbefristet zur Verfügung.

Kapitalerhöhung
Bei einer Kapitalerhöhung wird das Aktienkapital durch die Ausgabe neuer Aktien erhöht. Mögliche Gründe dafür sind die finanzielle Absicherung des Unternehmenswachstums, neue rechtliche Bestimmungen (z. B. bei Banken), steuerrechtliche Vorzüge, eine Fusion, eine Sanierung oder der Wunsch nach einer Erweiterung des Aktionärskreises.

Going-public
Von Going-public spricht man, wenn eine private Aktiengesellschaft in eine öffentliche Aktiengesellschaft, d. h. Publikumsgesellschaft, umgewandelt wird. Ein bisher geschlossener Kreis von Aktionären (z. B. nur Familienmitglieder bei einer Familien-AG) will auf dem Kapitalmarkt neue Kapitalgeber finden. Häufige Gründe dafür sind ein ungedeckter Kapitalbedarf, der Rückzug bisheriger Eigentümer und die Möglichkeit, nach einem Going-public die Aktien zu handeln.

Management-Buy-out
Wenn bisherige Mitglieder der Geschäftsleitung ein Unternehmen oder Teile davon erwerben, bezeichnet man das als Management-Buy-out. Die Käufer erhoffen sich dabei mehr unternehmerische Freiheit und eine längerfristige Existenzsicherung. In der Regel benötigen die neuen Eigentümer für diesen Kauf Fremdkapital.

Finanzen

Selbstfinanzierung

Die Selbstfinanzierung zählt zur Innen- und Eigenfinanzierung. Erzielte Gewinne werden nicht bzw. nicht vollständig an die Aktionärinnen und Aktionäre ausgeschüttet. Das Unternehmen muss so kein Fremdkapital aufnehmen und spart die damit verbundenen Zinsen. Zudem bleibt es unabhängig von Fremd- oder neuen Eigenkapitalgebern.

Verflüssigungsfinanzierung

Auch die Verflüssigungsfinanzierung ist sowohl Innen- als auch Eigenfinanzierung. Hier verkauft das Unternehmen nichtbenötigte Sachwerte, z. B. Maschinen, Grundstücke, Immobilien, Möbel usw. Die Verflüssigungsfinanzierung ist keine Finanzierung im eigentlichen Sinne, da Vermögen und Kapital nicht zunehmen. Es geht nur darum, dass Sachwerte liquid (flüssig) gemacht werden.

Fremd- oder Eigenkapital?

Der Entscheid, ob eine Investition mit Fremd- oder Eigenkapital finanziert werden soll, hängt von verschiedenen Faktoren ab (Menge, Zeitpunkt und Dauer des Kapitalbedarfs). Sowohl Fremd- als auch Eigenkapital weisen Vor- und Nachteile auf.

VOR- UND NACHTEILE VON FREMD- UND EIGENKAPITAL

	Fremdkapital	Eigenkapital
Vorteile	• In grosser Menge erhältlich • Leverage-Chance: Mit dem eingesetzten Kapital kann mehr erwirtschaftet werden, als die Fremdkapitalzinsen kosten. • Fremdkapitalzinsen können als Ausgaben verrechnet werden (schmälert den Gewinn und damit die Steuerlast). • Kein Stimmrecht der Fremdkapitalgeber • Keine Ansprüche auf den Gewinn durch Fremdkapitalgeber	• Beliebige Verwendung • Steht unbefristet zur Verfügung • Keine Fremdkapitalzinsen • Gute Eigenkapitalbasis steht für Sicherheit und Kreditwürdigkeit.
Nachteile	• Mitsprache und Auflagen durch Kreditgeber bei Krediten • Regelmässig anfallende Zinskosten • Der Kredit ist befristet und muss zurückbezahlt werden. • Sind die Raten für die Rückzahlung nicht gedeckt, droht Zahlungsunfähigkeit.	• Bei tiefen Fremdkapitalzinsen eher teurere Variante • Suche nach liquiden Investoren ist häufig schwierig. • Prozess der Anteilserhöhungen (z. B. Aktienkapitalerhöhung) dauert seine Zeit.

Je höher der Eigenkapitalanteil, umso geringer ist der Fremdfinanzierungsanteil und sind damit die Zinskosten. Welche Mischung für ein Unternehmen unter den individuellen Umständen die beste ist, muss die Unternehmensleitung entscheiden.

Unternehmensbereiche

6.2 Rechnungswesen

Aufgaben des Rechnungswesens

Das Rechnungswesen dient der Erfassung, Dokumentation und Auswertung der Geld- und Güterflüsse im Unternehmen und damit als Planungsgrundlage unternehmerischer Entscheidungen. Im Wesentlichen erfüllt das Rechnungswesen folgende Aufgaben:

- **Dokumentation:** Eine lückenlose Erfassung und zielgerichtete Ordnung aller relevanten Geschäftsfälle ermöglicht die Dokumentation der Vermögens-, Ertrags- und Finanzlage und die Ermittlung des Unternehmenserfolgs.
- **Rechenschaftslegung nach aussen:** Mit dem Geschäftsbericht legen die Unternehmensverantwortlichen gegenüber Aktionären, Fremdkapitalgebern, Mitarbeitenden, Gläubigern, dem Staat und der Öffentlichkeit Rechenschaft ab über die Entscheidungen der vergangenen Rechnungsperiode.
- **Beweismittel:** Ordnungsgemäss geführte Rechnungsbücher dienen oft als Beweismittel bei rechtlichen Auseinandersetzungen, z. B. zwischen Lieferanten und Unternehmen.
- **Grundlage für die Steuerveranlagung:** Aufgrund der Zahlen aus der Buchhaltung kann das steuerbare Einkommen und Vermögen berechnet werden.
- **Aktive Öffentlichkeitsarbeit:** Der Jahresbericht lässt sich auch als PR-Instrument einsetzen.

Überblick

Das Rechnungswesen umfasst die Finanzbuchhaltung, die Betriebsbuchhaltung und ergänzende Berichte.

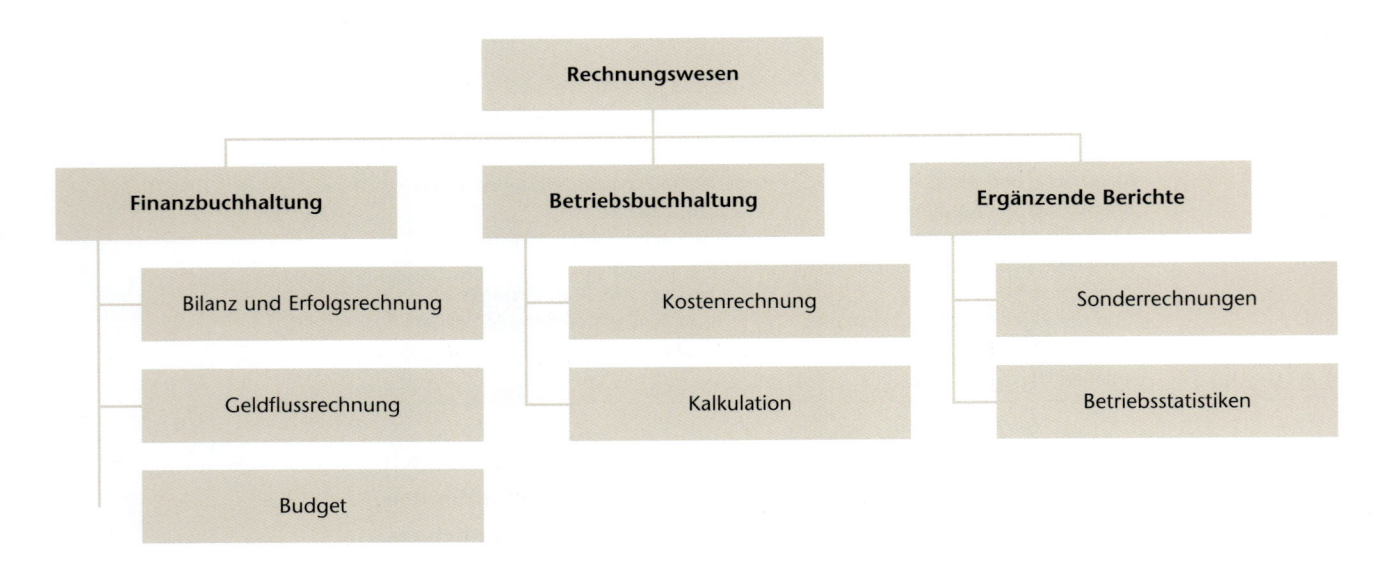

```
                        Rechnungswesen
            ┌─────────────────┼─────────────────┐
    Finanzbuchhaltung   Betriebsbuchhaltung   Ergänzende Berichte
            │                 │                 │
   Bilanz und Erfolgsrechnung  Kostenrechnung    Sonderrechnungen
            │                 │                 │
     Geldflussrechnung       Kalkulation       Betriebsstatistiken
            │
         Budget
```

Nachfolgend werden die einzelnen Rechnungen kurz besprochen. In der Reihe «Finanz- und Rechnungswesen» des hep verlags (drei Bände) werden diese und weitere Instrumente des Rechnungswesens mit vielen Übungen vertieft behandelt.

Finanzen

Finanzbuchhaltung

In der Finanzbuchhaltung (FIBU) werden alle vermögensrelevanten Geschäftsfälle anhand der Belege chronologisch und systematisch erfasst. Aus der Zusammenfassung (z. B. die unterschiedlichen Maschinen zu einem Posten «Maschinen») der so entstandenen Ergebnisse entstehen die Bilanz, die Erfolgsrechnung sowie die Geldflussrechnung. Sie geben Auskunft über das Vermögen und die Schulden (Bilanz), die aus der Tätigkeit entstandenen Aufwände und Erträge (Erfolgsrechnung), den Erfolg (Gewinn oder Verlust) sowie den Geldfluss (Geldflussrechnung).

Gesetzliche Voraussetzungen

Die Schweizer Gesetzgebung verlangt von allen Unternehmen, die im Handelsregister eingetragen sein müssen, die Erstellung eines Inventars, einer Erfolgsrechnung sowie einer Bilanz (OR Art. 958). Seit 2013 müssen zudem alle Unternehmen, die zur ordentlichen Revision verpflichtet sind, eine Geldflussrechnung und einen Lagebericht erstellen sowie im Anhang zusätzliche Angaben machen (OR Art. 961). Die Grundsätze ordnungsgemässer Buchführung (OR Art. 959) sollen dabei sicherstellen, dass die Informationen der Wahrheit entsprechen und im Zweifelsfall eher schlechter dargestellt werden als sie tatsächlich sind (Vorsichtsprinzip).

Bilanz und Erfolgsrechnung

Konten

Während des Jahres verändern sich Bilanz und Erfolgsrechnung (ER) durch Geschäftsfälle laufend. Ein solcher Geschäftsfall kann z. B. sein, dass das Unternehmen eine Rechnung des Lieferanten Meyer über 1500 Franken per Postüberweisung bezahlt *(vgl. den Eintrag im Journal vom 1.5.)*. Durch diesen Geschäftsfall verändern sich in der Bilanz zwei Konten: Erstens nimmt das Konto Post ab, zweitens nimmt auch das Konto Verbindlichkeiten (aus Lieferungen und Leistungen) ab. Es macht nun wenig Sinn, nach jedem Geschäftsfall eine neue Bilanz und Erfolgsrechnung zu erstellen. Deshalb werden während des Jahres diese Veränderungen in den Konten gesammelt, wobei für jeden Posten der Bilanz und ER ein separates Konto geführt wird.

Doppelte Buchführung

Ein Konto besteht aus den zwei Seiten Soll und Haben, für Zu- und Abnahmen des jeweiligen Postens. Den Regeln der doppelten Buchhaltung folgend, wird nun jeder Geschäftsfall in zwei verschiedenen Konten verbucht, einmal im Soll und einmal im Haben. Im obigen Beispiel muss der Betrag von 1500 Franken auf der Sollseite im Konto Verbindlichkeiten (Abnahme bei den Passivkonten) und auf der Habenseite im Konto Post (Abnahme bei den Aktivkonten) verbucht werden. Die Anweisung, in welchem Konto der Betrag im Soll und in welchem Konto der Betrag im Haben einzutragen ist, bezeichnet man als Buchungssatz.

Journal

Im Journal werden alle Geschäftsfälle chronologisch geordnet und erfasst. Wie das unten stehende Beispiel zeigt, enthält ein Journaleintrag also das Datum, die Beschreibung des Geschäftsfalls, den Buchungssatz und den Betrag.

BEISPIEL JOURNAL

Datum	Geschäftsfall	Soll	Haben	Betrag	
1.5.	Überweisung an Kreditor Meyer per Post	Verbindlichkeiten	Post	CHF	1500.–
3.5.	Barbezug am Postomaten	Kasse	Post	CHF	260.–
5.5.	Kauf von Mobilien auf Kredit	Mobilien	Verbindlichkeiten	CHF	40 000.–
5.6.	Barzahlungen der Kunden für unsereLeistungen	Kasse	Warenertrag	CHF	15 000.–

Unternehmensbereiche

Die folgende Grafik gibt einen Überblick, wie die Konten, die Bilanz und die Erfolgsrechnung zusammenhängen. Danach werden die Bilanz und die Erfolgsrechnung genauer vorgestellt.

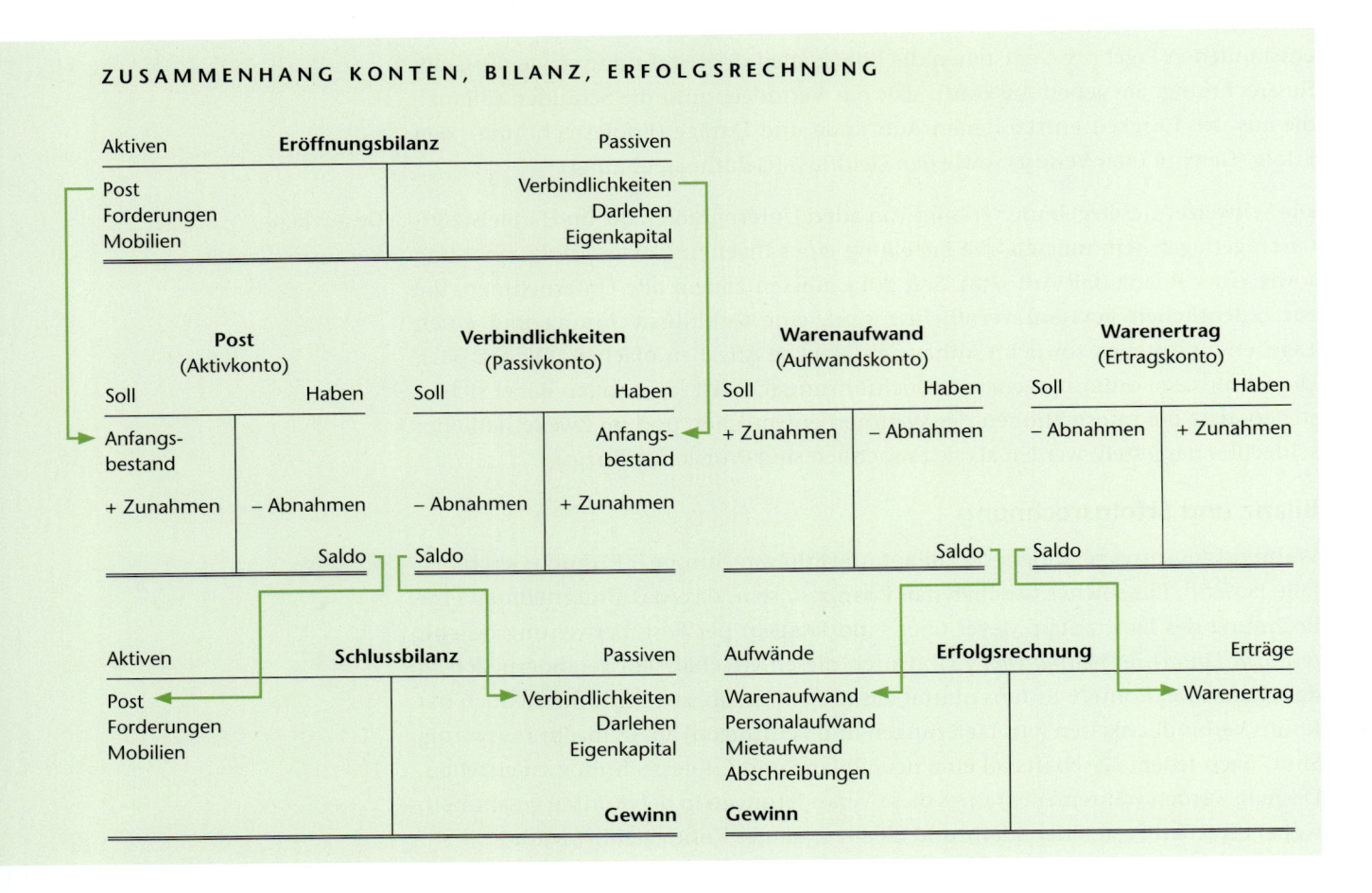

ZUSAMMENHANG KONTEN, BILANZ, ERFOLGSRECHNUNG

Eröffnungsbilanz

Aktiven	Passiven
Post	Verbindlichkeiten
Forderungen	Darlehen
Mobilien	Eigenkapital

Post (Aktivkonto)

Soll	Haben
Anfangsbestand	
+ Zunahmen	– Abnahmen
	Saldo

Verbindlichkeiten (Passivkonto)

Soll	Haben
	Anfangsbestand
– Abnahmen	+ Zunahmen
Saldo	

Warenaufwand (Aufwandskonto)

Soll	Haben
+ Zunahmen	– Abnahmen
	Saldo

Warenertrag (Ertragskonto)

Soll	Haben
– Abnahmen	+ Zunahmen
Saldo	

Schlussbilanz

Aktiven	Passiven
Post	Verbindlichkeiten
Forderungen	Darlehen
Mobilien	Eigenkapital
	Gewinn

Erfolgsrechnung

Aufwände	Erträge
Warenaufwand	Warenertrag
Personalaufwand	
Mietaufwand	
Abschreibungen	
Gewinn	

Bilanz

Die Bilanz ist stichtagsbezogen (in der Regel wird sie auf den 31.12. erstellt) und enthält die Zusammenstellung aller Aktiven (Vermögen bzw. Mittelverwendung) und Passiven (Kapital- bzw. Mittelherkunft) eines Unternehmens, wie sie sich am Stichtag präsentieren. Die Aktiven werden unterteilt in Umlaufvermögen (Kasse, Post, Bank und alle weiteren Aktiven, die sich innerhalb eines Jahres in flüssige Mittel umwandeln lassen) und Anlagevermögen (Güter, die dem Unternehmen zur Nutzung zur Verfügung stehen). Bei den Passiven unterscheidet man zwischen Fremdkapital und Eigenkapital *(vgl. Kapitel 6.1)*. Die Differenz zwischen Aktiv- und Passivseite entspricht dem Ertrag: Ist dieser positiv (Aktivüberhang) weist das Unternehmen einen Gewinn aus, ist er negativ (Passivüberhang) einen Verlust. Da auch der Erfolg in der Bilanz aufgeführt wird, sind die Aktiv- und die Passivseite stets gleich gross.

Finanzen

BEISPIEL: BILANZ DER SÄNTIS-SCHWEBEBAHN AG 2015

Bilanz

	31.12.2015 CHF	%	31.12.2014 CHF	%
AKTIVEN				
Umlaufvermögen	9'307'771	17	8'878'093	31
Flüssige Mittel	8'041'461	15	7'571'768	26
Forderungen aus Lieferungen und Leistungen	469'463	1	296'587	1
Übrige kurzfristige Forderungen	203'747	0	355'638	1
Vorräte	593'100	1	654'100	2
Anlagevermögen	43'954'006	83	20'227'007	69
Finanzanlagen	250'006	0	250'007	1
– Wertschriften	250'006	0	250'007	1
Sachanlagen	43'704'000	82	19'977'000	69
– Bahn	2'230'000	4	1'224'000	4
– Liegenschaften	40'694'000	76	18'094'000	62
– Infrastruktur und Nebenbetriebe	780'000	1	659'000	2
– Mobiliar und Einrichtungen Gasthäuser	0	0	0	0
TOTAL AKTIVEN	53'261'777	100	29'105'100	100
PASSIVEN				
Total Fremdkapital	25'835'377	49	1'804'895	6
Kurzfristiges Fremdkapital	12'855'377	24	1'392'699	5
Verbindlichkeiten aus Lieferungen und Leistungen	11'323'922	21	378'848	1
Übrige kurzfristige Verbindlichkeiten	332'093	1	20'557	0
Passive Rechnungsabgr. u. kurzfr. Rückstellungen	1'199'362	2	993'294	3
Langfristiges Fremdkapital	12'980'000	24	412'196	1
Langfristige verzinsliche Verbindlichkeiten	11'000'000	21	0	0
Übrige langfristige Verbindlichkeiten	1'980'000	4	0	0
Rückstellungen	0	0	412'196	1
Eigenkapital	27'426'400	51	27'300'205	94
Aktienkapital	2'400'000	5	2'400'000	8
Gesetzliche Kapitalreserven				
– Steuerliche Kapitaleinlagereserven	19'315'238	36	19'315'238	66
– Übrige Kapitalreserven	4'185'825	8	4'185'825	14
Gesetzliche Gewinnreserven	586'737	1	586'737	2
Freiwillige Gewinnreserven	572'872	1	572'872	2
Bilanzgewinn	390'508	1	381'463	1
Eigene Aktien	–24'780	0	–141'930	0
TOTAL PASSIVEN	53'261'777	100	29'105'100	100

Quelle: Geschäftsbericht Säntis-Schwebebahn AG 2015

Erfolgsrechnung (ER)

Die Erfolgsrechnung ist – im Gegensatz zur Bilanz – zeitraumbezogen (in der Regel erfasst sie den Zeitraum vom 1.1. bis 31.12.). Sie stellt die in dieser Periode angefallenen Aufwände und Erträge einander gegenüber. Als Aufwand zählt der Wertverzehr, der durch den Leistungserstellungsprozess angefallen ist, also beispielsweise die Kosten für die eingekauften Ressourcen, die Löhne der Mitarbeitenden oder die Mietkosten der Produktionsräume. Dem gegenüber stehen die Erträge (bzw. der Wertzuwachs) in Form realisierter Leistungsverkäufe, also zum Beispiel der Erlös aus dem Verkauf der erstellten Produkte oder der Ertrag aus Liegenschaften.

Als Differenz zwischen Aufwand und Ertrag resultiert der Erfolg in Form von Gewinn oder Verlust. Dieser Erfolg ist identisch mit demjenigen aus der Bilanz (doppelter Erfolgsausweis).

Ertrag > Aufwand → Gewinn (positiver Erfolg)
Ertrag < Aufwand → Verlust (negativer Erfolg)

Unternehmensbereiche

Im Idealfall lassen sich aus der Erfolgsrechnung nicht nur der Verlust bzw. der Gewinn, sondern auch erste Ursachen dafür herauslesen.

BEISPIEL: ERFOLGSRECHNUNG DER SÄNTIS-SCHWEBEBAHN AG 2015

Erfolgsrechnung

	2015 CHF	2015 %	2014 CHF	2014 %
BETRIEBSERTRAG	14'160'289	100	13'560'237	100
Verkehrsertrag	5'193'358	37	5'175'110	38
Personentransporte	5'121'625	36	5'109'110	38
Güter	157'776	1	140'154	1
Erlösminderungen	–86'043	–1	–74'154	–1
Ertrag Gastronomie	8'130'125	57	7'483'270	55
Warenertrag Gastronomie	7'621'622	54	7'001'424	52
Hotelertrag	522'214	4	493'686	4
Erlösminderungen	–13'711	0	–11'840	0
Infrastruktur, Liegenschaften	836'806	6	901'857	7
Ertrag Infrastruktur	776'190	5	840'034	6
Liegenschaftsertrag	60'616	0	61'823	0
BETRIEBSAUFWAND	12'177'918	86	11'443'566	84
Warenaufwand Gastronomie	2'237'437	16	2'012'035	15
Personalaufwand	6'742'254	48	6'482'117	48
Sachaufwand	3'198'227	23	2'949'414	22
Fremdleistungen	355'560	3	373'762	3
Instandhaltung Anlagen	623'929	4	539'546	4
Versicherungen, Gebühren, Abgaben	241'167	2	222'068	2
Energie und Entsorgung	844'263	6	797'894	6
Marketing	668'635	5	522'455	4
Postautodefizitbeitrag	92'718	1	93'324	1
Verwaltungsaufwand	371'955	3	400'365	3
Betriebsergebnis vor Finanzerfolg, Steuern und Abschreibungen	1'982'371	14	2'116'671	16
Abschreibungen Sachanlagen	–2'645'381	–19	–2'184'135	–16
Finanzaufwand	–49'814	0	0	0
Finanzertrag	49'970	0	80'881	1
Ausserordentlicher Aufwand	0	0	–9'901	0
Ausserordentlicher Ertrag	709'426	5	48'824	0
Steuern	–37'527	0	–41'426	0
Jahresgewinn	9'045	0%	10'914	0%

Quelle: Geschäftsbericht Säntis-Schwebebahn AG 2015

Softwareunterstützte Buchhaltung

In beinahe allen Betrieben und Vereinen erfolgt die Buchhaltung heute per Computer. Dazu geben die Mitarbeitenden der Buchhaltung die Buchungssätze mit Hilfe einer Maske in die entsprechende Software ein, das Programm erstellt daraus dann zum Ende des Jahres die Erfolgsrechnung und die Bilanz. Eine Software ersetzt also nicht das Wissen, wie man korrekt verbucht, aber das sehr zeitaufwändige Zusammenfügen aller Buchungen zum Jahresabschluss. Es gibt eine Vielzahl an Buchhaltungsprogrammen, je nach Grösse und Komplexität des Unternehmens, in der Schweiz z. B. Banana (für kleine Unternehmen und Vereine), BusPro (umfasst auch komplexere Debitoren- und Kreditorenbuchhaltungen) und q3 (in verschiedenen Ausführungen erhältlich).

Finanzen

Geldflussrechnung

Die Geldflussrechnung vergleicht während eines bestimmten Zeitraums die Einnahmen mit den Ausgaben. Daraus lässt sich ablesen, wie sich die Liquidität, d.h. die Zahlungsfähigkeit, des Unternehmens entwickelt hat. Genug liquid zu sein, ist für ein Unternehmen zentral, denn es ist nur geschäftsfähig, solange es offene Rechnungen bezahlen kann. Weiter lassen sich mit der Geldflussrechnung auch die Investitionsvorgänge und Finanzierungsmassnahmen eines Unternehmens analysieren.

Vergleich Einnahmen und Ausgaben

BEISPIEL: GELDFLUSSRECHNUNG DER SÄNTIS-SCHWEBEBAHN AG 2015

Mittelflussrechnung	2015 TCHF	2014 TCHF
Jahresgewinn	9	11
Abschreibungen	2'645	2'184
Veränderung Rückstellungen	−412	−88
Cashflow	**2'242**	**2'107**
Veränderung Forderungen	−21	−9
Veränderung Vorräte	61	10
Veränderung eigene Aktien	117	199
Veränderung aktive Rechnungsabgrenzung	0	28
Veränderung kurzfristige Verbindlichkeiten	11'256	−100
Veränderung passive Rechnungsabgrenzung	206	−116
Mittelfluss aus Betriebstätigkeit	**13'861**	**2'119**
Investitionen in Sachanlagen	−26'372	−13'107
Desinvestition in Sachanlagen	0	0
Mittelfluss aus Investitionstätigkeit	**−26'372**	**−13'107**
Freier Cashflow	**−12'511**	**−10'988**
Erhöhung langfristige Verbindlichkeiten	12'980	0
Gewinnausschüttung	0	0
Mittelfluss aus Finanzierungstätigkeit	**12'980**	**0**
Veränderung der Flüssigen Mittel	469	−10'988
Flüssige Mittel per 1. Januar 2015	7'572	18'560
Flüssige Mittel per 31. Dezember 2015	8'041	7'572

Quelle: Geschäftsbericht Säntis-Schwebebahn AG 2015

Die folgende Tabelle zeigt, dass die Geldflüsse aus drei Quellen stammen können.

ARTEN DES GELDFLUSSES

Art		Beispiel für Einnahmen	Beispiel für Ausgaben
Geschäftstätigkeit	Ein- und Ausgaben aus dem täglichen Geschäft	Zahlungen von Kunden für erbrachte Leistungen	Zahlungen an Lieferanten
Investierung	Kauf und Verkauf von Anlagevermögen	Zahlungen aus dem Verkauf von nicht mehr benötigtem Anlagevermögen	Zahlungen für den Kauf von neuen Maschinen
Finanzierung	Aufnahme und/oder Rückzahlung von Eigenkapital und langfristigem Fremdkapital	Einzahlungen von Aktionären bei einer Aktienkapitalerhöhung	Rückzahlung einer Hypothek

Cashflow und Zahlungskraft

Die Geldflussrechnung berechnet nun die Saldi dieser drei Bereiche, wobei der Saldo aus der Geschäftstätigkeit Cashflow genannt wird.

Weil der Cashflow die wichtigste Finanzierungsquelle eines Unternehmens ist, gibt er wichtige Anhaltspunkte über dessen Zahlungskraft. Eine Analyse des Cashflows zeigt also, welche finanziellen Möglichkeiten das Unternehmen hat, z. B. ob es Investitionen aus der eigenen Geschäftstätigkeit finanzieren, Schulden zurückzahlen oder Gewinne ausschütten kann. Langfristig überlebt ein Unternehmen nur, wenn es im Kerngeschäft ausreichend Liquidität erwirtschaftet. Können Löhne nur dank der Aufnahme von Darlehen oder aufgrund von Immobilien- oder Maschinenverkäufen bezahlt werden, so deutet dies auf finanzielle Probleme hin.

Budget

Erwartete Einnahmen und Ausgaben

Ein Budget ist eine Gegenüberstellung der zukünftig erwarteten Einnahmen und Ausgaben. Es basiert auf Annahmen und Prognosen und dient dazu, die Unternehmensziele vorzugeben und zu überprüfen. Um ein Budget zu erstellen, verwendet man meist Zahlen aus der Vergangenheit, also z. B. die Daten aus dem letztjährigen Budget oder die Ergebnisse der letzten Erfolgsrechnung.

BUDGET FÜR EINE KLASSENFAHRT AUF DEN SÄNTIS

Am kommenden Klassentag fährt die Klasse mit 20 Lernenden und 2 Lehrpersonen auf den Säntis (einfache Fahrt). Für die Hin- und Rückreise von und nach Schaffhausen wird ein Car mit Fahrer gemietet.

Ausgaben		
An- und Abreise mit Reisecar pauschal	CHF	500.–
Tickets auf Säntis: 22 x CHF 16.00	CHF	352.–
Einfaches Zvieri: 22 x CHF 6.00	CHF	132.–
Total Kosten	**CHF**	**984.–**
Einnahmen		
Zuschuss der Schule, pauschal	CHF	200.–
Total Einnahmen	**CHF**	**200.–**

Verbleibende Kosten pro Lernende bzw. Person = CHF 35.65

Betriebsbuchhaltung

Die Betriebsbuchhaltung stellt den innerbetrieblichen Güterfluss dar und umfasst die Betriebsabrechnung bzw. Kostenrechnung und die Kalkulation. In der Kostenrechnung werden die im Betrieb angefallenen Kosten und Erlöse der Leistungserstellung erfasst. So wird berechnet, was die Erstellung und der Vertrieb einer Leistungseinheit bzw. eines Produktes effektiv kosten. Diese Berechnung dient als Grundlage für die Kalkulation, in der die Kosten für ein einzelnes Produkt und damit dessen Verkaufspreis ermittelt werden können.

Kostenrechnung

Die Erfassung der Kosten erfolgt in drei Stufen: Kostenartenrechnung, Kostenstellenrechnung und Kostenträgerrechnung.

Finanzen

Die Energiekosten bei der Produktion werden zu den Gemeinkosten gezählt.

Die Kostenartenrechnung erfasst alle im Betrieb anfallenden Kosten und gliedert sie nach Kostenarten (z. B. Materialkosten, Personalkosten, Raumkosten). Für die weitere Verrechnung werden die Kosten in Einzelkosten und Gemeinkosten aufgeteilt. Die Einzelkosten können direkt einem Produkt zugeordnet werden, z. B. Materialkosten. Die Gemeinkosten werden durch mehrere Produkte zusammen verursacht und können deshalb nicht direkt einem Kostenträger zugerechnet werden, z. B. Energiekosten der Produktion.

Kostenartenrechnung

In der Kostenstellenrechnung werden Teilbereiche eines Unternehmens, die eine einheitliche und kalkulierbare Leistung erbringen, als Kostenstelle definiert (z. B. Einkauf und Lager, Fertigung oder Verwaltung und Vertrieb). So können die entstehenden Gemeinkosten einer verursachenden Quelle bzw. Kostenstelle zugerechnet werden. In der Kostenstellenrechnung werden die Gemeinkosten nach dem Verursacherprinzip den Kostenstellen zugerechnet, die Miete z. B. nach dem m²-Anteil der von der Kostenstelle verwendeten Räume.

Kostenstellenrechnung

Kostenträger sind die hergestellten Güter bzw. die erbrachten Dienstleistungen. Diesen Leistungen werden in der Kostenträgerrechnung die verursachten Kosten zugeordnet und so die Herstellungs- und Selbstkosten einer Leistung berechnet. Wie in der Kostenstellenrechnung werden auch hier die Einzelkosten direkt, die Gemeinkosten nach Gemeinkostenzuschlagssatz zu den Leistungen gerechnet. Der Gemeinkostenzuschlagssatz berechnet sich meist als Prozentsatz einer vorgegebenen Basis:

Kostenträgerrechnung

- **Materialgemeinkostensatz:** Materialgemeinkosten in Prozent der Einzelmaterialkosten,
- **Fertigungsgemeinkostensatz:** Fertigungsgemeinkosten in Prozent der Einzellöhne,
- **Verwaltungs- und Vertriebskostensatz:** Kosten aus Verwaltung und Vertrieb in Prozent der Herstellkosten.

Unternehmensbereiche

BETRIEBSABRECHNUNGSBOGEN DER MÖBELPRODUKTION MUSTER AG

	Kostenartenrechnung			Kostenstellenrechnung			Kostenträgerrechnung	
	Aufwand	Sachliche Abgrenzung	Kosten	Einkauf und Lager	Fertigung	Verwaltung und Vertrieb	Sofa	Tisch
Einzelkosten								
Einzelmaterial	1000		1000				→ 400	→ 600
Einzellöhne	300		300				→ 150	→ 150
Gemeinkosten								
Hilfsmaterial	180		180	50	120	10		
Hilfslöhne	375		375	60	200	115		
Mietzinsen und Raumkosten	105		105	40	45	20		
Übrige Kosten	80		80	30	30	20		
Kapitalzinsen	40		40	10	20	10		
Abschreibungen	65		65	10	35	20		
Total	2145		2145	200	450	195	550	750
Umlage Einkauf und Lager				−200			① 80	→ 120
Umlage Fertigung					−450		② 225	→ 225
Herstellkosten							855	1095
Umlage Verwaltung und Vertrieb						−195	③ 85,5	→ 109,5
Selbstkosten							940,5	1204,5

① Materialgemeinkostensatz = 20 %   ② Fertigungsgemeinkostensatz = 150 %   ③ Verwaltungs- und Vertriebskostensatz = 10 %

Die drei Rechnungen zeigen, wodurch (Kostenarten), wo (Kostenstellen) und wofür (Kostenträger) Kosten entstanden sind.

Kalkulation

Mithilfe der Kalkulation werden die Kosten einzelner Unternehmensleistungen ermittelt, z. B. die Kosten eines bestimmten Produkts. Die Datenbasis für die Kalkulation liefert die Betriebsrechnung (im Handel) bzw. die in der Kostenträgerrechnung ermittelten Gemeinkostenzuschlagssätze. Dabei unterscheidet man zwischen Zuschlagskalkulation und Abschlagskalkulation.

Zuschlags- und Abschlagskalkulation

Bei der Zuschlagskalkulation berechnet man, zu welchen Preis eine Leistung angeboten werden kann. In der Praxis ist es aber oft so, dass der mögliche Verkaufspreis vorgegeben ist, z. B. durch die Preise der Konkurrenz oder die Zahlungsbereitschaft der Kunden *(vgl. das magische Dreieck der Preispolitik, Kapitel 4, S. 101)*. In diesem Fall ist es sinnvoll, eine Abschlagskalkulation durchzuführen. Während bei einer Zuschlagskalkulation vom Einzelmaterial zum Bruttoverkaufspreis gerechnet wird, erfolgt bei der Abschlagskalkulation die Berechnung umgekehrt: Gesucht wird der maximale Beitrag, den die Materialien und die Löhne bzw. beim Warenhandel die Einstandspreise kosten dürfen, damit der angestrebte Endpreis erreicht werden kann.

Finanzen

BEISPIEL ZUSCHLAGSKALKULATION

Zu welchem Preis soll der Esszimmertisch im Laden angeboten werden? Nebst den ermittelten Zuschlagssätzen wird den Kunden ein Rabatt von 10 % und ein Skonto von 2 % gewährt. Die Mehrwertsteuer von 8 % ist im Preis einzurechnen.

Einzelmaterial	CHF	100.—			100 %
Materialgemeinkosten	CHF	20.—			20 %
Materialkosten	CHF	120.—			120 %
Einzellöhne	CHF	25.—			100 %
Fertigungsgemeinkosten	CHF	37.50			150 %
Fertigungskosten	CHF	62.50			250 %
Herstellkosten	CHF	182.50			100 %
Verwaltungs- und Vertriebskosten	CHF	18.25			10 %
Selbstkosten	CHF	200.75	100 %	←	110 %
+ Reingewinn	CHF	10.05	5 %		
= Nettoerlös	CHF	210.80	105 %	→	98 %
+ Skonto 2 %	CHF	4.20			2 %
= Rechnungsbetrag	CHF	215.—	90 %	←	100 %
+ Spezialrabatt 10 %	CHF	23.90	10 %		
= Bruttoverkaufspreis ohne MWST	CHF	238.90	100 %		
+ MWST	CHF	19.10	8 %		
= Bruttoverkaufspreis mit MWST	CHF	258.—	108 %		

Mit einer Zuschlagskalkulation kann man berechnen, wie teuer ein Produkt im Laden verkauft werden soll.

Ergänzende Berichte

Sonderrechnungen

Das Rechnungswesen liefert vielfältige Daten, die für verschiedene weitere Zwecke aufbereitet werden können. Aus den Daten werden z. B. vordefinierte, in der Branche übliche Kennzahlen ermittelt (z. B. Liquiditätsgrad I, Kapitaldeckungsgrad). Diese werden analysiert und mit den Normwerten verglichen: Welche Zahlen entsprechen der Norm? Wo gibt es Verbesserungspotenzial? Welche Daten sind kritisch? So lässt ein zu hoher Liquiditätsgrad I darauf schliessen, dass zu viel flüssige Mittel im Unternehmen sind, d. h., dass ein Teil dieser Gelder zu höheren Zinssätzen längerfristig angelegt werden könnte.

KENNZAHLEN

Kennzahl	Formel	Norm
1. Vermögensstruktur		
• Intensität des Umlaufvermögens	Umlaufvermögen × 100 / Gesamtvermögen	je nach Branche
• Intensität des Anlagevermögens	Anlagevermögen × 100 / Gesamtvermögen	je nach Branche
2. Kapitalstruktur		
• Fremdfinanzierungsgrad	Fremdkapital × 100 / Gesamtkapital	circa 40 – 70 %
• Eigenfinanzierungsgrad	Eigenkapital × 100 / Gesamtkapital	circa 30 – 60 % (je nach Branche tiefer)
• Selbstfinanzierungsgrad	Zuwachskapital / Gesamtkapital	vom Alter des Unternehmens abhängig
3. Anlagedeckung		
• Anlagedeckungsgrad 1	Eigenkapital × 100 / Anlagevermögen	circa 75 – 100 %
• Anlagedeckungsgrad 2	(EK + lf. FK) × 100 / Anlagevermögen	mind. 100 %
4. Liquidität (Zahlungsbereitschaft)		
• Liquiditätsgrad I (Cash Ratio)	Liquide Mittel × 100 / kf. FK	circa 20 – 35 %
• Liquiditätsgrad II (Quick Ratio)	(Liquide Mittel + Forderungen netto) × 100 / kf. FK	circa 100 %
• Liquiditätsgrad III (Current Ratio)	Umlaufvermögen × 100 / kf. FK	circa 200 %
5. Rentabilität		
• Eigenkapitalrendite (ROE)	Reingewinn × 100 / Eigenkapital	> 8 %
• Gesamtkapitalrendite (ROI)	(Reingewinn + Fremdkapitalzinsen) × 100 / Gesamtkapital	tiefer als ROE
6. Ertragskraft		
• Umsatzrendite (ROS)	Betriebsgewinn × 100 / Nettoerlös	Handel: 1 % und mehr Industrie: 5 % und mehr
7. Cashflow		
• Cashflow-Marge	Cashflow × 100 / Nettoerlös	circa 4 – 20 %, je nach Branche
• Verschuldungsfaktor	Effektivverschuldung / Jahres-Cashflow	nicht höher als 5
8. Umschlagshäufigkeit		
• Lagerumschlag	Warenaufwand / durchschn. Lagerbestand	je nach Branche
• Ladedauer	360 Tage / Lagerumschlag	
• Debitorenumschlag	Kreditverkäufe / durchschn. Debitorenbestand brutto	nahe der eingeräumten Zahlungsfrist
• Durchschnittliche Zahlungsfrist der Kunden	360 Tage / Debitorenumschlag	

Finanzen

Betriebsstatistiken

Die ermittelten Kennzahlen lassen verschiedene Analysen zu:
- **Zeitvergleich:** Wie haben sich die Kennzahlen über die Jahre hinweg entwickelt?
- **Soll-Ist-Vergleich:** Wie verhalten sich die effektiv realisierten Daten zu den ursprünglich geplanten Daten? Wie gross ist die Differenz? Weshalb ist eine Differenz entstanden?
- **Vergleich zu anderen Unternehmen:** Anhand der Kennzahlen lässt sich das eigene Unternehmen mit den veröffentlichten Daten der Konkurrenz bzw. den Durchschnittswerten der Branche vergleichen.

Sonderrechnungen werden für einzelne in sich geschlossene Projekte oder Investitionen erstellt: z.B. Sonderrechnung für den Anlass zum 100-Jahr-Jubiläum oder Sonderrechnung für den Umbau der Lagerhalle. Hierin können auch Prognosen, Budgets oder Soll-Ist-Vergleiche enthalten sein.

Sonderrechnungen

FÄSI GMBH

A Edith Fäsi ist Mitinhaberin der fäsi gmbh, die Dienstleistungen im Bereich Treuhand, Consulting sowie Engineering und Schulung erbringt. Im Interview spricht sie über ihre Tätigkeit als Treuhänderin, ihren Arbeitstag und die Herausforderungen bei einem Wirtschaftsabschwung.

Fäsi gmbh

Frau Fäsi, Sie sind selbstständige Treuhänderin. Können Sie uns kurz schildern, was die Aufgaben einer Treuhänderin sind?
Meine Aufgaben als Treuhänderin bestehen darin, meine Kundinnen und Kunden in buchhalterischen, steuerlichen und organisatorischen Aufgaben zu unterstützen. Jeder Kunde von mir erwartet umfassende Kenntnisse bzw. sucht eine Allrounderin für seine Probleme. Ein Grossteil meiner Kunden sind KMU-Betriebe, viele Handwerker. Meine Aufgaben sind mandatsspezifisch und umfassen etwa das vollständige Führen der Buchhaltung, das Erstellen des Jahresabschlusses, Beratung in Bezug auf den Jahresabschluss (z.B. Höhe der Abschreibungen), Beratung betreffend gängiger Buchhaltungssoftware, Führen der Debitorenbuchhaltungen und Beratung bezüglich Zahlungsfristen (z.B. Einführen eines Mahnsystems für säumige Debitoren), Erstellen der quartalsweisen MWST-Abrechnungen, fristgerechte Eingaben der Steuerunterlagen und Steuerrekurse. Dazu kommen weitere Aufgaben, wie z.B. Beratung und Dokumentationserstellungen bei Erbteilungen.

Welche Ausbildung und Erfahrungen braucht man, um Treuhänderin zu werden/zu sein?
Es ist von Vorteil, eine gute wirtschaftliche Grundausbildung zu haben mit Erfahrungen im öffentlichen Bereich und mit KMU. Nach einer fundierten Ausbildung ist die praktische Erfahrung in der Buchhaltung sehr wichtig. Erfahrungen im öffentlichen Bereich erschliessen einem zudem die Denkweise, welche den Hintergrund der Vorschriften in der Finanzbuchhaltung bildet. Ich selbst habe die Wirtschaftsmatura abgeschlossen, danach hatte ich Anstellungen im Gemeindewesen, bei Banken und in KMU, und schliesslich habe ich die Ausbildung zur Buchhalterin am KV absolviert. Bereits kurz nach der Matura gründete ich meine Einzelfirma, die ich damals gleich ins Handelsregister eintragen liess.

Wie sieht ein typischer Arbeitstag bei Ihnen aus?
Post, E-Mails und telefonische Anfragen beantworten und bearbeiten, einzelne Mandanten abarbeiten (Steuern, Verbuchungen, Telefone) und für Spezialprobleme oder -wünsche recherchieren. Wichtig ist eine gute Organisation der Arbeit, nicht zuletzt auch wegen der kundengerechten Abrechnung der geleisteten Arbeitsstunden.

Was lieben Sie besonders an Ihrer Tätigkeit, was finden Sie besonders spannend?
Mein Job ist abwechslungsreich, und ich kann meine ganze Erfahrung und Ausbildung umsetzen.

Was mögen Sie weniger?
Betrügerisch eingestellte Kunden.

Gibt es in Ihrem Beruf Zeiten, in denen mehr Arbeit anfällt, sozusagen «Hochsaisons»?
Als «Einfrau»-Betrieb versuche ich nur solche Aufträge von Kunden entgegenzunehmen, die rechtzeitig ihre Unterlagen senden. Die wichtigsten Fristen sind MWST- und Steuertermine. Die MWST wird vierteljährlich abgerechnet. Das Einhalten der Fristen der öffentlichen Hand (z.B. Eingabe- und Rekursfristen bei den Steuerbehörden) ist sehr wichtig. Verpasst man eine Frist, verwirkt man seine Rechte.

Spüren Sie in Ihrer Tätigkeit den Verlauf der Wirtschaft, d.h., wenn es der Wirtschaft besser oder schlechter geht?
Die Steuerämter suchen, wenn das Steueraufkommen schlechter wird, vermehrt nach weiteren Einnahmequellen. Die Unterlagen müssen daher noch genauer erarbeitet und dokumentiert werden (z.B. Belege, Abschreibungsmodi). Die Zusammenarbeit von Treuhänderin und Unternehmerin muss enger gestaltet werden, damit die Kostenkontrolle für verlässliche Unternehmensentscheide herangezogen werden können. Viele meiner Klienten sind Handwerker, welche mit Arbeit so eingedeckt sind, dass sie nicht mehr dazu kommen, die Zahlungseingänge zu kontrollieren. In wirtschaftlich schlechteren Zeiten «vergessen» aber viele Kunden, termingerecht zu zahlen. Das bringt viele Handwerker in arge finanzielle Engpässe. Hier ist es meine Aufgabe, meine Auftraggeber auf diese Probleme aufmerksam zu machen und mit ihnen ein verlässliches System der Zahlungseingangskontrolle zu erarbeiten (z.B. automatisches Mahnsystem initiieren), sodass säumige Debitoren frühzeitig und konsequent gemahnt werden können. Dadurch werden Liquiditätsengpässe vermieden.

Gespräch mit Edith Fäsi, 5.9.2009

ZUSAMMENFASSUNG

Die Finanzen sind in jedem Unternehmen zu jeder Zeit (Gründung – Umsatzphase – Liquidation) von grosser Bedeutung. Fragen der Finanzierung beschäftigen sich mit der Geldmittelherkunft und dem Management der erhaltenen Gelder. Unterschieden werden die Aussenfinanzierung (Geldmittel von ausserhalb des Unternehmens) und die Innenfinanzierung (Geldmittel aus dem Unternehmen selbst). Zentrale Aufgabe des Rechnungswesens ist die Dokumentation der Geldflüsse zwischen Unternehmen und Dritten (Finanzbuchhaltung) und der Geldflüsse im Unternehmen selbst (Betriebsbuchhaltung).

Finanzen 6

SCHLÜSSELBEGRIFFE

- Aktien
- Aktienkapital
- Aussenfinanzierung
- Betriebsbuchhaltung
- Bilanz
- Budget
- Cashflow
- Erfolgsrechnung
- Factoring
- Finanzbuchhaltung
- Geldflussrechnung
- Geld- und Kapitalmarkt
- Going-public
- Hypotheken
- Kalkulation
- Kapitalerhöhungen
- Kostenrechnung
  - Kostenartenrechnung
  - Kostenstellenrechnung
  - Kostenträgerrechnung
- Leasing
- Management-Buy-out
- Obligationen

→ Eine Definition der Schlüsselbegriffe finden Sie im Glossar.

QUELLEN UND WEITERFÜHRENDE LITERATUR

Boemle, Max / Lutz, Ralf: **Der Jahresabschluss**, 5. Auflage, Zürich 2008

Brodmann, Daniel / Bühler, Marcel u.a.: **Finanz- und Rechnungswesen. Vertiefungen**, 2. Auflage, Bern 2016

Brodmann, Daniel / Bühler, Marcel u.a.: **Finanz- und Rechnungswesen. Grundlagen 1**, 2. Auflage, Bern 2015

Brodmann, Daniel / Bühler, Marcel u.a.: **Finanz- und Rechnungswesen. Grundlagen 2**, 2. Auflage, Bern 2015

Spirgi, Samuel / Keller, Ernst / Rohr, Boris: Finanzbuchhaltung (**Finanz- und Rechnungswesen, Bd. 2**), 4. Auflage 2008, Bern 2008

Thommen, Jean-Paul: **Betriebswirtschaft und Management. Eine managementorientierte Betriebswirtschaftslehre**, 10. Auflage, Zürich 2016

Volkart, Rudolf / Wagner, Alexander F.: **Corporate Finance. Grundlagen von Finanzierung und Investition**, 6. Auflage, Zürich 2016

Unternehmensbereiche

REPETITIONSFRAGEN KAPITEL 6

1. Erklären Sie den Unterschied zwischen den beiden Begriffen «Innenfinanzierung» und «Eigenfinanzierung».

2. Was versteht man unter einem «Going-public»?

3. Beschreiben Sie kurz die Instrumente Leasing und Factoring.

4. Weshalb ist das Rechnungswesen für Unternehmen so wichtig?

5. Wie unterscheiden sich Finanz- und Betriebsbuchhaltung?

6. Was ist Sinn und Zweck der Geldflussrechnung?

7. Welches sind Gemeinsamkeiten und Unterschiede von Bilanz und ER?

8. Geldflüsse können aus verschiedenen Bereichen kommen. Beschreiben Sie diese und geben Sie je ein Beispiel für «Geldzuflüsse» und «Geldabflüsse».

9. Im Kapitel finden Sie die Bilanz, Erfolgsrechnung und Geldflussrechnung der Säntis-Schwebebahn AG 2015. Was können Sie daraus herauslesen? Was können Sie daraus herauslesen? Nehmen Sie konkret Bezug auf die Finanzierung des Unternehmens, den Erfolg (in ER und Bilanz), die Einnahmen, den Personalaufwand, die Vermögensstruktur sowie die Rückstellungen.

10. Im Kapitel finden Sie nebst der Bilanz und Erfolgsrechnung auch die Geldflussrechnung der Säntis-Schwebebahn AG für das Jahr 2015. Beantworten Sie zu allen drei dazu folgende Fragen:
    a) Rechnen Sie die Veränderungen aus Forderungen, Vorräten und kurzfristigen Verbindlichkeiten nach und geben Sie die dazu benötigten Posten aus der Bilanz an.
    b) Worin müssten sich die Investitionen in Sachanlagen und Finanzanlagen widerspiegeln? Weshalb kann dieser Betrag nicht 1:1 in Bilanz und ER abgelesen werden?
    c) Was bedeutet das Endresultat der Geldflussrechnung? Welchen Einfluss hat das Endresultat auf Bilanz und Erfolgsrechnung?

11. Berechnen Sie für die Säntis-Schwebebahn AG (Bilanz und ER 2011 im Kapitel) folgende Kennzahlen: Liquiditätsgrad I–III, Anlagedeckungsgrad I–II, Fremdfinanzierungsgrad, Intensität des Umlaufvermögens, Intensität des Anlagevermögens.

12. Wie hängen die Rechnungen der Kostenrechnung zusammen? Wozu werden sie benötigt?

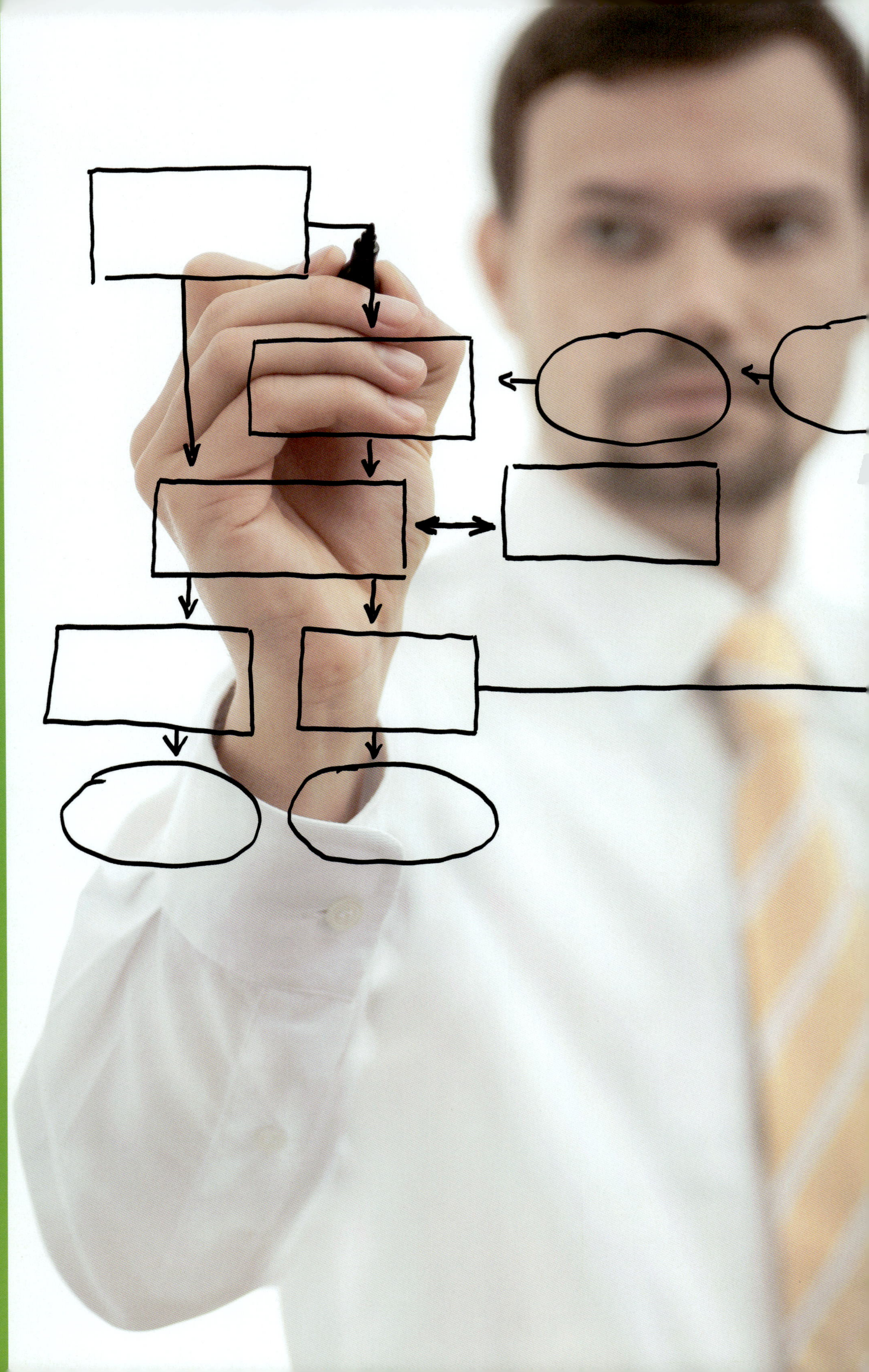

Organisation

7.1	Einleitung	161
7.2	Ablauforganisation	162
7.3	Aufbauorganisation	163
7.4	Zusammenarbeit mehrerer Unternehmen	170

«Zweck und Ziel der Organisation ist es, die Stärken der Menschen produktiv zu machen und ihre Schwächen unwesentlich.»

Peter F. Drucker (1909–2005), US-amerikanischer Managementlehrer

LERNZIELE

Nachdem Sie dieses Kapitel gelesen haben, können Sie …

… erklären, was organisieren bedeutet.

… Zweck und Ziele der Ablauf- und Aufbauorganisation erläutern und deren Darstellungsformen nennen.

… die Bedeutung der Übereinstimmung von Aufgaben, Kompetenzen und Verantwortung für eine Stelle an einfachen Beispielen erklären.

… eine einfache Stellenbeschreibung mit Sach- und Führungsaufgaben erstellen.

… die Elemente eines Organigramms und den Aufbau unterschiedlicher Organisationsformen erkennen sowie deren Unterschiede beschreiben.

… für einfache Beispiele unterschiedliche Organigramme erstellen und deren Eignung beurteilen.

… verschiedene Formen von Unternehmenszusammenschlüssen erklären.

Organisation

7

7.1 Einleitung

An der Erfüllung des Unternehmensziels sind viele Mitarbeitende beteiligt. Es muss also organisiert werden, wer welche Aufgaben zur gemeinsamen Zielerreichung übernimmt.

In der Betriebswirtschaft bedeutet organisieren also,
- die Gesamtaufgabe eines Unternehmens in sinnvolle Teilaufgaben zu gliedern,
- die Teilaufgaben in Abhängigkeit voneinander zu ordnen,
- die Teilaufgaben den Aufgabenträgern (Maschinen und Mitarbeitende) zuzuordnen sowie
- Regeln für die Abwicklung der Tätigkeiten festzulegen.

Eine solche Arbeitsteilung kann unterschiedliche Formen annehmen, weshalb in der Praxis vielfältige Organisationsformen zu beobachten sind. Dabei kann man zwischen Ablauforganisation und Aufbauorganisation unterscheiden.

```
                    Organisation
                   /            \
     Ablauforganisation      Aufbauorganisation
```

Ablauforganisation
- Regelt Zeitpunkt und Reihenfolge der Abläufe

Aufbauorganisation
- Regelt die Zuteilung von Aufgaben, Kompetenzen und Verantwortung auf die Stelleninhaber
- Regelt die Beziehungen zwischen den Stelleninhabern

Damit viele Köche den Brei nicht verderben, brauchen Spitzenrestaurants eine strikte Ablauf- und Aufbauorganisation.

> Unternehmensbereiche

7.2 Ablauforganisation

Die Ablauforganisation ordnet die einzelnen Teilaufgaben in eine logische Reihenfolge und bestimmt deren Ausführungszeitpunkt. Ziele einer optimalen Ablauforganisation sind die Minimierung der Durchlaufzeiten sowie die Maximierung der Kapazitätsauslastung. Wichtige Instrumente der Ablauforganisation sind Ablauf- und Arbeitspläne.

Ablaufpläne　Ablaufpläne zeigen, welche Stellen in welcher Reihenfolge an der Erfüllung einer bestimmten Aufgabe beteiligt sind.

Arbeitspläne　Arbeitspläne legen die erforderlichen Maschinen, Werkzeuge, Materialien sowie die Reihenfolge der Arbeitsgänge und die dafür vorgesehenen Zeiten und Kosten fest.

MUSTERARBEITSPLAN

	Arbeitspakete	Januar				Februar				März			
		1	2	3	4	5	6	7	8	9	10	11	12
1	Arbeitspakete AP01												
2	Arbeitspakete AP02												
3	Arbeitspakete AP03												
4	Arbeitspakete AP04												
5	Arbeitspakete AP05												
6	Arbeitspakete AP06												
7	Arbeitspakete AP07												
8	Arbeitspakete AP08												

Flussdiagramme　Flussdiagramme stellen in unterschiedlichen Arten die Reihenfolge der Arbeitsschritte grafisch dar.

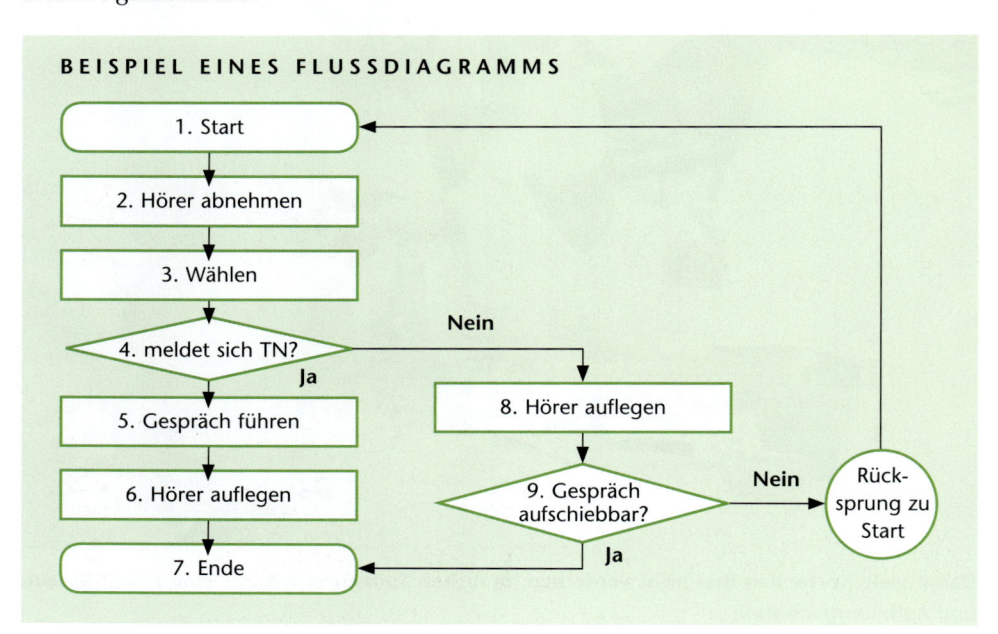

BEISPIEL EINES FLUSSDIAGRAMMS

1. Start
2. Hörer abnehmen
3. Wählen
4. meldet sich TN?
   - Ja → 5. Gespräch führen → 6. Hörer auflegen → 7. Ende
   - Nein → 8. Hörer auflegen → 9. Gespräch aufschiebbar?
     - Ja → 7. Ende
     - Nein → Rücksprung zu Start

7.3 Aufbauorganisation

Einleitung

Grundlage der Aufbauorganisation bildet die Stelle als kleinste organisatorische Einheit in einem Unternehmen. In einer Stelle werden bestimmte Teilaufgaben zusammengefasst, sodass sie von der Stelleninhaberin erfüllt werden können und in einem logischen Zusammenhang stehen. Die Stellendefinition erfolgt unabhängig von den Mitarbeitenden, d.h., die Anforderungen einer Stelle entscheiden über die benötigten Qualifikationen der jeweiligen Mitarbeitenden und nicht umgekehrt. Wichtigster Grundsatz bei der Definition der Stellen ist das Kongruenzprinzip: Aufgaben, Kompetenzen und Verantwortung einer Stelle müssen übereinstimmen. Die Kompetenzen müssen also so definiert werden, dass die Aufgaben erfüllt werden können, ansonsten kommt es leicht zu Konflikten.

Stelle

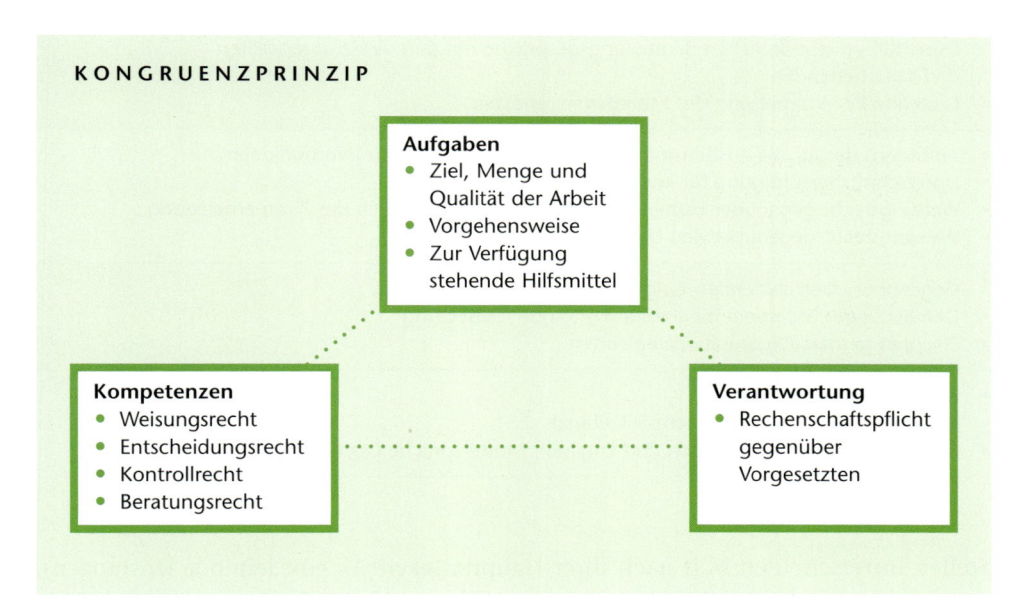

KONGRUENZPRINZIP

Aufgaben
- Ziel, Menge und Qualität der Arbeit
- Vorgehensweise
- Zur Verfügung stehende Hilfsmittel

Kompetenzen
- Weisungsrecht
- Entscheidungsrecht
- Kontrollrecht
- Beratungsrecht

Verantwortung
- Rechenschaftspflicht gegenüber Vorgesetzten

Aufgaben, Kompetenzen und Verantwortung einer Stelle müssen übereinstimmen.

Unternehmensbereiche

Stellenbeschreibung Die konkrete Festlegung von Aufgaben, Kompetenzen und Verantwortung für eine Stelle erfolgt in der Stellenbeschreibung.

BEISPIEL EINER STELLENBESCHREIBUNG

Bezeichnung der Stelle	Leitung Schulsekretariat des Gymnasiums Muster, 100 %
Organisatorische Einordnung	• Unterstellung: untersteht dem Rektorat der Schule • Überstellung: leitet Schulsekretariat mit drei Mitarbeitenden • Stellvertretung: wird vertreten durch ihre Stellvertreterin
Ziel der Stelle	Führung des Sekretariats mit allen anfallenden Aufgaben
Aufgaben der Stelle	Sachaufgaben: • Anlaufstelle für Lernende und Lehrende bei Fragen • Telefondienst während den Bürozeiten • Laufende Bewirtschaftung der Zimmerbelegungspläne in enger Zusammenarbeit mit dem Stundenplaner • Erstellung des wöchentlichen internen Mitteilungsblatts «Müsterli» • Laufende Aktualisierung der Adressdateien Lehrende und Lernende • Organisation der Sitzungen der Schulleitung, der Lehrerschaft sowie der Schulkommission • Protokollführung an den oben erwähnten Sitzungen Führungsaufgaben: • Arbeitsverteilung der anfallenden Aufgaben im Sekretariat an das Team • Erstellen der Einsatz- und Ferienpläne der Mitarbeitenden im Sekretariat • Organisation und Durchführung der monatlichen Teamsitzungen • Durchführen der jährlichen Beurteilungsgespräche mit den direkt unterstellten drei Mitarbeitenden • Laufende Bewirtschaftung der Mitarbeitendenakten
Kompetenzen	• Anfordern der für die Ausführung der Aufgaben erforderlichen Informationen • Unterschriftsberechtigung für laufende Aufgaben • Weisungsrecht gegenüber Lernenden und Lehrenden bezüglich der Zimmerbelegung • Weisungsrecht gegenüber den Untergebenen
Verantwortung	• Gegenüber oben stehenden Aufgaben • Gemäss in der Mitarbeiterbeurteilung erfolgter Zielsetzung • Pflichten gemäss Organisationsreglement
Anforderungen an Qualifikation der Stelleninhaber	• Kaufmännische Lehre • Mehrjährige Erfahrung in einem Sekretariat • Gute Kenntnisse in Französisch und Englisch, Muttersprache Deutsch

Stellen unterscheiden sich nach ihrer Haupttätigkeit: Es gibt leitende (Instanzen), beratende (Stabsstellen) und ausführende Stellen.

Linienstellen Linienstellen können leitende (Instanzen) oder ausführende Stellen sein. Linienstellen besitzen immer Entscheidungsbefugnisse.

Instanzen Instanzen sind vorgesetzte Stellen, d.h., neben den Fachaufgaben fallen auch Führungsaufgaben (z.B. Führen der Mitarbeitendengespräche) an. Instanzen haben Entscheidungs- und Anordnungskompetenzen. Jede leitende Stelle umfasst die Aufgaben Planen, Entscheiden, Anordnen und Kontrolle (PEAK). In diesem Zusammenhang wird auch die Kontrollspanne genannt. Sie zählt die

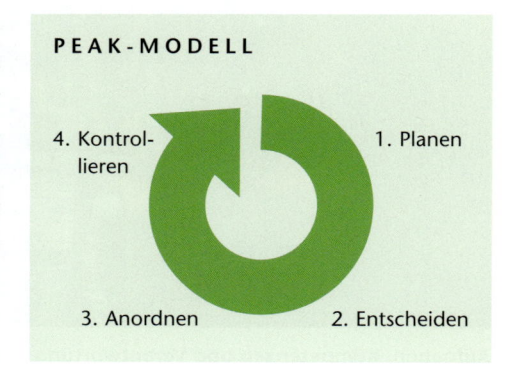

PEAK-MODELL

1. Planen
2. Entscheiden
3. Anordnen
4. Kontrollieren

Organisation

Anzahl untergebener Stellen je Instanz. Eine optimale Kontrollspanne liegt zwischen fünf und zehn Mitarbeitenden, hängt aber u. a. massgeblich von der Führungskraft selbst, der Tätigkeit und den Delegationsmöglichkeiten ab.

Ausführende Stellen haben keine Untergebenen. Die Führungsaufgaben fallen damit weg. Es bleibt aber das Entscheidungsrecht bezüglich ihres Aufgabenfelds. **Ausführende Stellen**

Stabsstellen sind Hilfsstellen zur Entlastung der Instanzen. Sie sammeln Informationen, werten diese aus und bereiten so Entscheidungen vor. Stabsstellen haben keine bzw. nur sehr eingeschränkte fachspezifische Entscheidungskompetenzen. **Stabsstellen**

Abteilungen sind hierarchisch gegliederte Einheiten aus mehreren Stellen. Sie können nach Funktionen (z. B. Einkauf, Verkauf), nach Produkten (z. B. Getränke, Backwaren), nach Kundensegmenten (z. B. Kinder, Jugendliche) oder nach regionalen Gesichtspunkten (z. B. Absatz Europa, Absatz Asien) gebildet werden. **Abteilungen**

Organisationsformen

Die Organisationsformen werden mittels Organigramm dargestellt. Ein Organigramm zeigt die Struktur des Unternehmens, Rechtecke bezeichnen Linienstellen, Kreise stehen für Stabsstellen. **Organigramm**

Je nach Unternehmensart und -grösse eignen sich unterschiedliche Organisationsformen. Sie unterscheiden sich durch
- unterschiedliche Formen der Unterstellung (Einlinien-, Mehrlinien- und Stab-Linien-Organisation) oder
- die Stellenbildung auf der zweiten Ebene (z. B. nach Funktionen oder Divisionen).

Einlinienorganisation

Die Einlinienorganisation ist die einfachste Organisationsform. Die Kommunikation erfolgt straff von oben nach unten, jede Stelle erhält nur von einer einzigen Linienstelle Anweisungen.

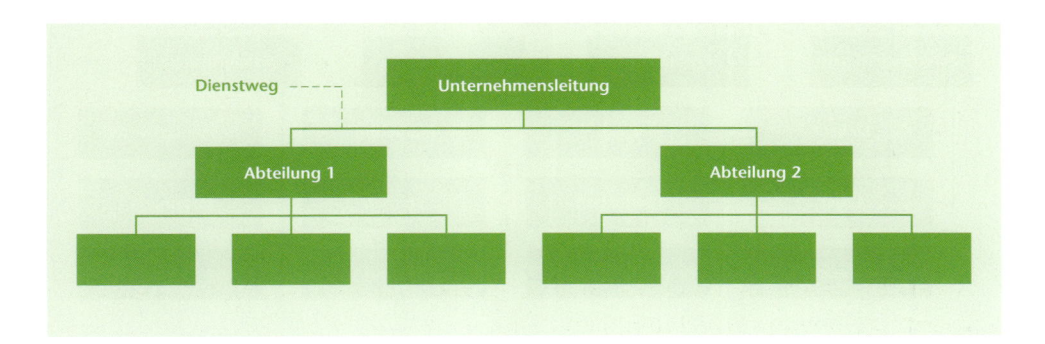

BEWERTUNG DER EINLINIENORGANISATION

Vorteile	Klarheit der Aufträge und Kommunikation, klare Kompetenzen und Verantwortlichkeiten
Nachteile	Mögliche Überlastung der Unternehmensleitung und der Instanzen der zweiten Ebene, lange Dienstwege

Stab-Linien-Organisation

Bei der Stab-Linien-Organisation erhalten gewisse Instanzen im Unterschied zur reinen Einlinienorganisation Unterstützung durch Stabsstellen.

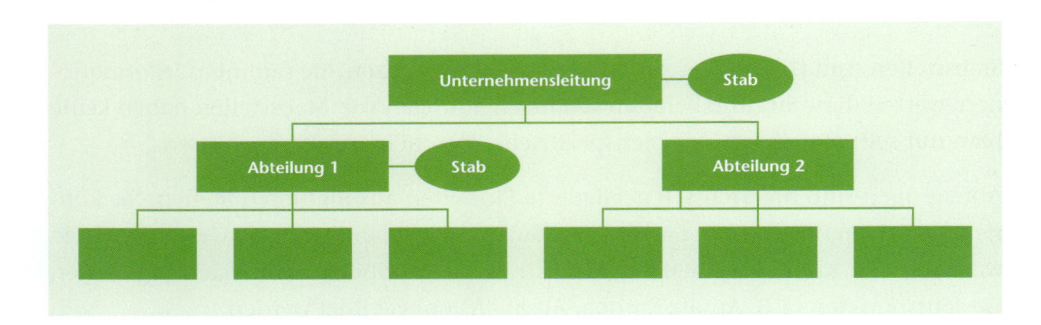

BEWERTUNG DER STAB-LINIEN-ORGANISATION

Vorteile	Klare Dienstwege, Entlastung der Instanzen durch Stäbe und somit höhere Effizienz als beim reinen Liniensystem
Nachteile	Mögliche Kompetenzkonflikte zwischen Stäben und Linien, Informationsvorsprung der Stäbe bergen Gefahr der Stabsmacht. Die Trennung von Planung und Entscheidung auf unterschiedliche Stellen kann dazu führen, dass die Übersicht verloren geht.

Funktionale Organisation

Die funktionale Organisation gliedert die Instanzen der zweiten Linie und somit die Abteilungen nach Tätigkeiten bzw. Funktionen.

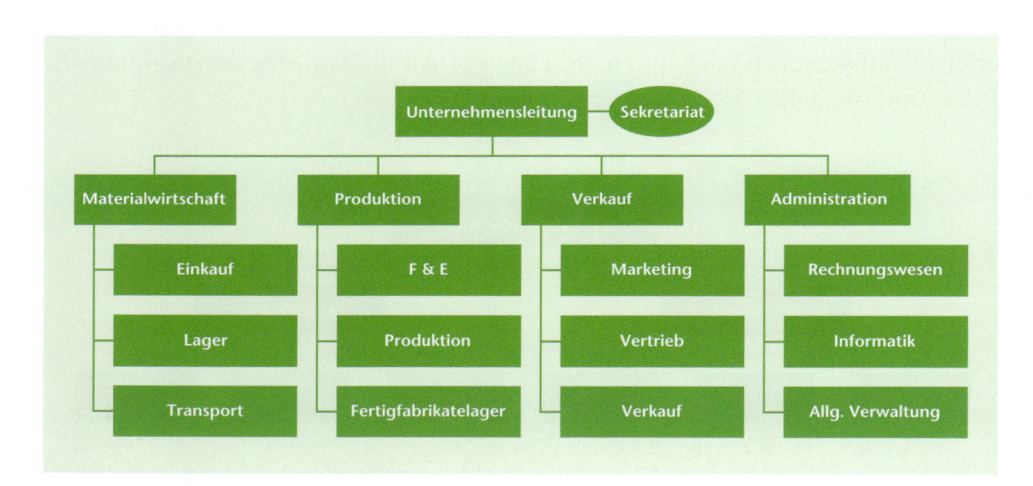

BEWERTUNG DER FUNKTIONALEN ORGANISATION

Vorteile	Betont das Fachwissen in der jeweiligen Funktion, klare Dienstwege und Kommunikationskanäle
Nachteile	Bei grösseren Unternehmen mit unterschiedlichen Fertigungsstrassen und/oder breitem Sortiment wird die Organisation unübersichtlich. Die funktionsübergreifende Sicht fehlt.
Eignung	Die funktionale Organisation eignet sich für kleine und mittlere Unternehmen mit kleinem Leistungssortiment (z. B. Autogarage, Metzgerei).

Organisation

Divisionale Organisation

Bei der divisionalen Organisation (auch Spartenorganisation genannt) ist die zweite Hierarchiestufe nach Produkten, Produktgruppen oder Absatzregionen gegliedert. Die divisionale Organisation schafft voneinander unabhängige Abteilungen, die von Divisionsleiterinnen bzw. Divisionsleitern geleitet werden. Die für die Leistungserstellung benötigten Funktionen (z. B. Materialwirtschaft oder Produktion) werden in den Sparten geführt. Zentrale Aufgaben, die alle Sparten benötigen (z. B. Rechnungswesen), werden als Zentralstellen organisiert und stehen allen Sparten zur Verfügung.

Bei der divisionalen Organisation gibt es zwei Unterformen: Profitcenter und Costcenter.

Profitcenter

Beim Profitcenter sind die einzelnen Divisionen selbst für ihren Gewinn verantwortlich und müssen in der Regel ein vordefiniertes Ziel erreichen.

Costcenter

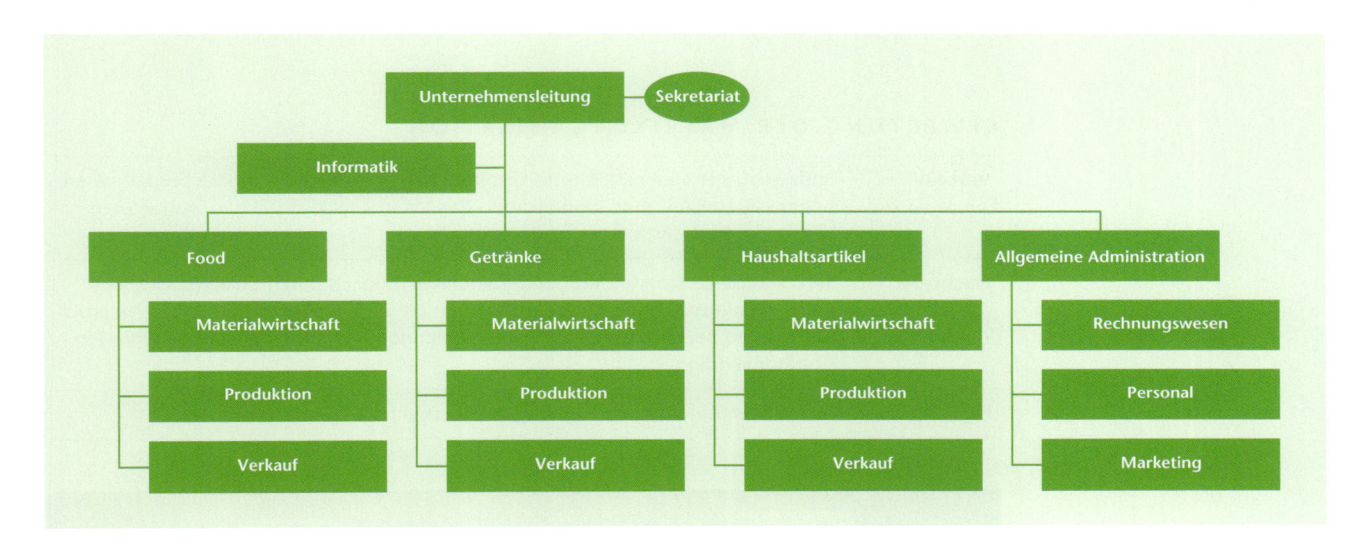

Bei Costcenters handelt es sich um Stellen/Abteilungen, die nur Dienstleistungen für andere Divisionen erstellen. Sie können deshalb keinen Gewinn erwirtschaften. Sie sind jedoch für die Minimierung der Kosten bzw. für die Einhaltung des vorgegebenen Budgets verantwortlich.

VOR- UND NACHTEILE DER DIVISIONALEN ORGANISATION

Vorteile	Durch die Aufspaltung in Divisionen werden auch grosse Unternehmen übersichtlich und führbar, die Divisionsleiterinnen und -leiter tragen eine grosse Verantwortung und haben dadurch grösseres Motivationspotenzial, Konkurrenz zwischen den Divisionen führt zu mehr Ansporn, grössere Nähe zum Gesamtprodukt.
Nachteile	Zu grosse Konkurrenz zwischen den Divisionen kann zu Rivalität führen, erschwerte Führung der Sparten auf ein gemeinsames Ziel hin, Gefahr von Doppelspurigkeiten (deshalb werden oft gewisse Teilaufgaben zentral zusammengefasst, z. B. Forschung, Verwaltung).
Eignung	Diese Organisationsform eignet sich für grosse Unternehmen mit diversifiziertem Leistungsangebot oder sehr unterschiedlichen Absatzgebieten.

Mehrlinienorganisation

Organisationen mit mehreren Führungslinien sind Mehrlinienorganisationen. Dazu gehören die Matrixorganisation mit zwei und die Tensororganisation mit drei Führungslinien.

Bei der Matrixorganisation erfolgt die Stellenbildung auf der zweiten Hierarchieebene sowohl nach der Funktion als auch nach Divisionen. Alle Mitarbeitenden erhalten dadurch von zwei Vorgesetzten gleichzeitig Weisungen (z. B. vom Leiter «Produktion» und der Leiterin «Getränke»).

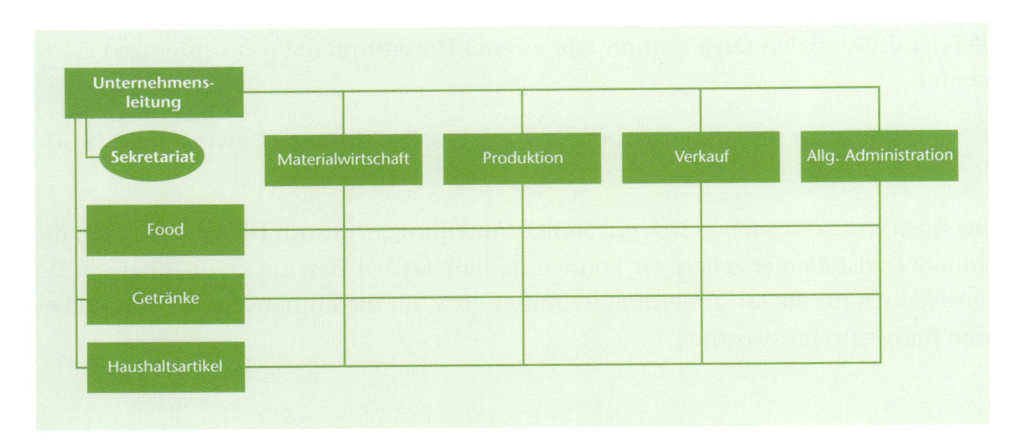

BEWERTUNG DER MATRIXORGANISATION

Vorteile	Entlastung der Geschäftsleitung von Koordinationsaufgaben, hohes Spezialwissen, höhere Flexibilität, gute Identifikation der Mitarbeitenden bei den erarbeiteten Lösungen, bereichsübergreifende Sicht
Nachteile	Sehr komplexe Struktur, Kompetenzkonflikte möglich durch unklare Unterstellungsverhältnisse, hohe Anforderungen an die Kooperationsfähigkeit der Mitarbeitenden und Bereichsleitenden, klare Regelungen bei Kompetenzüberlagerungen sind notwendig.
Eignung	Anzutreffen bei international tätigen Unternehmen (z. B. BASF)

Mehrlinienorganisationen können zu Kompetenzkonflikten führen.

Organisation

Weitere Organisationsformen

Die Projekt- und Teamorganisation betreffen in der Regel nur Teile des Unternehmens und sind häufig zeitlich befristet. Die Mitarbeitenden der Projekte und Teams werden aus den bestehenden Organisationsstrukturen herausgelöst und einem Projektleiter oder einer Projektleiterin unterstellt. Die Mitarbeitenden bleiben in der Linie und sind somit häufig sowohl der Linie als auch der projektleitenden Person gleichzeitig unterstellt, was zu Konflikten führen kann.

ORGANISATIONSSTRUKTUR SCHWEIZER RADIO UND FERNSEHEN

Das Schweizer Radio und Fernsehen verfügt über sieben Linienabteilungen. Neben einer Abteilung «Finanzen und Services» gibt es sechs Programmabteilungen. Vier dieser Abteilungen sind medienübergreifend organisiert, nämlich «Programme», «Kultur», «Sport» und «Unterhaltung». Daneben gibt es für das Radio und für das Fernsehen je separate Chefredaktionen, welche die jeweiligen Informationssendungen produzieren. Der Direktion stehen zudem sechs Zentralstellen zur Verfügung, nämlich «Kommunikation», «Human Resources», «Programmstrategie», «Stab SRF», «Vermarktung» und «Junge Zielgruppen».

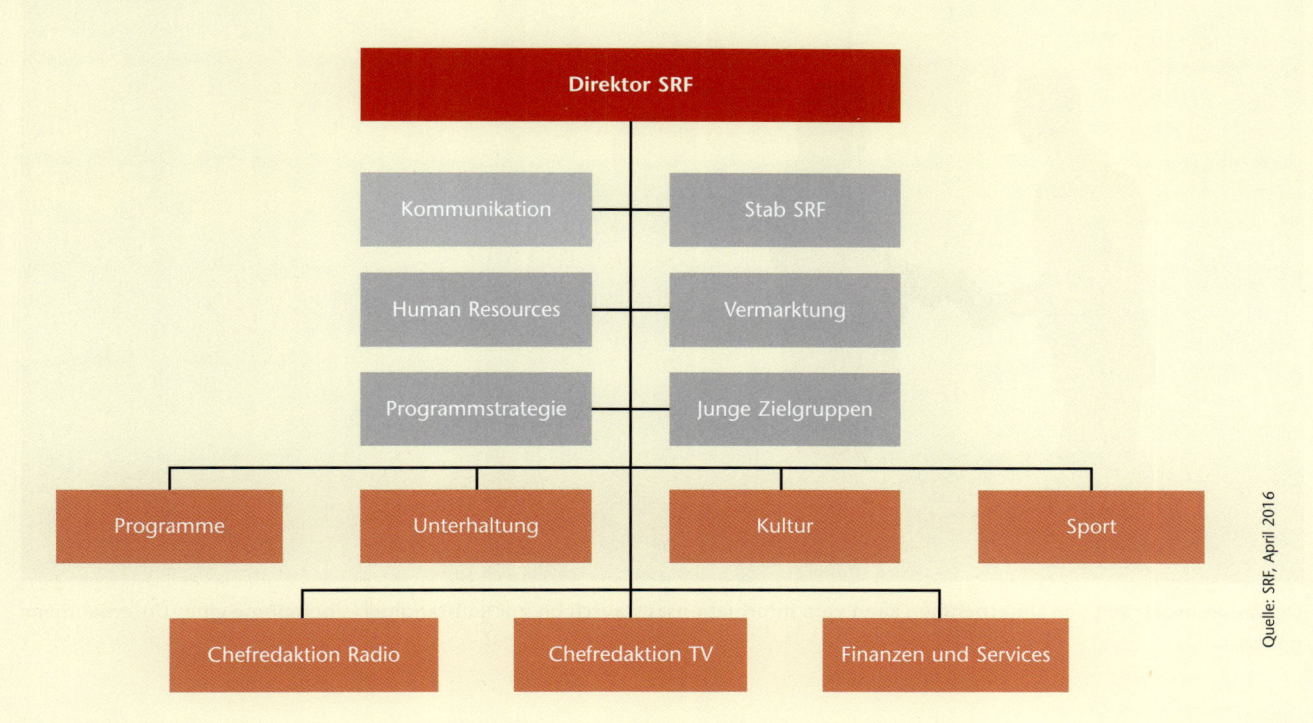

Quelle: SRF, April 2016

Unternehmensbereiche

7.4 Zusammenarbeit mehrerer Unternehmen

Ähnlich den Strukturen innerhalb des Unternehmens gibt es auch Formen der Zusammenarbeit von zwei oder mehreren Unternehmen. Diese Verbindungen können dabei vom strukturierten Austausch neuer Informationen und Erfahrungen bis zur Übernahme bzw. Auflösung eines Unternehmens gehen. Diese Arten der Zusammenarbeit haben nicht nur betriebswirtschaftliche Konsequenzen (z. B. Nutzung von Synergien), sondern auch volkswirtschaftliche (z. B. Erreichung einer Monopolstellung).

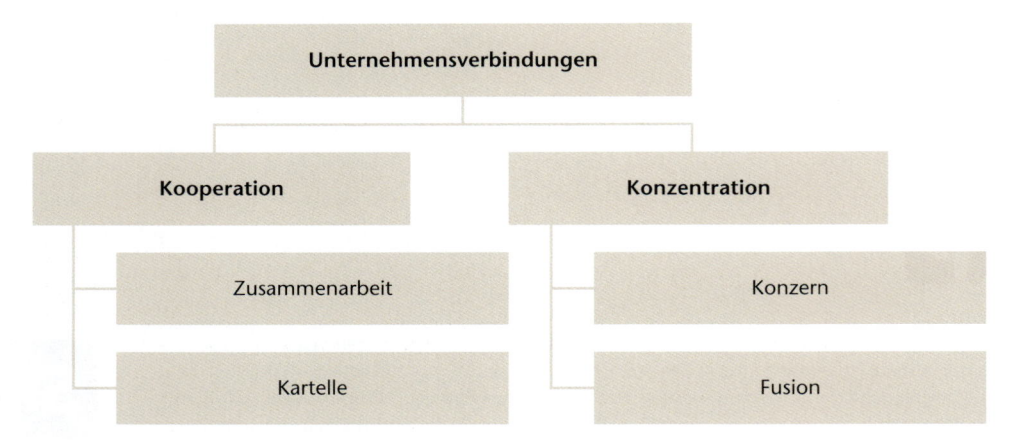

```
                    Unternehmensverbindungen
                    /                      \
              Kooperation              Konzentration
               /      \                  /       \
        Zusammenarbeit               Konzern
            Kartelle                  Fusion
```

Nachfolgend werden die einzelnen Formen von Zusammenschlüssen kurz vorgestellt.

Die Zusammenarbeit von Unternehmen kann vom Informationsaustausch bis zur vollständigen Übernahme eines Unternehmens gehen.

Organisation

Kooperation

Eine Kooperation zwischen Unternehmen kann aus verschiedenen Gründen und in unterschiedlicher Ausprägung stattfinden. Bei einer Kooperation bleiben die Unternehmen rechtlich und wirtschaftlich unabhängig.

Zusammenarbeit

Zusammenarbeit zwischen zwei oder mehreren Unternehmen bietet sich vielfältig an, z. B. in der Forschung und Entwicklung. Ausschlaggebende Gründe können die Teilung der anfallenden Kosten und Risiken, der Austausch von Know-how oder der Zugang zu einem neuen Markt sein. Die Intensität kann dabei unterschiedlich stark sein. Eine besondere Form der Zusammenarbeit ist das Joint Venture. Hierbei handelt es sich oftmals um eine längerfristige Zusammenarbeit zweier oder mehrerer Unternehmen unter Kapitalbeteiligung. Möglich ist, ein gemeinsames Produkt auf den Markt zu bringen.

Kartelle

Kartelle sind Absprachen von Unternehmen bzw. Anbietern auf demselben Markt. Ein Kartell umfasst Verträge und Absprachen, die dazu dienen, die Konkurrenz zu schwächen. Bekannt sind Absprachen bezüglich Preis (Preiskartell), Menge (Mengenkartell), Absatzregionen oder Konditionen. Kartelle kommen vornehmlich in gesättigten Märkten vor. Volkswirtschaftlich sind Kartelle bedenklich, da sie den freien Wettbewerb erheblich einschränken. Der Schutz des Wettbewerbs ist die wichtigste ordnungspolitische Aufgabe in einer Marktwirtschaft. Sie wird in der Schweiz in erster Linie mithilfe des Kartellgesetzes erfüllt. Die Anwendung dieses Gesetzes obliegt der Wettbewerbskommission, einer unabhängigen Bundesbehörde, deren Aufgaben u. a. die Bekämpfung von schädlichen Kartellen, die Missbrauchsaufsicht über marktbeherrschende Unternehmen, die Durchführung der Fusionskontrolle sowie die Verhinderung staatlicher Wettbewerbsbeschränkungen sind.

JOINT VENTURE

Joint Venture in der Metallindustrie
Anfang 2015 geben Mitsubishi Heavy Industries, Ltd. (MHI) und die Siemens AG den Abschluss ihres Joint Ventures bekannt. Das neue Unternehmen trägt den Namen Primetals Technologies Limited und hat seinen Hauptsitz in London. Mit diesem Joint Venture entsteht ein global operierender Komplettanbieter von Anlagen, Produkten und Dienstleistungen für die Eisen-, Stahl- und Aluminiumindustrie. Weltweit beschäftigt das Unternehmen rund 9000 Mitarbeiterinnen und Mitarbeiter.

Joint Venture in der Automobilindustrie
Anfang Mai 2016 beschliessen Google und Fiat Chrysler ein Joint Venture zur Produktion des selbstfahrenden Google-Autos. In Michigan entsteht nun ein gemeinsames Zentrum für die Entwicklung und Herstellung dieses Fahrzeugs. Das Google-Auto hat bis dahin bereits 2,5 Millionen Kilometer Testfahrten absolviert – für Google der richtige Zeitpunkt eine Partnerschaft mit einem erfahrenen Automobilhersteller einzugehen.

Unternehmensbereiche

Konzentration

Bei Konzentrationen geben die beteiligten Unternehmen ihre Selbstständigkeit weitgehend auf.

Konzern

Als Konzern bezeichnet man den Zusammenschluss mehrerer, rechtlich selbstständiger Unternehmen zu einer wirtschaftlichen Einheit. Dazu werden die Unternehmen einer gemeinsamen Leitung unterstellt. Die Vorteile eines Konzerns liegen in den Einsparungen der Kosten, z. B. für Verwaltung, Produktion oder Forschung und Entwicklung sowie in der Minderung der Absatzrisiken, z. B. durch weniger Konkurrenz bzw. durch grössere Absatzmärkte. Beispiele von Konzernen sind die Schweizerische Post, Novarits, Nestlé und Glencore.

Ein Konzern besteht aus einem Mutterhaus und einem oder mehreren Tochterunternehmen. Konzerne können unterschiedlich organisiert sein, eine Spezialform ist die Holding. Bei einer Holding liegt die Geschäftätigkeit des Mutterhauses ausschliesslich im Erwerb und in der Bewirtschaftung der Kapitalbeteiligungen an anderen Betrieben (z. B. Credit Suisse Group, ABB Holding, Jungfraubahn Holding AG). Die Holding mischt sich in der Regel nicht in das Tagesgeschäft ihrer Tochtergesellschaften ein, sondern agiert nur strategisch.

KONZERNSTRUKTUR DER POST

Die Schweizerische Post ist als Konzern organisiert. Ihre Haupttätigkeiten hat sie in die drei Konzernbereiche «PostAuto Schweiz AG», «Post CH AG» und «PostFinance AG» gegliedert. Sieben Zentralbereiche («Entwicklung und Innovation», «Corporate Center», «Finanzen», «Personal», «Kommunikation», «Informationstechnologie» und «Immobilien») unterstützen die Konzernbereiche und sind für einen reibungslosen Betrieb zuständig.

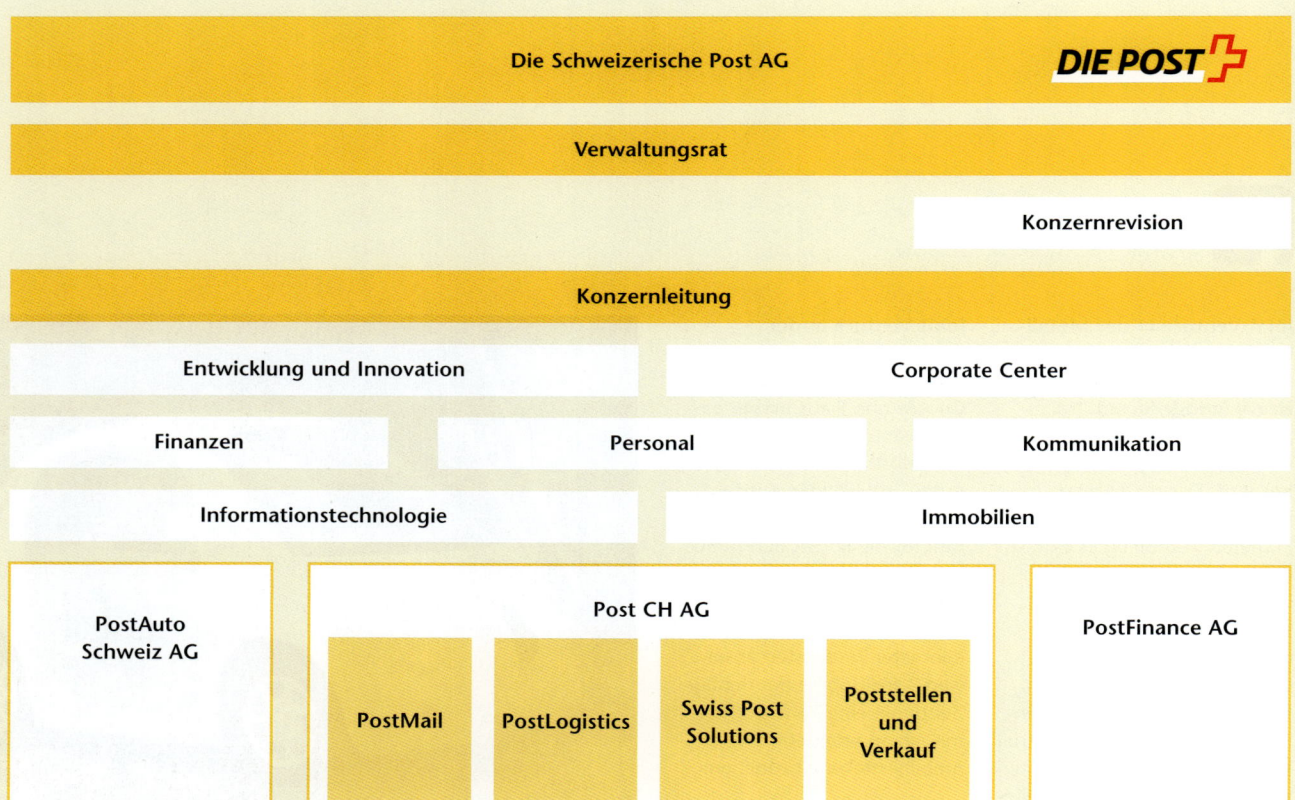

Die Schweizerische Post AG — DIE POST

Verwaltungsrat

Konzernrevision

Konzernleitung

- Entwicklung und Innovation
- Corporate Center
- Finanzen
- Personal
- Kommunikation
- Informationstechnologie
- Immobilien

PostAuto Schweiz AG

Post CH AG
- PostMail
- PostLogistics
- Swiss Post Solutions
- Poststellen und Verkauf

PostFinance AG

Quelle: Die Post, April 2016

Organisation

7

Bei der Fusion werden ein oder mehrere Unternehmen so zusammengefügt, dass ein neues Unternehmen entsteht und die ursprünglich Beteiligten nicht mehr weiter bestehen. In der Regel tritt das so geschaffene Unternehmen unter neuem Namen auf. Fusionen können durch Vertrag (d. h. mit Einverständnis der bisherigen Unternehmensleitungen) oder durch Übernahme (d. h. ohne Einverständnis des betroffenen Unternehmens, also durch einen sogenannten unfriendly Take-over) erfolgen. Für eine Fusion sprechen verschiedene Gründe: z. B. Stärkung der Wettbewerbsfähigkeit, Ausschaltung von Konkurrenten, Vergrösserung der Absatzmärkte, Synergienutzung oder Kosteneinsparungen. Beispiele erfolgreicher Fusionen: Ciba-Geigy und Sandoz zu Novartis (1996), Coca-Cola und Valser (2002), Merkur und Kiosk AG (1990, 1996 Umbenennung in Valora), Coop und Carrefour in der Schweiz (2007), Lufthansa und Swiss (2008), Holcim und Lafarge zu LafargeHolcim (2015), und Notenstein Privatbank und Bank La Roche zu Notenstein La Roche Privatbank (2016). Fusionen bergen aber auch Gefahren. So scheitert mit 70 Prozent ein Grossteil der geplanten Fusionen, viele davon noch in der Planungs- bzw. Umsetzungsphase. Gründe dafür sind unvereinbare Unternehmenskulturen, unterschiedliche Arbeitsweisen oder Differenzen in der Zielsetzung (so z. B. die Fusion der Schweizer Baloise-Gruppe und der Gothaer Versicherungsbank VVaG).

Fusion

Ebenso werden heute Gemeinden fusioniert, z. B. Illnau-Effretikon und Kyburg zu Illnau-Effretikon (2016) und Obersaxen und Mundaun zu Obersaxen Mundaun (2016). Im Gespräch sind zudem auch Fusionen von Kantonen und Kirchgemeinden.

FUSIONEN

Tamedia übernimmt Edipresse
Die Verlage Edipresse und Tamedia gaben am 9. März 2009 bekannt, dass sie ihre Schweizer Geschäfte zusammenführen wollen. 2011 wurde die Fusion abgeschlossen. Seit 2012 tritt Edipresse Suisse unter dem Namen Tamedia Publications romandes auf. Heute gibt Tamedia sechs abonnierte Tageszeitungen in der Deutschschweiz und drei in der Romandie heraus. Hinzu kommen Gratiszeitungen, Wochenzeitungen, Zeitschriften und Onlineplattformen in deutscher und französischer Sprache.

Sika-Unternehmensleitung wehrt sich gegen den Verkauf an Saint-Gobain
Seit die Gründerfamilie ihre Anteile am Schweizer Bauchemiekonzern Sika an das französische Unternehmen Saint-Gobain verkaufen will, wehrt sich das Unternehmen (VR und Unternehmensleitung) gegen die aus seiner Sicht «unfreundliche Übernahme». Der Ausgang der seit 2015 dauernden Streitigkeiten ist noch offen. Es wird erwartet, dass der Fall bis ans Bundesgericht gezogen wird. Eine allfällige Durchsetzung der Fusion dürfte eine weitgehende Neubesetzung der Geschäftsleitung und des Verwaltungsrates bedingen.

ZUSAMMENFASSUNG

Die Organisation eines Unternehmens basiert auf der kleinsten organisatorischen Einheit – der Stelle. In ihr sind logische Teilaufgaben zu einer Arbeitsstelle verbunden. Unterschieden werden leitende Stellen, beratende Stellen (Stabsstellen) und ausführende Stellen. In der Stellenbeschreibung werden Aufgaben, Verantwortungen und Kompetenzen festgehalten.

Je nach Unternehmensart und Sortiment bieten sich verschiedene Organisationsformen an: die funktionale oder die divisionale Organisationsform. Sind zwei Führungslinien vorhanden, handelt es sich um eine Matrixorganisation.

Häufig agiert ein Unternehmen nicht allein, sondern sucht in Form von Kooperationen oder Konzentrationen den Zusammenschluss zu anderen Betrieben. Dabei sind verschiedene Intensitäten – von der einfachen Kooperation bis zur Fusion – denkbar. Die Wettbewerbskommission wacht darüber, dass die Zusammenarbeit den freien Wettbewerb nicht zu stark einschränkt.

Organisation 7

SCHLÜSSELBEGRIFFE

- Ablauforganisation
- Abteilung
- Aufbauorganisation
- Aufgaben
- Costcenter
- Fusion
- Holding
- Instanz
- Joint Venture
- Kartelle
- Kompetenzen
- Konzentration
- Konzern
- Kooperation
- Organisation
  - Einlinienorganisation
  - Divisionale Organisation (Spartenorganisation)
  - Funktionale Organisation
  - Matrixorganisation
  - Mehrlinienorganisation
  - Stab-Linien-Organisation
  - Tensororganisation
- Profitcenter
- Stelle
  - Linienstelle
  - Stabsstelle
- Verantwortung

→ Eine Definition der Schlüsselbegriffe finden Sie im Glossar.

QUELLEN UND WEITERFÜHRENDE LITERATUR

Hugentobler, Walter / Schaufelbühl, Karl / Blattner, Matthias: **Integrale Betriebswirtschaftslehre**, 5. Auflage, Zürich 2013

REPETITIONSFRAGEN KAPITEL 7

1. Sie sind dazu erwählt worden, zusammen mit einer Kollegin und einem Kollegen eine Klassenreise zu organisieren. Wie sieht die Ablauf- und Aufbauorganisation in ihrem Team aus?

2. Erstellen Sie eine fiktive Stellenbeschreibung für einen Kassierer an der Kinokasse.

3. Erstellen Sie eine fiktive Stellenbeschreibung für die Schulleiterin oder den Schulleiter Ihrer Schule.

4. Beschreiben Sie das abgebildete Organigramm von ABB. Welche Elemente aus dem Kapitel erkennen Sie wieder? Welche Elemente wurden in dieser Darstellung vernachlässigt? Wie beurteilen Sie die Eignung der gewählten Struktur für die ABB?

5. Suchen Sie sich im Internet je ein Beispiel einer funktionalen Organisation, einer divisionalen Organisation und einer Matrixorganisation. Vergleichen Sie diese Beispiele mit den Beispielen aus dem Buch. Was ist anders? Warum entschieden sich die ausgewählten Unternehmen für die jeweilige Struktur?

6. Das Unternehmen Elexapp beschäftigt rund 150 Mitarbeitende und produziert verschiedene Haushaltsgeräte: Kaffeemaschinen, Staubsauger, Bügeleisen, Mikrowellengeräte. Der Geschäftsleiter hat einen Assistenten. Funktionen, die berücksichtigt werden sollen, sind: Einkauf, Produktion, Verkauf, Verwaltung mit Rechnungswesen und Personalwesen.
   a) Bisher hatte die Elexapp eine funktionale Organisationsstruktur. Zeichnen Sie diese nach den Ihnen bekannten Angaben.
   b) Da die Elexapp stetig wächst, überlegt sie sich, ob nicht eine divisionale Organisationsstruktur geeigneter wäre. Erstellen Sie aus den Angaben eine divisionale Organisationsstruktur.
   c) Beraten Sie die Elexapp: Wägen Sie die Vor- und Nachteile der beiden Strukturen für die Elexapp ab und geben Sie dem Geschäftsleiter eine begründete Empfehlung für eine dieser Organisationsformen.

7. Erstellen Sie eine Tabelle mit Ihnen bekannten Unternehmenszusammenschlüssen und beurteilen Sie deren Vor- und Nachteile sowohl aus betriebswirtschaftlicher als auch aus volkswirtschaftlicher Sicht.

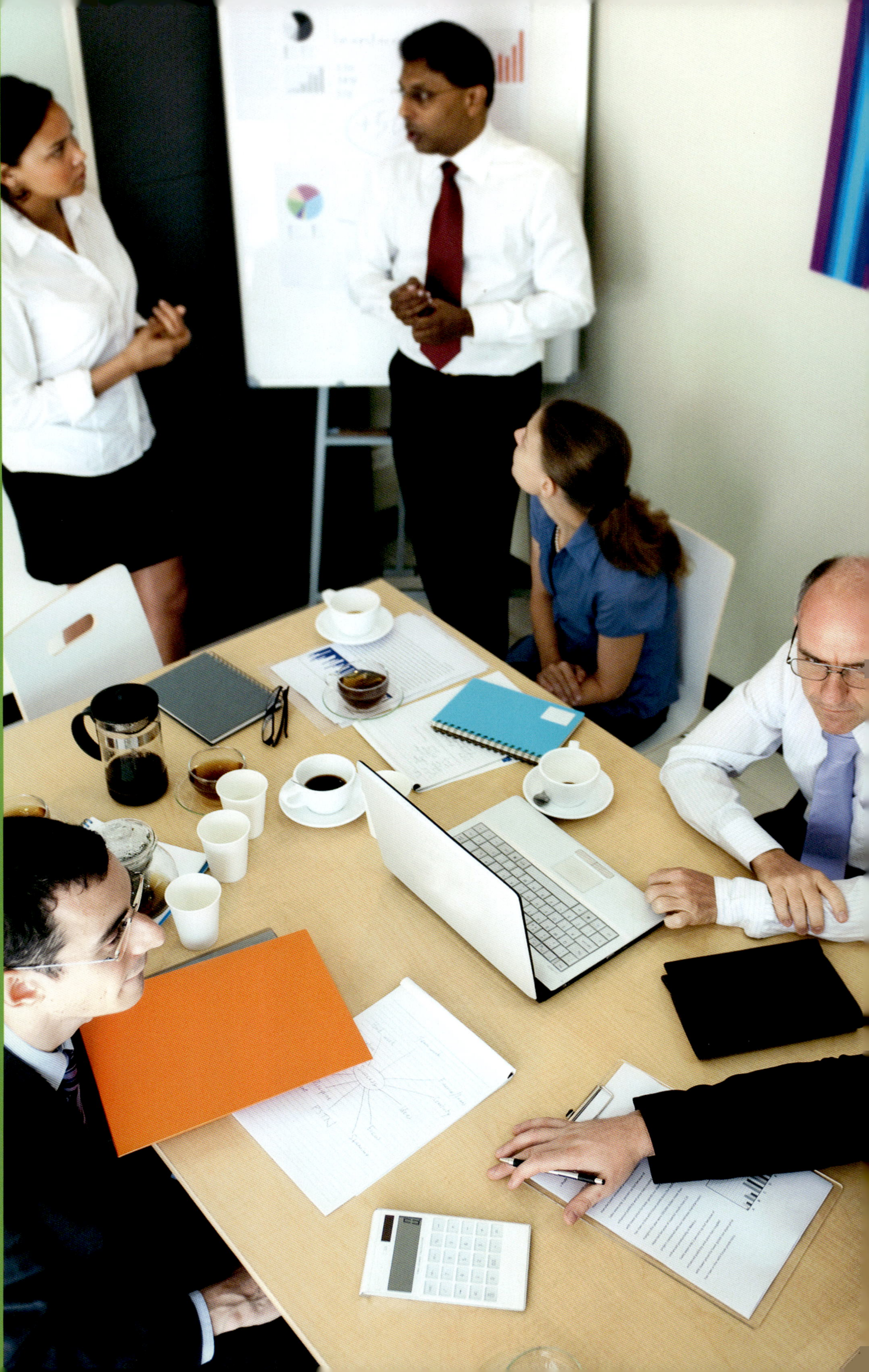

Personal

8

8.1	Grundlagen des Personalmanagements	181
8.2	Personalbedarf und Personalrekrutierung	184
8.3	Personalbeurteilung und Personalentwicklung	186
8.4	Personalerhaltung	188
8.5	Personalaustritt	193

«Die richtigen Leute einzustellen, ist das Beste was ein Manager tun kann.»

Lee Iacocca (*1924), Manager in der Automobilindustrie

LERNZIELE

Nachdem Sie dieses Kapitel gelesen haben, können Sie …

… das Personalkonzept nach Thom erklären.

… den Inhalt der einzelnen Prozess- und Querschnittsfunktionen grob beschreiben.

… die wichtigsten Beurteilungsfaktoren und Methoden der Personalauswahl schildern.

… erklären, was es bei der Personalbeurteilung zu beachten gibt und zu welchem Zweck das Mitarbeitergespräch dient.

… verschiedene Anreize nennen und deren Bedeutung für die Mitarbeitermotivation erläutern.

… erklären, was der Verdrängungseffekt ist.

… die Motivationstheorien nach Herzberg und Porter und Lawler erläutern.

… verschiedene Arbeitszeitmodelle und Lohnformen kurz erklären und deren Eignung nach Tätigkeiten kritisch beurteilen.

… die verschiedenen Formen von Arbeitszeugnissen unterscheiden.

Personal

8.1 Grundlagen des Personalmanagements

Das Personalmanagement wird auch als Personalwirtschaft, Personalwesen oder englisch Human Resource Management (Abkürzung: HRM) bezeichnet und entspricht dem Teil der Betriebswirtschaft, der sich mit den arbeitenden Menschen und damit mit den personellen und sozialen Aufgaben in einem Unternehmen befasst. Dazu gehören z. B. die Personalrekrutierung, die Personalentwicklung, der Personaleinsatz und der Personalaustritt.

Ziele des Personalmanagements sind:

- hohe Leistungsfähigkeit, Arbeitsqualität und Effizienz durch zufriedene Mitarbeiterinnen und Mitarbeiter sowie weniger Personalgewinnungskosten durch langfristige Bindung von gut qualifizierten Arbeitskräften (wirtschaftliche Ziele),
- gute Bedingungen am Arbeitsplatz und eine angenehme Arbeitsatmosphäre (soziale Ziele),
- hohe Zufriedenheit, gute Entwicklungs- und Entfaltungsmöglichkeiten für die einzelnen Angestellten (individuelle Ziele).

Aufgaben des Personalmanagements

Um die diversen Aufgaben und Funktionen des Personalmanagements zu beschreiben, wird im Folgenden das strategische Personalmanagement vorgestellt, das auf Norbert Thom beruht, dem ehemaligen Direktor des Instituts für Organisation und Personal an der Universität Bern. Sein Modell bezieht sich auf die Unternehmensstrategie *(vgl. Kapitel 3)* und befasst sich mit der Planung, Durchführung und Steuerung sämtlicher Funktionen im Zusammenhang mit dem Personal. Wie beim Modell «Unternehmen als System» *(vgl. Kapitel 2, S. 43)* gibt es auch hier Prozess- und Querschnittsfunktionen.

Strategisches Personalmanagement

PERSONALMANAGEMENT

Strategisches Personalmanagement (Metafunktion)

Querschnittsfunktionen	Prozessfunktionen
Personalcontrolling	Personalbedarfsplanung
Personalmarketing	Personalgewinnung
Personalinformation	Personalentwicklung
	Personaleinsatz
	Personalerhaltung und Motivation
Organisation des Personalmanagements	Personalaustritt

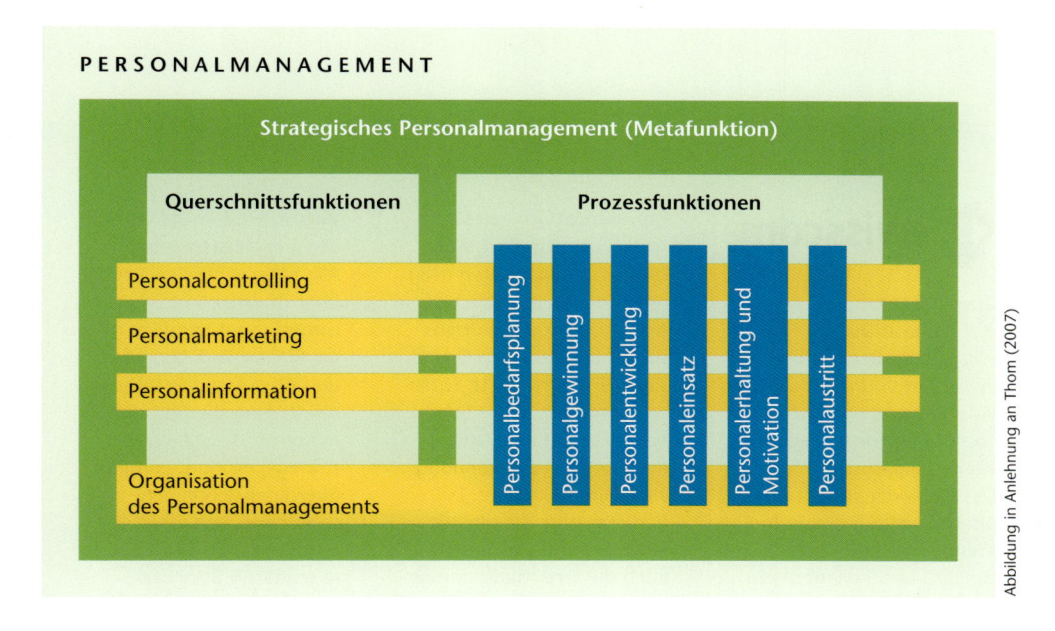

Abbildung in Anlehnung an Thom (2007)

Unternehmensbereiche

Prozessfunktionen

Die Prozessfunktionen folgen soweit möglich dem Turnus einer Mitarbeiterin oder eines Mitarbeiters im Unternehmen, von der Personalsuche bis zum Austritt:

- Die **Personalbedarfsplanung** umfasst die Ermittlung des Personals, das zur Aufgabenerfüllung erforderlich ist, nach Art, Anzahl, Zeitpunkt und Dauer sowie Einsatzort (*vgl. Kapitel 8.2*). Beispielsweise braucht das Unternehmen für die Produktion des neuen Schokoriegels fünf neue Mitarbeitende für die neu erstellte Produktionsstrasse.
- Die **Personalgewinnung** dient der Gewinnung von Personal zur Beseitigung einer personellen Unterkapazität in qualitativer, quantitativer, zeitlicher und örtlicher Hinsicht (*vgl. Kapitel 8.2*). Hierunter fallen alle Fragen von der Gestaltung des Inserats zur Personalsuche bis zum Einstellungsgespräch mit geeigneten Kandidatinnen und Kandidaten. Je nach Art der Stelle werden dabei auch psychologische Instrumente wie Beobachtungssituationen (z. B. Assessment-Center) zu Hilfe genommen.
- Die **Personalentwicklung** umfasst alle notwendigen Schulungen und Weiterbildungen der Mitarbeitenden (*vgl. Kapitel 8.3*). Diese können der Beseitigung von Wissenslücken (fehlende Kenntnisse) oder auch der stetigen Weiterentwicklung (z. B. bei technischem Fortschritt, neuer Software) dienen.
- Der **Personaleinsatz** hat zum Ziel, die Mitarbeitenden den geeigneten Arbeitsplätzen zuzuweisen (z. B. wer an welcher Maschine arbeitet) sowie die Mitarbeitenden in den Arbeitsprozess einzugliedern (z. B. wer die neue Mitarbeiterin am ersten Arbeitstag begrüsst, wer dem neuen Mitarbeiter zeigt, was er zu tun hat).
- Die **Personalerhaltung und Motivation** soll sicherstellen, dass sich der Mitarbeitende wohlfühlt und seine Arbeit gerne bzw. im Sinne des Unternehmens gut erfüllt (*vgl. Kapitel 8.4*). Dazu werden den Mitarbeitenden verschiedene Anreize geboten (z. B. hoher Lohn, Firmenwagen, Möglichkeiten zu unbezahltem Urlaub).
- Der **Personalaustritt** schliesslich befasst sich mit dem Weggang von Mitarbeitenden aus dem Unternehmen (*vgl. Kapitel 8.5*). Der Weggang erfolgt freiwillig (Kündigung des Mitarbeitenden selbst), altersbedingt (Pensionierung) oder krankheitsbedingt (vorzeitige Pensionierung) oder kann auch vom Unternehmen verlangt werden (Kündigung durch den Arbeitgeber).

ARBEITGEBER SWISSCOM

UNSERE WELT – ARBEITEN BEI SWISSCOM

Life Balance: Arbeiten individuell gestalten
Swisscom fördert die gesunde Balance zwischen Arbeit und Privatleben, damit Du langfristig leistungsfähig und motiviert bleibst. Mit modernen Arbeitsmodellen wie zum Beispiel flexiblen Arbeitszeiten, Teilzeitarbeit und Home Office unterstützen wir Dich in Deiner individuellen Lebenssituation.

Zusammenarbeit: Auf Du und Du
Alle Mitarbeitenden bei Swisscom sind per Du. Vom Lernenden bis zur Top Managerin begegnen wir uns auf Augenhöhe. Das Du widerspiegelt unsere offene, vertrauenswürdige Kultur, in der wir auf Gleichstellung und Kollaboration Wert legen.

Kompensation: Faire Anstellungsbedingungen
Unser Gesamtarbeitsvertrag regelt die fortschrittlichen Arbeitsbedingungen transparent und legt den Grundstein für eine gelebte Sozialpartnerschaft. Unser Lohnsystem bietet eine faire, marktgerechte Entlöhnung aller Mitarbeitenden. Es berücksichtigt sowohl die individuelle Leistung wie auch die Erreichung gemeinsamer Ziele.

Vorsorge: Vorbildliche Vorsorgeleistungen
Alle Mitarbeitenden sind über die unabhängige Vorsorgestiftung comPlan gegen die Risiken Tod, Invalidität und Alter versichert. Dank solider Finanzierung und risikobewusster Anlagestrategie erbringt comPlan überdurchschnittliche Leistungen und erhält in unabhängigen Bewertungen regelmässig Bestnoten.

Personal

Die Querschnittsfunktionen übernehmen unterstützende Aufgaben für die Prozessfunktionen und weisen einen funktionsübergreifenden Charakter auf:

Querschnittsfunktionen

- Das **Personalcontrolling** übernimmt die Aufgaben der Planung, Steuerung, Kontrolle und Information aller personalwirtschaftlichen Funktionen. Das Personalcontrolling ermittelt beispielsweise, wie teuer die Neubesetzung einer Stelle wird, indem es die Kosten der Inserate, der Vorstellungsgespräche, der Löhne der involvierten Mitarbeitenden (z. B. des Personalchefs) sowie der notwendigen Weiterbildungskurse der einzustellenden Person berechnet.
- Das **Personalmarketing** befasst sich hauptsächlich mit der Gestaltung der Suche von neuen Mitarbeitenden. Dazu gehört z. B. die Gestaltung der Stellenausschreibung oder die Beschreibung des Unternehmens im Inserat. Der Arbeitsplatz und sein gesamtes Umfeld werden als «Produkt», die potenziellen neuen Mitarbeitenden werden als «Kundinnen und Kunden» betrachtet.
- Die **Personalinformation** dient der Versorgung der Entscheidungsträger mit relevanten personalwirtschaftlichen Informationen (z. B. Lohnabrechnungsnummern, Geburtstag der Mitarbeitenden) und sorgt zudem dafür, dass die Mitarbeitenden den zur Aufgabenerfüllung erforderlichen Informationsstand erhalten (z. B. Infos über Krankheit des Untergebenen, Ergebnisse der Mitarbeiterbeurteilungen).
- Die **Organisation des Personalmanagements** befasst sich mit der Einordnung des Personalmanagements in die Rahmenstruktur der Organisation und mit aufbau- und ablauforganisatorischen Fragen, z. B. ob es in jeder Abteilung eine Ansprechperson für Personalfragen gibt oder ob eine Personalstelle im gesamten Unternehmen dafür verantwortlich ist. Zudem übernimmt sie die Koordination zwischen den verschiedenen Aufgabenträgern im Personalmanagement (z. B. Führungskräfte, interne und externe Personalspezialisten).

Benefits: Weitere Vorteile
Zu den Fringe Benefits gehören nicht nur Vorzugspreise auf unsere Angebote, sondern auch Vergünstigungen für Bahnreisen oder Unterstützung bei familienergänzender Kinderbetreuung. Zudem bieten wir überdurchschnittliche Sozialleistungen. In unseren Personalrestaurants kannst Du Dich gesund und zu vorteilhaften Preisen verpflegen.

Gesundheit: Prävention und Eigeninitiative
Regelmässige Bewegung, gezielte Entspannung und eine gesunde Ernährung sind die Voraussetzungen für eine gute Life Balance. Mit MOVE!, dem Präventions- und Freizeitprogramm von Mitarbeitenden für Mitarbeitende, Fitness- und Relaxräumen sowie gratis Früchten im Frühjahr und Herbst unterstützen wir gesundheitsfördernde Aktivitäten.

Soziales: Wir sind für Dich da
Unser interner Sozialdienst ist neutraler Ansprechpartner in allen Lebenslagen und zur Entlastung in heiklen Situationen. Alle Mitarbeitenden können sich jederzeit vertraulich und unentgeltlich zu Problemen in Familie und Partnerschaft, Problemen am Arbeitsplatz (Mobbing, sexuelle Belästigung, Diskriminierung), bei Krankheitsfällen oder finanziellen Engpässen beraten lassen.

Quelle: Swisscom AG, 1/2015

8.2 Personalbedarf und Personalrekrutierung

Aufgrund der geplanten Marktleistung nach Menge und Qualität kann in der Personalbedarfsplanung festgehalten werden, wie viele Mitarbeitende mit welchen Qualifikationen benötigt werden (zeitlich und örtlich). Werden mehr Personen oder Mitarbeitende mit anderen Qualifikationen benötigt, als aktuell beschäftigt sind, muss entsprechendes Personal gesucht werden. Möglicherweise können mit Weiterbildungen die notwendigen Qualifikationen beim bestehenden Personal aufgebaut werden. Liegt der umgekehrte Fall vor, dass zukünftig weniger Personal benötigt wird, müssen Beschäftigte freigestellt werden.

Stellenbeschreibungen

Als Grundlage für die Personalbedarfsplanung dienen Stellenbeschreibungen, die klar ersichtlich machen, welche Tätigkeiten und Arbeitsschritte, aber auch welche Kompetenzen und Verantwortungen eine Stelle umfasst *(vgl. Kapitel 7.3, S. 163)*.

Personalauswahl

Das Beurteilungs- und Auswahlverfahren dient folgenden Abklärungen:
- Leistungsfähigkeit: Die Fähigkeiten der Bewerberin bzw. des Bewerbers müssen mit den Anforderungen an die Stelle übereinstimmen; das Anforderungsprofil wird mit dem Fähigkeitsprofil verglichen.
- Leistungswille: Es wird abgeklärt, ob die Bewerberin bzw. der Bewerber tatsächlich gewillt ist, die verlangten Leistungen zu erbringen, und damit den Erwartungen des Unternehmens gerecht wird.
- Entwicklungsmöglichkeiten: Anforderungen und Qualifikationen stimmen in den seltensten Fällen genau überein. Daher muss abgeklärt werden, welche Aus- und Weiterbildungsmassnahmen nötig sind.
- Leistungspotenzial: Ebenso soll abgeklärt werden, inwiefern der Bewerber oder die Bewerberin später für andere Funktionen mit erhöhten Anforderungen (z. B. Führungsaufgaben) infrage kommt.

Zur Abklärung dieser Faktoren stehen verschiedene Methoden zur Verfügung, die im Folgenden vorgestellt werden.

Methoden der Personalauswahl

Bewerbungsunterlagen

Die Bewerbungsunterlagen dienen der Vorselektion und vermitteln einen ersten Eindruck der Bewerberinnen und Bewerber. Wie ist der Bewerbungsbrief verfasst? Passt der Lebenslauf auf die gesuchte Stelle? Wie wirkt das Foto? Was sagen die Arbeits- und Schulzeugnisse aus?

Interview

Das Interview, auch Vorstellungsgespräch oder Bewerbungsgespräch genannt, dient einem ersten persönlichen Informationsaustausch und ist in der Regel der zweite Schritt der Vorselektion. Das Gespräch hat zum Ziel, sich gegenseitig kennenzulernen, das Unternehmen vorzustellen, Vorstellungen und Anforderungen zu präzisieren und offene Fragen zu klären. Das Interview ist oft der entscheidende Schritt innerhalb eines Personalauswahlverfahrens. Der Bewerber kann sich entscheiden, ob er die Bewerbung aufrechterhalten oder zurückziehen will. Das Unternehmen kann sich über Einstellung oder Ablehnung des Bewerbers entscheiden. In den meisten Fällen wird das Bewerbungsgespräch mithilfe eines Leitfadens mit einer klaren Ablaufstruktur und schriftlich vorbereiteten Fragen geführt; zudem werden Beobachtungen und wichtige Aussagen protokolliert. Dies erleichtert den Vergleich zwischen den verschiedenen Kandidatinnen und Kandidaten.

In einzelnen Unternehmen werden bei der Personalrekrutierung zusätzliche Auswahlinstrumente wie Intelligenztests, Leistungstests oder Persönlichkeitstests eingesetzt. Bei solchen Abklärungsmethoden muss aber berücksichtigt werden, dass Testsituationen nicht den realen Gegebenheiten entsprechen und die Resultate schwierig zu interpretieren sind. Daher sollten Tests jeweils nur ein Element des gesamten Auswahlverfahrens bilden.

Testverfahren

Das Assessment-Center (AC) ist ein psychologisches Instrument zur Beurteilung der fachlichen, sozialen und persönlichen Kompetenzen der Bewerberinnen und Bewerber. In einem standardisierten Verfahren müssen diese unter der Beobachtung von Vorgesetzten, externen Beratungspersonen und Psychologen verschiedene Aufgaben lösen. In der Regel dauert ein AC-Verfahren zwei bis drei Tage und umfasst Interviews, Fallstudien, Gruppendiskussionen, Präsentations- und Moderationsaufgaben sowie Rollenspiele. Vorteile des Assessment-Center sind der systematische Ablauf, die Möglichkeit der direkten Beobachtung, der Einsatz von mehreren Beobachtungspersonen und die Möglichkeit des direkten Vergleichs zwischen den Bewerbern. Nachteilig ist, dass das Assessment-Center sehr kosten- und zeitaufwendig ist.

Assessment-Center

Das Vorstellungsgespräch ist meist der wichtigste Schritt bei der Personalauswahl.

8.3 Personalbeurteilung und Personalentwicklung

Subjektivität

Die Beurteilung von Leistung und Verhalten ist eine anspruchsvolle Aufgabe. Wer Menschen beurteilt, muss sich bewusst sein, dass es sich um eine subjektive Einschätzung handelt und sich Beurteilungsfehler niemals völlig verhindern lassen. Häufige Ursachen von Fehleinschätzungen sind Vorurteile, Sympathie und Abneigung, unterschiedliche Erwartungen und Bezugsnormen sowie selektive Wahrnehmung.

Beurteilungsbogen

Die Subjektivität der Mitarbeiterbeurteilung lässt sich zu einem gewissen Teil abschwächen, indem ein standardisierter Beurteilungsbogen verwendet wird. Darauf sind die zu beurteilenden Bereiche, die Qualitätsmerkmale und eine Bewertung vermerkt. Zudem müssen die Führungskräfte darin geschult werden, wie, wann und in welchen Situationen sie die Mitarbeitenden beobachten und beurteilen, und auch, wie Mitarbeitergespräche geführt werden.

Das Mitarbeitergespräch

Die Führungskraft unternimmt die Beurteilung des Mitarbeitenden nicht bloss für sich selbst. Sie kommuniziert und bespricht die Beurteilung mit dem Mitarbeitenden, und zwar im Rahmen eines Mitarbeitergesprächs (Abkürzung: MAG). In diesem Gespräch erhält der Mitarbeitende ein umfassendes Feedback. Gemeinsam besprechen Führungskraft und Mitarbeiter das vergangene Arbeitsjahr, analysieren die aktuelle Situation (Gegenwart) und formulieren Ziele (Zukunft). Das Gespräch kann folgende Themenbereiche und Leitfragen beinhalten:

INHALT MITARBEITERGESPRÄCH

Arbeit (Fachkompetenz)	Was gelang Ihnen gut? Was weniger gut? Was sind Ihre Stärken? Welches Ihre Herausforderungen? In welchen Bereichen fühlen Sie sich sicher? In welchen Bereichen fühlen Sie sich weniger sicher?
Zielerreichung (Selbstkompetenz)	Welche Ziele haben Sie erreicht? Mit welchen Massnahmen? Welche Ziele haben Sie nicht erreicht? Gründe?
Zusammenarbeit und Beziehungen (Sozialkompetenz)	Wie ist Ihre Beziehung zu den Kundinnen und Kunden? Wie ist Ihre Beziehung zu den Kolleginnen und Kollegen? Wie sind Ihre Beziehungen zu anderen Anspruchsgruppen? Was ist Ihr Beitrag zu einer guten Zusammenarbeit?
Rahmenbedingungen	Wie empfinden Sie das Arbeitsklima? Was gefällt Ihnen gut? Was weniger gut? Was ist für Sie förderlich? Was eher hinderlich? Was möchten Sie ändern?
Zukunft	Wo sehen Sie sich in ein paar Jahren? Welches sind Ihre Pläne? Was möchten Sie noch erreichen? In welchen Bereichen möchten Sie sich noch stärker entwickeln?
Ziele	Welche sind Ihre Ziele für das kommende Jahr? Was tun Sie, um diese Ziele zu erreichen (konkrete Massnahmen)?
Weiterbildung	Welche Weiterbildungen haben Sie in den letzten Jahren besucht? Welche Kurse möchten Sie zukünftig besuchen?

Das Gespräch wird in der Regel nach einem standardisierten Ablauf und auf der Grundlage eines einheitlichen MAG-Protokolls durchgeführt. Darauf sind die wesentlichen Gesprächsinhalte und Fragestellungen festgehalten. Der MAG-Bogen sollte allen Angestellten frühzeitig zur Verfügung stehen und dient zur Vorbereitung auf das Gespräch.
MAG-Protokoll

Obwohl das Mitarbeitergespräch durch die Standardisierung eine formelle Form hat, soll es in einer persönlichen und vertrauensvollen Atmosphäre stattfinden. Die Herausforderung besteht darin, das Gleichgewicht zwischen einem standardisierten und einem persönlichen Gespräch zu finden. Wichtig ist zudem, dass das Gespräch ungestört verläuft und dass genügend Zeit zur Verfügung steht.
Gesprächsatmosphäre

Anlässlich des MAG werden Ziele für das kommende Arbeitsjahr festgelegt. Die Zielerreichung wird im nächsten MAG überprüft. Mögliche Ziele sind erwünschte oder verlangte Endzustände im Bereich des Wissens, Könnens und Verhaltens. Bei der Formulierung muss darauf geachtet werden, dass die Ziele klar, konkret und überprüfbar sind.
Zielvereinbarungen

Personalentwicklung

Im Rahmen der Personalbeurteilung und des MAG wird entschieden, welche Entwicklungsmassnahmen sinnvoll sind. Möglich sind zum Beispiel Personalentwicklungsmassnahmen, wie Weiterbildung und Coaching, oder ein Assessment-Center für die Abklärung der Aufstiegseignung. Von der Personalentwicklung profitieren sowohl das Unternehmen als auch die Angestellten: Das Unternehmen kann damit die Motivation seiner Mitarbeitenden steigern und deren Fähigkeiten an die aktuellen und bevorstehenden Anforderungen anpassen; die Mitarbeitenden können sich persönlich weiterentwickeln und neue Fähigkeiten erlangen, die sie auch privat oder später an einer anderen Arbeitsstelle anwenden können.
Entwicklungsmassnahmen

Die Personalentwicklung hat in unserer schnelllebigen Gesellschaft an Bedeutung gewonnen. Die Anforderungen an die Mitarbeitenden ändern sich fortlaufend. Kaum jemand verbringt heute noch ein ganzes Arbeitsleben in derselben Position oder beim selben Unternehmen. Der einzige feste Wert ist die Notwendigkeit, lebenslang zu lernen und sich weiterzubilden, um den sich wechselnden Ansprüchen gerecht zu werden.
Lebenslanges Lernen

8.4 Personalerhaltung

Die Personalerhaltung zählt zu den wichtigsten Aufgaben einer Führungsperson. Doch langfristig motivieren kann nur, wer selber motiviert ist. Ein stets motivierter und motivierender Chef kann sich jedoch auch negativ auf die Leistung der Mitarbeitenden auswirken. Es gilt also, eine gesunde Balance zwischen (Über-)Motivation und Zurückhaltung zu bewahren. Um die Angestellten zu motivieren, braucht es verschiedene Anreize. Diese lernen Sie im Folgenden kennen.

Anreizstrukturen

Anreize lassen sich entweder der intrinisischen oder deer extrinisischen Motivation zuordnen.

Intrinsische Motivation Zur intrinsischen Motivation gehören Anreize, die aus dem «Innern» kommen, d. h. aus der Freude an der Arbeit oder aus der Person des Mitarbeitenden selbst. Dazu gehören z. B. das Interesse des Mitarbeitenden an seiner Aufgabe, die Komplexität der Aufgabe, die Abwechslung, welche die Tätigkeit mit sich bringt, der Tätigkeitsspielraum, die damit verbundenen Kompetenzen.

Extrinsische Motivation Zur extrinsischen Motivation gehören Anreize, die von «aussen» gesetzt werden. Diese können unterteilt werden in materielle und immaterielle Anreize.

Zu den materiellen Anreizen gehört die Entlöhnung im weiteren Sinne, die sich je nach Entlöhnungsmodell (z. B. mit Leistungslohnanteil) aus dem Lohn und indirekten finanziellen Anreizen (z. B. Fringe Benefits wie GA- oder Fitness-Abonnements) zusammensetzt.

Zu den immateriellen Anreizen werden organisatorische (in der Organisation der Arbeit liegende) und soziale Anreize (in der Zusammenarbeit mit Mitarbeitenden liegende) gezählt.

ANREIZSTRUKTUR

Extrinsische Motivation				Intrinsische Motivation
Materielle Anreize		Immaterielle Anreize		
Finanzielle Anreize				
Direkte finanzielle Anreize	Indirekte finanzielle Anreize	Soziale Anreize	Institutionelle Anreize	Die Arbeit selbst
Lohn und Gehalt, Prämien	Alle geldwerten Anreize, die unabhängig von der Arbeitsleistung freiwillig von der Institution erbracht werden	Gruppenmitgliedschaft, Führungsstil, Kooperation mit Kolleginnen und Kollegen, Kommunikation usw.	Unternehmensstandort, -kultur, Arbeitszeitregelungen, Entwicklungsmöglichkeiten, Arbeitsplatzsicherheit usw.	Arbeitsinhalt, Tätigkeitsspielraum, Arbeitsvielfalt, Entwicklungsmöglichkeiten

Abbildung in Anlehnung an Bayard (1997)

Personal

Was jemanden motiviert, etwas zu tun, ist sehr unterschiedlich. So sind auch die Motivationsgründe bei Mitarbeitenden sehr unterschiedlich und abhängig von ihrer Ausbildung, ihrer Erfahrung, der Branchenzugehörigkeit, ihrem Geschlecht, ihrem Alter und ihrem persönlichen Hintergrund (z. B. Familie, Freundeskreis).

Von aussen kommende, extrinsische Anreize können die intrinsische Motivation negativ beeinflussen. Wird Lernenden beispielsweise eine Belohnung für geschriebene Schularbeiten geboten, werden sie Schularbeiten zukünftig nur noch gegen Belohnung machen – und nicht mehr aus dem ursprünglich noch vorhandenen Interesse am Fach. Es tritt ein Verdrängungseffekt auf: Die extrinsische Motivation verdrängt die intrinsische Motivation.

Verdrängungseffekt

Motivationstheorien

Doch welcher Anreiz ist nun am wichtigsten? Ist die Höhe des Lohns das Einzige, was zählt? Oder spielt auch die innere Motivation eine wichtige Rolle? Der amerikanische Psychologe Frederick Herzberg (1923–2000) hat die Faktoren untersucht, die zur Steigerung der Arbeitszufriedenheit beitragen. Dabei unterscheidet er zwischen Motivatoren und Hygienefaktoren.

Die Motivatoren entsprechen der eigenen inneren Motivation, also der intrinsischen Motivation. Diese Motivatoren, z. B. die Verantwortung, sind bei der Arbeit sehr wichtig, denn sie entscheiden darüber, ob die Mitarbeitenden mit ihrer Stelle zufrieden sind. Als Hygienefaktoren bezeichnet Herzberg die Faktoren, welche die extrinsische Motivation steigern, also etwa der Lohn, der Führungsstil oder der Status. Diese Hygienefaktoren haben einen weit geringeren Einfluss auf das Wohlbefinden der Arbeitnehmenden als die Motivatoren. Es löst zwar Unzufriedenheit aus, wenn die Hygienefaktoren nicht vorhanden sind (daher werden sie auch Frustratoren genannt); sind sie vorhanden, ist dies aber keine Garantie dafür, dass die Mitarbeitenden zufrieden und motiviert sind.

Motivatoren und Hygienefaktoren

Allein mehr Lohn macht eine Mitarbeiterin mit fehlender innerer Motivation also nicht zufrieden. Sie wird erst mit ihrer Stelle glücklich sein, wenn ihr die Arbeit gefällt und sie genügend Anerkennung und Verantwortung erhält. Umgekehrt kann aber bei einem motivierten Mitarbeiter ein zu tiefer Lohn zu Unzufriedenheit führen.

Arbeitsinhalt und Lohn müssen stimmen, damit die Mitarbeitenden zufrieden sind.

Unternehmensbereiche

MOTIVATOREN UND HYGIENEFAKTOREN

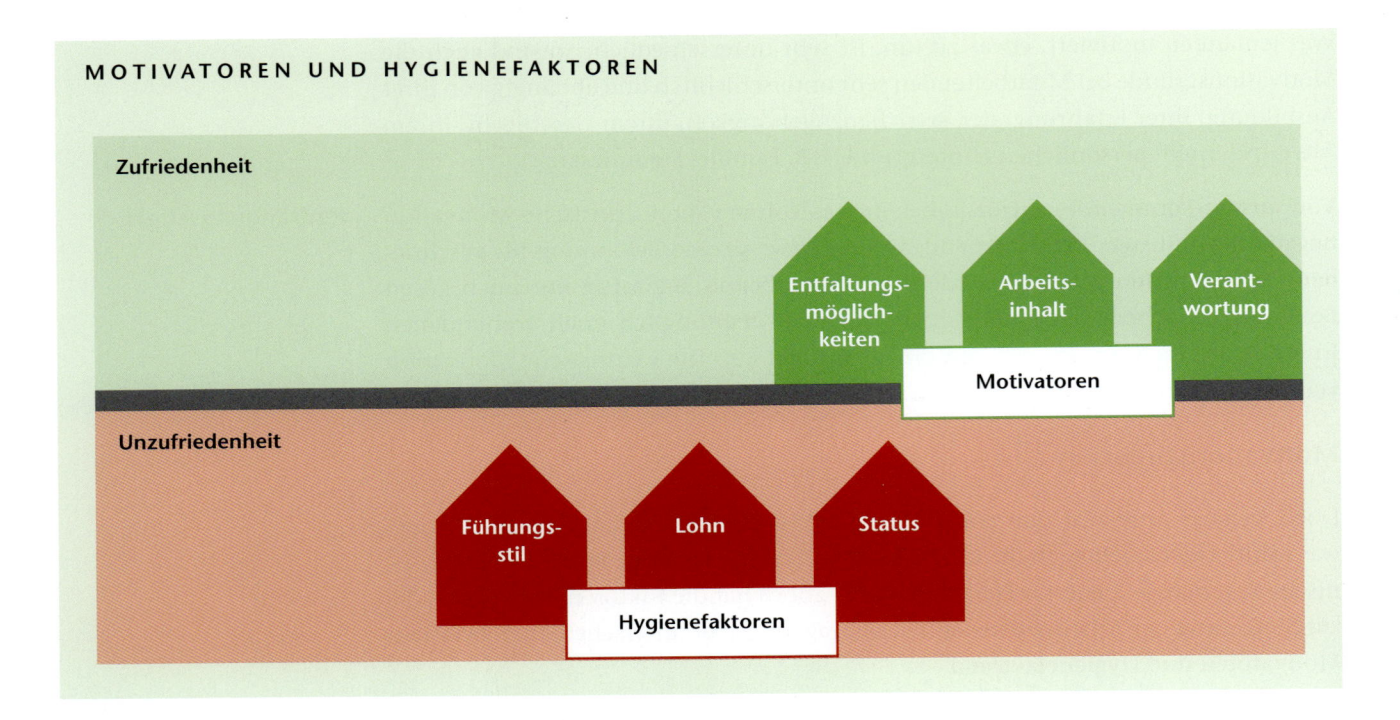

Zufriedenheit

Entfaltungsmöglichkeiten | Arbeitsinhalt | Verantwortung

Motivatoren

Unzufriedenheit

Führungsstil | Lohn | Status

Hygienefaktoren

Porter und Lawler

Das Prozessmodell nach Lyman Porter und Edward Lawler versucht, den Motivationsprozess mit all seinen relevanten Komponenten darzustellen, indem Leistung und Zufriedenheit als ein mehrfach zurückgekoppeltes System aufgezeigt werden. Leistung bewirkt sowohl intrinsische Belohnung, wie z. B. das Empfinden eines Erfolgserlebnisses, als auch extrinsische Belohnung, wie z. B. die leistungsabhängige Entlöhnung. Je nach Persönlichkeit und Rollenwahrnehmung der betroffenen Person empfindet sie diese Entlöhnung unterschiedlich (positiv und negativ) und entwickelt so eine Leistungs- bzw. Belohnungserwartung, die anschliessend ihr Leistungsverhalten mitbestimmt.

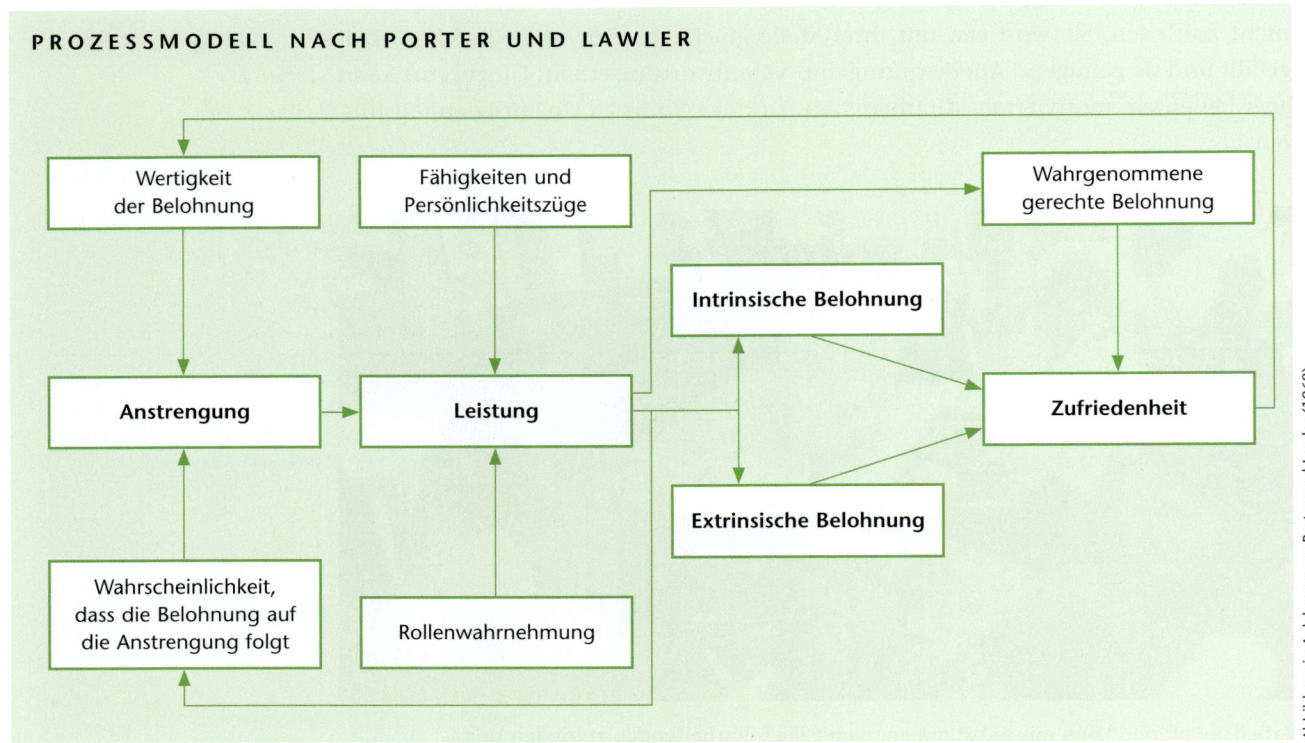

PROZESSMODELL NACH PORTER UND LAWLER

Wertigkeit der Belohnung → Anstrengung → Leistung → Intrinsische Belohnung / Extrinsische Belohnung → Wahrgenommene gerechte Belohnung → Zufriedenheit

Fähigkeiten und Persönlichkeitszüge → Leistung

Wahrscheinlichkeit, dass die Belohnung auf die Anstrengung folgt

Rollenwahrnehmung

Abbildung in Anlehnung an Porter und Lawler (1968)

Personal

Arbeitszeitmodelle

Als Arbeitszeit bezeichnet man die Zeit, in der sich der Mitarbeitende dem Arbeitgeber zur Verfügung stellt. Wie die unten stehende Tabelle zeigt, gibt es heute ganz verschiedene Formen von Arbeitszeiten. Lässt das verwendete Arbeitszeitmodell den Mitarbeitenden genügend Freiraum und Autonomie, z. B. für die Familie oder Freizeitgestaltung, trägt es massgeblich zur Motivation der Angestellten bei. Doch nicht jedes Arbeitszeitmodell ist für jeden Beruf bzw. jede Funktion gleich geeignet.

ÜBERSICHT ARBEITSZEITMODELLE (AUSWAHL)

Arbeitszeitmodell	Kurzbeschrieb	Kommentar
Fixierte Arbeitszeit	Der Arbeitgeber gibt die Arbeitszeit genau vor, z. B. Montag bis Freitag von 7.30 Uhr bis 12 Uhr und von 13 Uhr bis 17.30 Uhr.	Es gibt keine Flexibilität für die persönlichen Bedürfnisse der Mitarbeitenden, z. B. Kinderbetreuung.
Gleitende Arbeitszeit (GLAZ)	Der Arbeitgeber gibt die Wochen-Soll-Stunden sowie fixe Präsenzzeiten (Blockstunden) vor. Die restliche Arbeitszeit bildet die sogenannte Gleitzeit, über die die Arbeitnehmenden selbst bestimmen können.	Eine Anpassung an die persönlichen Bedürfnisse der Mitarbeitenden ist möglich; z. T. gibt es interessante Kompensationsmöglichkeiten durch den Übertrag von Zeitsaldi.
Jahresarbeitszeit (JAZ)	Vorgegeben wird eine jährliche individuelle Soll-Arbeitszeit, die sich nach der Auftragslage oder dem individuellen Bedürfnis des Mitarbeitenden richtet. Der Arbeitgeber bestimmt die Rahmenbedingungen, z. B. eine minimale monatliche Einsatzzeit.	Das Modell ermöglicht eine flexible Anpassung an die Bedürfnisse der Mitarbeitenden; zudem kann Mehrkapazität ohne Überzeitzuschläge ausgeglichen werden.
Bandbreitenmodell	In einem vordefinierten Rahmen können die Mitarbeitenden ihre wöchentliche Arbeitszeit erhöhen oder reduzieren.	Bei diesem Modell kann auf kurzfristige persönliche Verpflichtungen der Mitarbeitenden Rücksicht genommen werden.
Teilzeitarbeit	Von Teilzeitarbeit spricht man, wenn der Mitarbeitende 90 % oder weniger der Vollarbeitszeit arbeitet.	Teilzeitarbeit ermöglicht auf Seite des Arbeitgebers einen gezielten Einsatz von Spezialisten bei weniger Kosten. Auf Seite der Mitarbeitenden ergibt sich freie Zeit für andere Aufgaben und Beschäftigungen, z. B. Kinderbetreuung, Nebenerwerb oder Hobby.
Jobsharing	Jobsharing ist eine Variante der Teilzeitarbeit, bei der sich zwei oder mehrere Mitarbeitende eine Stelle teilen.	Dieses Modell stellt hohe Anforderungen an die Arbeitnehmenden bezüglich ihrer Fähigkeiten in Teamarbeit und Kommunikation.
Schichtarbeit	Bei Betriebszeiten von bis zu 24 Stunden pro Tag arbeiten die Mitarbeitenden jeweils in Schichten, z. B. in drei Schichten von jeweils acht Stunden.	Diese Arbeitszeitform birgt für die Mitarbeitenden gesundheitliche Risiken und kann das soziale Leben beeinträchtigen. In gewissen Berufen (z. B. Polizei, industrielle Produktion) ist Schichtarbeit aber unabdingbar.
Telearbeit/Homeoffice	Die Mitarbeitenden arbeiten (meist einen Teil ihrer Arbeitszeit) nicht im Unternehmen, sondern zu Hause oder an einem anderen externen Ort.	Die Mitarbeitenden sparen sich den Arbeitsweg und können z. T. auch die Arbeitszeit selbst einteilen. So können sie ihr Privatleben, z. B. familiäre Aufgaben, besser mit der Arbeit vereinbaren. Die Arbeitsform kann aber die beruflichen Karrieremöglichkeiten schmälern und die Vereinsamung fördern.

Unternehmensbereiche

Personalentlöhnung

Anforderungen an den Lohn

Als materieller Anreiz hat die Entlöhnung für Mitarbeitende einen hohen Stellenwert. Doch welcher Lohn ist gerecht? Von Arbeitgebern, Arbeitnehmenden und Personalfachpersonen werden unterschiedliche Forderungen an einen gerechten Lohn gestellt:

- Anforderungsgerechtigkeit: Der Lohn soll den Anforderungen der Tätigkeit entsprechen (z. B. leichte körperliche Arbeit, Büroarbeit).
- Leistungsgerechtigkeit: Der Lohn soll die individuelle Leistung der Mitarbeitenden widerspiegeln (z. B. Akkordlohn, Boni). Die Leistungskomponente im Lohn wird insbesondere von leistungsstarken Mitarbeitenden gewünscht.
- Soziale Gerechtigkeit: Der Lohn soll den sozialen Merkmalen der Mitarbeitenden entsprechen (z. B. Kinderzulage, Sozialversicherungsbeiträge). Diese Forderung wird vornehmlich von Mitarbeitendenseite gestellt.
- Marktorientierung: Der Lohn soll sich dem Arbeitsmarkt entsprechend gemäss Angebot und Nachfrage bei den Berufsgruppen entwickeln.
- Qualifikationsorientierung: Der Lohn soll sich nach den Qualifikationen richten, welche der Mitarbeitende aufweist.

Die wichtigste Stellung nimmt dabei die Marktorientierung ein. Angebot und Nachfrage nach Mitarbeitenden einer bestimmten Berufsgruppe entscheiden über die Lohnhöhe. Das erklärt zum Teil, weshalb Löhne für dieselbe Aufgabe nach Branchen und Regionen stark variieren können. Ebenfalls lohnrelevant sind Aspekte wie die Gefahr der Bestechlichkeit (Polizei, Steuerbeamte), die Frustrationsgrenze (z. B. Bus- und Tramchauffeure), das Image des Berufs in der Bevölkerung (z. B. Rettungssanitäter) oder schwierige und gefährliche Arbeitsbedingungen (z. B. AKW-Mitarbeitende).

Um den verschiedenen Anforderungen an gerechte Entlöhnung nachzukommen, werden in der Praxis unterschiedliche Lohnformen eingesetzt. Insbesondere bei der Entlöhnung von Führungskräften wird der Gesamtlohn modular zusammengesetzt: Grundlohn plus leistungsabhängige Komponente plus Sozialbeiträge. Der Grundlohn spiegelt dabei die Anforderungen, die Qualifikationen und den Marktwert der Tätigkeit bzw. des Stelleninhabers wider. Mit Akkordlohn, Prämien oder Boni wird die individuelle Leistung mitberücksichtigt. Der sozialen Gerechtigkeit wird in der Regel mittels Sozialleistungen Rechnung getragen.

ÜBERSICHT LOHNFORMEN

Lohnform	Bemessungsgrundlage	Kommentar
Zeitlohn	Dauer der Arbeitszeit (Stunde, Tag, Woche, Monat)	Arbeitsqualität und Arbeitsmenge fliessen nicht in die Bemessung ein.
Akkordlohn	Stücklohn; der Lohn wird in Beziehung zur produzierten Menge pro Zeiteinheit gesetzt (z. B. Anzahl eingepackter Bücher pro Arbeitstag).	Für viele Tätigkeiten nicht geeignet. Nur sinnvoll wenn: • die Menge durch den Mitarbeitenden beeinflussbar ist, • die Aufgaben repetitiv sind, • die Qualität durch Qualitätskontrollen ermittelbar und individuell zurechenbar ist.
Prämienlohn	Kombination aus einem leistungsunabhängigen Grundlohn und einer zusätzlichen leistungsabhängigen Prämie	Die Anwendung eines Prämienlohns muss gut beschrieben und in ihrer Anwendung klar sein.
Provision	In der Regel Prozentsatz vom generierten Umsatz, häufig mit einem Grundlohn kombiniert	Ist bei Mitarbeitenden im Verkauf sinnvoll.

8.5 Personalaustritt

Ein Personalaustritt ist ein wichtiger Einschnitt im Leben einer Person und oft mit Emotionen verbunden – dies vor allem, wenn es zu einer unfreiwilligen Trennung kommt. Umso mehr muss beim Trennungsverfahren auf einen klaren und fairen Rahmen geachtet werden. Dazu gehört auch das Einhalten der rechtlichen Grundlagen, so etwa der Kündigungsformen und der Kündigungsfristen.

Kündigungsgespräche zu führen, ist eine herausfordernde Aufgabe. Bei solchen «Bad-News-Gesprächen» sind folgende Grundsätze zu beachten: **Kündigungsgespräch**
- das Was, Wer, Wie, Wann, Wo frühzeitig festlegen,
- klare Botschaften in der Ich-Form,
- authentisch und ruhig bleiben,
- informieren, nicht argumentieren,
- den Emotionen Raum geben; jedoch die Situation rasch wieder versachlichen.

Das Austrittsgespräch gibt Gelegenheit, einen Rückblick vorzunehmen, offene Fragen (etwa zur Form der offiziellen Verabschiedung) zu beantworten, das Arbeitszeugnis zu übergeben und nochmals den Dank für die geleistete Arbeit auszusprechen. Inhalt, Form und Atmosphäre sind dabei stark von der Form der Kündigung, des Kündigungsgrunds und der Haltung des Austretenden abhängig.   **Austrittsgespräch**

Das Arbeitszeugnis

Ein Arbeitszeugnis ist, rechtlich gesehen, eine Urkunde und muss der Wahrheit entsprechen. Das Zeugnis dient einem neuen Arbeitgeber als Entscheidungsgrundlage und kann die berufliche Karriere stark beeinflussen. Das Verfassen eines solchen Schriftstücks ist höchst anspruchsvoll und zeitintensiv. Inhalt, Form und Sprache müssen stimmen.

Ein Kündigungsgespräch zu führen, ist eine äusserst schwierige Aufgabe.

Art. 330a OR — Die gesetzlichen Grundlagen sind im Obligationenrecht definiert: «Der Arbeitnehmer kann jederzeit vom Arbeitgeber ein Zeugnis verlangen, das sich über die Art und Dauer des Arbeitsverhältnisses sowie über die Leistungen und sein Verhalten ausspricht. Auf besonderes Verlangen des Arbeitnehmers hat sich das Zeugnis auf Angaben über Art und Dauer des Arbeitsverhältnisses zu beschränken.»

Inhalt — Ein Arbeitszeugnis macht qualifizierende Aussagen über Leistung und Verhalten des Mitarbeitenden. Das Zeugnis vermittelt ein Bild über Berufserfahrung, Arbeitsweise und Kompetenzen. Als Grundlage dient die aktuellste Personalbeurteilung. Folgende Bereiche werden beurteilt:

- Sachkompetenz: Arbeitsqualität, Wissen und Können, berufliche Erfahrung, Weiterbildung;
- Selbstkompetenz: Einsatz, Leistungsvermögen, Belastbarkeit, Verantwortung, Initiative, Selbstständigkeit;
- Sozialkompetenz: Zusammenarbeit, Verhalten, Kommunikation, Umgang mit Kritik.

Bei Mitarbeitenden mit Personalführungsaufgaben werden zudem Aussagen zur Führungskompetenz gemacht.

FORMEN DES ARBEITSZEUGNISSES

Vollzeugnis	Dieses wird am Ende einer Anstellung ausgestellt. Das Vollzeugnis wird in der Vergangenheitsform geschrieben.
Zwischenzeugnis	Ein Zwischenzeugnis wird auf Wunsch während eines ungekündigten Arbeitsverhältnisses verfasst. Mögliche Gründe: Wechsel des Vorgesetzten, längerer Arbeitsunterbruch. Der Text wird in der Gegenwartsform geschrieben.
Arbeitsbestätigung	Die Arbeitsbestätigung gibt nur über die Dauer der Anstellung und über die Funktion Auskunft. Auf eine Beurteilung von Leistung und Verhalten wird verzichtet. Die Arbeitsbestätigung wird auf spezielles Verlangen (Art. 330a Abs. 2 OR) ausgestellt, z. B. bei einer Kündigung während der Probezeit.

Ansprüche — Beim Verfassen eines Arbeitszeugnisses sind folgende Grundsätze einzuhalten:

- Wahrheit: Das Zeugnis ist sachlich, objektiv und entspricht der Wahrheit.
- Wohlwollen: Das Zeugnis ist in der Tendenz wohlwollend formuliert. Allfällige negative Beurteilungen müssen sachlich klar begründet werden.
- Vollständigkeit: Das Zeugnis bezieht sich auf die ganze Anstellungsdauer und umfasst alle Bereiche.
- Klarheit: Das Zeugnis ist inhaltlich und sprachlich klar formuliert.

Codes — Verschlüsselte Botschaften, sogenannte Codes, sind nicht statthaft. Da sie gegen das Klarheitsgebot verstossen, werden sie in der schweizerischen Rechtspraxis nicht akzeptiert. Ab und zu wird explizit darauf hingewiesen, dass das Zeugnis nicht verschlüsselt ist. («Dieses Arbeitszeugnis ist uncodiert.»)

Zur Veranschaulichung hier drei Beispiele codierter Formulierungen:

- «Wir schätzten seinen grossen Eifer.»
  (= Er war ein Streber, ohne grosse Arbeitsleistung.)
- «Sie hat sich meistens um noch bessere Vorschläge bemüht.»
  (= Sie wusste immer alles besser.)
- «Er bemühte sich stets um ein enges Verhältnis zu den Vorgesetzten.»
  (= Er war ein Einschmeichler.)

Personal

ZUSAMMENFASSUNG

Die Personalarbeit ist sehr vielschichtig. Mit unterschiedlichen Instrumenten fördert sie u.a. die Aneignung der benötigten Qualifikationen und die Motivation der Mitarbeitenden. Die Konzeption nach Thom umfasst das strategische Personalmanagement, die Prozessfunktionen und die Querschnittsfunktionen. Die Prozessfunktionen folgen dabei den Phasen, die ein Mitarbeitender im Unternehmen durchläuft, von der Einstellung bis zu seinem Weggang (Personalbedarfsplanung, Personalrekrutierung, Personalentwicklung, Personaleinsatz, Personalerhaltung, Personalaustritt). Als Querschnittsfunktionen bezeichnet Thom diejenigen Funktionen und Tätigkeiten, die der Unterstützung der Prozessfunktionen dienen (z.B. Personalinformation, Personalcontrolling).

Damit Mitarbeitende lange und effizient für ein Unternehmen arbeiten, bieten Betriebe unterschiedliche Anreize. Nicht alle Anreize motivieren Mitarbeitende gleich stark, so ist der stärkste Motivator immer noch die Arbeit selbst. Motivation lässt sich aber nicht eindeutig beobachten. Unbestritten ein wesentlicher materieller Anreiz bildet die Lohnhöhe. Mithilfe unterschiedlicher Lohnformen wird eine Annäherung an den gerechten Lohn gesucht.

SCHLÜSSELBEGRIFFE

- Anreize
  - Materielle Anreize
  - Immaterielle Anreize
  - Soziale Anreize
  - Institutionelle Anreize
- Arbeitsbestätigung
- Arbeitszeugnis
- Assessment-Center (AC)
- Beurteilungsbogen
- Fringe Benefits
- Herzbergs Zwei-Faktoren-Theorie
  - Hygienefaktoren
  - Motivatoren
- Lohnformen
  - Zeitlohn
  - Akkordlohn
  - Prämienlohn
  - Provision
- Interview
- Mitarbeitergespräch (MAG)
- Motivation
  - Intrinsische Motivation
  - Extrinsische Motivation
- Personalfunktionen
  - Prozessfunktionen
  - Querschnittsfunktionen

→ Eine Definition der Schlüsselbegriffe finden Sie im Glossar.

QUELLEN UND WEITERFÜHRENDE LITERATUR

Bayard, Nicole: **Unternehmens- und personalpolitische Relevanz der Arbeitszufriedenheit**, 1. Auflage, Bern u. a. 1997

Berthel, Jürgen / Becker, Fred G.: **Personal-Management**, 10. Auflage, Stuttgart 2013

Porter, Lymann W. / Lawler, Edward E.: **Managerial Attitude and Performance**, 1. Auflage, Homewood 1968

Thom, Norbert: **Personalentwicklung**. In: Handwörterbuch der Betriebswirtschaftslehre, 6. Auflage, hrsg. v. Richard Köhler, Hans-Ulrich Küpper und Andreas Pfingsten, Stuttgart 2007, S. 1354–1363

Thom, Norbert / Ritz, Adrian: **Public Management**. Innovative Konzepte zur Führung im öffentlichen Sektor, 4. Auflage, Wiesbaden 2007

Personal

REPETITIONSFRAGEN KAPITEL 8

1. Erläutern Sie kurz die Prozess- und Querschnittsfunktionen des Personalmanagements. Geben Sie dazu je ein plausibles Beispiel einer Teilaufgabe.

2. Welche vier Faktoren sollten bei der Personalauswahl unbedingt berücksichtigt werden?

3. Welche Methoden der Personalauswahl kennen Sie?

4. Nennen Sie die wichtigsten Inhalte eines Mitarbeitergesprächs.

5. Die Beurteilung von Menschen unterliegt immer einer gewissen Subjektivität. Welches sind häufige Ursachen von Fehleinschätzungen? Wie lässt sich die Subjektivität abschwächen?

6. Überlegen Sie sich, was in Ihrem Schulalltag die Motivatoren bzw. Hygienefaktoren sind und wie sich diese auf Ihre Zufriedenheit auswirken.

7. Beschreiben Sie die Zwei-Faktoren-Theorie nach Herzberg möglichst ausführlich. Welches sind die Folgerungen aus dieser Theorie für Unternehmen?

8. Wenden Sie die Prozesstheorie nach Porter und Lawler auf Ihren Schulalltag an. Welche Grössen bzw. Erlebnisse gehören zu welchen «Kästchen», und wie wirken diese?

9. Überlegen Sie sich, wie das Anreizsystem und das Arbeitszeitmodell Ihres möglichen Arbeitgebers aussehen müsste, damit Sie sich dort bewerben würden.

10. Die Gymnasiastinnen Maja und Susanne jobben beide in der örtlichen Filiale eines bekannten Detaillisten, meist als Kassiererinnen. Beide erhalten CHF 23.50 brutto in der Stunde. Doch während Maja die Arbeit leicht von der Hand geht und sie sehr schnell arbeitet, erledigt Susanne ihre Arbeit im Vergleich dazu gemächlich. Maja empfindet das zunehmend als ungerecht, und sie sucht bei Ihnen Rat.
    a) Erläutern Sie Maja zuerst einmal, welche Lohnformen es gibt und welche wohl bei ihr zum Tragen kommt.
    b) Ist es möglich, die Lohnform in diesem Falle zu ändern? Wie müsste eine solche Änderung aussehen, was wäre zu beachten, wo liegen die Schwierigkeiten?

11. Das Arbeitszeugnis ist ein wichtiges Dokument.
    a) Welche Bereiche werden beurteilt?
    b) Welche Grundsätze müssen eingehalten werden?

Vertiefung

III

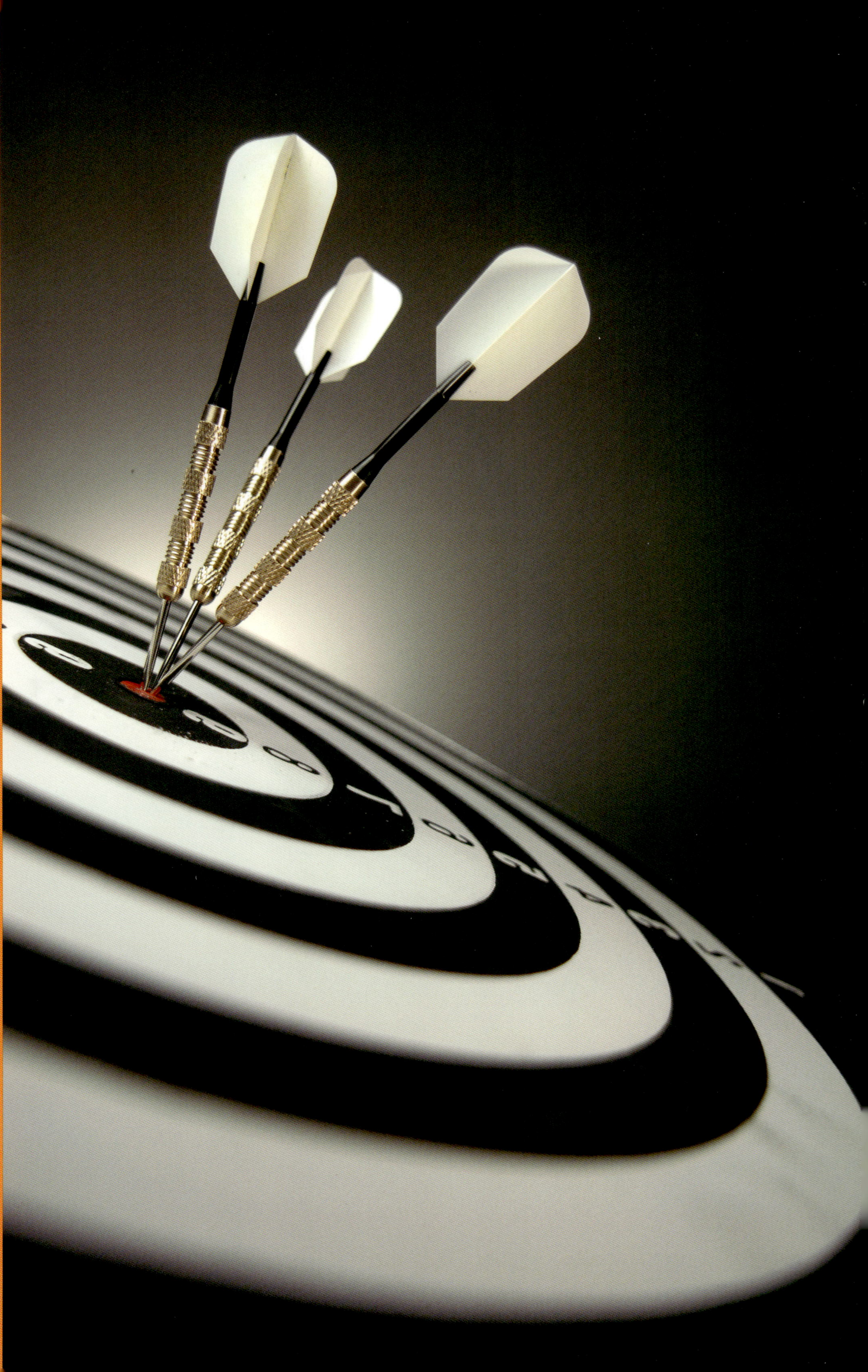

though
Businessplan

9.1	Was ein Businessplan ist	203
9.2	Wozu man einen Businessplan braucht	204
9.3	Struktur und Form eines Businessplans	206
9.4	Praxisbeispiel I: Hitzberger	210
9.5	Praxisbeispiel II: VEG and the City	213

«Nicht weil es schwer ist, wagen wir es nicht, sondern weil wir es nicht wagen, ist es schwer.»

Lucius Annaeus Seneca (4 v. Chr. – 65 n. Chr.), römischer Philosoph und Dichter

LERNZIELE

Nachdem Sie dieses Kapitel gelesen haben, können Sie …

… erklären, was der Zweck eines Businessplans ist.

… begründen, weshalb es ohne Businessplan keine Finanzierung für Start-up-Unternehmen gibt.

… den Nutzen eines Businessplans erläutern.

… beschreiben, in welchen Phasen ein Businessplan erstellt werden kann.

… selbst einen Businessplan strukturieren und die wichtigsten Punkte herausstreichen.

Businessplan

9.1 Was ein Businessplan ist

Wer ein Unternehmen gründen oder eine Geschäftsidee vermarkten will, steht vor vielfältigen Herausforderungen. Rascher technologischer Wandel, neue Rechtsvorschriften oder steigende Kundenansprüche müssen bei der Planung und Umsetzung berücksichtigt werden. Es ist deshalb entscheidend für eine Unternehmerin oder einen Unternehmer, vor der Unternehmensgründung ein übersichtliches Konzept zu erarbeiten, um darin Absichten und Ziele festzuhalten und die nächsten unternehmerischen Schritte aufzuzeigen. Dieses Konzept bezeichnet man als Businessplan.

Ein Businessplan zeigt in einem übersichtlichen Dokument auf, mit welchen Mitteln eine Geschäftsidee verwirklicht werden soll. Er enthält u. a. Aussagen zur Vision und Strategie, zu den Unternehmenszielen, dem unternehmerischen Vorhaben und den Chancen und Risiken des Vorhabens.

Die Vorstellung eines Puzzlespiels, bei dem aus vielen Einzelteilen ein stimmiges Ganzes zusammengefügt wird, soll hier als Vorstellungshilfe dienen.

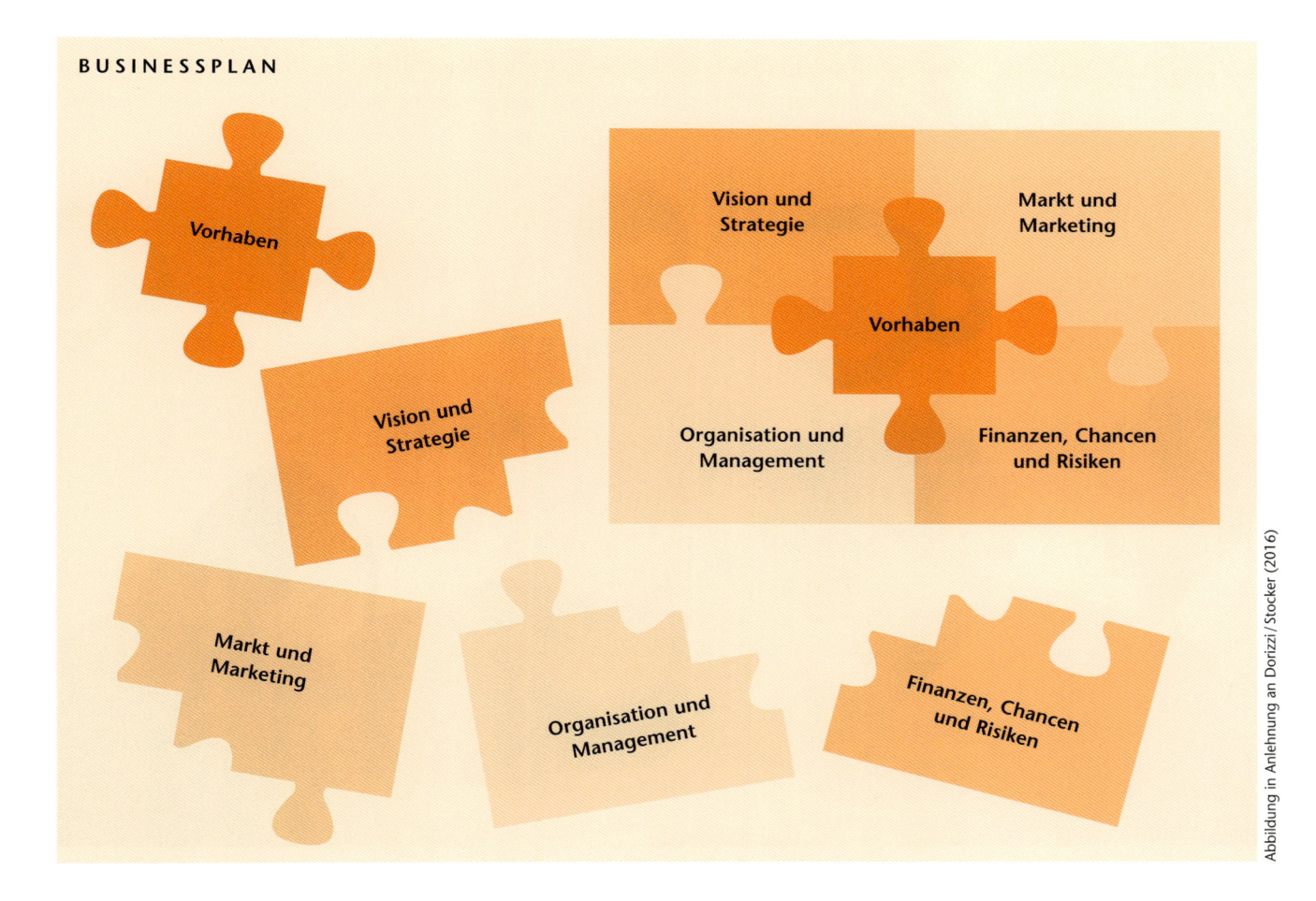

BUSINESSPLAN

- Vorhaben
- Vision und Strategie
- Markt und Marketing
- Organisation und Management
- Finanzen, Chancen und Risiken

Abbildung in Anlehnung an Dorizzi / Stocker (2016)

9.2 Wozu man einen Businessplan braucht

Nutzen eines Businessplans

Der Sinn und Zweck eines Businessplans kann folgendermassen zusammengefasst werden:
- Das Unternehmen verpflichtet sich, das Geschäftsvorhaben systematisch durchzudenken.
- Die Risiken werden aufgezeigt.
- Das Unternehmen verpflichtet sich, wichtige Entscheidungen treffen zu müssen.
- Die wichtigsten Informationen werden auf maximal 30 Seiten zusammengefasst.
- Der Businessplan dient als zentrales Kommunikationsmittel für potenzielle Geschäftspartner oder Investoren.
- Mögliche Investoren können sich rasch einen Überblick über das Vorhaben verschaffen.

Interne und externe Verwendung

Ein Businessplan ist also aus ganz verschiedenen Gründen nützlich, und zwar sowohl für den internen als auch für den externen Gebrauch. Es ergibt daher Sinn, nicht nur dann einen Businessplan zu verfassen, wenn man ein Unternehmen gründen möchte, sondern auch in zahlreichen anderen Fällen, etwa wenn ein Unternehmer eine Expansion prüft, eine neue Finanzierungsquelle braucht oder eine Geschäftspartnerin oder einen Nachfolger sucht. Im Folgenden liegt der Fokus aber auf den Businessplänen, die im Hinblick auf eine Unternehmensgründung verfasst werden.

Ein Businessplan lässt sich sowohl für den internen als auch für den externen Gebrauch verwenden.

Businessplan

Start-ups

Ein Unternehmen in der Gründungsphase wird als Start-up bzw. Start-up-Unternehmen bezeichnet. In der Regel haben Start-ups das Ziel, sich in wenigen Jahren zu etablierten Unternehmen zu entwicklen. Der Weg dahin ist meist holprig und anspruchsvoll, aber auch äusserst spannend, wenn man sich von Beginn weg systematisch mit den Herausforderungen auseinandersetzt. Die ersten Phasen eines Unternehmens kann man schematisch in drei Abschnitte unterteilen.

ENTWICKLUNGSPHASEN EINES START-UP-UNTERNEHMENS

Phase 1: Entwicklung der Geschäftsidee → Interesse der Investoren → Phase 2: Aufstellung Businessplan → Finanzierungsentscheid → Phase 3: Gründung und Expansion → Ausstieg der ersten Investoren → Etabliertes Unternehmen

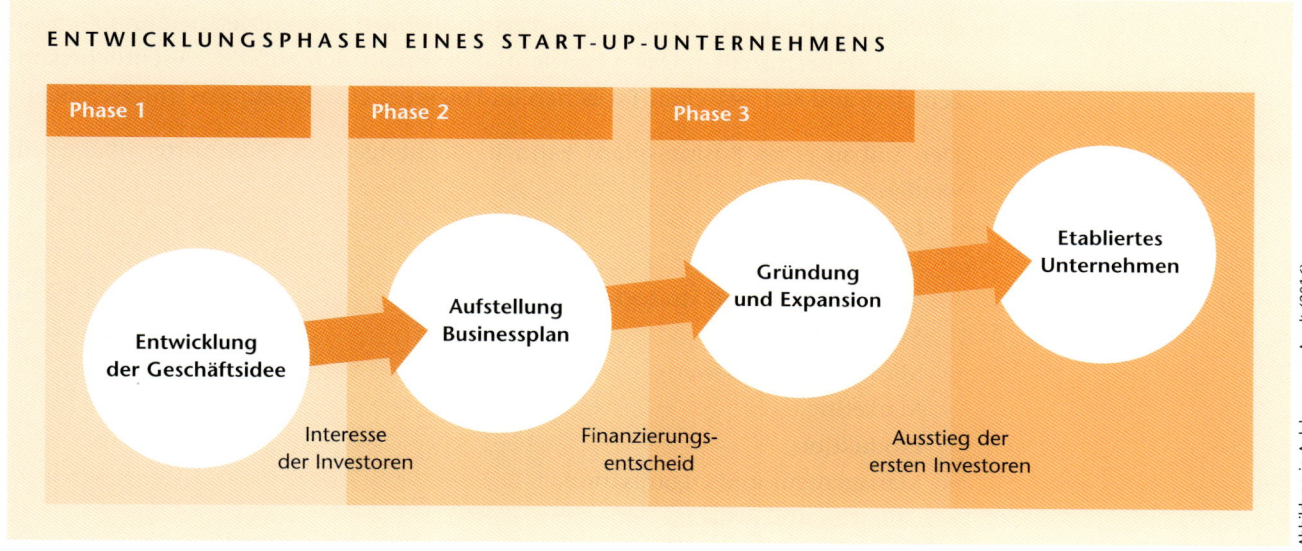

Abbildung in Anlehnung an Arndt (2016)

Alles beginnt mit einer Idee, die aber noch keinen eigentlichen finanziellen Wert hat. Erst wenn die Idee in einem Markt abgesetzt werden kann, erhält sie einen ökonomischen Wert. Das Ziel in dieser ersten Phase ist es, die Idee und somit den Grundstein für das Unternehmen klar, transparent und sachlich zu formulieren.

Phase 1: Die Geschäftsidee

Anschliessend geht es darum, einen Businessplan zu entwickeln. Die einzelnen Schritte dazu werden im nächsten Unterkapitel erklärt. Ziel ist es, dass mögliche Investoren das Potenzial der Idee erfassen können und mithelfen, diese zur Marktreife weiterzuentwickeln.

Phase 2: Erstellung des Businessplans

Nach der Erarbeitung des Businessplans und dessen «Vermarktung» bei Geschäftspartnern geht es an die Umsetzung der Geschäftsidee. In dieser Phase zeigt sich, ob sich das Vorhaben wirklich durchsetzen lässt. Die Investoren, die in der ersten Phase Kapital zur Verfügung gestellt haben, ziehen sich in der Regel schrittweise zurück.

Phase 3: Gründung und Etablierung

9.3 Struktur und Form eines Businessplans

Oberstes Ziel bei der Erstellung eines Businessplans ist es, den berühmten ersten Eindruck durch Prägnanz, Sachlichkeit, Verständlichkeit, Strukturiertheit und Professionalität sicherzustellen. Dabei ist wichtig, dass man sich auf das Wesentliche konzentriert und klar zwischen Tatsachen und eigenen Einschätzungen unterscheidet.

Bestandteile

Der Aufbau eines Businessplans kann in nachfolgenden Teilschritten dargestellt werden:
- Executive Summary,
- Vision,
- Unternehmen und Strategie,
- Marktleistung,
- Markt und Wettbewerb,
- Marketing,
- Produktion,
- Management und Organisation,
- Chancen und Risiken,
- Finanzplanung und Finanzierung,
- Anhang.

Die nachfolgenden Abschnitte führen diese einzelnen Bereiche theoretisch ein. Dabei ist wichtig zu beachten, dass dieser Strukturvorschlag nur ein möglicher Weg ist, wie man einen Businessplan gestalten kann. Die beiden Praxisbeispiele am Ende dieses Kapitels zeigen auf, dass es ganz unterschiedliche Methoden gibt, wie man bei der Planung der Unternehmensgründung vorgehen kann.

Executive Summary

Der Businessplan beginnt mit einer Zusammenfassung, in der auf maximal zwei Seiten die bedeutsamsten Fakten beschrieben sind. Dieses Executive Summary (engl. wörtlich: «Zusammenfassung für die Geschäftsleitung») ist der wichtigste Teil des ganzen Businessplans. Denn er muss das Interesse der Leserinnen und Leser wecken. Diese sollen in kürzester Zeit erfahren können, um was für ein Geschäft es sich handelt und wie die Zukunftsaussichten des Unternehmens sind. Auch wenn das Executive Summary am Anfang des Businessplans steht, sollte es erst zum Schluss geschrieben werden, wenn der Rest des Businessplans steht.

> **IM ZENTRUM STEHT:**
>
> Im Executive Summary werden die wichtigsten Bereiche und Absichten übersichtlich zusammengefasst und die Geschäftsidee kurz und prägnant vorgestellt.

Businessplan

9

Die Vision für das Unternehmen schriftlich zu formulieren und vor allem ein gemeinsames Verständnis dafür im täglichen Betrieb zu entwickeln, ist essenziell für den Erfolg eines Unternehmens. Diese sollte deshalb als Erstes im Businessplan festgehalten werden.

Vision

> **! IM ZENTRUM STEHT:**
>
> Eine möglichst realistische und trotzdem herausfordernde Vision ist zu formulieren. Potenzielle Investoren interessieren sich nicht für Träume, sondern für erreichbare Ziele.

Der Businessplan muss über das Unternehmen und seine Strategie Auskunft geben. Dabei ist nicht nur die Zukunft wichtig, sondern auch die bisher erreichten Meilensteine. Wie bereits in Kapitel 3 dargestellt, orientiert sich die Unternehmensstrategie an der Vision.

Unternehmen und Strategie

> **! IM ZENTRUM STEHT:**
>
> Alle relevanten Punkte zum Unternehmen müssen dargestellt werden, und die Entwicklungsperspektiven sind aufzuzeigen. Der Informationsbedarf der Leserinnen und Leser ist dabei der Orientierungspunkt.

Die Leistung des Unternehmens wird in diesem Teil des Businessplans dargestellt. Dabei wird aufgezeigt, was am Leistungsangebot besonders attraktiv ist. Die Leistungspalette wird im Überblick dargelegt, und es wird hervorgehoben, welchen Nutzen diese stiftet und wie das Leistungsportfolio im Markt positioniert wird (ist z. B. die Qualität oder der Preis ausschlaggebend? *Vgl. Kapitel 3*). Die Lesenden sollen die Geschäftsidee erfassen können und dafür ein Verständnis entwickeln.

Marktleistung

Ein Businessplan gibt u. a. Auskunft über die angebotene Leistung und die Zielgruppe.

Vertiefung

Empfehlenswert ist deshalb auch, grundsätzliche Erklärungen zu Zielgruppen und Geschäftsfeldern abzugeben. Welche Kundengruppen werden angesprochen, welche Geschäftsfelder (Marktleistungen mit eigenem Marktauftritt, die sich klar von anderen Geschäften des Unternehmens abgrenzen lassen) sind aus dem Leistungsportfolio des Unternehmens ableitbar?

> **IM ZENTRUM STEHT:**
> Das Leistungsangebot des Unternehmens bildet die Basis für sämtliche unternehmerischen Aktivitäten und ist die Grundlage des wirtschaftlichen Erfolgs.

Markt und Wettbewerb

Um längerfristig am Markt zu bestehen, muss man genaue Kenntnisse über diesen haben. Um die einzelnen Wettbewerbskräfte zu analysieren, kann das bereits in Kapitel 3 eingeführte Fünf-Kräfte-Modell herangezogen werden *(vgl. S. 65)*. Zu allen fünf Wettbewerbskräften müssen Fakten und Einschätzungen in die Analyse mit einbezogen werden, um ein möglichst vollständiges Bild zu erhalten. Auch potenzielle zukünftige Mitbewerber müssen berücksichtigt werden, da diese oft aus «fremden» Branchen den bestehenden Markt bedrängen.

> **IM ZENTRUM STEHT:**
> Die Unternehmensleitung muss den Markt und seine Mitbewerber kennen. Es gibt viele Möglichkeiten, sich ein Bild darüber zu machen – es gilt, diese zu nutzen.

Marketing

Der Teil Marketing umfasst sämtliche Massnahmen, wie am Markt aufgetreten wird und wie letztlich der Absatz gefördert werden kann. Dabei müssen die vier P (Product, Price, Place, Promotion) aus dem Marketing-Mix *(vgl. Kapitel 4, S. 96)* aufeinander abgestimmt und umgesetzt werden.

> **IM ZENTRUM STEHT:**
> Die Marketingmassnahmen sind in Bezug auf das Produkt, den Preis, den Vertrieb und die Kommunikation aufeinander abzustimmen.

Produktion

In diesem Abschnitt werden die Produktionsanlagen und die eingesetzten Technologien beschrieben *(vgl. Kapitel 5)*. Dieser Abschnitt gibt zudem Auskunft darüber, wie Trends antizipiert werden und wie man die eigenen Wettbewerbsvorteile zu verteidigen vermag. Wichtig ist auch, die wichtigsten Lieferanten zu erwähnen.

> **IM ZENTRUM STEHT:**
> Es wird aufgezeigt, wie man sich über Trends informiert und technologische Neuerungen antizipiert.

Businessplan 9

Die gesamte Führung des Unternehmens wird hier samt Ausbildung, Erfahrung und Funktion im Unternehmen vorgestellt. Weiter interessiert die Aufbau- und die Ablauforganisation *(vgl. Kapitel 7)*. Auch spielt hier die Personalpolitik eine wichtige Rolle, beispielsweise, wie die Mitarbeitenden geführt werden, damit sie motiviert sind und bleiben *(vgl. Kapitel 8)*.

Management und Organisation

> **! IM ZENTRUM STEHT:**
> Die fachliche Qualifikation, die Vernetzung und die Führungsqualität des Managements wird dargelegt.

Die potenziellen Geschäftspartner wollen ebenfalls Einsicht in eine umfassende Risikoanalyse erhalten, um den Erfolg realistisch einschätzen zu können. Dabei muss die Geschäftsidee hinsichtlich der Chancen und Risiken analysiert und bewertet werden *(vgl. SWOT-Analyse, S. 66)*.

Chancen und Risiken

> **! IM ZENTRUM STEHT:**
> Die realistische Einschätzung der Chancen und Risiken ist zentral für den Erfolg des Businessplans. Auch müssen hier Alternativen aufgezeigt werden, falls ein Weg scheitert.

In diesem Abschnitt wird die finanzielle Situation offengelegt und Stellung zur weiteren finanziellen Entwicklung genommen. Mit der Finanzplanung wird dargestellt, woher die finanziellen Mittel stammen und wie diese zur Zielerreichung eingesetzt werden. Daraus ergibt sich schliesslich der Finanzierungsbedarf.

Finanzplanung und Finanzierung

> **! IM ZENTRUM STEHT:**
> Die Erfolgsaussichten in der Zukunft werden abgeschätzt. Zudem wird aufgezeigt, wie sich die finanzielle Situation darstellt und entwickelt.

Sämtliche Hintergrund- und Zusatzinformationen werden im Anhang angefügt. Innerhalb des Fliesstextes wird jeweils darauf hingewiesen. Beilagen können beispielsweise Bilanzen, Analysen, Lebensläufe der Unternehmensführung, Zeitungsberichte, Broschüren des Unternehmens oder der Produkte sein.

Anhang

> **! IM ZENTRUM STEHT:**
> Der Businessplan darf nicht künstlich aufgebläht werden – das Erforderliche muss verdichtet abgebildet sein. Für ausführlichere Informationen sind Verweise auf den Anhang deshalb sehr nützlich.

Vertiefung

9.4 Praxisbeispiel I: HITZBERGER – STERNEKOCH meets FASTFOOD

Hitzberger ist eine 2009 gegründete Schweizer Schnellverpflegungskette, die gesundes und frisches Fastfood anbietet und viel Wert auf die Umwelt legt.

Interview mit Andy Schwarzenbach, Gründer und Geschäftsführer von Hitzberger

Worin unterscheidet sich Ihr Unternehmen von anderen der Branche?
1. Wir bieten gesunden Fastfood: Qualitativ hochwertige Schnellverpflegung ist möglich. 2. Wir legen grossen Wert auf den Öko-Aspekt: Unsere Verpackungen beispielsweise sind kompostierbar. 3. «Sternekoch meets Fastfood»: Eduard Hitzberger ist ein renommierter Sternekoch.

Im April 2009 wurde die erste Filiale in Zürich Sihlcity eröffnet – was waren bei der Gründung Ihre grössten Herausforderungen?
Das war sicher die Suche nach einem geeigneten Standort. Für die Umsetzung unserer Vision musste es unbedingt ein gut frequentierter Ort sein, damit das Konzept funktionieren konnte. Die Standortwahl kostete uns viel Zeit und auch Überzeugungsarbeit bei den Vermietern, denn unsere neuartige Vision existierte erst in der Theorie und musste sich in der Praxis noch bewähren.

Haben Sie einen Businessplan erstellt?
Ja, von Anfang an wollten wir unser Unternehmen als Kettenbetrieb aufstellen. Wir hatten den Anspruch nach einem ersten Testbetrieb weitere Filialen zu eröffnen. Dafür haben wir einen Fünfjahres-Businessplan verfasst. Den Businessplan benötigten wir ebenfalls für die Suche nach Investoren, da der Finanzbedarf die privaten Mittel der vier Gründer überstieg.

Was mussten Sie bei der Erstellung des Businessplans zusätzlich beachten?
Es ist wichtig, auch den Worst Case und den Best Case durchzurechnen. Ein Unternehmen entwickelt sich nie genau nach Plan.

Wie gingen Sie mit abweisenden Stimmen um?
Solche Reaktionen waren eher selten, vielmehr stand die Frage im Raum, ob dieses Konzept wirklich so wie angedacht betrieben werden könne. Hier war es wichtig, dass wir Studien und Trendforschungen zu Rate zogen, um daraus seriös das Umsatzpotenzial dieser Nische aufzuzeigen und mit Zahlen zu hinterlegen.

Über welchen Zeitraum erstreckten sich die Vorarbeiten bis hin zum Businessplan?
Von der Idee bis zur Eröffnung der ersten Filiale vergingen drei Jahre. Allein die Standortsuche kostete uns zwei Jahre. Wenn wir an einem schlechten Standort gescheitert wären, hätten wir nie gewusst, ob es wegen der Lage oder wegen des Konzepts gewesen wäre.

Businessplan

Wie gehen Sie mit dem Druck um – gab es auch schlaflose Nächte in der Eröffnungsphase?
Selbstverständlich gab es schlaflose Nächte, z. B. wegen unerwarteter Probleme beim Umbau, wo wir die strengen Auflagen der Behörden erfüllen und teilweise lange auf deren Entscheide warten mussten.

Welchen Rat geben Sie Jungunternehmern mit auf den Weg?
Haben Sie keine Angst vor dem Scheitern! Das ist leider in unserer Schweizer Mentalität verankert, doch das bringt nichts. Ein Misserfolg erachte ich nicht als schädlich für den Lebensweg. Man muss danach aber wieder aufstehen und auf einem neuen Weg weitergehen.

Wie stellen Sie sicher, dass Sie mit Ihrem Unternehmen am Ball bleiben?
Neue Kunden gewinnen wir einerseits, indem wir in neue Städte vordringen. Andererseits verfolgen wir sehr aufmerksam neuste Trends aus der Nahrungsmittelbranche und betreiben Konkurrenzanalysen.

Worin liegt für Sie der Reiz, Unternehmer zu sein?
Unternehmer zu sein, heisst, ein sehr komplettes Aufgabenspektrum zu haben. Man muss sich mit operativen Themen, wie die Auswahl der richtigen Abwaschmaschine, mit Personalfragen, dem Umbau, mit der Pflege von Partnerschaften auseinandersetzen oder auch Vertragsverhandlungen führen. Das sprichwörtliche «Zurückkrempeln der Ärmel» macht meiner Ansicht nach das Glück aus, Unternehmer zu sein.

Wie wichtig war rückblickend Ihre Ausbildung?
Mein Rucksack gab mir den Rückhalt, das Wagnis Unternehmertum einzugehen. Ich verspürte nie Existenzängste, bei einem Scheitern würde ich meinen Weg schon wieder finden. Auch bei der Investorensuche war die Ausbildung wichtig. Die Investoren sahen, dass wir Gründer auch betriebswirtschaftliches Wissen aufweisen, das machte uns glaubwürdig. Hat man seinen Ausbildungsrucksack nicht so gefüllt, dann muss man umso mehr mit seiner Persönlichkeit und Leidenschaft überzeugen.

2009 eröffnete HITZBERGER im Zürcher Einkaufszentrum Sihlcity die erste Filiale.

Wie führen Sie Ihre Mitarbeitenden?
Wir haben viele Teilzeitmitarbeitende angestellt, und der Selektionsprozess neuer Mitarbeitender läuft über mich. Da ich die Leute anschliessend nur noch selten sehe, gebe ich ihnen bei der Einstellung unsere Erwartungen mit. Es ist sehr zentral, dass unsere Angestellten wissen, was wir als Unternehmen von ihnen erwarten, aber auch was unsere Gäste von ihnen erwarten.

Wo sehen Sie heute die grössten Herausforderungen für Ihre Branche und das Schweizer Unternehmertum?
Die Auflagen der Behörden einzuhalten, ist sehr kostspielig und zeitaufwendig. Ich habe das Gefühl, dass dabei in der Schweiz oft über das Ziel hinausgeschossen und sehr viel reglementiert wird. Für die Schweizer Wirtschaft ist es unerlässlich, dass ein Klima und eine Kultur geschaffen werden, um das Unternehmertum zu fördern, z. B. durch Unterstützungen durch den Bund oder durch Förderorganisationen.

Sie haben Ihr Unternehmen erfolgreich positioniert. Wo sehen Sie Ihr Unternehmen in fünf Jahren?
In fünf Jahren möchten wir in den grösseren Schweizer Städten präsent sein und mittels Franchising das Konzept an zukünftige Unternehmer weiterverkaufen. Wir möchten auch ins Ausland expandieren und dabei gleichzeitig Innovationen in den Bereichen Ökologie und Foodtrends realisieren.

Zum Schluss: Was geben Sie Lernenden als Tipp auf den Weg?
Habt eine Vision und denkt diese durch. Dann müsst Ihr Euch für die Umsetzung mit guten Leuten zusammentun und als Team zusammen agieren – denn es ist immer einfacher die Last auf mehrere Schultern zu verteilen. Bleibt hartnäckig, überwindet Tiefschläge und geht Euren Weg.

9.5 Praxisbeispiel II: VEG and the City – Hol dir den Garten nach Hause

VEG and the City bietet im Internet und in zwei Läden in Zürich und Winterthur Produkte für das urbane Gärtnern an. Menschen, die in der Stadt wohnen, bekommen hier alles, um in der Wohnung oder auf dem Balkon Gemüse, Früchte und Kräuter anzubauen.

Interview mit Gudrun Ongania, Gründerin und CEO

Sie sind im Jahr 2012 mit VEG and the City gestartet – was waren damals Ihre grössten Herausforderungen?
Im Februar 2012 habe ich die changesolutions GmbH gegründet und VEG and the City (die Marke, mit der wir beim Kunden präsent sind) lanciert. Ich wollte eine Firma gründen mit einem Geschäftsmodell, das ab Start sehr schnell Umsatz generiert. Daher hatte ich mich entschieden, mit einem Onlineshop zu starten. Bei einem Onlineshop ist das erforderliche Startkapital begrenzt, man kann auch «von der Garage» aus beginnen. Zudem war ich vorher jahrelang als Beraterin für IT-Projekte tätig, sodass ich den Onlineshop und die Webseite mit nur wenig Unterstützung selbst auf die Beine stellen konnte.

Die grössten Herausforderungen waren sicherlich, mich für ein Grundsortiment an Produkten zu entscheiden und dieses einzukaufen, die Webseite und den Onlineshop bekannt zu machen und den Zugang zu den Kunden zu finden. Ich selbst hatte keine Erfahrung im (Online-)Handel, und auch das Verhandeln im Einkauf war mir anfänglich fremd.

Haben Sie einen Businessplan erstellt?
Da ich anfangs keine Fremdfinanzierung brauchte, hatte ich keinen klassischen Businessplan erstellt. Es gab ein Marketingkonzept und eine Finanzplanung, in welcher der Cashflow des ersten Jahres simuliert wurde. So konnte ich die Dynamik des Onlinehandels begreifen und die Kostenstruktur einschätzen.
Das Unternehmen hat sich in nur zwei Jahren zu einem Sechs-Sparten-Betrieb entwickelt. Zum Onlineshop hinzugekommen sind Gartenkurs- und Firmenevents, der Laden in Zürich, Erntestationen, Mietbeete und das Geschäft mit Unternehmenskunden im Produktehandel. Deshalb wurden im Laufe der zwei Jahre immer wieder kleinere Businesspläne und Finanzpläne für die neuen Teilbereiche verfasst. Bei der Bewerbung für das Ladenlokal musste ich z. B. einen Businessplan inklusive Fünf-Jahres-Finanzplanung erstellen.
Einen Businessplan für das gesamte VEG and the City gibt es aber bis heute nicht. Wir haben jedoch eine Finanzplanung für die ganze Unternehmung.

Vertiefung

Was war bei der Erstellung des Businessplans besonders herausfordernd?
Die Herausforderung lag weniger im Inhalt – ich hatte in meinem Executive MBA an der Universität St. Gallen (HSG) schon Businesspläne erstellt – als in der Ressourcenknappheit. Durch die schnelle Entwicklung des Unternehmens war und bin ich ständig überbucht, auch wenn ich inzwischen fünf Mitarbeitende habe. So entstand das Konzept für das Ladengeschäft in Zürich in einer Nachtschicht an einem Sonntagabend.
Die Herausforderung bei einem guten Businessplan ist es auch, die einzelnen Teilgebiete sinnvoll zu verknüpfen, sodass es ein stimmiges Gesamtwerk wird.

Wie gingen Sie mit unangenehmen Fragen um?
Bei unangenehmen Fragen lege ich meine Annahmen offen. Welche Annahmen liegen hinter den Finanzzahlen? Woher kommen sie, und warum finde ich sie plausibel? So kann das Gegenüber die Gedankengänge gut nachvollziehen und wirklich konstruktiven Input geben.

Über welchen Zeitraum erstreckten sich die Vorarbeiten bis hin zur Umsetzung Ihres Vorhabens?
Für den Onlineshop lag nicht mal ein Monat dazwischen. Für das Ladenlokal ging es auch sehr schnell. Fünf Wochen nachdem ich den Businessplan geschrieben hatte, unterzeichnete ich den Mietvertrag. Dreieinhalb Monate später wurde der Laden eröffnet.
Ich bin der Ansicht, Businesspläne soll man schreiben, wenn man sie braucht – sei es für sich selbst, für Investoren, für Partner oder für Wettbewerbe. Ein Businessplan allein ist wertlos, es kommt auf die Umsetzung und Planungskontrolle an. Ein Businessplan basiert auf Annahmen, diese können und werden sich immer ändern. Und ein Investor weiss, dass es eh immer anders kommt, als im Plan beschrieben.

Wie gehen Sie mit dem Druck um? Gab es auch schlaflose Nächte in der Eröffnungsphase?
Nein – eher Nächte mit wenig Schlaf, da vor allem bei der Eröffnung des Ladengeschäfts viel in sehr kurzer Zeit geschehen musste. Wie gehe ich mit Druck um? Augen zu und durch! Und mit dem Partner und Freunden reden hilft. Ohne guten Rückhalt ist das nicht zu schaffen.

Der Laden von VEG and the City in Zürich.

Businessplan

Welchen Rat geben Sie Jungunternehmerinnen und Jungunternehmern mit auf den Weg?
Seid mutig und traut euch, auch Fehler zu machen. Redet über eure Idee, wann immer ihr könnt. Es ist erstaunlich, wie viele Türen sich öffnen, wenn sich die Idee verbreitet. Klar, es gibt auch Branchen, wo dies nicht üblich ist und es um Wissensvorsprung geht. Dennoch kann man nur erfolgreich sein, wenn man am Markt bekannt ist – und das geht nur, wenn man vorher mit so vielen Leuten wie möglich seine Idee bespricht.

Wie stellen Sie sicher, dass Sie mit Ihrem Unternehmen am Ball bleiben?
Ich besuche zweimal pro Jahr Fachmessen in Deutschland (Ambiente und Gartenfachmesse). Darüber hinaus halte ich immer ein Auge offen, was sich am Markt tut, sei es über Medien und Branchenkontakte, aber natürlich auch über unsere Mitarbeiter und Kunden. Die Kunden geben uns per E-Mail oder im Laden Feedback zu Produkten und Angeboten. So bekommen wir sehr viele Vorschläge, welche Produkte wir noch ins Sortiment aufnehmen könnten.

Worin liegt für Sie der Reiz, Unternehmerin zu sein?
Der Reiz liegt darin, etwas selber zu erschaffen und eine nachhaltige gesellschaftliche Wirkung zu erzielen. Nicht umsonst definieren wir uns als «social enterprise». VEG and the City fördert und verbreitet das Wissen, wie man Nutzpflanzen anbaut. Zudem arbeiten wir im Lager, in der Logistik und in der Pflanzenproduktion mit sozialen Organisationen zusammen und fördern so Arbeitsplätze für Menschen mit Handicaps und Ausbildungsplätze für Jugendliche, die es schwerer im Leben haben.

Wie wichtig war rückblickend Ihre Ausbildung?
Ausbildung und Arbeitserfahrung spielten eine grosse Rolle. Während der sieben Jahre Arbeit als Beraterin für ganz unterschiedliche Unternehmen erlangte ich ein sehr grosses Wissen und Netzwerk. Dies ermöglichte es mir, allein zu starten und das Unternehmen schnell aufzubauen.

Wie führen Sie Ihre Mitarbeitenden?
Bei uns stehen Mitwirkung und Feedback ganz oben. Jede Mitarbeiterin und jeder Mitarbeiter ist dazu aufgefordert, sich einzubringen, mitzureden, zu verbessern. Im Gegenzug verlange ich jedoch auch Selbstständigkeit, Loyalität und den Willen und die Fähigkeit zuzupacken. Wichtig ist mir, dass faire Löhne gezahlt werden und Pausen und Ferien auch genommen werden. Dies ist nicht immer üblich in der Gartenbranche.

Worin unterscheidet sich Ihr Unternehmen von anderen der Branche?
Wir decken ein neues Feld ab – das urbane Gärtnern – und verknüpfen Offline mit Online. Wir spezialisieren uns aufs biologische Gärtnern auf kleinen Räumen und legen Wert auf Nachhaltigkeit und, wenn immer möglich, auf kurze Transportwege. Daher verkaufen wir z.B. nur Schnittblumen aus Kaltgewächshäusern oder vom Freiland aus der Schweiz und Italien. Dies bedeutet aber auch, dass es bei uns nicht immer Rosen gibt, unser Angebot also anders aussieht als in einem normalen Blumenladen.
Auch bei den importierten Pflanzgefässen schauen wir darauf, wo sie herkommen, wie sie produziert werden und dass, wenn immer möglich, recycelte Materialien verwendet werden.
Zudem legen wir Wert auf Beratung und hören dem Kunden zu. Der Kunde steht im Mittelpunkt. Er kann bei uns auch nur einen Liter Erde kaufen – wenn er nur das braucht.

Vertiefung

Küchenkräuter direkt von der Decke.

Wo sehen Sie heute die grössten Herausforderungen für Ihr Unternehmen und die gesamte Branche?
Ich denke, die grösste Herausforderung – und das merken wir nun mit dem Laden in Zürich – ist das Wetter. Es bestimmt den Saisonumsatz. Für uns als Unternehmen ist es zudem sicherlich wichtig, uns in unserer Nische mit dem besonderen Konzept weiter zu behaupten. Irgendwann werden Nachahmer kommen.
Bezüglich Wirtschaftspolitik wäre es für uns einfacher, müssten wir nicht immer alle Waren verzollen, die wir importieren. Auch ein Onlineversand aus der Schweiz in die EU ist für uns im Moment nicht machbar.

Sie haben Ihr Unternehmen erfolgreich positioniert. Wo sehen Sie Ihr Unternehmen in fünf Jahren?
In fünf Jahren möchten wir auch in der EU am Markt vertreten sein. Mit dem Onlineshop, aber vielleicht auch mit ein bis zwei weiteren Ladengeschäften. Wie wäre es mit einem VEG and the City Store in London, München, Wien oder Berlin?
Der Mitarbeiterstamm soll sich vergrössern, der Spirit von VEG and the City aber immer noch erhalten bleiben. Das heisst: Spass am urbanen Gärtnern, bunt und optimistisch soll es sein, und immer mit einem Lachen im Gesicht.

Zum Schluss: Was geben Sie Lernenden als Tipp auf den Weg?
Redet über eure Ideen, seid mutig – aber denkt daran: Pläne sind Pläne und leben nur durch die Umsetzung und die Umsetzungskontrolle. Ein Businessplan in der Schublade, der einmal geschrieben und dann nie mehr angeschaut wurde, hilft wenig.

Businessplan 9

ZUSAMMENFASSUNG

Die Vermarktung einer neuen Geschäftsidee verlangt nach klaren Zielen und einem straffen Vorgehen. Unüberlegt eingeschlagene Wege kosten Zeit und Geld. Deshalb muss ein Businessplan erarbeitet werden, um die Absichten und Ziele festzuhalten und die nächsten unternehmerischen Schritte zu skizzieren.

Der Businessplan wird mit einem Executive Summary eingeleitet, in dem eine Geschäftsidee in zusammenfassender Form dargelegt wird. Ausgehend von der Vision werden anschliessend die Gebiete «Unternehmen und Strategie», «Marktleistung», «Markt und Wettbewerb», «Marketing», «Produktion, Management und Organisation», «Chancen und Risiken», «Finanzplanung und Finanzierung» erarbeitet. Den Abschluss bildet der Anhang, in dem wichtige Hintergrundinformationen festgehalten werden.

Vertiefung

SCHLÜSSELBEGRIFFE

- Businessplan
  - Executive Summary
  - Vision
  - Unternehmen
  - Strategie
  - Marktleistung
  - Markt
  - Wettbewerb
  - Marketing
  - Produktion
  - Management
  - Organisation
  - Finanzierung
  - Finanzplanung
  - Anhang

- Start-up-Unternehmen

→ Eine Definition der Schlüsselbegriffe finden Sie im Glossar.

QUELLEN UND WEITERFÜHRENDE LITERATUR

Arndt, Werner (Hrsg.): **Der optimale Businessplan**, Handbuch, Münchener Business Plan Wettbewerb, München 2006

Credit Suisse AG (Hrsg.): **Der Business-Plan – Eine praxisorientierte Wegleitung**, Zürich 2008

Dorizzi, Franco / Stocker, Pascal O.: **Der Businessplan – Von der Idee über das Geschäftsmodell zum Businessplan**, 5. Auflage, Zürich 2016

Checklisten und Anlaufstellen zu finden unter:
www.kti.admin.ch
www.ctistartup.ch
www.businessplan.ch
www.ifj.ch
www.itz.ch
www.venture.ch

Businessplan

REPETITIONSFRAGEN KAPITEL 9

1. In welchen Situationen wird ein Businessplan benötigt?

2. Welche Entwicklungsphasen können bei einem Start-up-Unternehmen unterschieden werden?

3. Welchen Formerfordernissen muss ein Businessplan genügen?

4. Wie kann ein Businessplan strukturiert werden?

5. Was ist unter einem Executive Summary zu verstehen?

6. Welche Inhalte werden in den Anhang gestellt und nicht in den Fliesstext eingearbeitet?

7. Was ist der Vorteil, im Businessplan mit einem Anhang zu arbeiten?

8. Entwickeln Sie für eine frei gewählte Geschäftsidee anhand der gelernten Kriterien einen Businessplan (2 bis 3 stichwortartige Ausführungen pro Aspekt).

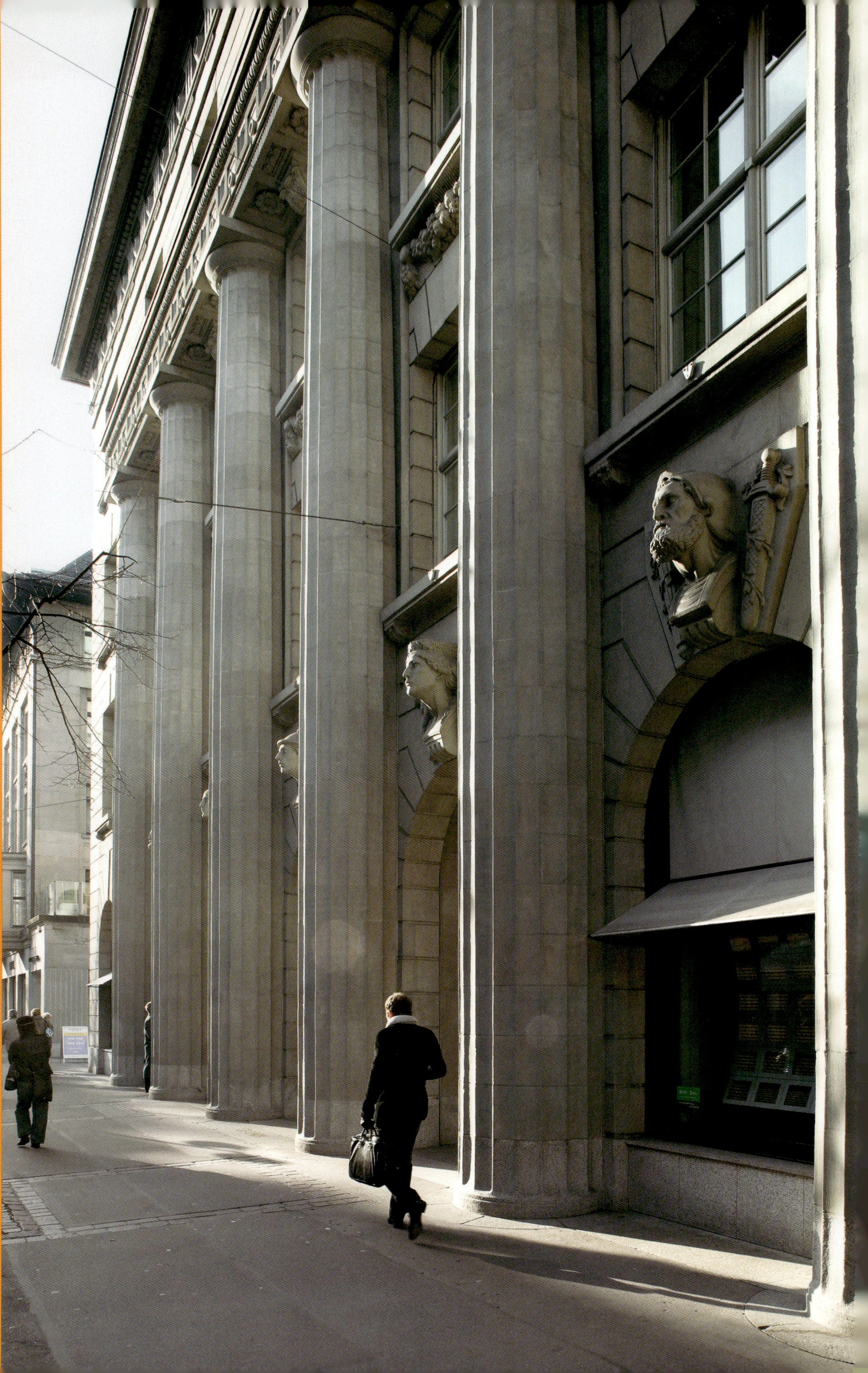

Banken und Versicherungen

10

10.1	**Bankgeschäfte**	223
10.2	**Anlagestrategien**	234
10.3	**Versicherungen**	240

«Sicher ist, dass nichts sicher ist.
Selbst das nicht.»

Joachim Ringelnatz (1883–1934), deutscher Schriftsteller

LERNZIELE

Nachdem Sie dieses Kapitel gelesen haben, können Sie …

… die Bedeutung der Banken für das Funktionieren der Wirtschaft erklären.

… zwischen Aktiv- und Passivgeschäften unterscheiden.

… den Unterschied zwischen einer Bankbilanz und der Bilanz eines anderen Unternehmens erläutern.

… die Risiken aufzeigen, die eine Bank bei der Kreditvergabe eingeht.

… unterschiedliche Kreditarten nennen.

… beschreiben, wie Banken ihr Geld verdienen.

… aufzählen, welche Arten von Banken es in der Schweiz gibt.

… das magische Dreieck der Geldanlage aufzeichnen und erläutern.

… die verschiedenen Formen der Geldanlage beschreiben.

… erläutern, was eine Börse und was ein Aktienindex ist.

… erklären, wie eine Versicherung funktioniert.

… den Zusammenhang zwischen Moral Hazard und Selbstbehalt darlegen.

… eine Übersicht zu den wichtigsten freiwilligen und obligatorischen Versicherungen erstellen.

… erklären, was die Begriffe Über- und Unterversicherung bedeuten.

10 Banken und Versicherungen

10.1 Bankgeschäfte

Das Kerngeschäft einer klassischen Bank ist die Geldvermittlung. Die Bank nimmt Ersparnisse entgegen und vergibt diese weiter an Kreditnehmer. Die Bank tritt also als Vermittlerin zwischen Sparern und Kreditnehmern auf. Daneben bieten die meisten Banken zahlreiche Finanzdienstleistungen an, z. B. Zahlungsabwicklungen, Anlageberatung, Vermögensverwaltung und Währungstausch.

Funktionen einer Bank

Grundsätze des Kreditgeschäfts

Das Kreditgeschäft der Banken ist für das reibungslose Funktionieren unserer Wirtschaft zentral: Ein Unternehmen benötigt etwa einen Investitionskredit, um neue Produktionsmaschinen zu kaufen, oder eine Familie will ein Haus kaufen und beantragt bei ihrer Bank einen Hypothekarkredit.

Man unterscheidet beim Bankgeschäft zwischen Aktiv- und Passivgeschäft. Beim Passivgeschäft nehmen die Banken die Ersparnisse die Gelder von Privat- oder Firmenkunden entgegen und bezahlen ihnen dafür einen sogenannten Passivzins. Beim Aktivgeschäft leiht die Bank das ihr anvertraute Geld als Kredit aus. Als Preis fordern die Banken von ihren Schuldnern einen sogenannten Aktivzins.

Aktiv- und Passivgeschäft

ÜBERSICHT AKTIV- UND PASSIVGESCHÄFT

Schuldner ← Kapital ← Bank ← Kapital ← Gläubiger
Schuldner → Aktivzins → Bank → Passivzins → Gläubiger
(Aktivgeschäft / Passivgeschäft)

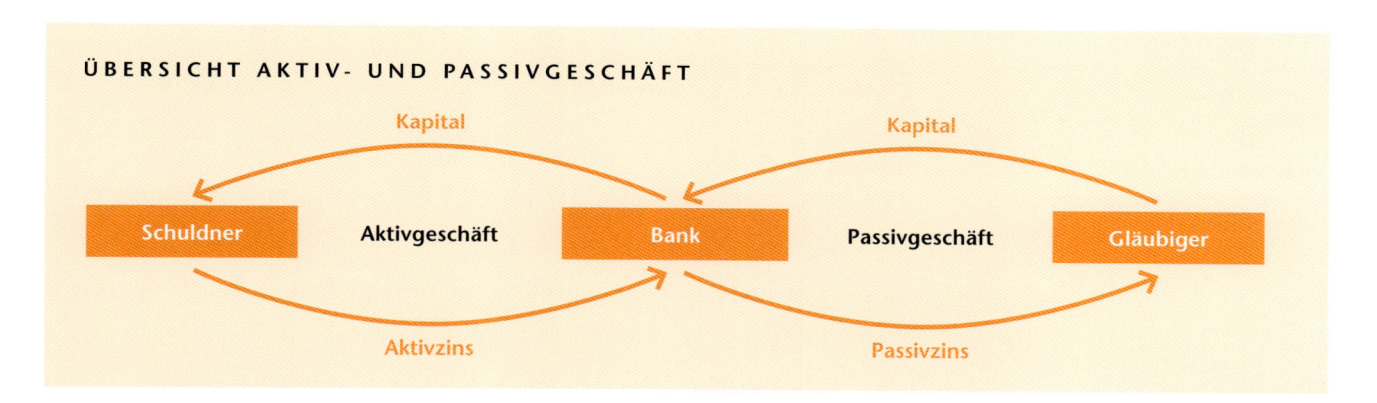

Damit die Bank etwas verdient, ist der Aktivzins höher als der Passivzins. Die Differenz nennt man Zinsmarge. Wie viel Geld eine Bank ausleihen kann, ist unter anderem abhängig von der vorhandenen Menge an Passivgeldern und ihren eigenen Mitteln. Einerseits müssen die Banken mit dem ihnen anvertrauten Geld verantwortungsvoll umgehen; andererseits müssen sie jederzeit sicherstellen, dass sie ihren Gläubigern die Gelder bei Bedarf auszahlen können.

Zinsmarge

Das Angebot an Passivgeldern und die Nachfrage nach Krediten entwickeln sich nicht gleichmässig: Ist das Wirtschaftswachstum gross, so ist die Kreditnachfrage in der Regel am stärksten. Gleichzeitig geben Konsumenten und Investoren mehr Geld aus – sie sparen also weniger.

Angebot und Nachfrage

Vertiefung

Die goldene Bankregel

Die goldene Bankregel lautet: Kurzfristige Kredite sollen mit kurzfristigem Passivgeld finanziert werden, d. h. mit Geld, das Privat- oder Firmenkunden mit einer kurzen Laufzeit bei der Bank anlegen. Langfristige Ausleihungen sollen mit langfristigem Passivgeld finanziert werden, also mit Geld, das Privat- oder Firmenkunden mit einer längeren Laufzeit bei der Bank anlegen. Anders formuliert: Eine Bank sollte immer in der Lage sein, Passivgelder im Rahmen der Kündigungsfrist zurückzuzahlen.

Die Bilanz einer Bank

Eine Bankenbilanz unterscheidet sich wesentlich von Bilanzen anderer Unternehmen *(vgl. die Bilanz der Säntis-Schwebebahn AG, Kapitel 6, S. 145)*, denn Banken sind viel stärker verschuldet als normale Unternehmen. Der Grund dafür ist, dass bei einer Bank der Anteil an Eigenmitteln markant kleiner ist als der Anteil an Fremdkapital. Dies hat mit der Vermittlerrolle der Banken zu tun: Die Spareinlagen von Kunden sind Fremdkapital und werden für die Vergabe von Krediten genutzt.

DIE VEREINFACHTE BILANZ EINER BANK

Aktiven = Verwendung Hier stehen vor allem die vergebenen Kredite; diese stellen für die Bank ein Guthaben dar.		Passiven = Herkunft Hier stehen vor allem die der Bank anvertrauten Spareinlagen; diese stellen für die Bank eine Schuld dar.	
Flüssige Mittel (= Bargeld)	14 Mia. CHF	Verpflichtungen gegenüber Banken (= Kredite von anderen Banken)	19 Mia. CHF
Forderungen gegenüber Banken (= Sichtguthaben bei anderen Banken)	15 Mia. CHF	Verpflichtungen gegenüber Kunden (= Sichtguthaben von Kunden)	67 Mia. CHF
Forderungen gegenüber Kunden und Hypothekarforderungen (= Kredite an Kunden)	52 Mia. CHF	Übrige Positionen	9 Mia. CHF
Finanzanlagen, Wertschriften, Beteiligungen	14 Mia. CHF	Eigene Mittel	5 Mia. CHF
Übrige Positionen	5 Mia. CHF		

Quelle: iconomix.ch

Doch was passiert mit den Kundengeldern, wenn eine Bank plötzlich finanzielle Probleme bekommt?

Einlegerschutz

Wenn das Gerücht entsteht, dass eine Bank in Zahlungsschwierigkeiten gerät, besteht die Gefahr, dass alle Kundinnen und Kunden ihr Geld gleichzeitig abholen wollen, und die Bank die ihr anvertrauten Gelder nicht mehr zurückzahlen kann. Um einen solchen Ansturm, einen sogenannten Bank-Run, zu verhindern, sind in der Schweiz Spargelder pro Kunde und Bank bis zu einem maximalen Betrag von CHF 100 000.– gesetzlich abgesichert. Dieser staatliche Einlegerschutz schützt die Kundinnen und Kunden vor dem Verlust ihrer Ersparnisse und verkleinert die Gefahr von Bank-Runs.

Risiken im Kreditgeschäft

Mit dem Wissen über die Aufgaben und die Risiken einer Bank, leuchtet es ein, dass eine Bank bei der Kreditvergabe sich vor allem an drei Aspekten orientiert: Liquidität, Rentabilität und Sicherheit *(vgl. Kapitel 10.2, S. 234)*. Wie wir im vorderen Abschnitt gesehen haben, ist es für eine Bank essenziell, dass die vergebenen Kredite möglichst alle zurückbezahlt werden können. Sie trägt letztlich die Verantwortung

Banken und Versicherungen

10

Banken sind im Kreditgeschäft mit erheblichen Risiken konfrontiert.

für die ihr anvertrauten Gelder. So ist vor allem die Sicherheit beim Kreditgeschäft entscheidend: Eine Bank muss sich der möglichen Risiken bewusst sein, die mit einem Kreditgesuch einhergehen. Die Risiken des Kreditgeschäfts können wie folgt unterschieden werden:

DIE DREI RISIKEN DES KREDITGESCHÄFTS

Ausfallrisiko	Dieses Risiko zeichnet sich ab, wenn sich die Bonität (Kreditwürdigkeit und Kreditfähigkeit) eines Kreditnehmers verschlechtert oder wenn er zahlungsunfähig wird. Dann kann er weder die Zinsen bezahlen noch die Schulden zurückbezahlen. Die Bank verliert unter Umständen das ausgeliehene Geld.
Zinsrisiko	Das Zinsniveau kann sich verändern, was sich auf die Zinsmarge auswirkt. Wichtig ist in diesem Zusammenhang: Eine einzelne Bank kann das Zinsniveau nicht steuern. Dieses entwickelt sich aufgrund der nationalen und internationalen Wirtschaftslage und der Geldpolitik der Zentralbanken (in der Schweiz: der Schweizerischen Nationalbank).
Ökologisches Risiko	Ein Kreditnehmer kann plötzlichen ökologischen Risiken ausgesetzt sein und in Bedrängnis geraten, beispielsweise durch Altlasten in Gebäuden oder Böden, durch Störfälle oder durch die Verschärfung von Umweltschutzauflagen.

Ablauf eines Kreditgeschäfts

Damit das langfristige Bestehen einer Bank gesichert werden kann, ist es unerlässlich, dass sie ein Kreditbegehren genau prüft. Sie muss darauf achten, ob der Schuldner den Zins- und Rückzahlungsverpflichtungen nachkommen wird. Ist dies nicht der Fall, muss die Bank das Kreditgesuch ablehnen.

Das Kreditgeschäft kann in drei Phasen eingeteilt werden: Kreditprüfung, Kreditbewilligung und Kreditüberwachung.

Vertiefung

DIE DREI PHASEN EINES KREDITGESCHÄFTS

Phase 1: **Kreditprüfung**	1. Der Kunde beantragt einen Kredit. 2. Die Bank prüft die Bonität, d.h. die Kreditwürdigkeit und -fähigkeit des Kunden, sowie den Verwendungszweck und die Sicherheiten. Je nach Finanzierungsbedürfnis und Sicherheiten kommen verschiedene Kreditarten infrage, z.B. ein Betriebs-, Investitions- oder Hypothekarkredit.
Phase 2: **Kreditbewilligung**	3. Die Bank entscheidet, ob dem Finanzierungsbedürfnis entsprochen werden kann. 4. Die Bank bietet dem Kunden einen Kredit zu bestimmten Vertragsbedingungen (Konditionen) an. 5. Der Kreditvertrag wird gegenseitig unterzeichnet; allfällige Sicherheiten kommen in den Besitz der Bank. 6. Der Kredit wird durch die Bank freigegeben.
Phase 3: **Kreditüberwachung**	7. Im Rahmen der Kreditüberwachung kontrolliert die Bank, ob die Vertragsbedingungen eingehalten werden. Dies umfasst die Überwachung von: • der Kreditbeanspruchung, • Überschreitungen, • Amortisationen (Rückzahlungen), • Zinszahlungen.

Im Folgenden werden die wichtigsten Punkte im Prozess der Kreditgewährung genauer beschrieben.

Phase 1: Kreditprüfung

Bonität

Beantragt ein Kunde einen Kredit, so prüft die Bank die sogenannte Bonität des Antragstellers. Die Bonität entspricht dem finanziellen Ruf und umfasst sowohl die Kreditwürdigkeit als auch die Kreditfähigkeit. Wie die Bank bei der Bonitätsprüfung vorgeht, erläutert die folgende Tabelle.

BONITÄTSPRÜFUNG

	Definition	Bei Privatkunden wird geprüft:	Bei Firmenkunden wird geprüft:
Kreditwürdigkeit	Die Kreditwürdigkeit zeigt auf, wie die Zuverlässigkeit des Kunden und sein Wille, einen Kredit zurückzuzahlen, einzuschätzen sind.	Charakter, Beruf, familiäre Verhältnisse, Lebensstil, Ruf, Zahlungsmoral	Charakter, Beruf und fachliches Können der Geschäftsleitung, Produkte, Reputation, Zahlungsmoral, ökologische Risiken
Kreditfähigkeit	Die Kreditfähigkeit bezieht sich auf die finanziellen Voraussetzungen des Antragstellers. Dabei werden das verfügbare Einkommen und Vermögen ins Verhältnis zur Verzinsung und Kreditrückzahlung gesetzt.	Finanzielle Situation, Handlungsfähigkeit, allfällige Verpflichtungen wie z.B. Alimente, andere Kredite oder Leasingraten	Bilanz, Liquidität, Rentabilität, Budget, bisherige Cashflow-Entwicklung, Marktstellung, zukünftige Erfolgsaussichten

Nach der Prüfung der Bonität wird der Kunde einer Ratingstufe (Bonitätsstufe) zugeteilt. Diese hat bei einer Kreditzusage einen Einfluss auf die Höhe der Zinskosten.

Verwendungszweck

Die Bank prüft auch den Verwendungszweck des Kredits. Sinnvolle und Erfolg versprechende Vorhaben werden eher finanziert als riskante und unrentable Projekte (wie z.B. eine stark überteuerte Liegenschaft oder ein verschwenderischer Lebensstil).

Sicherheiten

Neben der Bonität und dem Verwendungszweck hängt der Entscheid über die Kreditgewährung auch davon ab, ob der Antragsteller für den beantragten Kredit allfällige Sicherheiten bietet oder nicht.

Banken und Versicherungen

Blankokredit

Beim Blankokredit kann oder will der Kunde keine besonderen Sicherheiten bieten. Die Bank kann sich somit nur auf die Bonität stützen und durchleuchtet den Kunden daher umfassender. Neue Kunden und risikoreiche Projekte teilt die Bank in der Regel in eine höhere Risikoklasse ein und verlangt dementsprechend einen höheren Zins.

Gedeckte Kredite

Bei einem gedeckten Kredit stellt der Kunde der Bank neben seiner Bonität eine Sicherheit zur Verfügung. Kann der Kunde die Zinsen nicht bezahlen oder den Kredit nicht zurückzahlen, so kann die Bank die Sicherheit verwerten. Man unterscheidet dabei je nach Pfandart zwischen Lombardkredit, Hypothekarkredit und Bürgschaftskredit. Der Lombardkredit ist mit einem Faustpfand abgesichert, der Hypothekarkredit mit einem Grundpfand und der Bürgschaftskredit mit einer Bürgschaft.

ÜBERSICHT GEDECKTE KREDITE

Kreditart	Pfandart	Sicherheiten	Belehnungsgrenze
Lombardkredit	Faustpfand (Art. 884 ff. ZGB)	• Aktien • Obligationen • Edelmetalle • Lebensversicherungspolicen	• Schwankt zwischen 50% und 90% des jeweiligen Tageswertes (hängt von der Güte und der Verwertbarkeit des Pfandes ab) • Bei Lebensversicherungen der Rückkaufswert
Hypothekarkredit	Grundpfand (Art. 793 ff. ZGB)	• Grundstücke • Liegenschaften (Wohn- oder Geschäftsliegenschaften) • Eigentumswohnungen	Wert der Liegenschaft / Grundstück, davon: • erste Hypothek: maximale Belehnung 65% • zweite Hypothek: maximale Belehnung 15% • gesamte Hypothek: maximale Belehnung 80%
Bürgschaftskredit	Bürgschaft (Art. 492 ff. OR)	Eine Drittperson, der Bürge, verpflichtet sich, bei Zahlungsunfähigkeit des Kreditnehmers die Rückzahlung des Kredits zu übernehmen.	Der Bürge wird dabei genau wie der Kreditnehmer einer Bonitätsprüfung unterzogen. Davon abhängig ist die Belehnungsgrenze. Es gelten strenge Formvorschriften, z. B. schriftlicher Bürgschaftsvertrag und ab CHF 2000.– öffentliche Beurkundung.

Für die Bonitätsprüfung empfängt die Bank die Kreditsteller zu einem persönlichen Gespräch.

Phase 2: Kreditbewilligung

Kreditentscheid

Der für den Kredit zuständige Mitarbeitende verfasst ein Kreditprotokoll, das die Ergebnisse der Kreditprüfung sowie die Zusammensetzung des Kredits (Art, Höhe, Zinssatz, Sicherheiten usw.) festhält. Aufgrund dieses Protokolls entscheidet die Bank, ob sie den Kredit gewährt oder nicht. Je nach Betrag und Deckungsart liegt der Entscheid bei hierarchisch unterschiedlichen Bankinstanzen.

Kreditvertrag

Sobald die Bewilligung des Kredits erfolgt ist und wenn der Kunde mit den Bedingungen der Bank einverstanden ist, wird der Kreditvertrag unterzeichnet. Der Kreditvertrag regelt das Kreditverhältnis im Einzelnen und umfasst:
- Name der Bank,
- Name des Kreditnehmers,
- Kreditbetrag,
- Kreditform (Zweck und Kreditart),
- Konditionen (Zinssatz, Amortisationen, Kündigungsfristen, Kündigungskonditionen usw.),
- Sicherheiten,
- allgemeine Geschäftsbedingungen.

Kreditfreigabe

Wenn alle Formalitäten geregelt und die Sicherheiten im Besitz der Bank sind, wird der Kredit freigegeben. Der Kreditnehmer kann nun den vereinbarten Betrag in Anspruch nehmen.

Phase 3: Kreditüberwachung

Periodische Kontrolle

Kredite müssen auch nach der Freigabe regelmässig kontrolliert werden. Dieser Überwachungsmechanismus ist nötig, um das Risiko eines Ausfalls möglichst gering zu halten.

KONTROLLAUFGABEN

Laufend	Jährlich	Periodisch
- Zinszahlungen - Wertentwicklung der Deckung (Belehnungswert) - Überwachung der Überschreitungen - Umsatzentwicklung bei Kontokorrentkrediten - Kreditbeanspruchung bei Kontokorrentkrediten	- Vornahme der Bilanz- und Erfolgsanalyse bei Betriebskrediten - Neubeurteilung der Bonität des Bürgen	- Neuprüfung des Kreditengagements - Rückzahlung der Kredite - Bei Kontokorrentkredit: laufender Ausgleich - Bei Festvorschuss: einmalige Rückzahlung des gesamten Betrags - Bei Darlehen, Hypotheken: Amortisationen

Kreditarten

Bankinstitute gewähren, wie bereits beschrieben, verschiedene Formen von Krediten. Der Betriebskredit, der Investitionskredit sowie der Hypothekarkredit werden nachfolgend genauer beschrieben.

Betriebskredite

Mit einem Betriebskredit wird der Liquiditätsbedarf eines Unternehmens flexibel gesichert bzw. das Umlaufvermögen finanziert. Er ist dann sinnvoll, wenn Erträge später eintreffen, jedoch kurzfristig Zahlungen ausgelöst werden müssen, z. B. aufgrund von saisonalen oder konjunkturellen Schwankungen. Betriebskredite werden entweder als Kontokorrentkredit oder als Festvorschuss angeboten.

Banken und Versicherungen

Kredite für neue Maschinen zählen zu den Investitionskrediten.

BETRIEBSKREDITE

Kontokorrentkredite	Im Rahmen einer vereinbarten Kreditlimite kann der Kreditnehmer selbst entscheiden, wie viel er davon in Anspruch nehmen will. Zinsen müssen nur für den tatsächlich benützten Teil des Kredits bezahlt werden.
Festvorschuss	Der Festvorschuss ist eine fixe Geldsumme, welche die Bank mit einer bestimmten Laufzeit (in der Regel ein bis zwölf Monate) und festem Zinssatz zur Verfügung stellt. Am Ende der Laufzeit muss der Betrag auf einmal zurückbezahlt werden.

Investitionskredite

Mit einem Investitionskredit kann ein Unternehmen sein Anlagevermögen oder grössere Anschaffungen finanzieren. In den meisten Fällen werden Maschinen, EDV-Material oder Fahrzeuge so finanziert. Dieser Kredit kann in Form eines variablen Darlehens oder als Festvorschuss gewährt werden.

INVESTITIONSKREDITE

Variables Darlehen	Mit einem variablen Darlehen erhält der Kreditnehmer die Geldsumme in der Regel auf einmal. Die Rückzahlung erfolgt durch regelmässige Amortisationszahlungen. Die Kreditdauer ist abhängig von der Lebensdauer des finanzierten Objekts (z. B. Auto oder EDV). Der Zinssatz wird dem Geld- und Kapitalmarkt angepasst und ist somit variabel.
Festvorschuss	Für die Finanzierung des Anlagevermögens werden häufig grössere, genau festgelegte Geldbeträge benötigt. Dabei wird der Zinssatz auf Basis des Geld- und Kapitalmarkts berechnet und fixiert. Die Rückzahlungsbedingungen werden im Voraus festgelegt; am Ende der Laufzeit muss der Festvorschuss zurückbezahlt werden.

Hypothekarkredite

Der Hypothekarkredit, auch Hypothek genannt, dient zur Finanzierung einer Liegenschaft und ist ein langfristiges Darlehen. Als Sicherheit verlangt die Bank das finanzierte Objekt (Wohnung, Haus) als Pfand (Grundpfand). Hypothekarkredite werden mehrheitlich von Privatpersonen nachgefragt. Viele wollen sich den Traum von den eigenen vier Wänden erfüllen, und fast alle benötigen dazu einen Kredit, da Wohneigentum in der Schweiz sehr teuer ist.

Vertiefung

Eigen- und Fremdkapital
Der Eigentümer muss mindestens 20 Prozent des Kaufpreises (Bauland und Gebäude) aus eigenen Mitteln finanzieren. Der Restbetrag wird durch die Hypothek der Bank (Fremdkapital) finanziert.

Erste Hypothek
Auf Basis des Grundpfands wird die erste Hypothek gewährt. Damit hat die Bank das Recht, das Grundstück verwerten zu lassen und den Erlös zur Kreditrückzahlung zu verwenden, falls die gesicherte Forderung nicht erfüllt wird. Für die erste Hypothek besteht in der Regel keine Amortisationspflicht, also Rückzahlungspflicht.

Zweite Hypothek
Die erste Hypothek kann in der Regel bis 65 Prozent des Kaufpreises betragen. Ist dies für die Finanzierung nicht ausreichend, kann eine zweite Hypothek über weitere 15 Prozent aufgenommen werden, sodass die Belehnung maximal 80 Prozent des Kaufpreises beträgt. Aufgrund des höheren Risikos wird für die zweite Hypothek meist ein höherer Zinssatz verlangt. Zudem muss, im Gegensatz zur ersten Hypothek, die zweite Hypothek in der Regel amortisiert werden.

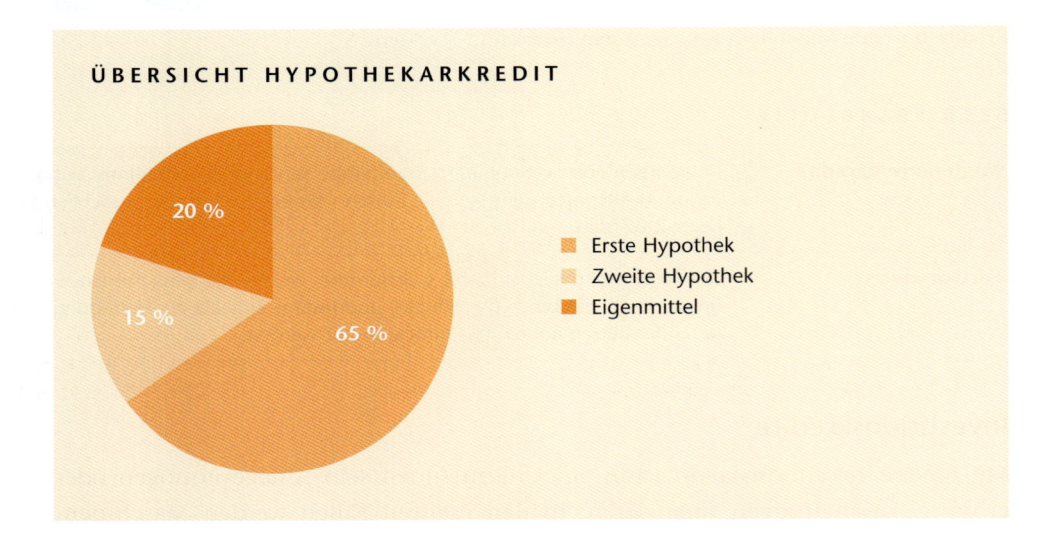

ÜBERSICHT HYPOTHEKARKREDIT

- Erste Hypothek: 65 %
- Zweite Hypothek: 15 %
- Eigenmittel: 20 %

Wer Wohneigentum kaufen möchte, braucht meistens einen Hypothekarkredit.

Eine Belehnung von bis zu 80 Prozent des Verkehrswertes birgt Risiken. Sinken beispielsweise die Preise für Immobilien, so verlangen Banken Einlagen, damit die Belehnungsgrenze wieder auf maximal 80 Prozent fällt. Verfügt ein Eigentümer in einem solchen Fall nicht über genügend liquide Mittel, kann es passieren, dass er seine Liegenschaft verkaufen muss. Auch die Zinskosten können je nach Hypothekarkredit schwanken.

Risiken für den Hypothekarnehmer

Die jährlichen Kosten einer Liegenschaft setzen sich zusammen aus:

Laufende Kosten

- den Hypothekarzinsen der ersten und zweiten Hypothek,
- der Amortisation der zweiten Hypothek,
- den Neben- und Unterhaltskosten.

ARTEN VON HYPOTHEKARKREDITEN

Hypothek	Eigenschaften	Beurteilung
Festhypothek	Die Laufzeit und der Zinssatz werden bei Vertragsabschluss festgelegt. In der Regel betragen die Laufzeiten ein bis zehn Jahre.	Festhypotheken eignen sich für Kreditnehmer, die steigende Zinsen erwarten oder die ihr Budget exakt aufstellen möchten. Der Nachteil ist, dass man nicht von sinkenden Zinsen profitiert, da der fixierte Zinssatz bis zum Vertragsablauf gilt.
Variable Hypothek	Der Zinssatz von variablen Hypotheken wird regelmässig dem Kapitalmarkt angepasst, wann und in welchem Umfang, entscheidet die jeweilige Bank. Variable Hypotheken werden meistens ohne feste Laufzeit mit einer Kündigungsfrist von sechs Monaten abgeschlossen.	Variable Hypotheken eignen sich, wenn konstante oder sinkende Zinsen erwartet werden. Der Kreditnehmer ist relativ flexibel. Er muss aber die Zinsentwicklung ständig beobachten, damit er reagieren kann, wenn die Zinsen ansteigen.
Geldmarkthypothek (Libor-Hypothek)	Die Geldmarkthypothek wird über eine feste oder unbestimmte Laufzeit abgeschlossen, wobei der Zins periodisch, z. B. alle drei Monate, angepasst wird. Der Zinssatz richtet sich nach dem Liborsatz (London Interbank Offered Rate), dem Zinssatz, zu dem Banken einander auf dem Londoner Geldmarkt Kredite gewähren.	Die Libor-Hypothek ist transparent und marktorientiert, schwankt dadurch aber auch stark. Die Bank verlangt zusätzlich eine Marge, die in Abhängigkeit von der Bonität des Kreditnehmers berechnet wird. Die Hypothek eignet sich für Kreditnehmer, die sinkende oder konstant tiefe Zinsen erwarten und höhere Zinsen, falls nötig, jederzeit bezahlen könnten.

Welche Hypothek man am besten wählt, hängt also von den Zinserwartungen und den finanziellen Reserven ab. Es sind auch Mischformen möglich, z. B. kann man die eine Kredithälfte als Festhypothek abschliessen und die andere als Libor-Hypothek.

Weitere Bankgeschäfte

Das Kerngeschäft der klassischen Bank ist, wie bereits erwähnt, das Zinsdifferenzgeschäft, also die Vergabe von Krediten, die über Einlagen der Kunden finanziert werden, wobei die Bank daran verdient, dass die Kreditzinsen höher sind als die Zinsen auf den Einlagen. Mit der Zeit erweiterten die Banken jedoch ihre Geschäfte.

Fast alle Banken sind heute auch im sogenannten Kommissionsgeschäft tätig. Die Bank erbringt gegen eine Entschädigung, Kommission genannt, Dienstleistungen für ihre Kundinnen und Kunden. Zu diesen Dienstleistungen gehört die Vermögensverwaltung, also die Bewirtschaftung von privaten Vermögen nach den Vorstellungen der Eigentümer. Ein anderes wichtiges Kommissionsgeschäft ist das sogenannte Investmentbanking. Dabei geht es zu einem guten Teil um die Unterstützung von

Kommissionsgeschäft

Vertiefung

Unternehmen bei Finanzmarktgeschäften, etwa wenn ein Unternehmen Aktien oder Obligationen ausgibt oder wenn Unternehmen fusionieren wollen. In beiden Fällen tritt die Bank in erster Linie als Beraterin auf. Die Bank macht also selbst keine eigenen Geschäfte, sondern verdient an den Honoraren für die erbrachte Leistung.

Eigenhandel

Daneben engagieren sich viele Banken, insbesondere die Investmentbanken, inzwischen stark beim Handel mit Wertpapieren auf eigene Rechnung. Bei diesem sogenannten Eigenhandel handelt es sich nicht um ein Geschäft für Kunden, sondern die Bank tritt direkt als Käuferin oder Verkäuferin von Wertpapieren auf, mit dem Ziel, einen Gewinn zu erzielen. Im Gegensatz zum Kommissionsgeschäft ist die Bank beim Eigenhandel Eigentümerin der Wertpapiere. Sie handelt also im eigenen Namen und auf eigene Rechnung. Diese Wertpapiere sind also – ebenso wie die Kredite an Unternehmen und Private – Teil der Bankbilanz. Der Eigenhandel ist ein sehr riskantes Geschäft. Banken können damit viel Geld verdienen, aber in kaum einem anderen Bereich kann so viel Geld rasch verloren gehen.

Finanzmarktgesetze

Um die Risiken von Banken zu verringern, verlangen die Schweizer Finanzmarktgesetze, dass die obersten Bankorgane Gewähr für eine einwandfreie Geschäftstätigkeit bieten. Damit soll insbesondere das Vertrauen des Publikums in die Institute und das Ansehen des Finanzplatzes gewahrt werden. Ausdrücklich verlangt wird eine angemessene Risikobeurteilung, der Einsatz von Kontrollinstrumenten sowie die Einhaltung und Sicherstellung der Compliance bzw. Regelkonformität, beispielsweise durch interne Schulungen.

Bankdienstleistungen

Die folgende Übersicht gibt einen Einblick in die Vielfalt von Bankdienstleistungen geordnet nach Geschäftsbereichen.

BANKDIENSTLEISTUNGEN NACH GESCHÄFTSBEREICHE

Privatkundengeschäft oder Retailbanking	Kredit-, Einlagen-, Zahlungsverkehr- und Wertpapiergeschäft bei inländischen Privatkunden mit einem verfügbaren Vermögen von bis zu einer halben Million Schweizer Franken
Private Banking	Sämtliche Finanzdienstleistungen für Kunden aus dem In- und Ausland mit einem verfügbaren Vermögen von über einer halben Million Schweizer Franken
Firmenkundengeschäft	Finanzdienstleistungen für kleinere und mittlere Unternehmen (KMU), grosse und multinationale Unternehmen sowie öffentlichen Institutionen, und zwar von der einfachen Zahlungsausführung bis hin zu komplexen Kreditfinanzierungen in verschiedenen Ländern und Währungen
Asset Management	Fachkundige Beratungsdienstleistungen sowie Produktangebote für private und institutionelle Kunden, umfasst sowohl traditionelle Anlageinstrumente (wie Aktien oder Obligationen) als auch alternative Anlageinstrumente (wie Rohstoffe, Immobilien oder verantwortungsvolle Anlagen)
Investment Banking	Dienstleistungen für Unternehmen bei der Emission bzw. Ausgabe von Anleihen und Aktien sowie bei Akquisitionen und Fusionen

Banken und Versicherungen

Die meisten Schweizer Banken sind sogenannte Universalbanken. Das sind Banken, die in ganz verschiedenen Geschäftsbereichen tätig sind und demnach ganz unterschiedliche Bankdienstleistungen anbieten, etwa das Kreditgeschäft, das Einlagengeschäft, die Vermögensverwaltung, die Anlageberatung, den Zahlungsverkehr, die Ausgabe von Anleihen und Aktien sowie Finanzanalysen.

Banken in der Schweiz

ARTEN VON BANKEN IN DER SCHWEIZ

Grossbanken	Diese bieten alle Geschäfte an, inklusive Investment Banking. Sie sind zudem z. T. stark international ausgerichtet. Beispiele sind die Credit Suisse AG und die UBS AG.
Kantonalbanken	Die gesetzliche Grundlage der Kantonalbanken ist im kantonalen Recht geregelt und der jeweilige Kanton ist mit mehr als einem Drittel des Kapitals und der Stimmen beteiligt. Kleinere Kantonalbanken bieten vorwiegend das Spar- und Hypothekargeschäft an, grössere Kantonalbanken hingegen sind typische Universalbanken.
Privatbankiers	Diese bieten in erster Linie Vermögensverwaltung für Privatkunden an und sind als Einzelfirma, Kollektiv- oder Kommanditgesellschaften organisiert.
Regionalbanken und Sparkassen	Im Gegensatz zu den Kantonalbanken ist ihr geografisches Tätigkeitsgebiet meist kleiner. Sie bieten vor allem das Zinsgeschäft mit Hypothekar- und Unternehmenskrediten sowie das Retailbanking an.
Raiffeisenbanken	Sie sind als einzige Bankengruppe genossenschaftlich organisiert. Sie konzentrieren sich vorwiegend auf das Retailbanking.

GELDPOLITIK, NEGATIVZINSEN UND GEBÜHREN

In der ersten Jahreshälfte 2011 verschärfte sich die Lage in der Eurozone aufgrund der internationalen Finanzkrise und der Aufwertungsdruck auf den Schweizer Franken wurde markant verstärkt. Dies belastete die Exportindustrie der Schweiz stark. Vor diesem Hintergrund gab die Schweizerische Nationalbank (SNB) am 6. September 2011 die Einführung eines Mindestkurses von Fr. 1.20 zum Euro bekannt. Um diesen zu halten, musste die SNB das Angebot an Franken stark ausweiten und im grossen Masse Fremdwährungen kaufen. So verdoppelten sich die Devisenanlagen der Nationalbank in drei Jahren von 280 Mrd. Franken (August 2011) auf 510 Mrd. Franken (Dezember 2014). Die sehr lockere Geldpolitik der Europäischen Zentralbank verschärfte die Situation, sodass die Nationalbank immer mehr Devisen kaufen musste, um den Mindestkurs zu halten. Deshalb entschied sich die SNB am 15. Januar 2015, den Mindestkurs aufzugeben und zu einer eigenständigen Geldpolitik mit flexiblen Wechselkursen zurückzukehren.

Seit dem 22. Januar 2015 verlangt die SNB auf bei ihr gehaltenen Girokonten von Finanzinstituten einen Zins von –0,75 %. Statt unbegrenzt Fremdwährungen zu kaufen und die Geldversorgung weiter aufzublasen, gestaltet die Nationalbank nun die möglichen Anlagen in Franken unvorteilhaft, indem sie mit den Negativzinsen den Renditeunterschied zu Engagements in anderen Währungen vergrössert hat. Dennoch wachsen die Devisenreserven der SNB weiter: Allein bis Ende 2015 sind die Reserven um gut 83 Mrd. Franken angestiegen und erreichten einen Gesamtbestand von 593 Mrd. Franken.

Die Negativzinsen der SNB haben den Margendruck bei den Banken erhöht: Unter den Bankkunden ist eine Art Zweiklassen-Gesellschaft entstanden: Hier die Kleinsparer und Firmenkunden, deren Passivzinsen noch künstlich knapp über Null gehalten werden. Auf der anderen Seite institutionelle Grossanleger, denen von gewissen Instituten der Negativzins auf Sichtguthaben berechnet wird. Doch sämtliche Anleger sind mit erhöhten Gebühren beispielsweise für Kontoauflösung, Kreditkartengebühren sowie Gebühren im Zahlungsverkehr konfrontiert.

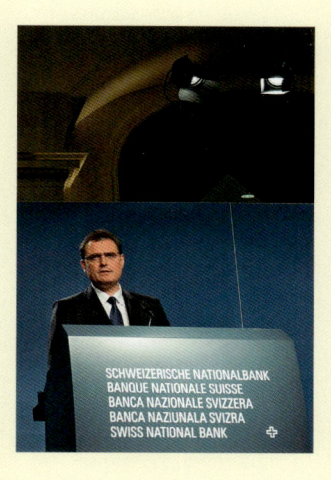

Quellen: SNB, Neue Zürcher Zeitung, Finanz und Wirtschaft

> Vertiefung

10.2 Anlagestrategien

Anlageziele

Anleger müssen wissen, welche Ziele sie mit der Geldanlage erreichen wollen. Dabei spielen auch hier die drei Aspekte Rentabilität, Liquidität und Sicherheit eine wichtige Rolle *(vgl. Kapitel 10.1)*:

- Rentabilität: Ich will einen möglichst hohen Ertrag.
- Liquidität: Ich will jederzeit über das angelegte Geld verfügen können.
- Sicherheit: Ich will kein Geld verlieren.

Diese drei Ziele können nicht alle gleichermassen erreicht werden und müssen daher gegeneinander abgewogen werden. Man spricht daher auch vom magischen Dreieck der Geldanlage.

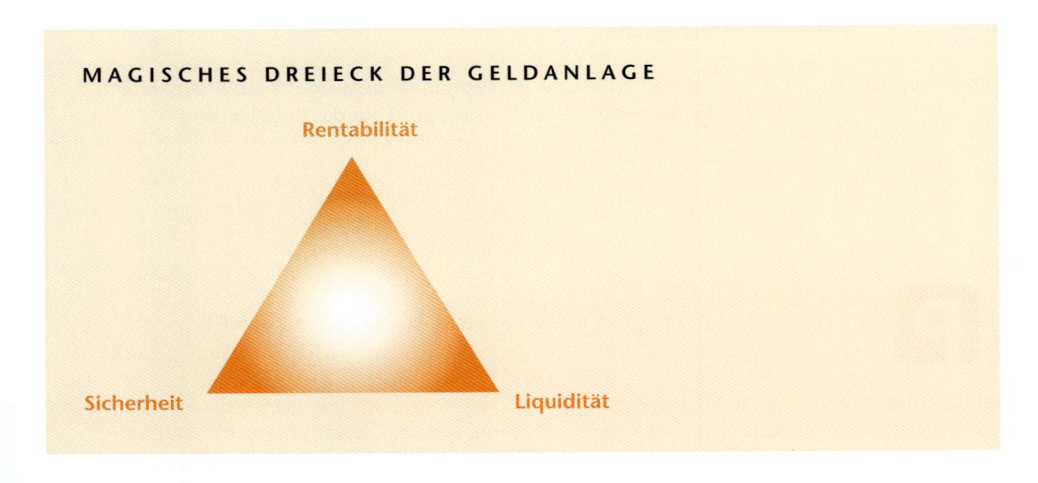

MAGISCHES DREIECK DER GELDANLAGE

- Rentabilität
- Sicherheit
- Liquidität

Neben diesen drei Zielen spielen bei der Geldanlage meist noch zwei weitere Aspekte eine Rolle: Steuervorteile und Nachhaltigkeit.

Steuervorteile — Mit bestimmten Geldanlagen können Steuern gespart werden. Ein Beispiel dafür ist das steuerbegünstigte Sparen im Rahmen der freien Altersvorsorge der Säule 3a.

Nachhaltigkeit — Anleger investieren ihr Geld immer mehr in nachhaltige Anlageprodukte. 2014 erreichten die unter Nachhaltigkeitskriterien verwalteten Vermögen in der Schweiz einen Wert von 71,3 Milliarden Franken, rund 26 % mehr als im Vorjahr. Beispiele für nachhaltige Anlagen sind erneuerbare Energien, umweltschonende Produktionen oder soziale Projekte *(vgl. Kapitel 3.2)*. Bei solchen Anlagen stehen weniger Rentabilität und Gewinnstreben im Fokus als vielmehr ökologische, soziale und ethische Aspekte. Immer mehr Anleger wollen wissen, was das Unternehmen, in das sie investieren, für Geschäfte macht und wie es mit der Umwelt, den natürlichen Ressourcen, den Mitarbeitenden und den anderen Anspruchsgruppen umgeht.

Banken und Versicherungen 10

Welcher Anlagetyp sind Sie? Beratungsgespräch bei der Postfinance.

Wer eine Anlage tätigen will, sollte zuerst eine passende Anlagestrategie finden. Hierfür muss man wissen, welcher Anlagehorizont (Dauer der Geldanlage) verfolgt wird und welcher Anlagetyp einem am ehesten entspricht. Die Entscheidung für einen Anlagetyp hängt stark von der Risikobereitschaft und der Risikofähigkeit ab, also von den beiden Fragen: Wie viel Risiko will ich eingehen? Und wie viel Risiko kann ich eingehen? Grundsätzlich werden drei Anlagetypen unterschieden:

- spekulative Anlage – renditeorientiert (hohes Risiko),
- ausgewogene Anlage – wachstumsorientiert (mittleres Risiko),
- konservative Anlage – sicherheitsorientiert (geringes Risiko).

Anlagetypen

Formen der Geldanlage

Nachdem eine passende Anlagestrategie gefunden worden ist, stellt sich die Frage, in welcher Form die Geldanlage getätigt werden soll.

ANLAGEMÖGLICHKEITEN

Traditionelle Anlageformen		
	Beschreibung	**Bewertung**
Sparkonto	Einlagen bei Kreditinstituten (Banken oder Postfinance). Die unbefristete Geldanlage steht im Zentrum. Das angelegte Geld wird nicht für den Zahlungsverkehr verwendet.	Die Verzinsung ist zurzeit sehr gering. Sofortige Verfügbarkeit ist nur bis zu einem definierten Betrag gegeben, ansonsten fallen Gebühren an.
Obligationen	Verzinsliches Wertpapier mit längerfristigem Charakter und vertraglich festgelegter Laufzeit	Der Inhaber erhält zum vereinbarten Zeitpunkt den Zins sowie zum Ablaufdatum den einbezahlten Betrag zurück. Obligationen gelten als eine vergleichsweise sichere Geldanlage.
Aktien	Wertpapier, das eine Beteiligung an einer Aktiengesellschaft (AG) und damit einen bestimmten Anteil des Grundkapitals beurkundet.	Aktien erfolgreicher Unternehmen können überdurchschnittliche Kursgewinne ermöglichen. Bei ungünstigem Geschäftsverlauf oder Börsencrashs kann es jedoch zu sehr hohen Kursverlusten kommen.
Aktienfonds	Form der Geldanlage, bei der zur Risikoverteilung in unterschiedliche Aktien investiert und die Gelder verschiedener Anleger zusammengefasst werden. Angeboten werden u. a. regionale Fonds (z. B. Aktien von Firmen aus Fernost) und Branchenfonds (z. B. Aktien von Pharmafirmen).	Aufgrund der Diversifizierung in verschiedene Aktien gilt diese Anlageform als weniger riskant als direkte Aktienanlagen. Jedoch können auch hier Kursschwankungen zu empfindlichen Verlusten führen.

235

Vertiefung

Alternative Anlageformen		
	Beschreibung	**Bewertung**
Private Equity	Beteiligungsform für private oder institutionelle Anleger (Kapitalbeteiligungsgesellschaften), die nicht an geregelten Märkten (Börsen) handelbar ist. Das Kapital wird zum Beispiel Jungunternehmen zur Verfügung gestellt. Man spricht in diesem Zusammenhang auch von Venture Capital (Wagniskapital).	Diese Anlageform birgt einerseits ein hohes Risiko, andererseits bestehen auch grosse Wachstums- und Renditechancen.
Rohstoffe	Edelmetalle, wie Gold und Silber, können entweder direkt gekauft werden oder mittels Investitionen in Zertifikate oder Fonds erworben werden. Auf diese Weise werden Rohstoffe, wie Edelmetalle, aber auch Lebensmittel, wie Weizen oder Kaffee, handelbar gemacht.	Rohstoffanlagen bieten ein attraktives Renditepotenzial und können zur Portfoliodiversifikation eingesetzt werden. Jedoch unterliegen solche Anlagen grossen Wertschwankungen.
Immobilien	Eine Anlage in Immobilien kann direkt in ein Gebäude erfolgen oder indirekt, z. B. über Immobilienaktien und Immobilienfonds.	Wer in Immobilien investiert, sollte dies längerfristig tun. Einerseits können regelmässige Erträge generiert werden, andererseits kann es zu langen Phasen mit fallenden Preisen kommen.
Verantwortungsvolle Anlagen	Viele Anlegerinnen und Anleger zeigen ein verstärktes Bewusstsein für Nachhaltigkeit *(vgl. Kapitel 3)*. Investiert wird in ökologisch überzeugende, sozial verantwortungsvolle und wirtschaftlich tragbare Projekte, z. B. direkt in Unternehmen oder mittels Themenfonds, etwa im Bereich Wasser oder erneuerbare Energien.	Solche Anlagen leisten einen Beitrag zur langfristigen Wertschöpfung und unterstützen die Umwelt und Gesellschaft. Auch finanziell können sich solche Anlagen durchaus lohnen.

Wie wir schon bei den Anlagezielen gesehen haben, stehen Risiko und Rendite bei der Geldanlage in einem direkten Zusammenhang: Je höhere Risiken man wählt, desto höhere Renditen sind möglich. Andererseits steigt mit zunehmendem Risiko auch die Verlustwahrscheinlichkeit und Verlusthöhe.

Die folgende Grafik zeigt die Renditechancen und -risiken ausgewählter Formen der Geldanlage. Danach werden die beiden Wertpapiere Aktie und Obligation aus der Sicht des Anlegers noch genauer beschrieben.

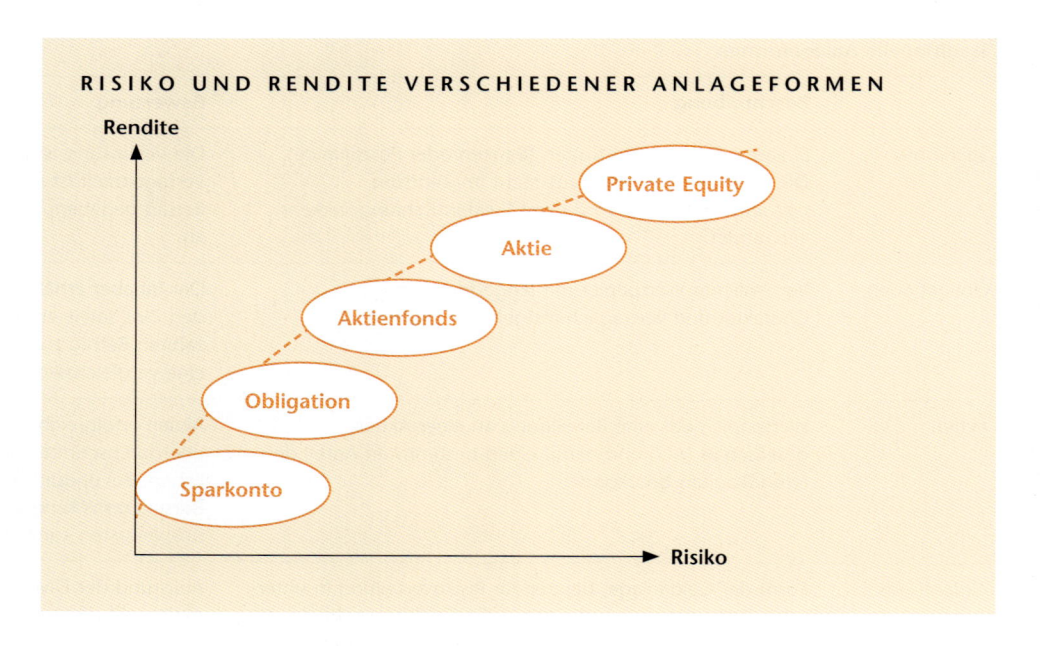

RISIKO UND RENDITE VERSCHIEDENER ANLAGEFORMEN

(Grafik: Rendite vs. Risiko – Sparkonto, Obligation, Aktienfonds, Aktie, Private Equity)

Obligation

Obligationen sind Wertpapiere über eine festverzinsliche Schuldverpflichtung mit vertraglich festgelegter Laufzeit. Der Inhaber erhält also zum jeweils abgemachten Zeitpunkt den Zins sowie zum Ablaufdatum den einbezahlten Betrag zurück. Obligationen stellen für den Herausgeber Fremdkapital dar und würden im Fall eines Konkurses vor dem Eigenkapital zurückbezahlt. Sie sind eine vergleichsweise sichere Finanzanlage mit nur geringen Kursschwankungen. Inhaber von Obligationen erhalten aber, im Gegensatz zu Inhabern von Aktien, keine Rechte in der Mitwirkung oder am Vermögen des Unternehmens.

Aktie

Aktien sind Beteiligungspapiere: Die Besitzer beteiligen sich am Unternehmen und werden durch den Besitz der Papiere zu Miteigentümern *(vgl. Kapitel 6.1, S. 140)*. Sie sind also am Vermögen und Gewinn der Aktiengesellschaft beteiligt. Aktien erfolgreicher Unternehmen sind sehr beliebt, da sie überdurchschnittliche Kursgewinne ermöglichen. Bei ungünstigem Geschäftsverlauf kann es aber auch zu hohen Kursverlusten kommen – sogar zu 100 Prozent, wenn das Unternehmen Konkurs geht.

Aktien von Publikumsgesellschaften lassen sich rasch erwerben und wieder verkaufen. Hinzu kommt, dass sie jederzeit an der Börse handelbar sind. Sie gewähren damit eine hohe Liquidität und sind deshalb für Anleger attraktiv.

Liquidität

Die Aktie entspricht einem Bruchteil des Aktienkapitals einer AG. Der Nennwert berechnet sich wie folgt:

Nennwert

$$\text{Nennwert der Aktie} = \frac{\text{Aktienkapital}}{\text{Anzahl Aktien}}$$

Mitgliedschaftsrechte: Ein Aktionär auf dem Weg zur Generalversammlung.

Vertiefung

Aktienkurs
Der Aktienkurs zeigt den aktuellen Wert einer Aktie an. Zu diesem Preis kann man die Aktie kaufen oder verkaufen. Der Aktienkurs ändert sich laufend und kann um ein Vielfaches über oder unter dem Nennwert liegen.

Wer Aktien eines Unternehmens besitzt, ist Miteigentümer am Unternehmensvermögen und hat somit Vermögens- und Mitgliedschaftsrechte:

Vermögensrechte
Zu den Vermögensrechten zählen das Recht auf Dividende (Anteil am Gewinn, der jährlich an die Aktionäre ausgeschüttet wird), das Recht auf einen Anteil am Liquidationsergebnis sowie das Bezugsrecht für neue bzw. zusätzliche Aktien bei Aktienkapitalerhöhungen oder Fusionen.

Mitgliedschaftsrechte
Die Mitgliedschaftsrechte beziehen sich vor allem auf die Mitsprache an der mindestens einmal jährlich stattfindenden Generalversammlung (GV), dem obersten Organ der Aktiengesellschaft. An der GV haben Aktionäre die folgenden Rechte:
- Recht auf Einladung und Zustellung der Traktandenliste,
- Recht auf Teilnahme (persönlich oder durch Vertretung),
- Stimm- und Wahlrecht,
- Recht auf Antrag und Meinungsäusserung,
- Recht auf Einspruch bei gesetzes- und statutenwidrigen Beschlüssen.

Partizipationsscheine
Aktiengesellschaften können auch sogenannte Partizipationsscheine herausgeben; das sind Wertpapiere, die eine Beteiligung am Unternehmensgewinn, aber – im Gegensatz zu Aktien – keine Mitgliedschaftsrechte umfassen.

Börse

Handelsplatz ohne Güter
Eine Börse ist ein organisierter Handelsplatz, an dem Angebot und Nachfrage zusammentreffen und Käufe und Verkäufe abgewickelt werden. Diese Transaktionen können ganz unterschiedliche Güter betreffen, z. B. Wertpapiere, Renten und Waren. Der Unterschied zum klassischen Markt liegt darin, dass an der Börse die Güter nicht physisch vorhanden sind bzw. nicht physisch ausgetauscht werden.

Börsenarten
Nach Art der Transaktionen kann man folgende Arten von Börsen unterscheiden:
- Warenbörsen: Handel von Waren, wie z. B. Edelmetallen, Rohöl, Kaffee
- Wertpapierbörsen: Handel mit Aktien und Obligationen
- Terminbörsen: Handel mit Warentermingeschäften und Derivaten (handelbare Rechte zur Verteilung des Risikos)
- Devisenbörsen: Handel mit Fremdwährungen
- Dienstleistungsbörsen: Handel mit Verkehrs- und Versicherungsgeschäften, z. B. Schifffahrtsfrachten

Börsenformen
Die klassische Form der Börse ist die Präsenzbörse, d. h., die Makler treffen sich vor Ort und schliessen mündlich ihre Geschäfte ab. Dies kann im Eigenhandel oder im Auftrag von Kunden erfolgen. Bei Computerbörsen, wie z. B. dem vollelektronischen Handelsplatz Xetra, übernimmt ein Computerprogramm die Berechnungen und die Kommunikation. Gemäss Eingaben am Computer übernimmt das Programm den Handel, berechnet die Kurse (z. B. den Tagesdurchschnitt) und wickelt die Geschäfte ab. Heute wird weltweit der Hauptanteil des Umsatzes über solche computergestützten Börsen abgewickelt.

Banken und Versicherungen

Wichtige Handelsplätze

Die grösste Schweizer Börse, die SIX Swiss Exchange, hat ihren Sitz in Zürich. International liegen die beiden wichtigsten Börsen in New York, nämlich die New York Stock Exchange und der Nasdaq. Wichtige Handelsplätze sind ferner die Börsen von Tokio, London und Frankfurt.

Börsenkurs

Während der Handelszeiten ändert sich der Preis der Güter laufend – entsprechend den Änderungen in Angebot und Nachfrage. Diese Preisentwicklung eines an der Börse gehandelten Guts bezeichnet man als Börsenkurs. An der Entwicklung des Börsenkurses kann man erkennen, wie der Markt auf Informationen zu einem Unternehmen reagiert und welche Wertveränderungen der Markt einem Unternehmen zuschreibt. Am meisten interessieren dabei die Veränderungen im Tages- und Wochenverlauf.

Börsenindex

Ein Börsenindex ist eine Kennzahl über die Entwicklung ausgewählter Börsenkurse. Ein Aktienindex beispielsweise setzt sich aus verschiedenen Aktienkursen zusammen und repräsentiert so in der Summe die Kursentwicklung des entsprechenden Teilmarkts. Aktienindizes sind daher einfache, aber nützliche Stimmungsbarometer («Börsenbarometer») für einzelne Volkswirtschaften oder für einzelne Wirtschaftsbereiche. Bekannte Aktienindizes sind z. B. der SMI (für schweizerische Aktien), der DAX (für deutsche Aktien), der Dow Jones Industrial Average und der NASDAQ (beide für US-amerikanische Aktien).

Die Börse ist ein organisierter Handelsplatz, an dem Angebot und Nachfrage zusammentreffen.

Vertiefung

10.3 Versicherungen

Alle würden gerne zufrieden und sorgenfrei leben, doch das Leben birgt auch Risiken. So können wir zum Beispiel plötzlich verunfallen oder es kann zu einem Wohnungsbrand kommen. Versicherungen können uns nicht vor solchen Gefahren schützen, sie können aber den finanziellen Schaden absichern. So verhindert eine Vollkaskoversicherung keinen Autounfall, deckt aber die Kosten ab, die uns der Unfall verursacht.

Versicherungsbranche

Die Versicherungsbranche ist umsatzmässig eine der bedeutendsten Branchen in der Schweiz. Es gibt über 200 private Versicherungsgesellschaften, und im Durchschnitt gibt eine Familie ca. 20 % ihres Einkommens für obligatorische und freiwillige Versicherungen aus. Die Versicherungsmöglichkeiten sind heute fast unbeschränkt. So lassen Schauspielerinnen, Sängerinnen, Models und Fussballer sogar Stimme, Po, Busen und Beine versichern.

Kollektive Risikoübernahme

Wie funktioniert eine Versicherung? Wer eine Versicherung abschliesst, bezahlt eine sogenannte Prämie an die Versicherungsgesellschaft. Tritt nun ein Schadensfall ein, so übernimmt die Versicherungsgesellschaft aus der Summe der eingegangenen Prämien den finanziellen Schaden, allerdings nur bis zu einer vertraglich festgelegten Schadensobergrenze. Versicherungsgesellschaften können diese Leistung deshalb ausrichten, weil sie mit einer grossen Anzahl Personen Verträge abschliessen und nur ein Teil der versicherten Personen einen Schaden erleidet. Dieses Prinzip, Risiken zusammenzulegen, nennt man kollektive Risikoübernahme.

Moral Hazard

Versicherungsanbieter müssen den Effekt des sogenannten Moral Hazard (moralisches Risiko) berücksichtigen. Darunter versteht man den Anreiz einer versicherten Person, sich weniger Mühe zu geben, einen Schadensfall zu verhindern, weil der finanzielle Schaden ja gedeckt ist. So gehen die meisten von uns z. B. mit einer neuen Fotokamera sorgfältiger um, wenn sie nicht versichert ist, als wenn sie gegen Beschädigung und Diebstahl versichert ist. Gehen viele versicherte Personen solche unnötigen Risiken ein, kommt es zu mehr Schadensfällen, was dazu führt, dass die Kosten für die Versicherungsgesellschaften steigen und damit die Prämien für alle erhöht werden müssen.

Selbstbehalt

Eine Möglichkeit, wie Versicherungsgesellschaften dem Phänomen Moral Hazard begegnen können, ist das Verlangen eines Selbstbehalts. Die versicherte Person muss also im Schadensfall einen Teil der Kosten, z. B. die ersten 200 Franken, selbst tragen. Damit sinkt der Anreiz für die Versicherten, mehr Risiken einzugehen. Zudem kann die Versicherungsgesellschaft mit einem Selbstbehalt verhindern, dass die Versicherten jede Kleinigkeit melden. Ferner zahlen viele Versicherungsgesellschaften nichts oder nur einen Teil der Versicherungssumme, wenn sich die geschädigte Person fahrlässig verhalten hat.

Banken und Versicherungen

Unser Leben steckt voller Risiken.

Die Leistungen der Versicherung sowie die weiteren Bedingungen des Versicherungsvertrags sind in der sogenannten Versicherungspolice festgehalten.

Versicherungspolice

Die Höhe der Versicherungsprämie hängt vom verkauften Schutz ab: Je höher die Versicherungsleistung im Schadensfall und die Wahrscheinlichkeit des Schadens ist, desto teurer ist die Versicherung. So ist es beispielsweise risikoreicher, einer 80-jährigen Frau eine Spitalzusatzversicherung anzubieten als einer 25-jährigen Frau, weil die Wahrscheinlichkeit höher ist, dass die ältere Frau in naher Zukunft im Spital behandelt werden muss. Stehen die Versicherungsgesellschaften im Wettbewerb und besteht Transparenz bezüglich der angebotenen Versicherungsleistungen, gleicht sich der Preis des Versicherungsschutzes unter den verschiedenen Anbietern aus, sodass für ähnliche Leistungen ähnliche Prämien resultieren.

Versicherungsprämie

Die meisten Menschen denken nur ungern an die Risiken, die sie eingehen. Bei gewissen Risiken, wie z. B. Invalidität oder Unfall, können die Folgen für uns aber existenziell sein. In diesen Fällen ist der Versicherungsschutz oft gesetzlich vorgeschrieben. Zudem sind auch viele Versicherungen obligatorisch, die Risiken abdecken, die nicht uns selbst betreffen, sondern andere Personen, wie z. B. im Strassenverkehr.

Obligatorische Versicherungen

ÜBERSICHT WICHTIGE VERSICHERUNGEN

	obligatorisch	freiwillig
Haftpflichtversicherungen	Motorhaftpflichtversicherung	Privathaftpflichtversicherung
Sachversicherungen	Gebäudeversicherung	Rechtsschutzversicherung Diebstahlversicherung
Personenversicherungen	Krankenversicherung (Grundversicherung) Unfallversicherung (UV) Invalidenversicherung (IV) Erwerbsersatzordnung (EO) Alters- und Hinterlassenenversicherung (AHV) Pensionskasse	Krankenversicherung (Zusatzversicherung) Private Vorsorge Private Unfallversicherung Hausratversicherung (in einigen Kantonen obligatorisch)

Vertiefung

Haftpflichtversicherungen

Wer einem anderen einen Schaden zufügt, haftet dafür, wenn ihn ein Verschulden trifft oder wenn eine Kausalhaftung besteht. Eine solche Haftung kann schnell sehr teuer werden, insbesondere auch dann, wenn Personen verletzt oder gar getötet werden. Hat man eine Haftpflichtversicherung abgeschlossen, übernimmt die entsprechende Versicherungsgesellschaft den Schadenersatz, den man der geschädigten Person schuldig ist. Eine Haftpflichtversicherung bezahlt jedoch keine Schäden, die einem selbst entstanden sind. Beispiele für Haftpflichtversicherungen sind die Motorfahrzeughaftpflichtversicherung für Schäden im Strassenverkehr oder die Privathaftpflichtversicherung für Schäden von Drittpersonen.

Sachversicherungen

Sachversicherungen beziehen sich auf das persönliche Eigentum. So decken z. B. Kasko- und Teilkaskoversicherungen Schäden am eigenen Fahrzeug durch Diebstahl, Elementarereignisse (z. B. Hagel, Feuer, Sturm) oder Vandalismus und Marderbisse. Eine Rechtsschutzversicherung übernimmt die Abklärungen und Expertisen zu einem Rechtsfall, stellt und bezahlt einen Anwalt und übernimmt gegebenenfalls die Prozesskosten. Die Hausratversicherung bzw. Mobiliarversicherung trägt Schäden im Haushalt des Versicherten, die etwa durch Feuer, Wasser, Glasbruch oder Diebstahl entstanden sind. Der Abschluss einer Hausratversicherung wird sehr empfohlen. Oft wird auch im Mietvertrag verlangt, dass der Mieter seinen Hausrat versichert hat.

Unter- und Überversicherung

Bei der Hausratversicherung ist es sehr wichtig, dass man der Versicherungsgesellschaft den genauen Neuwert der versicherten Gegenstände mitteilt. Ist die versicherte Summe grösser als der Wert des Hausrats, spricht man von einer Überversicherung. In diesem Fall zahlt man zu hohe Prämien und erhält in einem Schadensfall dennoch nur den Neuwert des tatsächlich vorhandenen Hausrats ersetzt. Ist die versicherte Summe kleiner als der Wert der Dinge, entsteht eine sogenannte Unterversicherung. Dann werden im Schadensfall alle Leistungen der Versicherung im Verhältnis zur Unterdeckung gekürzt.

BEISPIEL ZUR UNTERVERSICHERUNG

Versicherungssumme gemäss Police	CHF 30 000.–
Tatsächlicher Wert des Hausrats	CHF 50 000.–
Schaden durch Zimmerbrand	CHF 15 000.–
Versicherung bezahlt 3/5 des Schadens	CHF 9000.–
Nicht gedeckter Schaden	CHF 6000.–

Personenversicherungen

Personenversicherungen dienen der Absicherung der Risiken, die in einer Person selbst liegen, also z. B. Unfall, Krankheit, Pension oder Tod. Viele dieser Versicherungen sind obligatorisch und zählen zu den sogenannten Sozialversicherungen. Sie sollen verhindern, dass wir in finanzielle Not geraten. Die Gesamtheit der Sozialversicherungen bezeichnet man auch als das soziale Netz. Das soziale Netz der Schweiz ist gut ausgebaut und bietet den hier lebenden und arbeitenden Menschen einen weitreichenden Schutz, z. B. in Form der Kranken-, der Unfall-, der Invaliden- und der Arbeitslosenversicherung sowie den beiden obligatorischen Säulen der Altersvorsorge (AHV und Pensionskasse).

Banken und Versicherungen

Es kommt vor, dass ein Grossereignis, z. B. ein Erdbeben oder eine Überschwemmung, viele Versicherte gleichzeitig trifft und die Summe der Prämien nicht mehr zur Schadenstilgung ausreicht. Für diesen Fall sind auch die Versicherungsgesellschaften selbst versichert, und zwar bei einem sogenannten Rückversicherer.

Rückversicherer

Für Unternehmen sind folgende Versicherungen zwingend:
- Sozialversicherungen (AHV, IV, ALV, EO, Pensionskasse): Die Arbeitgeber und Arbeitnehmer teilen sich die Prämien meist hälftig.
- Unfallversicherung (UVG) und Nichtbetriebsunfall-Versicherung (NBU, bei Anstellungsgrad von mehr als 8 Stunden pro Woche): Die Prämien der UVG gehen zu Lasten des Arbeitgebers, die Prämien der NBU zu Lasten des Arbeitnehmers.

Versicherungen für Unternehmen

Viele Unternehmen schliessen zudem freiwillig auch noch die folgenden Versicherungen ab:
- Unfallversicherung (UVG)-Zusatz: Eine UVG-Zusatzdeckung erweitert die Leistungen der obligatorischen UVG-Versicherung.
- Krankentaggeld: Eine Krankentaggeld-Versicherung überträgt das Erwerbsausfall-Risiko nach einer kurzen Wartefrist von den Mitarbeitenden auf die Versicherung.
- Besucherunfall: Vor allem Industriebetriebe schliessen häufig eine Versicherung ab, die das Unfallrisiko für Besucherinnen und Besucher abdeckt.
- Betriebshaftpflicht und Berufshaftpflicht: Die Betriebshaftpflichtversicherung deckt das Haftpflichtrisiko für Anlagen, Betrieb und Produkte. Aufgrund eines möglichen Grossschadens sollte diese grundsätzlich für jedes Unternehmen abgeschlossen werden. Ergänzend lässt sich mit der Berufshaftpflichtversicherung das Beratungsrisiko bestimmter Berufe versichern, z. B. von Anwälten, Notaren, Treuhändern und Architekten.
- Betriebs-Rechtsschutz: Dieser deckt die Beratungs- und Vertretungskosten des Unternehmens bei Rechtsstreitigkeiten.
- Sach- und Betriebsunterbrechung: Diese Versicherung schützt vor Einnahmeausfällen, wenn in Folge eines Elementarschadens (z. B. Brand) der Betrieb unterbrochen werden muss.

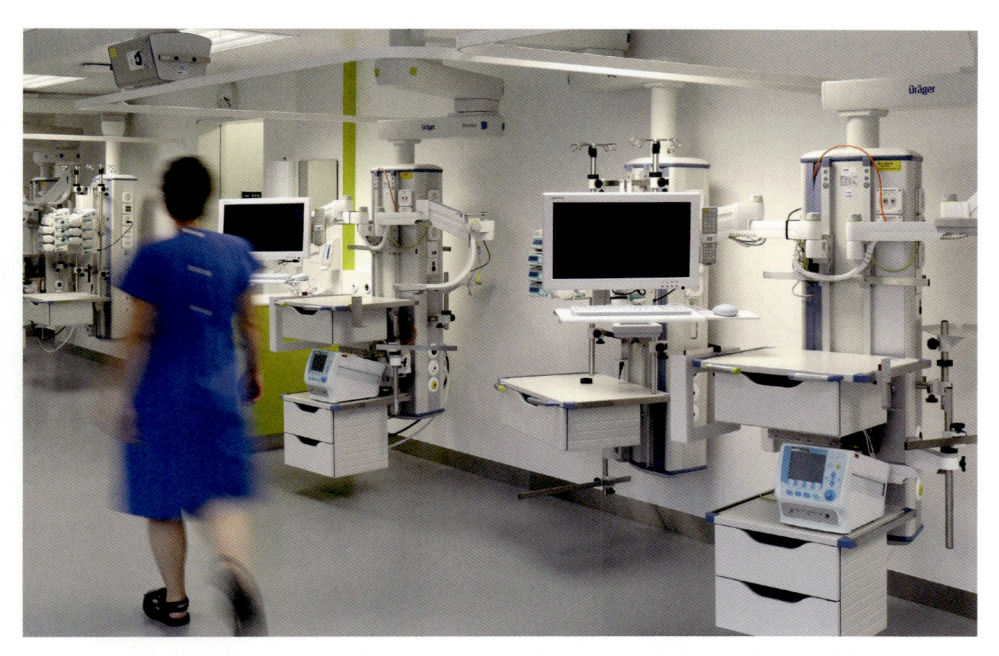

Die Kosten für einen Spitalaufenthalt übernimmt die obligatorische Krankenversicherung.

Vertiefung

- Maschinen- und EDV-Versicherung: Diese Versicherung deckt Schäden an Maschinen, Apparaten, Instrumenten und anderen technischen Anlagen, wobei es keine Rolle spielt, ob die Schäden aus eigenem oder fremdem Verschulden entstanden sind.
- Motorfahrzeug: Ab ca. 15 Fahrzeugen gibt es bei diversen Anbietern vorteilhafte Lösungen für Flottenversicherungen mit entsprechenden Zusatzdeckungen (z. B. Einschluss von Eigenschäden).
- Organhaftpflicht: Die Organhaftpflichtversicherung schützt das Privatvermögen von Mitgliedern der Geschäftsleitung und von Verwaltungsräten.

DIE MOBILIAR

die Mobiliar

Älteste Versicherungsgesellschaft der Schweiz
1826 wurde die älteste Versicherungsgesellschaft der Schweiz gegründet – die Mobiliar. Als Genossenschaft organisiert, ist sie ihren Kundinnen und Kunden verpflichtet: Die Versicherten haben Teil am Unternehmenserfolg und kommen regelmässig in den Genuss von Auszahlungen aus dem Überschussfonds. Mit einem Prämienvolumen von 3,474 Mrd. Franken nimmt die Mobiliar im Schweizer Versicherungsmarkt eine führende Stellung ein und versichert mit 1,7 Mio. Kunden jeden dritten Haushalt und etwas mehr als jedes dritte Unternehmen der Schweiz.

Die Mobiliar bietet umfassende Versicherungs- und Vorsorgelösungen sowie Service- und Beratungsdienstleistungen. Sie bietet Haushaltsversicherungen, Betriebs-, Gebäude-, Haftpflicht- und Fahrzeugversicherungen, Lebens- und Risikoversicherungen, Unfall- und Krankenversicherungen, Technische und Bauversicherungen, Transport- und Reiseversicherungen an, zum Teil in Zusammenarbeit mit Kooperationspartnern.

Die Generalagenturen – nahe bei Kundinnen und Kunden
Eine der Stärken der Mobiliar ist ihre dezentrale Struktur: Rund 78 Generalagenturen im ganzen Land garantieren an 160 Standorten Kundennähe und lokale Kompetenz. So werden 90 Prozent aller Schadensfälle von den Generalagenturen vor Ort abgewickelt und erledigt – persönlich, rasch und dezentral.

Attraktiver Arbeitgeber
Zum Konzern mit über 4400 Mitarbeitenden und 325 Lernenden gehören die Schweizerische Mobiliar Versicherungsgesellschaft AG, die das Nichtlebengeschäft abdeckt, die Schweizerische Mobiliar Lebensversicherungs-Gesellschaft AG als Spezialistin für Risiko-Lebensversicherungen in der privaten und der beruflichen Vorsorge, die Schweizerische Mobiliar Asset Management AG, die das Anlagevermögen von knapp 19 Mio. Franken verwaltet, sowie die Protekta Rechtsschutz-Versicherung AG.

Schadenskizzen – prämierte Werbekampagne
Seit 1998 wirbt die Mobiliar mit sympathischen, unbeholfenen Schadens- und Unfallskizzen, untermalt mit entsprechenden Kommentaren. Sie betont damit ihre Kundennähe und Unkompliziertheit in der Schadensabwicklung. Die unverwechselbare Werbekampagne wurde mehrfach prämiert.

Quelle: www.mobiliar.ch

ZUSAMMENFASSUNG

Das Bankgeschäft ist für die Wirtschaft von grosser Bedeutung. Banken nehmen Geld von Sparern entgegen und stellen dieses Unternehmen und Haushalten als Kredite zur Verfügung. Neben diesem Kreditgeschäft bieten Banken auch andere Finanzdienstleistungen an und betreiben Eigenhandel.

Wer sein Geld anlegen möchte, muss sich seiner Risikobereitschaft und Risikofähigkeit bewusst sein. Je nachdem kommen ganz verschiedene Anlagestrategien in Betracht, vom sicheren Sparkonto über Obligationen bis hin zu risikoreichen, an Börsen gehandelten Aktien.

Die Versicherungsbranche gehört zu den bedeutendsten Branchen in der Schweiz. Alle Menschen und Unternehmen sind unzähligen Risiken und Gefahren ausgesetzt, sodass das Bedürfnis gross ist, sich mittels einer Versicherung gegen einen finanziellen Schaden abzusichern. Versicherungen funktionieren, weil jeweils eine Vielzahl an Personen Prämien zahlt und nur wenige davon einen Schaden erleiden. Allerdings haben Versicherte den Anreiz, sich weniger vorsichtig zu verhalten, da im Schadensfall sowieso die Versicherung für den Schaden aufkommt. Um diesem Phänomen entgegenzusteuern, verlangen Versicherungen in den meisten Fällen einen Selbstbehalt, einen Betrag also, den die geschädigte Person im Schadensfall selber bezahlen muss.

Vertiefung

SCHLÜSSELBEGRIFFE

- Aktienindex
- Aktivgeschäft
- Amortisationspflicht
- Bonität
- Börse
- Eigenhandel
- Einlegerschutz
- Faustpfand
- Gedeckter Kredit
- Kollektive Risikoübernahme
- Kommissionsgeschäft
- Kreditarten
  – Betriebskredit
  – Investitionskredit
  – Hypothek
- Moral Hazard
- Passivgeschäft
- Prämie
- Private Equity
- Selbstbehalt
- Überversicherung
- Unterversicherung
- Versicherungspolice
- Versicherungsprämie
- Zinsmarge

→ Eine Definition der Schlüsselbegriffe finden Sie im Glossar.

QUELLEN UND WEITERFÜHRENDE LITERATUR

Brunetti, Aymo: **Wirtschaftskrise ohne Ende?** US-Immobilienkrise, Globale Finanzkrise, Europäische Schuldenkrise, 3. Auflage, Bern 2012
Iconomix – Ökonomie entdecken: www.iconomix.ch
Schweizerische Nationalbank: www.snb.ch
Schweizerische Bankiervereinigung: www.swissbanking.org
Eidgenössische Finanzmarktaufsicht FINMA: www.finma.ch

Banken und Versicherungen

REPETITIONSFRAGEN KAPITEL 10

1. Erklären Sie in wenigen Sätzen und anhand einer anschaulichen Grafik, wie das Zinsdifferenzgeschäft funktioniert.

2. Nennen Sie drei mögliche Einnahmequellen von Banken.

3. Skizzieren Sie eine vereinfachte Bilanz einer Bank. Was sind die Hauptunterschiede zu einer Bilanz eines Industrieunternehmens?

4. Was versteht man unter dem Begriff «Einlegerschutz»?

5. Welche Arten von Banken kennen Sie? Zählen Sie vier auf und benennen Sie ihre wichtigsten Merkmale.

6. Nennen Sie drei unterschiedliche Kreditarten und ihre wichtigsten Eigenschaften.

7. Wie verläuft eine Bonitätsprüfung bei einer Privatperson?

8. Warum gewinnen nachhaltige Anlagemöglichkeiten zunehmend an Bedeutung?

9. Warum investiert ein Teil der Anleger lieber in Aktienfonds statt in Aktien?

10. Nennen Sie die Risiken im Kreditgeschäft und beschreiben Sie diese.

11. Weshalb hat der SNB-Entscheid über die Erhebung der Negativzinsen den Margendruck auf die Banken erhöht?

12. Erklären Sie die beiden Begriffe «Prämie» und «Selbstbehalt».

13. Welche Gruppen von Versicherungen gibt es? Welches sind Gemeinsamkeiten und worin unterscheiden sie sich?

14. Auf der Heimfahrt von der Arbeit telefonierte Herr Maurer mit seinem Chef. Vertieft in das Gespräch übersah er an der Kreuzung ein entgegenkommendes Auto. Personen kamen keine zu Schaden, der Sachschaden ist aber beträchtlich. Herr Maurer ist gut versichert. Welche Versicherungen könnten in diesem Fall zum Tragen kommen? Begründen Sie jeweils kurz.

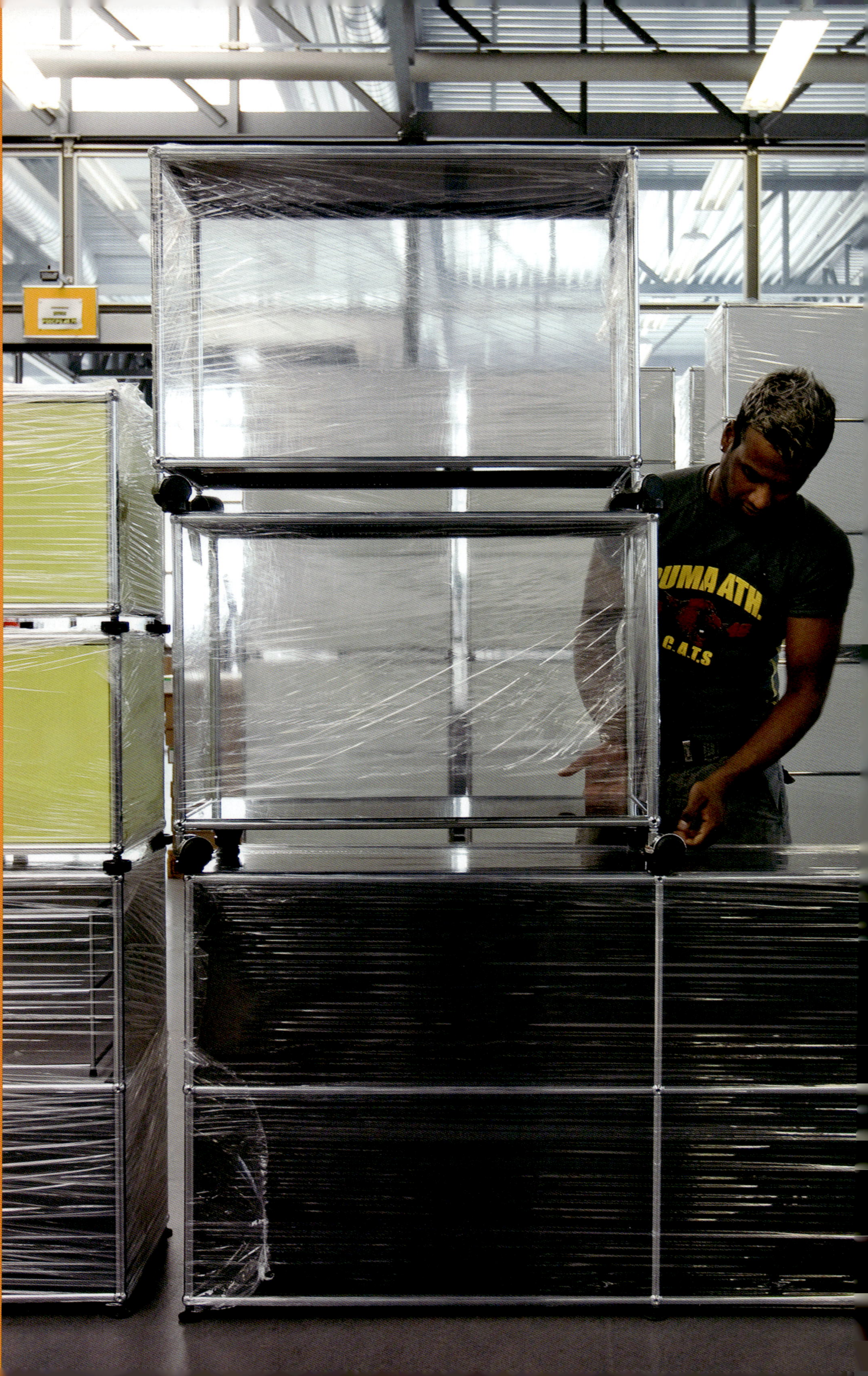
C.A.T.S

11 Betriebswirtschaftliche Methoden

11.1	Einführung	251
11.2	Recherche	253
11.3	Lösungssuche	256
11.4	Entscheid und Umsetzung	262
11.5	Anwendungsbeispiel: Schweizer Möbelmarkt	264

> «*Zur Erforschung der Wahrheit bedarf es notwendig der Methode.*»

René Descartes (1596–1650), französischer Philosoph und Mathematiker

LERNZIELE

Nachdem Sie dieses Kapitel gelesen haben, können Sie …

… erklären, was den Problemlösungsprozess der Betriebswirtschaftslehre charakterisiert.

… den Ablauf eines betriebswirtschaftlichen Problemlösungsprozesses aufzeigen.

… geeignete Methoden zur Recherche (Primärmarktforschung und Sekundärmarktforschung) und zur Visualisierung von Zahlen (Diagramme) vorstellen.

… zielführende Methoden zur Lösungssuche (Brainstorming, Tabelle, Baumstruktur, Mindmap) und zur Bewertung der gefundenen Lösungen (Pro-/Kontra-Liste, Fähigkeitsanalyse, SWOT-Analyse, Nutzwertanalyse) kennen und anwenden.

… Methoden aufzeigen, die das Entscheiden und Umsetzen unterstützen (Arbeitsplan, Ablaufplan, Organigramm, Evaluation).

… mit betriebswirtschaftlichen Methoden einfache Sachverhalte anhand des erlernten Problemlösungsprozesses lösen.

11 Betriebswirtschaftliche Methoden

11.1 Einführung

Die Betriebswirtschaftslehre (BWL) ist keine exakte Wissenschaft. Sie lebt von Fragestellungen aus der Praxis und Lösungen bzw. Lösungsansätzen, die sich in der Realität jeweils erst bewähren müssen. Dazu nutzt die BWL eine Vielzahl unterschiedlicher Methoden und Hilfsmittel. In diesem Kapitel werden einige davon behandelt, und zwar in der Reihenfolge, wie sie in einem typischen betriebswirtschaftlichen Problemlösungsprozess zur Anwendung kommen.

Im Normalfall beginnen betriebswirtschaftliche Aufgaben mit einer Recherche. Danach folgen die Lösungssuche und der Entscheid, und schliesslich geht es um die Umsetzung der getroffenen Lösung.

Üblicher Ablauf

ABLAUF EINES BETRIEBSWIRTSCHAFTLICHEN PROBLEMLÖSUNGSPROZESSES

Recherche → Lösungssuche → Entscheid → Umsetzung

Betriebswirtschaftliche Aufgaben beginnen meist mit einer Recherche.

Die unten stehende Tabelle gibt einen Überblick, welche Methoden im Folgenden vorgestellt werden.

ÜBERSICHT BETRIEBSWIRTSCHAFTLICHE METHODEN

Problemlösungsphase		Mögliche Methoden, Instrumente
Recherche	Informationen gewinnen	• Primärmarktforschung • Sekundärmarktforschung
	Zahlen visualisieren	• Kreisdiagramm • Säulen- und Balkendiagramm • Liniendiagramm
Lösungssuche	Ideen suchen und strukturieren	• Brainstorming • Tabelle • Baumstruktur • Mindmap
	Mögliche Lösungen bewerten	• Pro- und Kontra-Liste • Fähigkeitsanalyse • SWOT-Analyse • Nutzwertanalyse
Entscheid		
Umsetzung	Organisieren, planen und überprüfen	• Arbeitsplan • Ablaufplan • Flussdiagramm • Organigramm • Evaluation

Hinzu kommt immer eine Vielzahl finanzwirtschaftlicher Berechnungen, die als Grundlage immer mitentscheidend sind (z. B. Kalkulationen, Analyse des Jahresabschlusses).

Betriebswirtschaftliche Methoden

11.2 Recherche

Informationen gewinnen

Fast jede betriebswirtschaftliche Aufgabe beginnt mit einer Recherche. Dabei geht es darum, die Ausgangslage der Problemsituation so genau wie möglich zu analysieren. Ebenso sollen Annahmen über die Zukunft (Prognosen) mit Informationen aus dem Unternehmen bzw. dessen Umfeld gestützt werden. Je nach Art der Fragestellung ist die Recherchearbeit dabei umfangreicher oder kürzer.

Stehen für einen bestimmten Bereich keine bzw. keine geeigneten Daten zur Verfügung, erfolgt die Informationsgewinnung mittels Primärmarktforschung *(vgl. Kapitel 4, S. 91)*. Mögliche Methoden dafür sind Befragung, Beobachtung und Test.

Primärmarktforschung

Bei der Sekundärmarktforschung existieren die benötigten Informationen bereits, sie müssen aber mithilfe der Recherche noch gefunden und erschlossen werden *(vgl. Kapitel 4, S. 93)*. Je nach Aufgabenstellung reicht es, interne Datenquellen zu durchforsten, z. B. die Absatzkosten oder die Unternehmensstrategie. Oft benötigt man jedoch auch externe Datenquellen, etwa zum Umfeld, zur Branche oder zum betreffenden Markt. Da die Menge ausserbetrieblicher Informationen dank dem Internet heute sehr gross ist, lohnt sich bei einer solchen Recherche ein systematisches Vorgehen.

Sekundärmarktforschung

> **IM INTERNET RECHERCHIEREN**
>
> - Vorgängig klar festlegen, welche Informationen man sucht
> - Die Suche thematisch, räumlich und zeitlich eingrenzen
> - Gefundene Informationen kritisch beurteilen, Vertrauenswürdigkeit und Aktualität der Quelle prüfen
> - Statistische Informationen findet man u. a. beim Staatssekretariat für Wirtschaft (SECO) und beim Bundesamt für Statistik (BFS) sowie auf den Websites von Verbänden und Marktforschungsinstituten.
> - Die Websites der Konkurrenz liefern wertvolle Angaben über deren Produkte und Marketingaktivitäten.

Zahlen visualisieren

Diagramme visualisieren Zahlenwerte und Grössenverhältnisse in anschaulicher, leicht überblickbarer Form. Ein Diagramm sollte selbsterklärend sein, d. h. alle zum Verständnis notwendigen Informationen beinhalten. Je nach Datensatz und gewünschter Aussage wählt man eine andere Diagrammform, etwa ein Kreisdiagramm, ein Balken- oder Säulendiagramm oder ein Kurvendiagramm.

Vertiefung

Kreisdiagramm

Beim Kreisdiagramm bzw. Kuchendiagramm werden die Daten in einem Kreis aufgeteilt. So können die verschiedenen einzelnen Anteile im Verhältnis zueinander und im Verhältnis zum Ganzen grafisch dargestellt werden. Ein Kreisdiagramm sollte nicht mehr als acht Anteile haben, und die Gesamtmenge sollte jeweils im Diagramm ersichtlich sein.

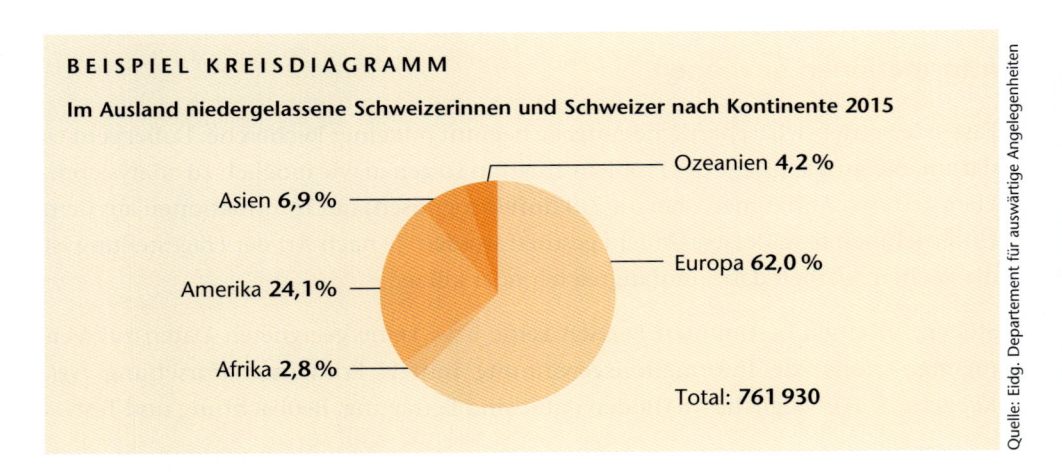

BEISPIEL KREISDIAGRAMM
Im Ausland niedergelassene Schweizerinnen und Schweizer nach Kontinente 2015

- Ozeanien **4,2 %**
- Asien **6,9 %**
- Amerika **24,1 %**
- Afrika **2,8 %**
- Europa **62,0 %**

Total: **761 930**

Quelle: Eidg. Departement für auswärtige Angelegenheiten

Säulen- und Balkendiagramm

Säulen- und Balkendiagramme eignen sich gut, um Grössenvergleiche und Rangfolgen darzustellen. Der Vergleich zwischen den einzelnen Daten steht also im Zentrum der Aussage dieses Diagrammtyps. Säulendiagramme sind vertikal angeordnet, Balkendiagramme horizontal. Je nach Daten und gewünschter Aussage eignet sich die eine oder die andere Darstellung besser, wobei das Balkendiagramm Unterschiede in der Regel deutlicher abbildet. Die Säulen sollten jeweils alle gleich breit sein. Zudem kann es sinnvoll sein, die Balken nach der Grösse zu sortieren, also das Diagramm auf- oder absteigend anzuordnen.

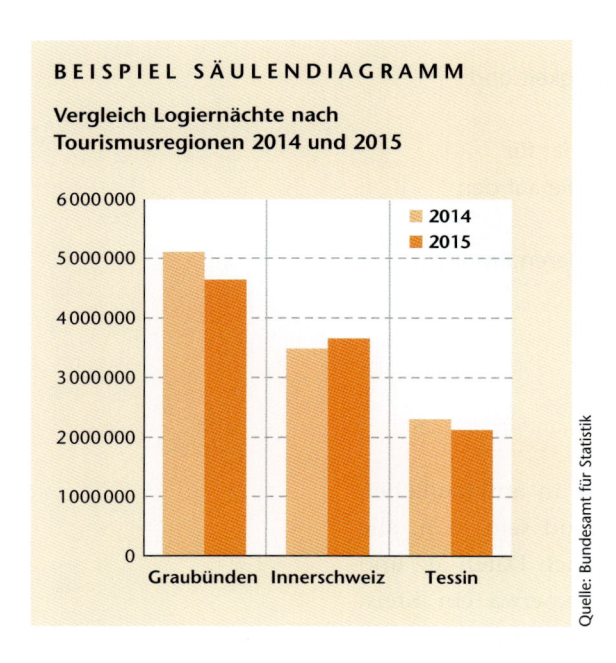

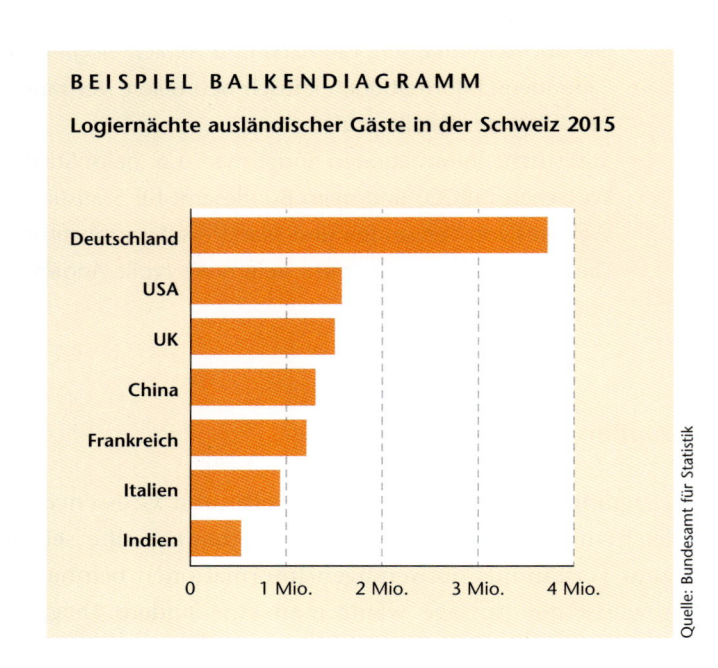

BEISPIEL SÄULENDIAGRAMM
Vergleich Logiernächte nach Tourismusregionen 2014 und 2015

Quelle: Bundesamt für Statistik

BEISPIEL BALKENDIAGRAMM
Logiernächte ausländischer Gäste in der Schweiz 2015

Quelle: Bundesamt für Statistik

Betriebswirtschaftliche Methoden

Liniendiagramm

Ein Liniendiagramm bzw. Kurvendiagramm stellt einen Verlauf grafisch dar. Ein solches Diagramm visualisiert also die Veränderungen über die Zeit. Auf der x-Achse wird in der Regel die Zeit eingetragen, auf der y-Achse der untersuchte Datensatz. Die Zeitintervalle müssen jeweils gleich gross sein. Oft sind in einem Liniendiagramm gleich mehrere Kurven abgebildet, damit man Vergleiche anstellen kann.

BEISPIEL KURVENDIAGRAMM

Logiernächte in Schweizer Hotels 2005–2015

- Gäste aus der Schweiz
- Gäste aus dem Ausland
- Total

Quelle: Bundesamt für Statistik

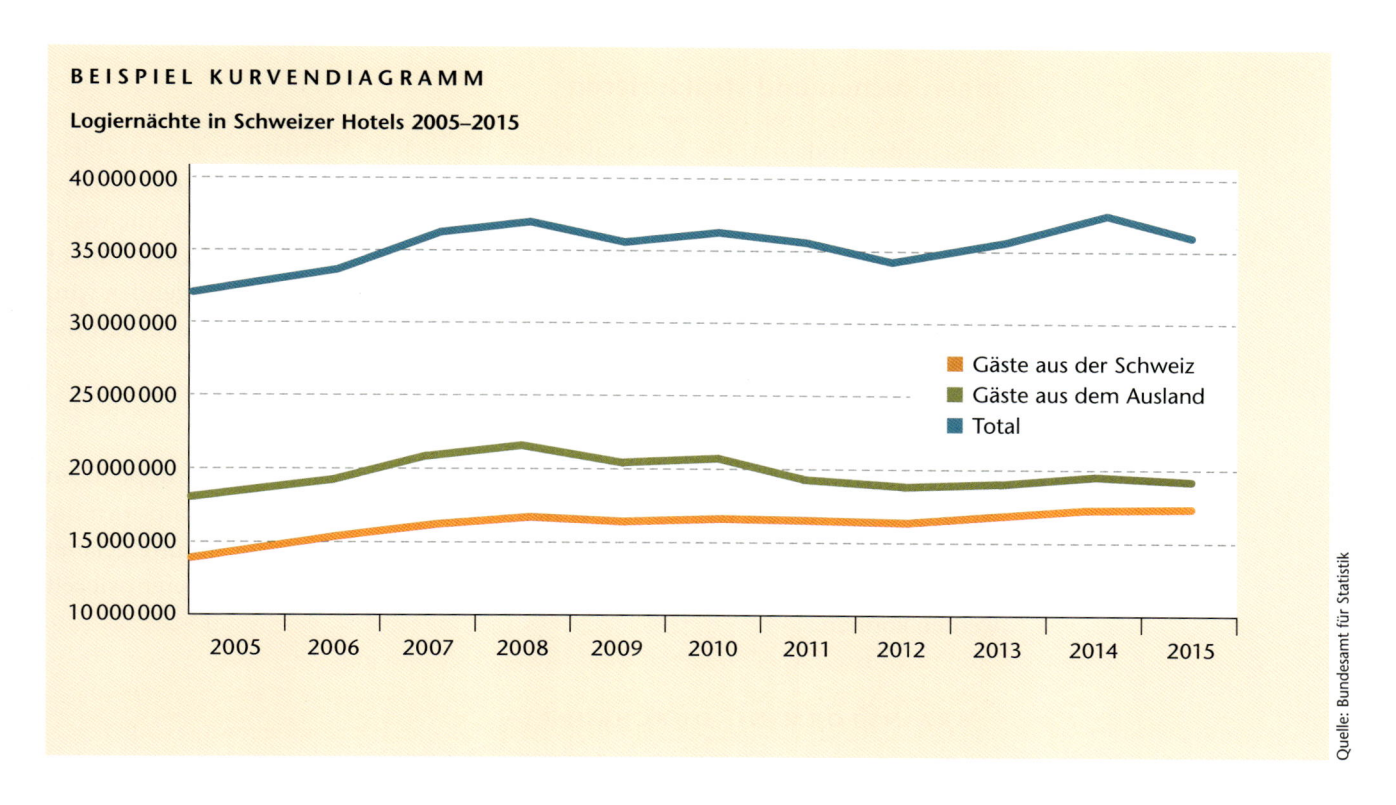

DIAGRAMME ERSTELLEN

- Titel setzen, der den Inhalt des Diagramms umschreibt
- Passende Diagrammform wählen, je nach Daten und gewünschter Aussage
- Nur gleiche Bezugsgrössen miteinander vergleichen
- Quelle der Daten angeben
- Komplexe Diagramme im Fliesstext erläutern

Vertiefung

11.3 Lösungssuche

Ideen suchen und strukturieren

Entscheiden bedeutet, die beste unter den möglichen Alternativen auszuwählen. Oft muss man dafür zuerst nach neuen Ideen suchen und die gefundenen Lösungsmöglichkeiten strukturieren. Dieser zweite Schritt der Strukturierung ist eine wichtige Form der Informationsverarbeitung, er erhöht die Übersicht, veranschaulicht Zusammenhänge und hilft, Informationen richtig einzuordnen. Im Folgenden wird für die Ideensuche die Methode des Brainstormings vorgestellt, für die Strukturierung die Tabelle, die Baumstruktur und die Mindmap.

Brainstorming

Keine Denkgrenzen

Brainstorming (engl. «Gehirnsturm») ist eine Methode, um in einer Gruppe Ideen zu finden. Ziel ist eine spontane, reichhaltige Ideensammlung. Beim Brainstorming gibt es keine Denkgrenzen, alles ist möglich, und alles ist erlaubt. Häufig gelangt man dadurch zu ganz neuen, unerwarteten Ansätzen, die nachher weiterentwickelt werden können.

BRAINSTORMING DURCHFÜHREN

- Startphase: Das Problem oder die Fragestellung bezeichnen
- Kreativphase: Es gelten die folgenden Regeln:
  - Keine Kritik oder Wertung in der Ideenfindungsphase
  - Alle Ideen werden notiert (Flipchart, Wandtafel)
  - Quantität kommt vor Qualität: je mehr Vorschläge, desto höher die Wahrscheinlichkeit eines Treffers
  - Assoziationen (Verknüpfungen) suchen, kombinieren und sich gegenseitig anregen
  - Nicht zu früh stoppen, je nach Thema ca. 15 Minuten Zeit geben
- Schlussphase: Ideen sichten und bewerten und die besten Vorschläge für die Weiterverarbeitung auswählen

---

Tabelle

Eine Tabelle ist eine listenförmige Zusammenstellung, bei der die Inhalte waagrecht in Zeilen und senkrecht in Spalten gegliedert werden. Zweck einer Tabelle ist es, detaillierte Informationen in kurzer und knapper Form zu erfassen und damit einen Überblick über das betreffende Thema zu vermitteln. Zudem lassen sich in einer Tabelle die einzelnen Inhaltspunkte gut miteinander vergleichen, sodass die Tabelle auch als Grundlage zur Analyse und Entscheidung dienen kann.

Betriebswirtschaftliche Methoden 11

BEISPIEL TABELLE
Unternehmenskonzept

	Leistungen	Finanzen	Soziales
Ziele	Bedürfnisse Produkte Dienste	Gewinn Kapital Shareholder	Verantwortung Stakeholder
Mittel	Personal Qualifikation Betriebsmittel	Kapitalbedarf Kapitalstruktur	Arbeitszeitmodelle Kinderkrippe
Verfahren	Organisation Forschung Entwicklung	Kapitalbeschaffung Zahlungsart	Leitbild Richtlinien Vorschlagsrecht

TABELLE ERSTELLEN

- Titel wählen, der die Tabelle erklärt
- Die Werte, die verglichen werden sollen, sollten in den verschiedenen Spalten stehen (und nicht in den verschiedenen Zeilen).
- Die Zahl der Spalten und Zeilen möglichst klein halten
- Texte sollten linksbündig gesetzt werden.
- Bei Zahlen kann es sinnvoll sein, die Spalten und Zeilen nach der Grösse zu ordnen.
- Eine Tabelle sollte keine unzusammenhängenden Informationen enthalten – besser die Informationen in zwei Tabellen aufteilen.

Baumstruktur

Eine Baumstruktur ist eine Grafik, bei der die Beziehungen der einzelnen Elemente mit Linien dargestellt werden. Dabei stellt die sogenannte Begriffshierarchie die Logik zwischen den unterschiedlichen Begriffen dar, indem sie einen Oberbegriff und dazugehörige Unterbegriffe definiert und in eine hierarchische Struktur bringt. Mit dieser Methode können komplexe Inhalte einfach zusammengefasst und visualisiert werden. In diesem Buch beispielsweise finden sich zahlreiche Übersichtsgrafiken, die als Baumstruktur gestaltet sind.

Begriffshierarchie

BEISPIEL BAUMSTRUKTUR
Übersicht Ursachen der Globalisierung

```
                    Ursachen der Globalisierung
                    /                         \
        technologische Veränderungen      wirtschaftspolitische Öffnung
        /                    \
 im Transportwesen    in der Informatik und
                         Kommunikation
```

> Vertiefung

Mindmap

Sprache und Bild — Eine Mindmap ist eine Gedanken(land)karte, die die Gliederung und Zusammenhänge eines Themengebiets visuell darstellt. Der Vorteil dieser Arbeitstechnik liegt darin, dass sie die Fähigkeiten des Gehirns optimal nützt, indem sie sprachliches und bildliches Denken miteinander verbindet. Mindmaps helfen, Ideen zu finden und zu ordnen. Die Methode kann daher zur Entwicklung und Darstellung von Lösungen wie auch zum Lernen verwendet werden.

BEISPIEL MINDMAP – P (PRODUCT) BEIM MARKETING-MIX

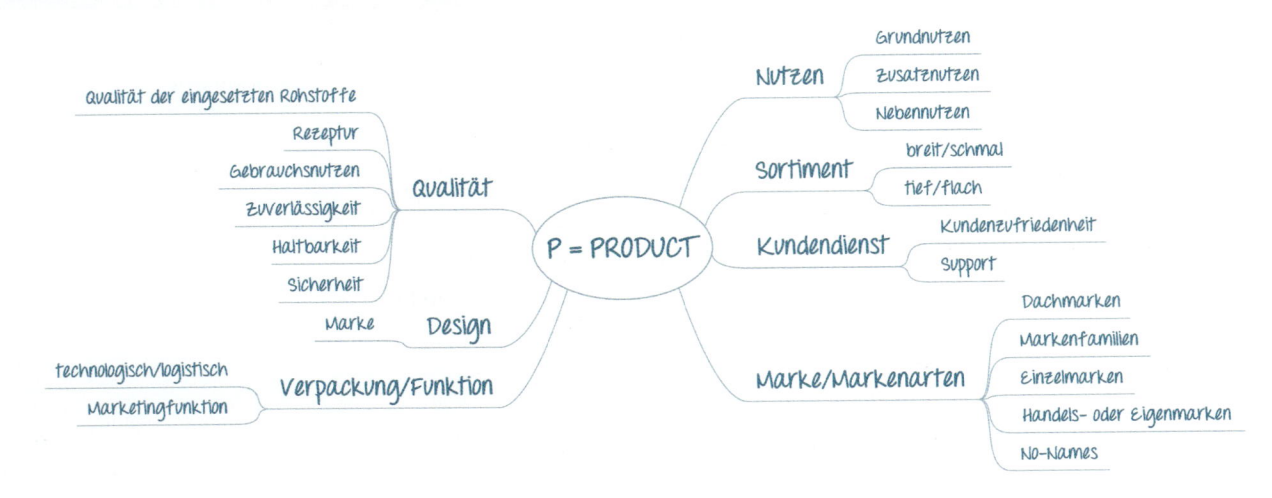

Zentrum: **P = PRODUCT**

- **Qualität**
  - Qualität der eingesetzten Rohstoffe
  - Rezeptur
  - Gebrauchsnutzen
  - Zuverlässigkeit
  - Haltbarkeit
  - Sicherheit
- **Design**
  - Marke
- **Verpackung/Funktion**
  - technologisch/logistisch
  - Marketingfunktion
- **Nutzen**
  - Grundnutzen
  - Zusatznutzen
  - Nebennutzen
- **Sortiment**
  - breit/schmal
  - tief/flach
- **Kundendienst**
  - Kundenzufriedenheit
  - Support
- **Marke/Markenarten**
  - Dachmarken
  - Markenfamilien
  - Einzelmarken
  - Handels- oder Eigenmarken
  - No-Names

MINDMAP ERSTELLEN

- **Material:** Weisses, unliniertes A4-Blatt oder noch besser A3-Blatt verwenden.
- **Thema:** Das Thema (Kernwort) steht in Grossbuchstaben in der Mitte.
- **Hauptgedanken:** Vom zentralen Thema aus die Hauptgedanken als Hauptäste nach aussen ziehen.
- **Zweige:** Zu den jeweiligen Hauptgedanken fortführende Gedanken (Assoziationen) als Zweige zuordnen; diese wiederum in weitere Verästelungen unterteilen.
- **Beschriftung:** Substantive in Blockschrift verwenden, höchstens ein bis zwei Wörter pro Ast einsetzen.
- **Gestaltung:** Farben, Ziffern und Zeichnungen verbessern die Lesbarkeit und die Einprägsamkeit.

Mögliche Lösungen bewerten

Hat man mögliche Lösungsalternativen gefunden und strukturiert, geht es darum, diese gegeneinander abzuwägen und zu bewerten. Die BWL nutzt dafür u. a. folgende Methoden: die Pro- und Kontra-Liste, das Stärken-Schwächen-Profil, die SWOT-Analyse und die Nutzwertanalyse.

Pro- und Kontra-Liste

Eine Pro- und Kontra-Liste ist eine Tabelle, die alle Vor- und Nachteile einer möglichen Lösung auflistet. Verfasst man eine solche Gegenüberstellung, verschafft man sich einen Überblick über die relevanten Kriterien und erhält so eine mögliche Entscheidungsgrundlage.

Betriebswirtschaftliche Methoden

BEISPIEL PRO- UND KONTRALISTE

Einführung eines neuen Produkts

PRO (dafür spricht:)	KONTRA (dagegen spricht:)
+ erschliesst neue Kundensegmente	– verursacht hohe Forschungs- und Entwicklungskosten
+ bringt höheren Umsatz	– verwässert die bisherigen Marktsegmente
+ verursacht positive PR	– verursacht höhere Marketingkosten
+ …	– …

Fähigkeitsanalyse

Um eine Strategie zu finden oder zu überprüfen, nutzt die BWL die sogenannte Fähigkeitsanalyse *(vgl. Kapitel 3, S. 63)*. Eine solche zeigt auf, in welchen Bereichen die Stärken und Schwächen eines Unternehmens im Vergleich zu seinem Hauptkonkurrenten liegen. Dabei sind die Einschätzungen mit möglichst objektiven Daten zu hinterlegen.

BEISPIEL FÄHIGKEITSANALYSE

Fähigkeitsanalyse eines Herstellers von Elektrovelos

Kriterien		Bewertung im Vergleich zur Hauptkonkurrenz			Begründung
		schlechter	gleich	besser	
Marketing	• Werbung		x		
	• Kundenservice		x		
	• Sortiment	x			
	• Qualität		x		
	• Preis		x		
Produktion	• Produktivität			x	
	• Anlagen			x	
	• Fehlerquote		x		
Forschung und Entwicklung (F & E)	• Know-how	x			
	• Patente	x			
	• Abteilungsgrösse		x		
Finanzen	• Liquidität			x	
	• Stille Reserven			x	
	• Renditen			x	
Personal	• Förderung		x		
	• Altersstruktur			x	
	• Qualifikation		x		
	• Ausbildungsplätze	x			
	• Weiterbildungsmöglichkeiten		x		
Führung/Organisation	• Informationssystem		x		
	• Managementkompetenz			x	
Innovationsfähigkeit	• Erschliessung neuer Märkte	x			
	• Neue Produkte/Jahr	x			

Vertiefung

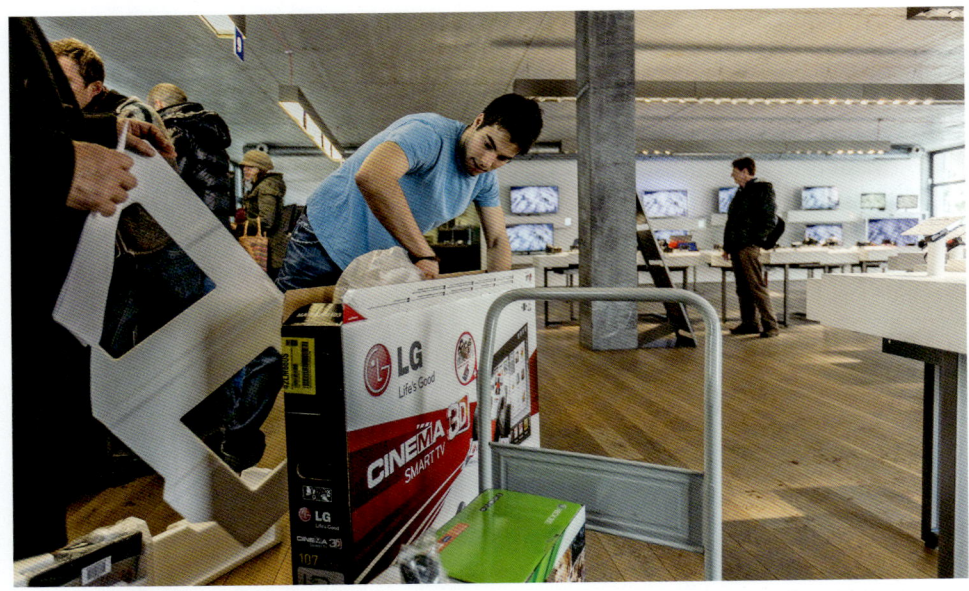

Eine Fähigkeitsanalyse zeigt auf, wo die Vor- und Nachteile gegenüber der Konkurrenz liegen.

SWOT-Analyse

Je nach Fragestellung ist es nicht nur wichtig, sich der eigenen Stärken und Stärken bewusst zu sein, sondern auch die Chancen und Gefahren des Unternehmensumfelds zu kennen. Die Zusammenführung dieser Innen- und Aussenperspektive führt zur SWOT-Analyse, die vor allem in der Unternehmensberatung angewandt wird *(vgl. Kapitel 3, S. 66)*. Ziel der Methode ist es, abzuschätzen, wie sich die Umwelt in Zukunft verändern dürfte und wie gut das Unternehmen zur Bewältigung dieser Entwicklungen gerüstet ist.

BEISPIEL SWOT-ANALYSE
Sandwichladen «Po'boy»

		Marktumfeld	
		Chancen (Opportunities) – Konsumenten haben immer weniger Zeit für das Mittagessen. – Die in der Schweiz noch kaum bekannten Sandwiches im «New-Orleans-Style» kommen beim urbanen Publikum gut an.	**Gefahren (Threats)** – Kunden könnten ausbleiben, falls benachbarte Unternehmen wegen der hohen Mieten wegziehen. – Starker Konkurrenzdruck: Der Take-away-Markt wird bereits von vielen Anbietern beworben.
Unternehmen	**Stärken (Strengths)** – Gute zentrale Lage im Trendviertel der Stadt. – Innovative Betreiber, die in der Stadt gut vernetzt sind.	**Welche Stärken treffen auf welche Chancen?** Idealfall; Chancen können mit eigenen Stärken genutzt werden.	**Welche Stärken treffen auf welche Gefahren?** Durch die Nutzung eigener Stärken sollen Gefahren verringert oder vermieden werden.
	Schwächen (Weaknesses) – Hohe Produktionskosten und dadurch hoher Produktpreis. – Lange Zubereitungsdauer und Wartezeiten für Kunden.	**Welche Schwächen treffen auf welche Chancen?** Schwächen sollen abgebaut oder in Stärken verwandelt werden, um die sich ergebenden Chancen zu nutzen.	**Welche Schwächen treffen auf welche Gefahren?** Gefährlichste Kombination; es müssen gleichzeitig Schwächen abgebaut und die Gefahren verringert werden.

Betriebswirtschaftliche Methoden

Nutzwertanalyse

Um Lösungsalternativen zu bewerten, werden in der BWL oft Werte, die in Zahlen nicht fassbar sind, in zählbare Werte umgerechnet. Ein Beispiel einer solchen Bewertung ist die Nutzwertanalyse *(vgl. Kapitel 1, S. 28)*. Dabei werden gemeinsame Kriterien definiert, gewichtet und für jede mögliche Lösung gewertet. Am Ende werden die einzelnen Bewertungen zusammengezählt. Der Lösungsvorschlag mit der höchsten Bewertung bzw. mit dem höchsten Nutzen erhält den Zuschlag.

BEISPIEL NUTZWERTANALYSE

Hauslieferdienst des Sandwichladens «Po'boy» per Kleinwagen, Roller oder Velo?		Kleinwagen		Roller		Velo	
	Gewichtung	Bewertung	Nutzen	Bewertung	Nutzen	Bewertung	Nutzen
1. Anschaffungs- und Betriebskosten	40	2	80	4	160	6	240
2. Liefergeschwindigkeit am Tag	25	2	50	4	100	5	125
3. Liefergeschwindigkeit am Abend und in der Nacht	25	6	150	6	150	3	75
4. Image	10	3	30	5	50	5	50
Gewichtung insgesamt	100						
Punktzahl insgesamt			310		460		490
Rangfolge			3. Rang		2. Rang		1. Rang

* Die Bewertung geht von 1 bis 6 (1 = sehr schlecht, 6 = sehr gut). Die Summe aller Gewichtungen muss 100 Punkte ergeben.
  Gewichtung × Bewertung = Nutzen.

Die «Po'boy»-Sandwiches kommen beim jungen Publikum gut an.

> Vertiefung

11.4 Entscheid und Umsetzung

Je mehr wir wissen, umso leichter fällt uns die Entscheidung. Mit den oben dargestellten Instrumenten kann man die nötigen Informationen finden und die Folgen der verschiedenen Lösungsmöglichkeiten gewissenhaft abschätzen. Zudem hilft oft auch unsere Intuition, unser Bauchgefühl also, auf das wir uns in den alltäglichen beruflichen und privaten Entscheidungen ja meistens verlassen.

Organisieren und planen — Ist der Entscheid einmal gefallen, ist es wichtig, dass er richtig kommuniziert und umgesetzt wird. Dazu braucht es eine gute Organisation. Auch hier kennt die BWL zahlreiche Methoden, z. B. den Arbeitsplan, den Ablaufplan, das Flussdiagramm und das Organigramm.

Arbeitsplan

Häufig geht es bei der Umsetzung eines Entscheids um zeitliche Abläufe: Wer macht was, wann, mit wem, wo? Arbeitspläne legen die erforderlichen Werkzeuge wie auch die Reihenfolge der Arbeitsgänge und die dafür vorgesehenen Zeiten fest. Meist werden Arbeitspläne in Form eines Balkendiagramms abgebildet *(vgl. Kapitel 7, S. 162)*.

BALKENDIAGRAMM: Arbeitsplan für einen Vortrag

Arbeitspakete	Januar				Februar				März			
	KW 1	KW 2	KW 3	KW 4	KW 5	KW 6	KW 7	KW 8	KW 9	KW 10	KW 11	KW 12
1. Thema wählen	▬											
2. Einlesen		▬	▬	▬	▬							
3. Zusammenfassungen schreiben			▬	▬	▬							
4. Vortrag schreiben							▬	▬	▬	▬		
5. Bilder suchen												
6. Powerpoint-Präsentation erstellen												▬

Ablaufplan

Ein Ablaufplan zeigt, welche Stellen in welcher Reihenfolge an der Erfüllung einer Aufgabe beteiligt sind *(vgl. Kapitel 7, S. 162)*. Zuerst wird der Ablauf in einzelne Schritte aufgeteilt, danach wird bestimmt, wer welchen Schritt übernimmt.

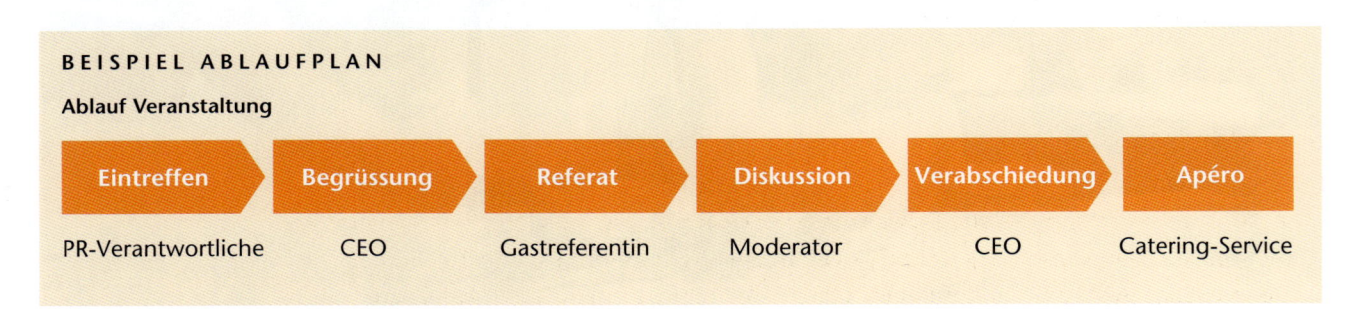

BEISPIEL ABLAUFPLAN

Ablauf Veranstaltung

Eintreffen	Begrüssung	Referat	Diskussion	Verabschiedung	Apéro
PR-Verantwortliche	CEO	Gastreferentin	Moderator	CEO	Catering-Service

Betriebswirtschaftliche Methoden

11

Ein Flussdiagramm, auch Entscheidungsbaum genannt, zeigt die verschiedenen Ergebnisse eines bestimmten Ablaufs von Handlungen und Entscheidungen *(vgl. Kapitel 7, S. 162)*. Kreise bzw. Ovale symbolisieren den Start und das Ende, Rechtecke eine Tätigkeit und Rauten einen Entscheid.

BEISPIEL FLUSSDIAGRAMM
Alterskontrolle beim Alkoholkauf

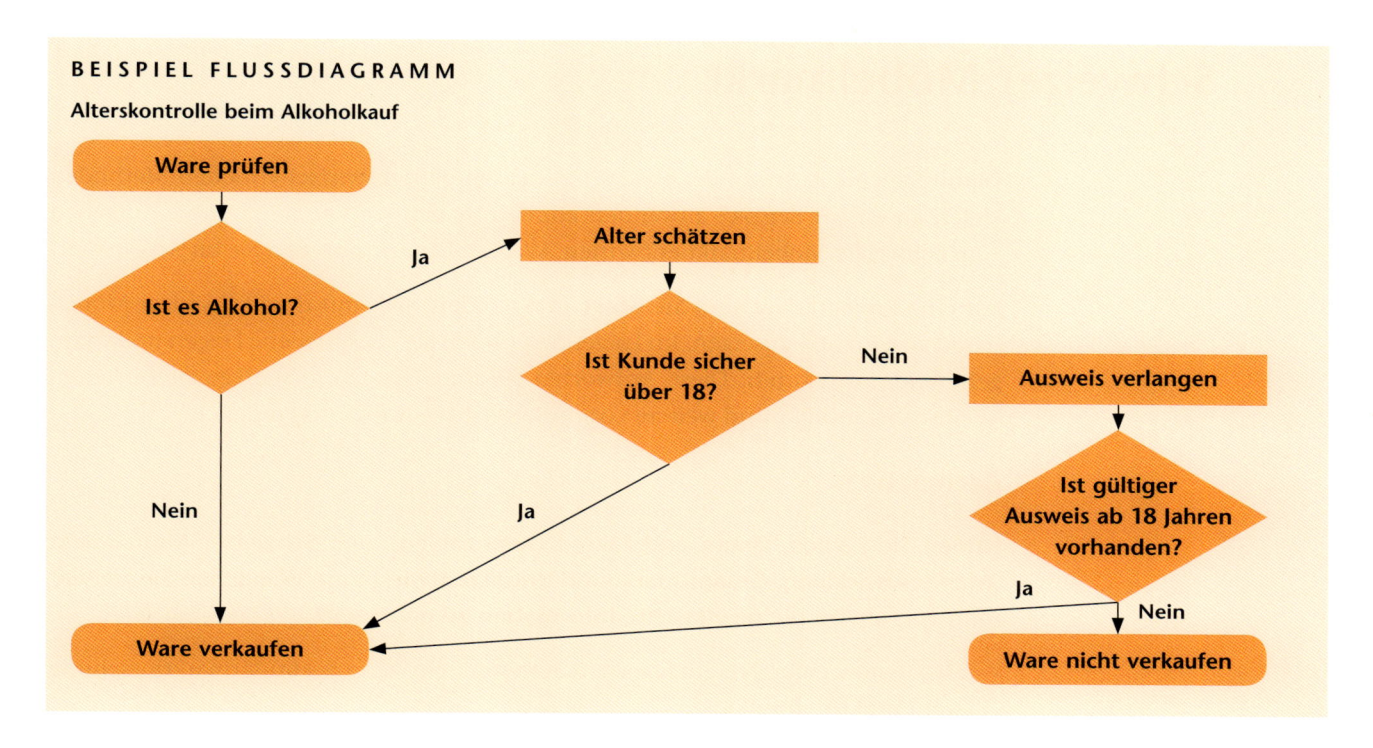

Organigramm

Ein Organigramm ist eine Variante der Baumstruktur *(vgl. Kapitel 11, S. 257)*. Es dient zur grafischen Darstellung der Aufbauorganisation und bildet die Struktur eines Unternehmens ab. Dabei visualisiert das Organigramm nicht nur die Gliederung in Abteilungen, sondern auch die Hierarchie und den Dienstweg *(vgl. Kapitel 7, S. 165)*.

Unternehmensstruktur

BEISPIEL STAB-LINIEN-ORGANIGRAMM

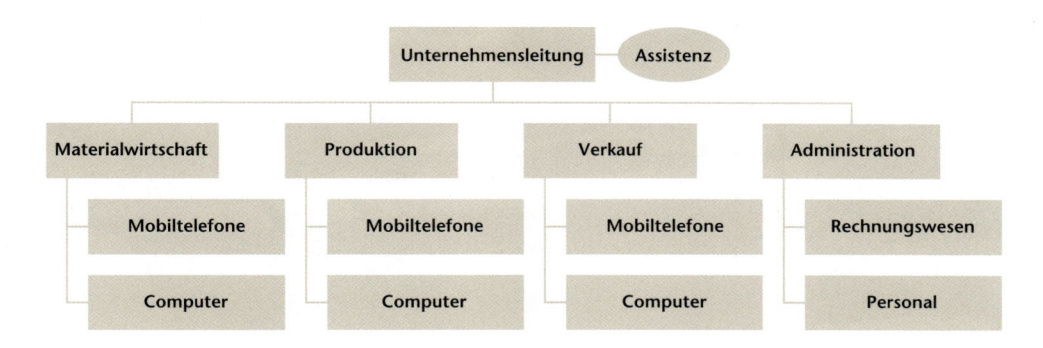

Evaluation

Im Rahmen der Umsetzung empfiehlt es sich, nach einer gewissen Zeit eine Evaluation durchzuführen. Eine solche Bewertung bzw. Kontrolle hat zum Ziel, den Entscheid und dessen Umsetzung zu analysieren und Verbesserungsmöglichkeiten, Weiterentwicklungen usw. festzuhalten, die bei der Lösung zukünftiger Aufgaben von Nutzen sein können *(vgl. Kapitel 3, S. 73)*.

Kontrolle

Vertiefung

11.5 Anwendungsbeispiel: Schweizer Möbelmarkt

Damit Sie eine Auswahl der eben vorgestellten betriebswirtschaftlichen Methoden gleich an einem Beispiel anwenden können, haben wir für Sie mehrere Aufgaben zum Schweizer Möbelmarkt entworfen. Weitere Übungen finden Sie im Arbeitsheft.

Für eine Projektarbeit sind Sie beauftragt worden, sich mit dem Schweizer Möbelmarkt auseinanderzusetzen. Im Folgenden finden Sie verschiedene Fragen und dazugehörende Antworten. Diese Antworten sind als Lösungsvorschläge zu verstehen – selbstverständlich sind weitere Lösungswege bzw. Antworten möglich.

Recherche

Finden Sie Zahlen, Daten und Fakten (Kennzahlen) zum Schweizer Möbelmarkt (Marktentwicklung, Gesamtmarkt und Umsatzentwicklung). Wie gehen Sie zielführend vor, um an die gewünschte Information zu gelangen?

- Diskussion einer geeigneten Recherchestrategie. Eine Sekundärmarktforschung steht im Mittelpunkt.
- Internetrecherche – z. B. mit Google – zum Thema «Schweizer Möbelmarkt Kennzahlen».

Ein Schweizer Haushalt gibt im Durchschnitt 773 Franken pro Jahr für neue Möbel aus.

Betriebswirtschaftliche Methoden 11

- Analyse der gefundenen Quellen. Die Website www.möbelschweiz.ch bietet die Antwort auf die gestellten Fragen (Publikationen – Kennzahlen Produktion – Möbelhandel).
- Festhalten (Herunterladen bzw. Speichern oder Ausdrucken) der Ergebnisse.

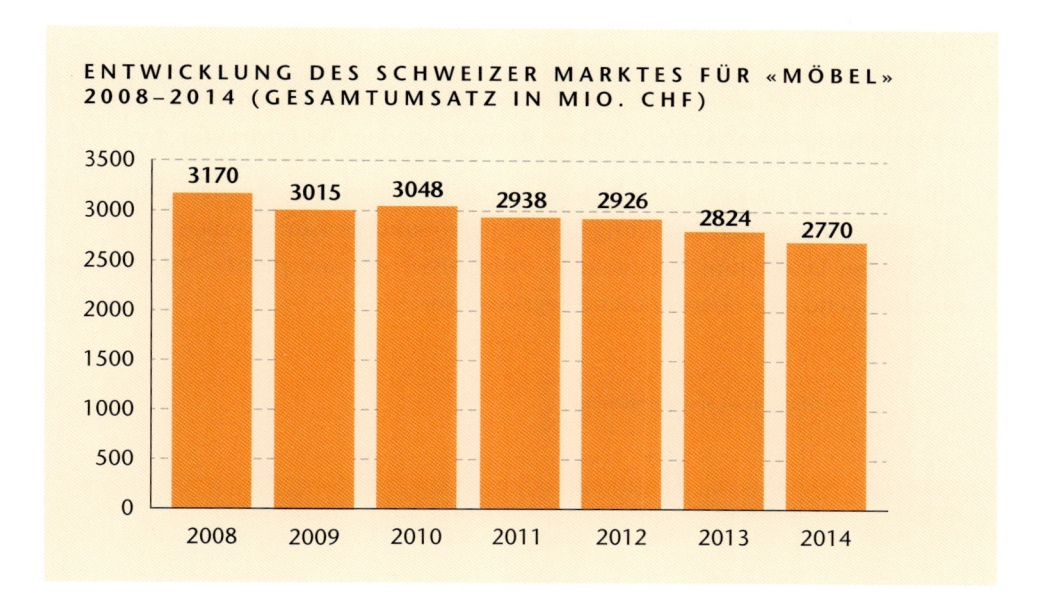

ENTWICKLUNG DES SCHWEIZER MARKTES FÜR «MÖBEL» 2008–2014 (GESAMTUMSATZ IN MIO. CHF)

Jahr	2008	2009	2010	2011	2012	2013	2014
Umsatz	3170	3015	3048	2938	2926	2824	2770

Umsatzentwicklung der grössten Möbelhändler 2008–2014	2008	2009	2010	2011	2012	2013	2014
1. Ikea	899	932	971	999	1020	1030	1040
2. Conforama-Gruppe	678.6	692.9	722.2	719	717.3	700.8	729
Conforama	439	450.8	485	484	486	474	484
LIPO Einrichtungsmärkte	101.2	106.1	109.2	117	125	136	184
Fly (Schweiz) AG	138.4	136	128	118	106.3	90.8	61
3. Möbel-Pfister-Gruppe	661	613	623	611	627	609	603
4. Migros	563.8	525.6	537.1	472.5	454.7	445.6	463.8
Micasa	271.4	256.7	267.3	267.1	267.2	267.3	267.8
Interio (Globus)	292.4	268.9	269.8	205.4	187.5	178.3	196
5. TopTip (Coop)	283.5	274.1	266.2	273.6	267.6	274.2	280.5
6. Otto's AG	167	175	182	180	178	175	175
7. JYSK	20.9	29.4	37	39.9	47.8	52.1	69.2
8. Möbel Märki	84.4	77	73.2	67.1	64.9	69.4	65.3
9. Möbel Hubacher	75	68	62	64	59	57	52

- Falls gewünscht oder erforderlich, werden die Daten nun zur Präsentation aufbereitet (z. B. als Diagramme, Powerpoint-Präsentation).

Wie viel gab ein Schweizer Haushalt im Jahr 2014 im Durchschnitt für Möbel aus?

- Aus den bereits gewonnenen Daten wissen wir, dass im Jahr 2014 insgesamt 2770 Mio. Franken für Möbel ausgegeben wurden. Wir müssen nun herausfinden, wie viele Haushalte es 2014 in der Schweiz gab.
- Wir starten eine neue Internetrecherche – etwa mit Google – zum Thema «Anzahl Haushalte 2014 Schweiz».
- Das Bundesamt für Statistik (BFS) weiss die Antwort auf unsere Frage.

Vertiefung

- In der Schweiz gab es 2014 insgesamt 3 584 789 Haushalte, und in einem Haushalt lebten durchschnittlich 2,25 Personen. Teilt man nun die Gesamtausgaben für Möbel durch die Anzahl Haushalte, erhalten wir den gesuchten Wert. Jeder Haushalt hat im Jahr 2014 im Schnitt knapp 773 Franken für Möbel ausgegeben.

Lösungssuche

In welchen Abteilungen werden welche Produkte in einem Möbelhaus zum Verkauf zusammengefasst? Stellen Sie Ihre Antwort in einer Baumstruktur dar.

- Mittels einer Internetrecherche – etwa bei www.ikea.ch – erlangen wir einen Überblick, in welchen Abteilungen welche Produkte verkauft werden.
- Mit einem Darstellungsprogramm – beispielsweise Powerpoint – erstellen wir anschliessend eine übersichtliche Begriffshierarchie.

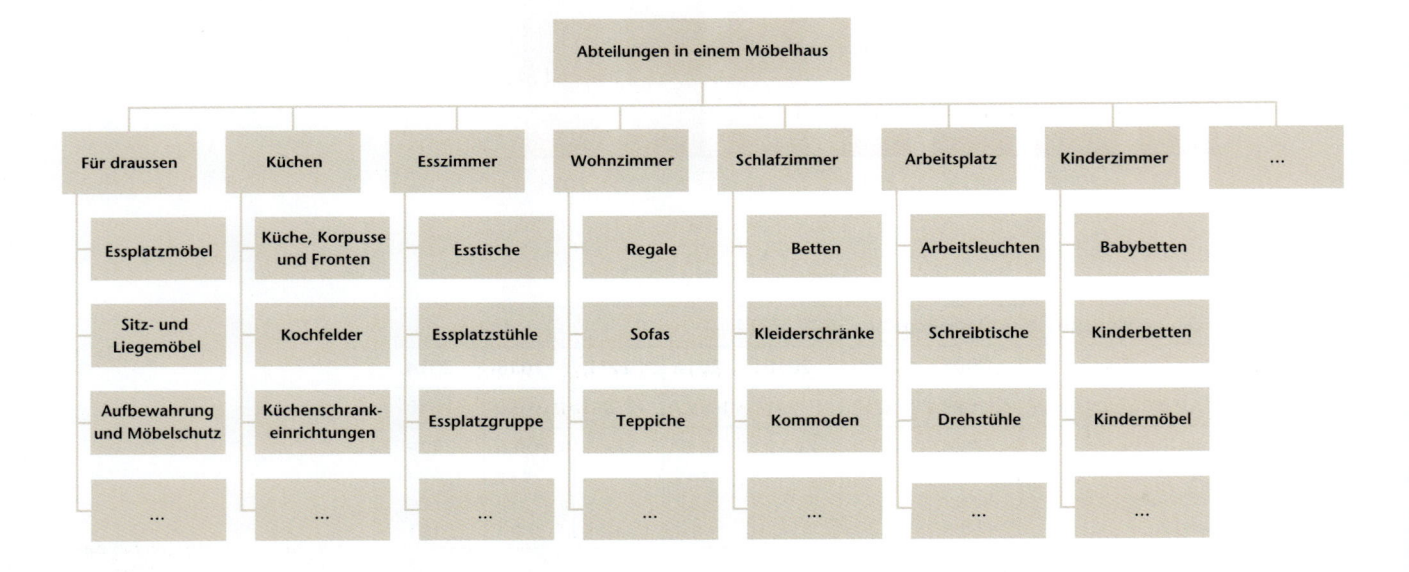

Abteilungen in einem Möbelhaus

Für draussen	Küchen	Esszimmer	Wohnzimmer	Schlafzimmer	Arbeitsplatz	Kinderzimmer	...
Essplatzmöbel	Küche, Korpusse und Fronten	Esstische	Regale	Betten	Arbeitsleuchten	Babybetten	
Sitz- und Liegemöbel	Kochfelder	Essplatzstühle	Sofas	Kleiderschränke	Schreibtische	Kinderbetten	
Aufbewahrung und Möbelschutz	Küchenschrankeinrichtungen	Essplatzgruppe	Teppiche	Kommoden	Drehstühle	Kindermöbel	
...	...	...	...	...	...	...	

Möbel Hubacher hat aktuell noch keinen Onlineshop auf seiner Website. Die Geschäftsleitung überlegt sich, ob ein solcher Onlineshop eingeführt werden soll oder nicht. Erstellen Sie für die nächste Sitzung eine Pro-/Kontra-Liste.

- Sammeln Sie möglichst viele Pro- und Kontra-Argumente mittels eines Brainstormings.
- Sichten Sie das Ergebnis und wählen Sie die überzeugendsten Pro- und Kontra-Argumente aus.
- Stellen Sie diese Argumente in einer Tabelle einander gegenüber.

Einführung eines Onlineshops	
PRO	**KONTRA**
+ Reichweite kann erhöht werden.	− Hohe Anfangsinvestitionen.
+ Umsatz kann erhöht werden.	− Logistikproblem – Wer bringt die Möbel zum Kunden?
+ Image als innovatives Möbelhaus wird gestärkt.	− Hochpreisprodukte eignen sich nicht gut für das Onlineshopping.
+ ...	− ...

Betriebswirtschaftliche Methoden 11

Vergleichen Sie das Marketing der beiden umsatzstärksten Möbelhändler – Ikea und Pfister – mittels eines Stärken-Schwächen-Profils. Wer kann bei welchen Kriterien punkten?

- Damit Sie die beiden Möbelhäuser miteinander vergleichen können, müssen Sie zuerst eine Recherche machen. Dazu können Sie entweder die Websites der beiden Unternehmen miteinander vergleichen (Sekundärmarktforschung) oder die beiden Möbelhäuser persönlich besuchen (Primärmarktforschung).
- Sie erstellen ein Raster für das Stärken-Schwächen-Profil und halten fest, für welches Möbelhaus dieser gelten soll. Anschliessend nehmen Sie Ihre Bewertung vor.

Kriterien		Bewertung Ikea im Vergleich zu Möbel Pfister			Begründung
		schlechter	gleich	besser	
Marketing	• Werbung		X		
	• Kundenservice		X		
	• Sortiment		X		
	• Qualität	X			
	• Preis			X	

Erstellen Sie eine SWOT-Analyse für einen führenden Schweizer Möbelhändler und nennen Sie jeweils zwei Stärken, Schwächen, Chancen und Gefahren.

- Wählen Sie ein Unternehmen – zum Beispiel Ikea, als umsatzstärksten Möbelhändler der Schweiz. Diskutieren Sie mithilfe eines Brainstormings, welche Stärken und Schwächen Ikea aufweist und welche Chancen und Gefahren das Marktumfeld birgt. Bestimmen Sie anschliessend, welche zwei Stärken, Schwächen, Chancen und Gefahren für Sie die wichtigsten sind.

Pfister überzeugt durch seine Qualität, ist aber teurer als Ikea.

Vertiefung

- Halten Sie Ihre Ergebnisse im SWOT-Raster fest.
- Diskutieren Sie nun die vier blauen Felder und erläutern Sie, ob Ikea für die Zukunft gewappnet ist.

		Marktumfeld	
		Chancen (Opportunities) 1. Bedarf an günstigen Möbeln, die auch wieder ausgetauscht werden können. 2. Traditionelle, kleinere Möbelhäuser stellen ihre Tätigkeit ein.	**Gefahren (Threats)** 1. Starke Konkurrenz. 2. Marktsättigung – kein Wachstum mehr.
Unternehmen	**Stärken (Strengths)** 1. Sehr gutes Preis-Leistungs-Verhältnis. 2. Ansprechendes, funktionales Design.	Welche Stärken treffen auf welche Chancen? Idealfall; Chancen können mit eigenen Stärken genutzt werden.	Welche Stärken treffen auf welche Gefahren? Durch die Nutzung eigener Stärken sollen Gefahren verringert oder vermieden werden.
	Schwächen (Weaknesses) 1. Möbel müssen selber zusammengesetzt werden. 2. Persönliche Beziehung zum Kunden ist schwierig.	Welche Schwächen treffen auf welche Chancen? Schwächen sollen abgebaut oder in Stärken verwandelt werden, um die sich ergebenden Chancen zu nutzen.	Welche Schwächen treffen auf welche Gefahren? Gefährlichste Kombination; es müssen gleichzeitig Schwächen abgebaut und die Gefahren verringert werden.

Sie arbeiten bei Ikea und sind damit beauftragt worden herauszufinden, an welchem Ort in der Schweiz die Errichtung einer weiteren Ikea-Filiale sinnvoll sein könnte. Was schlagen Sie der Geschäftsleitung vor?

- Sie verschaffen sich mittels Sekundärmarktforschung einen Überblick, wo Ikea bereits Möbelhäuser führt.

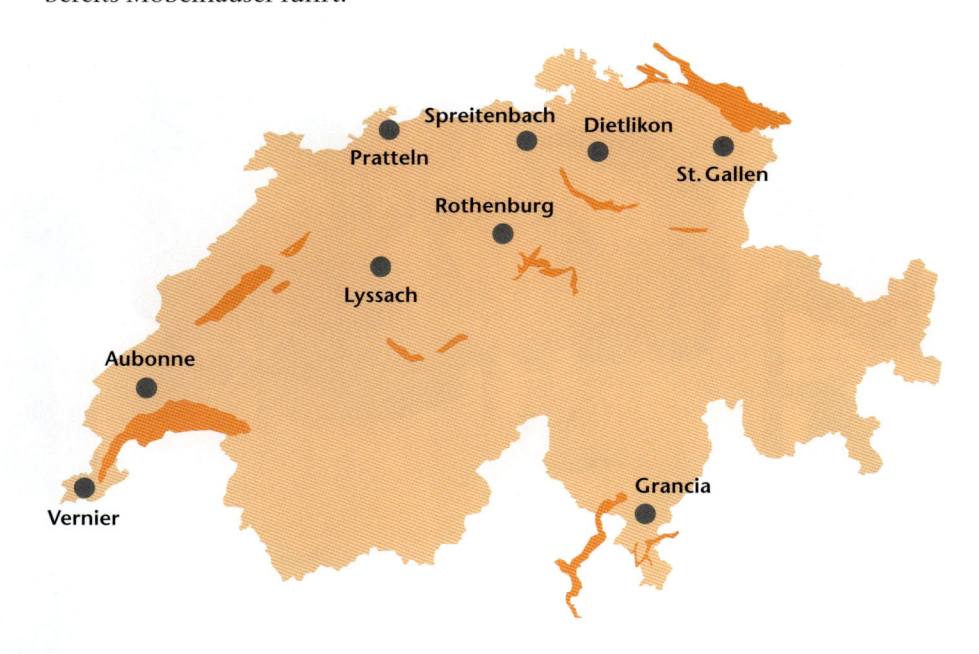

- Sie besprechen im Team, etwa mittels eines Brainstormings, wo die Errichtung eines weiteren Möbelhauses sinnvoll wäre. Es fällt Ihnen auf, dass im Kanton Wallis und im Kanton Graubünden noch kein Einrichtungshaus steht. Sie entscheiden sich dafür, die beiden möglichen Standorte Sitten und Chur zu prüfen.

Betriebswirtschaftliche Methoden

- Sie recherchieren zu den beiden Standorten bezüglich Einzugsgebiet, Anzahl möglicher Kunden, Grundstückspreise, Steuerbelastung usw.
- Mit den gewonnenen Hintergrundinformationen bewerten Sie die beiden möglichen Standorte in einer Nutzwertanalyse, um festzustellen, welches Projekt weiter ausgearbeitet werden soll.

Nutzwertanalyse		Sitten (VS)		Chur (GR)	
	Gewichtung	Bewertung	Nutzen	Bewertung	Nutzen
1. Einzugsgebiet/Kundenfrequenz	40	6	240	5	200
2. Zentrale Verkehrslage	20	5	100	4	80
3. Konkurrenzsituation	15	5	75	4	60
4. Grundstückskosten	15	5	75	5	75
5. Standortimage	10	5	50	5	50
Gewichtung insgesamt	100				
Punktzahl insgesamt			540		465
Rangfolge			1. Rang		2. Rang

Umsetzung des Entscheids

Sie sind handwerklich geschickt und haben innovative Ideen, wie ansprechende und funktionelle Möbel gestaltet und hergestellt werden können. Zusammen mit Ihrer Kollegin beschliessen Sie, im Rahmen eines Designwettbewerbs einen Küchenstuhl zu entwickeln. Wie gehen Sie vor? Stellen Sie die einzelnen Schritte in einem Ablaufplan dar.

- Sie überlegen sich – etwa mit einem Brainstorming –, welche Schritte von der Idee bis zum Prototyp nötig sind, und halten Ihre Ergebnisse schriftlich fest.
- Sie bringen Ihre Ergebnisse in eine logische Reihenfolge und gestalten – z. B. mit Powerpoint – den Ablaufplan.

Ideensammlung → Konzeptentwicklung → Materialbeschaffung → Herstellung → Test → Verbesserungen vornehmen → Präsentation Prototyp

Sie sind im Möbelhaus Müller für die Schwerpunktgestaltung verantwortlich. In welchem Quartal werben Sie für welche Produkte mit einem Sonderprospekt? Machen Sie einen Vorschlag mit sechs Angebotsschwerpunkten für die vier Quartale und verwenden Sie für die Präsentation Ihres Vorschlags ein übersichtliches Balkendiagramm.

- In der Gruppe diskutieren Sie zusammen, welche Angebotsschwerpunkte in welches Quartal passen.

Vertiefung

- Nach der Bereinigung stellen Sie Ihren Plan in einem Balkendiagramm dar – beispielsweise mit einer Tabelle in Word.

	1. Quartal	2. Quartal	3. Quartal	4. Quartal
Kleiderschränke	■			
Beleuchtung		■		
Küchen		■		
Gartenmöbel		■	■	
Betten				■
Weihnachtsschmuck				■

Sie sind beauftragt worden, ein Organigramm für das Möbelhaus Müller zu gestalten. Dieses ist folgendermassen organisiert: Die Gesamtleitung des Möbelhauses obliegt Frau Sophie Müller, sie wird durch einen Assistenten und ein Sekretariat unterstützt. Weiter verfügt das Möbelhaus Müller über die Abteilungen Einkauf (Möbel, Nichtmöbel wie Geschirr und Textilien), Logistik (Lager, Transport), Marketing/Verkauf (Marketing, Verkauf, Kundendienst) sowie Verwaltung (Finanz- und Rechnungswesen, Personalwesen, IT).

- Sie diskutieren zusammen, welche Organisationsform für das Möbelhaus Müller infrage kommt. Eine funktionale Organisation steht im Vordergrund Ihrer Überlegungen.
- Sie erstellen das Organigramm zuerst auf einem Notizpapier, und wenn alle einverstanden sind und Sie allfällige Verbesserungen vorgenommen haben, bilden Sie das Organigramm am Computer ab – beispielsweise mit Powerpoint.

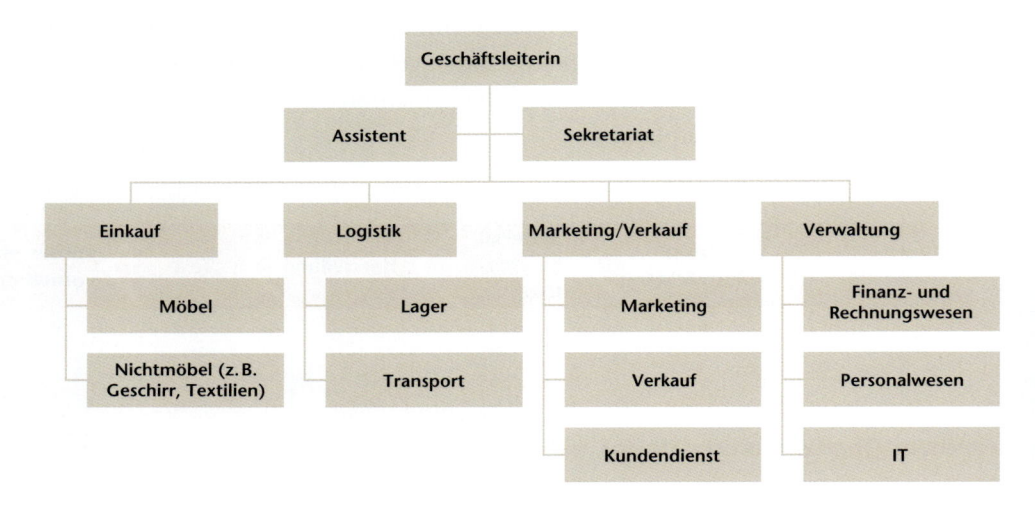

Betriebswirtschaftliche Methoden

ZUSAMMENFASSUNG

Die Betriebswirtschaftslehre ist keine exakte Wissenschaft. Das bedeutet, dass Fragestellungen, die aus der Praxis kommen, sehr unterschiedlich gelöst werden können. Die möglichen Lösungen bzw. Lösungsansätze müssen sich in der Realität zuerst bewähren. Um ein betriebswirtschaftliches Problem zu lösen, werden in einem vierstufigen Prozess unterschiedliche betriebswirtschaftliche Methoden angewendet: Zuerst wird recherchiert, danach werden Informationen gewonnen (Primär- und Sekundärmarktforschung) und Zahlen visualisiert (Diagramme). Basierend auf den gefundenen Fakten werden dann mögliche Lösungen gesucht (Brainstorming, Tabelle, Baumstruktur, Mindmap) und bewertet (Pro-/Kontra-Liste, Fähigkeitsanalyse, SWOT-Analyse, Nutzwertanalyse), sodass schliesslich die beste Lösung gefunden und umgesetzt werden kann (Arbeitsplan, Ablaufplan, Flussdiagramm, Organigramm, Evaluation).

Vertiefung

SCHLÜSSELBEGRIFFE

- Balkendiagramm
- Baumstruktur
- Brainstorming
- Diagramm
- Intuition
- Kreisdiagramm
- Kuchendiagramm
- Kurvendiagramm
- Liniendiagramm
- Mindmap
- Oberbegriff
- Pro- und Kontra-Liste
- Säulendiagramm
- Spalte
- Tabelle
- Unterbegriff
- Zeile

→ Eine Definition der Schlüsselbegriffe finden Sie im Glossar.

QUELLEN UND WEITERFÜHRENDE LITERATUR

Hentze, Joachim / Heinecke, Albert / Kammel, Andreas: **Allgemeine Betriebswirtschaftslehre**, 1. Auflage, Bern / Stuttgart / Wien 2001

Hugentobler, Walter / Schaufelbühl, Karl / Blattner, Matthias (Hrsg.): **Integrale Betriebswirtschaftslehre**, 5. Auflage, Zürich 2013

Lang, Helmut: **Neue Theorie des Management und der Betriebswirtschaft**, 1. Auflage, Bremen / Hamburg 2006

Lechner, Karl / Egger, Anton / Schauer, Reinbert: **Einführung in die Allgemeine Betriebswirtschaftslehre**, 26. Auflage, Wien 2013

Schauer, Reinbert: **Betriebswirtschaftslehre Grundlagen**, 4. Auflage, Wien 2013

Schmalen, Helmut / Pechtl Hans: **Grundlagen und Probleme der Betriebswirtschaftslehre**, 15. Auflage, Stuttgart 2013

Wöhe, Günter / Döring, Ulrich: **Einführung in die Allgemeine Betriebswirtschaftslehre**, 25. Auflage, München 2013

Betriebswirtschaftliche Methoden

REPETITIONSFRAGEN KAPITEL 11

1. Nennen Sie die vier Phasen eines betriebswirtschaftlichen Problemlösungsprozesses.
2. Was ist der Unterschied zwischen einer Primärmarkt- und einer Sekundärmarktforschung?
3. Welches sind die wichtigsten Punkte, die Sie bei einer Internetrecherche beachten müssen?
4. Wozu braucht es Diagramme?
5. Wann ist es sinnvoll, ein Balkendiagramm zu zeichnen, und wann ein Kurvendiagramm?
6. Nennen und erklären Sie die drei Phasen eines Brainstormings.
7. Aus welchen zwei Teilen besteht eine Tabelle?
8. Was versteht man unter einer Begriffshierarchie?
9. Was sollten Sie beachten, wenn Sie eine Mindmap entwerfen?
10. Erklären Sie den Unterschied zwischen der Fähigkeitsanalyse und der SWOT-Analyse.
11. Was ist der Sinn und Zweck einer Nutzwertanalyse?
12. Wie unterscheiden sich der Arbeits- und der Ablaufplan?
13. Aus welchen Symbolen besteht ein Flussdiagramm?
14. Wie nennt man eine Grafik, welche die Gliederung in einem Unternehmen aufzeigt?

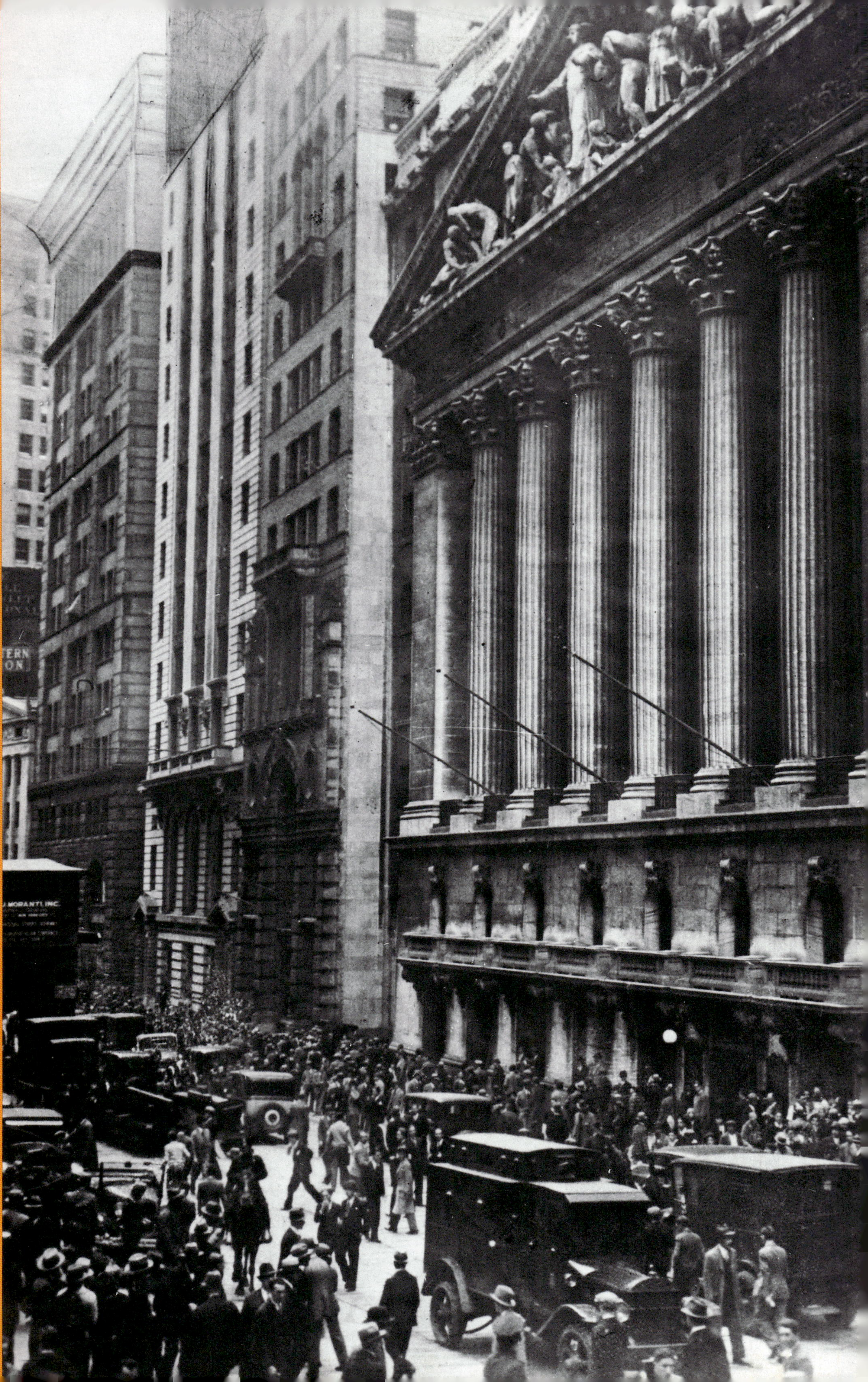

12

Themen der Betriebswirtschaftslehre

12.1	Geschichte der Betriebswirtschaftslehre	277
12.2	Aktuelle Themen der Betriebswirtschaftslehre	278
12.3	Herausragende Schweizer BWL-Beiträge	281

«Je weiter man zurückblicken kann, desto weiter wird man vorausschauen.»

Winston Churchill (1874–1965)

LERNZIELE

Nachdem Sie dieses Kapitel gelesen haben, können Sie …

… die Geschichte der BWL wiedergeben.

… auf aktuelle BWL-Themen eingehen.

… herausragende Schweizer Vertreter der BWL vorstellen.

12.1 Geschichte der Betriebswirtschaftslehre

Die Wurzeln der BWL lassen sich bis ins Altertum zurückverfolgen. Ökonomie stand im alten Griechenland für die Verwaltung des Haushalts. Schon sehr früh finden sich einzelwirtschaftliche Abhandlungen über den Haushalt. Vor dem 20. Jahrhundert konzentrierten sich die Wirtschaftswissenschaften auf gesamtwirtschaftliche Fragestellungen (Nationalökonomie). Am Rande ihrer Diskussion haben sie auch einzelwirtschaftliche Fragestellungen thematisiert. Seit dem Mittelalter haben betriebswirtschaftliche Forscher den Versuch unternommen, sich gegenüber den Nationalökonomen zu differenzieren und damit eine wissenschaftliche Klärung herbeizuführen.

Wurzeln im Altertum

Anfänglich standen Verrechnungstechniken und theoretische Abläufe einzelner Geschäftsvorgänge im Zentrum des Interesses. Dies ist auch nachvollziehbar, da die betriebliche Erfolgsmessung und die Abwicklung des Geschäftsverkehrs – im Zuge der Zunahme des Handels – wichtige Anliegen der Kaufleute waren. 1494 publizierte Luca Pacioli seine Überlegungen zur doppelten Buchhaltung. Dieses Werk bildete den Beginn der Anstrengungen der BWL, eigenständig einzelwirtschaftliche Sachverhalte und Zusammenhänge zu klären. Im 17. und 18. Jahrhundert gelangte die Handelswissenschaft zu ihrer Blüte. Sie beschäftigte sich mit der Beschreibung von Märkten und Betrieben und stellte schon erste Regeln für betriebliche Entscheidungen auf. Im 19. Jahrhundert rückte allerdings die Handelswissenschaft weitgehend in den Hintergrund. Zu dieser Zeit dominierten staatswirtschaftliche Interessen und kaufmännische Techniken.

Verrechnungstechniken und Geschäftsabläufe standen im Vordergrund

Weil Unternehmen aufgrund des einfacheren Handels (z. B. Abbau von Zöllen, technologischer Fortschritt Eisenbahn) schnell wuchsen, wurden sie auch komplexer in der Führung. Aus diesem Grund wurden ab dem Jahr 1898 (in Aachen, Leipzig, St. Gallen, Wien) im deutschsprachigen Raum erste Hochschulen zur Ausbildung des kaufmännischen Nachwuchses gegründet. Diese Hochschulgründungen und damit verbunden die Zunahme von wissenschaftlichen Abhandlungen und analytischen Lehrbüchern (z. B. zum Rechnungswesen) markierten einen neuen Anfang und liessen die BWL innerhalb von kurzer Zeit zu einem eigenständigen Fach werden.

Hochschulgründungen im 20. Jahrhundert

Die Begründung der modernen BWL gelang nach dem Zweiten Weltkrieg. Hauptsächlichen Anteil daran hat das dreibändige Werk «Grundlagen der Betriebswirtschaftslehre» von Erich Gutenberg (1951 «Die Produktion», 1954 «Der Absatz» und 1968 «Die Finanzen»). Die Grundlagen von Gutenberg wurden von der Fachwelt äusserst interessiert aufgenommen und in der Folge weiterentwickelt. Danach begann sich die BWL gegenüber den übrigen Sozialwissenschaften zu öffnen. Die wichtigen Beiträge zur verhaltenswissenschaftlichen Entscheidungstheorie, zur Institutionenökonomik und zur Industrieökonomik stammen aus dem angloamerikanischen Raum (USA, Kanada).

Durchbruch nach dem Zweiten Weltkrieg

Vertiefung

12.2 Aktuelle Themen der Betriebswirtschaftslehre

Im Zuge der globalen Finanzkrise findet eine verstärkte Rückbesinnung auf den «ehrbaren Kaufmann» statt. Nachhaltigkeit, Ausgewogenheit und ethische Überlegungen sind wichtige Themen der BWL. Überrissene Managersaläre führen zur Diskussion und Anpassung der Vergütungsregelungen. Soziale Netzwerke – wie z. B. Facebook – sind neue Phänomene, die auch von der BWL interessiert untersucht werden. Mit

WANDLUNG DER BETRIEBSWIRTSCHAFTLICHEN PROBLEMFELDER ÜBER DIE ZEIT

Die BWL steht unter dem Einfluss von Inflation und Weltwirtschaftskrise mit Wertvorstellungen und Bilanztheorien.

Im Zuge des Krieges widmet sich die BWL der Rüstungswirtschaft.

Ein Übergang zu grossen Märkten findet statt, und mikroökonomische Betrachtungsweisen werden von der BWL übernommen, sodass diese Jahre im Zeichen der Absatztheorie und des Marketings stehen.

1910   1920   1930   1940   1950   1960

Die BWL befasst sich vorwiegend mit dem freien Welthandel (Welthandelslehre).

Mit technischen Rationalisierungsmassnahmen stehen kostentheoretische Überlegungen im Zentrum.

Mit vielen industriellen Wirtschaftsförderungsprogrammen folgt eine industrielle Konsolidierung mit dem Fokus auf der Produktionstheorie.

Themen der Betriebswirtschaftslehre

dem viralen Marketing werden diese sozialen Netzwerke und die neuen Medien genutzt, um mit aussergewöhnlichen Nachrichten auf eine Marke, ein Produkt oder eine Kampagne aufmerksam zu machen (Youtube, Twitter, Instagram usw.). Neuromarketing erforscht die Zustände und Prozesse des Affekts (Gemütsbewegung, Erregung) und der Kognition (Erkennen, Wahrnehmen) im menschlichen Gehirn und will Erkenntnisse über die wahren Bedürfnisse und Wünsche der Konsumentinnen und Konsumenten erlangen. Dieses Forschungsgebiet ist nicht unumstritten, und ethische Aspekte müssen dabei berücksichtigt werden. Die BWL löst sich von der klassischen Unternehmenssicht und bietet ihr Wissen auch öffentlichen Verwaltungen (New Public Management) und Non-Profit-Organisationen (NPO-Management) an. Ein weiteres Forschungsgebiet ist das Mitunternehmertum, das zum Ziel hat, die Mitarbeitenden zu Mitunternehmenden zu machen, sodass eine höhere Identifikation für das Unternehmen erreicht werden kann.

1970

Der Übergang vom Verkäufer- hin zum Käufermarkt findet statt, was den Fokus auf Zielforschung und Entscheidungstheorie lenkt. Selbstverständlich prägt auch die Erdölkrise die BWL.

1980

Es findet eine Unternehmenskonzentration statt, und die BWL befasst sich mit der Organisationstheorie und verhaltenswissenschaftlichen Ansätzen.

1990

Die BWL steht im Zeichen der Globalisierung, der Umweltorientierung und einer ausgeprägten Technologiedynamik. Sie befasst sich mit Innovationsforschung, dem Wertewandel der Gesellschaft und mit Umweltmanagement.

2000

Der Boom des Internets führt zu neuen Geschäftsformen (E-Business und E-Commerce). Individuelle Lösungen (Customizing) für den Konsumenten werden möglich. Die Internetblase (Spekulationsblase) platzt, da die neuen technologischen Entwicklungen die in sie gesetzten wirtschaftlichen Erwartungen nicht erfüllen. Dies führt zu einer Bereinigung auf den Finanzmärkten.

2010

Eine Blase auf dem US-amerikanischen Immobilienmarkt führt 2008/09 zu einer globalen Finanzkrise. In der Folge kommt es zu einer Rückbesinnung auf die Werte des «ehrbaren Kaufmanns». Nachhaltigkeit und Ethik gewinnen an Bedeutung. Zudem untersucht die BWL interessiert die Social Media (z. B. Facebook).

Vertiefung

VIRALES MARKETING · graubünden

BÜNDNER ENTFÜHREN GESTRESSTE STÄDTER IN DIE BERGE

Viele Passanten staunen nicht schlecht, als sie am Zürcher Hauptbahnhof von einem Plakat direkt angesprochen werden: Via Live-Chat begrüsst sie ein uriger Älpler, der inmitten der Bündner Bergwelt gemütlich vor seinem Stall sitzt und offensichtlich so gar nichts mit der Hektik der Stadt gemein hat. Der Älpler lädt die Passantinnen und Passanten im Live-Chat ein, ihrem Alltagsstress zu entfliehen. Sie sollen sofort in den Zug steigen und ihn an diesem Nachmittag in Vrin in der Val Lumnezia besuchen. Diese im Sommer 2015 durchgeführte Werbeaktion von Graubünden Ferien sorgte nicht nur am Zürcher Hauptbahnhof für Aufsehen, sondern entwickelte sich in den sozialen Medien zu einem viralen Hit.

«Ist das wirklich live?», fragt ein Passant den anderen. Dieser bejaht und die beiden treten näher an die Plakat-Säule. Ihnen gegenüber sitzt ein Mann mit Vollbart und rustikalem Hemd am Laptop und verwickelt die beiden in ein Gespräch. In breitem Bündner Dialekt lädt er die beiden ein, ihn heute noch im Bergdorf Vrin in Graubünden zu besuchen. Das Gratisticket für die Hin- und Rückreise wird im Falle einer Zusage direkt an der Plakatsäule ausgedruckt, womit die Überraschung perfekt ist. Der Bergler ruft wenn nötig auch Lehrer und Arbeitgeber an, um die Mitmachenden für den Nachmittag zu entschuldigen, denn diese haben ja eben einen Wettbewerb für eine Reise ins Bündnerland gewonnen. Die Reaktionen der angesprochenen Personen fallen durchwegs positiv und freudig aus. Auch wenn einige Passantinnen und Passanten nicht zufällig vorbeischauen, sondern von der Werbeagentur dazu eingeladen wurden, ist die Aktion ein Erfolg: 30 Personen nehmen die Einladung an und besuchen den Bündner spontan auf seiner Alp, was wiederum live für alle sichtbar auf dem HB Zürich übertragen wird.

Doch der mediale Erfolg der Kampagne geht weit über diese 30 Besucherinnen und Besucher hinaus. Graubünden Ferien stellt ein Video zur Aktion ins Internet, das sich mithilfe der sozialen Netzwerke und der Onlinemedien viral im Netz verbreitet *(http://bit.ly/The_Great_Escape)*.

- 30 Menschen reisen spontan in die Val Lumnezia.
- 30'000 Personen sahen die Aktion live am HB Zürich.
- 11 Millionen Klicks verbucht die Werbung auf YouTube und Facebook.
- 80 Millionen Menschen erfahren durch die Medien von der Aktion.

Begleitet wurde die Kampagne mit einem breit gestreuten Aufruf des Berglers. Per Videobotschaft auf Facebook, Twitter und Instagram befragte er alle «Graubünden-Fans», was für sie das Beste an Ferien in den Bündner Bergen sei. Die Fans antworteten, dass sie am Bündnerland besonders die heimeligen Dörfer, Natur, Berge und vor allem die Freundlichkeit der Menschen liebten.

Die Absicht der Initianten war es, darauf aufmerksam zu machen, wie schnell man aus der Grossstadt in einem der idyllischen Bündner Bergdörfer sein kann, um auf diese Weise die kleinen Dörfer Graubündens zu bewerben. Manuela Michel, Leiterin Produktentwicklung und Mitglied der Geschäftsleitung von Graubünden Ferien, kommentiert die Aktion am Zürcher Hauptbahnhof folgendermassen: «Authentische Natur- und Kulturerlebnisse sind gefragter denn je; Nachhaltigkeit und Kooperation mit der Bevölkerung sind für uns wichtige Faktoren in der Gästegewinnung. Am Zürcher Hauptbahnhof wollten wir daher ein Zeichen setzen. Mit dem Entführen von Passanten in unsere idyllische Bergwelt, abseits von Stress und Hektik, ist uns dies ganz offensichtlich gelungen, wie der Film zeigt.»

Die Werbeaktion überzeugte das Publikum und die Fachwelt mit einer frischen Idee und einer innovativen Technologie (interaktive Plakatsäule). Das Resultat ist, dass das Video nicht nur in der Schweiz, sondern weltweit ein Hit geworden ist. Graubünden Ferien und die Zürcher Kommunikationsagentur Jung von Matt/Limmat wurden für die Aktion denn auch mit mehreren Preisen ausgezeichnet. Sie gilt als Beispiel dafür, wie virales Marketing im Erfolgsfall funktioniert.

Quelle: Graubünden Ferien

12.3 Herausragende Schweizer BWL-Beiträge

Mit der Entwicklung des St. Galler Management-Modells waren die Professoren *Hans Ulrich* und *Walter Krieg* von der Universität St. Gallen die Wegbereiter der systemorientierten Managementlehre im deutschsprachigen Raum. *Kurt Bleicher* und *Johannes Rüegg-Stürm* entwickelten das Modell später weiter. Der Berner Universitätsprofessor *Norbert Thom* hat mit seiner Forschung und seinen Publikationen zum Public Management auf allen Staatsebenen und zur Personalentwicklung internationale Berühmtheit erlangt. Der Zürcher Wirtschaftswissenschaftler, Glücksforscher und Professor *Bruno S. Frey* hat mit seiner Anwendung der ökonomischen Forschung auf nichtwirtschaftliche Bereiche wie Politik, Ökologie, Familie, Konflikt, Geschichte und Kunst ebenfalls für Aufsehen gesorgt. Professor *Rolf Dubs* (Universität St. Gallen) ist es zu verdanken, dass ein grosser Transfer von betriebswirtschaftlichem Wissen in Lehrbücher stattgefunden hat. Hinzu kommen seine Verdienste für das moderne Schulmanagement. Mit seinen Beiträgen zu Produktwahlhandlungen, zur Wahrnehmung und Beurteilung von Erzeugnissen sowie zur Bildung von Konsumentenpräferenzen hat der St. Galler Professor *Andreas Herrmann* viel Beachtung gefunden. Schliesslich kann das Verbandsmanagementinstitut (VMI) der Universität Freiburg genannt werden: Diese Institution ist seit über 30 Jahren ein Forschungs- und Kompetenzzentrum für das Management von Non-Profit-Organisationen (NPO) und bietet Weiterbildungen für Führungskräfte von Verbänden und weiteren NPO an.

Vertiefung

ZUSAMMENFASSUNG

Die Wurzeln der Betriebswirtschaftslehre können bis ins Altertum zurückverfolgt werden. Anfänglich standen Verrechnungstechniken und Geschäftsabläufe im Vordergrund. Im 20. Jahrhundert etablierte sich die BWL als Fach an den Hochschulen, was zu einem Anstieg der Forschungsaktivität und zu einer Zunahme der Fachliteratur geführt hat. Nach dem Zweiten Weltkrieg gelang der BWL der eigentliche Durchbruch zu einer eigenständigen Disziplin. Die Problemfelder der BWL haben sich stets der Zeit angepasst und umfassen heute sowohl soziale Netzwerke wie Facebook als auch klassische Themen wie Logistik usw. Das St. Galler Management-Modell gilt als Wegbereiter der systemorientierten Managementlehre.

Themen der Betriebswirtschaftslehre

SCHLÜSSELBEGRIFFE

- Geschichte der BWL
- Wandlung der betriebswirtschaftlichen Problemfelder über die Zeit
- Aktuelle Themen der BWL
- Herausragende Schweizer BWL-Beiträge

→ Eine Definition der Schlüsselbegriffe finden Sie im Glossar.

QUELLEN UND WEITERFÜHRENDE LITERATUR

Hentze, Joachim / Heinecke, Albert / Kammel, Andreas: **Allgemeine Betriebswirtschaftslehre**, 1. Auflage, Bern u. a. 2001

Hugentobler, Walter / Schaufelbühl, Karl / Blattner, Matthias (Hrsg.): **Integrale Betriebswirtschaftslehre**, 5. Auflage, Zürich 2013

Lang, Helmut: **Neue Theorie des Management und der Betriebswirtschaft**, 1. Auflage, Bremen / Hamburg 2006

Lechner, Karl / Egger, Anton / Schauer, Reinbert: **Einführung in die Allgemeine Betriebswirtschaftslehre**, 26. Auflage, Wien 2013

Schauer, Reinbert: **Betriebswirtschaftslehre Grundlagen**, 4. Auflage, Wien 2013

Schmalen, Helmut: **Grundlagen und Probleme der Betriebswirtschaftslehre**, 15. Auflage, Stuttgart 2013

Wöhe, Günter / Döring, Ulrich: **Einführung in die Allgemeine Betriebswirtschaftslehre**, 25. Auflage, München 2013

REPETITIONSFRAGEN KAPITEL 12

1. Erläutern Sie, wie sich die Geschichte der BWL entwickelt hat.
....

2. Welches sind aktuelle Themen der BWL?
....

3. Welche Schweizer BWL-Forscher haben sich besonders hervorgetan?

Glossar und Stichwortverzeichnis

Glossar 286

Stichwortverzeichnis 293

Glossar

4 P → Marketing-Mix

Ablauforganisation Gestaltungsmassnahmen, die Zeitpunkt und Reihenfolge der Abläufe regeln.

Abteilung Teil eines Unternehmens, der aus mindestens zwei ausführenden → Stellen besteht und der meist für eine einzige spezifische Funktion zuständig ist.

Aggressive Preisstrategie → Wettbewerbsstrategie, bei der ein Unternehmen durch Tiefstpreise versucht, den → Wettbewerb für sich zu gewinnen (Kostenführerschaft).

AIDA → Modell, das die Wirkung einer Werbebotschaft über vier Phasen erklärt: «Attention – Aufmerksamkeit erzeugen», «Interest – Interessensweckung», «Desire – Wunsch entstehen lassen» und «Action – Kauf auslösen».

Akkordlohn → Lohn unter Berücksichtigung der individuellen quantitativen Stückleistung.

Aktie Anteilschein einer Aktiengesellschaft.

Aktienindex → Kennzahl, die sich aus verschiedenen Aktienkursen zusammensetzt und so die Kursentwicklung des entsprechenden Teilmarkts signalisiert.

Aktienkapital Grundkapital einer Aktiengesellschaft.

Aktivgeschäft Geschäft der Bank, bei der diese das ihr anvertraute Sparkapital gegen einen Zins (Aktivzins) ausleiht.

Allgemeine Betriebswirtschaftslehre Teilgebiet der → Betriebswirtschaftslehre, das betriebliche Sachverhalte beschreibt und erklärt, welche für alle Unternehmen zutreffen, unabhängig von ihrer Wirtschaftszugehörigkeit, der → Rechtsform oder der Eigentümerschaft.

Amortisationspflicht Pflicht, einen Kredit in Raten zurückzuzahlen.

Anhang Abschliessender Bestandteil des → Businessplans, der Hintergrund- und Zusatzinformationen zum Vorhaben festhält.

Anreiz Reiz, der das (Arbeits-)Verhalten beeinflusst. Es werden → materielle und → immaterielle Anreize unterschieden.

Anspruchsgruppe Gruppe von Unternehmen, Menschen oder Institutionen, die Ansprüche an ein Unternehmen stellt. Häufig werden folgende Anspruchsgruppen unterschieden: Eigentümer/Eigenkapitalgeber, Kundinnen und Kunden, Fremdkapitalgeber, Mitarbeitende, Konkurrenz, Lieferanten, Staat und Institutionen.

Arbeitsbestätigung Form des → Arbeitszeugnisses, die nur Angaben zur Anstellungsdauer und zur Funktion des Arbeitnehmenden macht.

Arbeitszeugnis Vom Arbeitgeber ausgestellte Urkunde, die Auskunft über die Leistung und das Verhalten des Mitarbeitenden macht.

Assessment-Center (AC) Psychologisches Testverfahren zur Personalrekrutierung, bei dem die Kompetenzen der Bewerber beurteilt werden.

Aufbauorganisation Gestaltungsmassnahmen, die Zuteilung von → Aufgaben, → Kompetenzen und → Verantwortungen sowie Beziehungen zwischen den Stelleninhabern regeln. Die Aufbauorganisation wird mittels → Organigramm dargestellt.

Aufgabe Auftrag, etwas zu tun.

Aussenfinanzierung → Finanzierung eines Unternehmens, bei der das erforderliche Kapital aus unternehmensexternen Quellen stammt. Beispiele: Aufnahme von Fremdkapital, Beteiligungskapital.

Balkendiagramm Grafische Darstellung, die verschieden grosse Werte anhand waagrechter Balken miteinander vergleicht.

Baumstruktur Grafik, bei der die Beziehungen einzelner Elemente hierarchisch angeordnet und mit Linien verbunden sind.

BCG-Portfolio Methode zur Beurteilung des gegenwärtigen Leistungssortiments eines Unternehmens, entwickelt von der Boston Consulting Group. Die Beurteilung erfolgt nach den Dimensionen → Marktwachstum und → relativer Marktanteil. Je nach Positionierung im BCG-Portfolio werden Leistungen in → Poor Dogs, → Question Marks, → Stars und → Cash Cows unterschieden.

Bedarfsplanung Festlegung des für die Herstellung von Erzeugnissen in einer Planungsperiode benötigten Bedarfs nach Art und Menge. Die Bedarfsplanung ergibt sich aus der → Programmplanung und den Stücklisten.

Bedürfnis Wunsch, einen empfundenen Mangel zu beseitigen oder zu mildern.

Befragung Marktforschungsmethode, um Äusserungen, Stellungnahmen und/oder Bewertungen von Befragten zu sammeln und zu analysieren.

Beobachtung Marktforschungsmethode, um visuell erkennbare Sachverhalte, wie Verhaltensreaktionen und physische Veränderungen über beobachtete Individuen zu sammeln und zu analysieren.

Beschaffung Teil der Leistungserstellung, der den Einkauf und die Beschaffungslogistik der → Betriebsmittel und der → Werkstoffe umfasst.

Beschreibungsmodell Abbildung von Sachverhalten, ohne die Zusammenhänge zu erklären oder zu analysieren.

Bestellmengenplanung Vorgehen zur Ermittlung der Bestellmenge, die für das Unternehmen am günstigsten ist und als optimale Bestellmenge bezeichnet wird.

Betriebliche Produktionsfaktoren Materielle und immaterielle Mittel, die zur Erstellung anderer Güter und Leistungen eingesetzt werden. Es werden → dispositive Arbeitsleistungen und → elementare Produktionsfaktoren unterschieden.

Betriebsbuchhaltung Teil des Rechnungswesens. Die Betriebsbuchhaltung stellt die innerbetrieblichen Güterflüsse dar und erfasst die Kosten und Erlöse der Leistungserstellung. Sie dient als Grundlage für die → Kalkulation. Die Erfassung der Kosten erfolgt in drei Stufen: → Kostenartenrechnung, → Kostenstellenrechnung und → Kostenträgerrechnung.

Betriebskredit Kredit, mit dem der Liquiditätsbedarf eines → Unternehmens gesichert wird.

Betriebsmittel → Elementarer Produktionsfaktor, der den gesamten sachlichen → Input eines Unternehmens umfasst, der nicht Bestandteil des → Outputs wird. Beispiel: Webmaschine. Be-triebsmittel werden unterschieden in → Repetierfaktoren und → Potenzialfaktoren.

Glossar

Betriebswirtschaftslehre (BWL) Wissenschaft, die sich mit wirtschaftlichen, organisatorischen, technischen sowie finanziellen Abläufen in Unternehmen und den unterschiedlichen wirtschaftlichen Institutionen befasst. Es werden verschiedene Bereiche unterschieden: → allgemeine, → spezielle, → institutionelle und → funktionale Betriebswirtschaftslehre.

Beurteilungsbogen Formular, mit dem der Vorgesetzte die Personalbeurteilung vornimmt.

Bilanz Stichtagbezogene Zusammenstellung aller Aktiven (Vermögen bzw. Mittelverwendung) und Passiven (Kapital- bzw. Mittelherkunft) in Kontenform. Aktiv- und Passivseite sind immer gleich gross, die Differenz entspricht dem Gewinn oder Verlust.

Bonität Finanzieller Ruf; umfasst die → Kreditwürdigkeit und die → Kreditfähigkeit.

Börse Organisierter Handelsplatz, an dem Käufe und Verkäufe abgewickelt werden, ohne dass die Waren physisch vorhanden sind.

Brainstorming «Gehirnsturm»; Methode, bei der in einer Gruppe spontan möglichst viele Ideen gesammelt werden.

Branche Gruppe von Unternehmen, die ähnliche Leistungen anbietet (Wirtschaftszweig).

Budget In Wertgrössen formulierter Plan über voraussichtliche Einnahmen und Ausgaben.

Businessplan Übersichtliches Dokument, das die Massnahmen zur Verwirklichung einer Geschäftsidee aufzeigt.

Cash Cow Leistung im → BCG-Portfolio, die einen hohen → Marktanteil, allerdings niedrige Marktwachstumsraten aufweist.

Cashflow Stromgrösse, welche die in einer Periode erwirtschafteten Finanzmittel eines Unternehmens aufzeigt und damit Aufschluss über die finanziellen Möglichkeiten gibt.

Corporate Social Responsibility (CSR) Verantwortung eines Unternehmens gegenüber Gesellschaft und Umwelt.

Cost-Center Eigenständige Unternehmenseinheit mit Kostenverantwortung.

Dachmarke → Marke, die für viele verschiedene, meist sehr unterschiedliche Leistungen eines Unternehmens benutzt wird.

Derivative Entscheidung Planung, Organisation und Kontrolle. Derivative Entscheidungen werden aus → originären Entscheidungen abgeleitet.

Diagramm Grafische Darstellung von Zahlenwerten und Grössenverhältnissen in anschaulicher, leicht überblickbarer Form.

Dienstleistung Gut, das nicht lagerbar und selten übertragbar (Immaterialität) ist. Dienstleistungen benötigen zu ihrer Erbringung in der Regel die Mithilfe der Kundschaft. Die Erzeugung und der Verbrauch fallen meist zeitlich zusammen (Uno-actu-Prinzip). Beispiele: Haarschnitt, Taxifahrt.

Differenzierungsstrategie → Wettbewerbsstrategie, bei der sich ein Unternehmen durch einen Leistungsvorteil von der Konkurrenz abzuheben versucht. Dieser Leistungsvorteil kann entweder auf der → Qualität (Unique Selling Proposition, USP) oder auf der → Werbung bzw. dem Image (Unique Advertising Proposition, UAP) beruhen.

Direkter Absatzweg Vertriebsform, bei der ein Produzent seine Leistungen selbst oder über eigene Kanäle verkauft.

Direktmarketing Kommunikationsform, bei der die → Zielgruppen direkt und einzeln angesprochen werden (z. B. per Post, Telefon oder SMS).

Dispositive Arbeitsleistungen Kombination der → elementaren Produktionsfaktoren durch die Geschäftsführung. Dispositive Arbeitsleistungen umfassen → originäre und → derivative Entscheidungen.

Distribution Verteilung bzw. → Vertrieb von Waren. Die Distribution ist Teil der Leistungserstellung.

Diversifikation → Unternehmensstrategie, bei der neue Märkte mit neuen Leistungen bearbeitet werden. Es werden die → horizontale, die → vertikale und die → laterale Diversifikation unterschieden.

Divisionale Organisation → Organisationsform, welche die → Abteilungen nach → Marktleistungen, Kundensegmenten oder Absatzmärkten gliedert (Spartenorganisation).

Eigenhandel Finanzmarktgeschäfte der Bank, die sie selbstständig und auf eigenes Risiko tätigt.

Eigenmarke → Handelsmarke

Einlegerschutz Staatliche Garantie, die Spargelder pro Kunde und Bank bis zu einem maximalen Betrag von CHF 100 000.– gesetzlich absichert.

Einlinienorganisation → Organisationsform, bei der jede → Stelle nur einer → Linienstelle unterstellt ist.

Einzelmarke → Marke, die nur für eine Marktleistung verwendet wird.

Elementarer Produktionsfaktor Materielle und immaterielle Mittel und Leistungen (Input, Inputfaktoren), die an der Bereitstellung von Gütern mitwirken. Zu den elementaren Produktionsfaktoren zählen → Betriebsmittel, → Werkstoffe und → objektbezogene Arbeitsleistungen.

Entscheidungsmodell Abbildung von Sachverhalten mit Wenn-dann-Aussagen als Grundlage für Entscheidungen und Prognosen.

Erfolgsrechnung Aufstellung der in einer bestimmten Periode angefallenen Aufwände und Erträge. Als Differenz zwischen Aufwand und Ertrag resultiert der Erfolg (Gewinn oder Verlust).

Erklärungsmodell Abbildung von Sachverhalten mit Bezug auf Ursachen und Wirkungen der Zusammenhänge.

Event-Marketing Kommunikationsform, bei der ein Unternehmen in zwanglosen Situationen produkt- oder firmenbezogene → Kommunikation betreibt.

Executive Summary Teil des → Businessplans, der in kurzer und prägnanter Weise Auskunft über das geplante Vorhaben gibt.

Experiment Marktforschungsmethode, die eine Mischform zwischen der → Beobachtung und der → Befragung ist (auch Test genannt). Es werden Feldexperimente und Laborexperimente unterschieden.

Externe Datenquelle Öffentlich zugängliche Informations- und Datenmaterialien für Marktforschungsaktivitäten.

Extrinsische Motivation Verhaltensbereitschaft einer Person aufgrund von → Anreizen, die von aussen gestellt werden. Beispiele: attraktive Lohngestaltung, attraktive Arbeitszeitmodelle.

Factoring Kauf bzw. Verkauf von Geldforderungen (Debitoren) aus Warenlieferungen und → Dienstleistungen.

Faustpfand Zur Kreditsicherheit eingesetzte bewegliche Sache, z. B. Wertpapiere wie Aktien oder Lebensversicherungspolicen.

Fähigkeitsanalyse Instrument, das aufzeigt, welche Stärken und Schwächen im Vergleich zur Hauptkonkurrenz vorhanden sind.

Finanzbuchhaltung Teil des Rechnungswesens. Die Finanzbuchhaltung erfasst chronologisch und systematisch alle vermögensrelevanten Geschäftsfälle. Daraus entstehen die → Bilanz, die → Erfolgsrechnung sowie die → Geldflussrechnung.

Finanzierung Sämtliche Massnahmen eines Unternehmens zur Mittelbeschaffung, aber auch zur Mittelrückzahlung.

Finanzplanung Vorgehen eines Unternehmens zur Beantwortung der Frage, woher die finanziellen Mittel stammen und wie diese zur Zielerreichung eingesetzt werden. Aus der Finanzplanung ergibt sich schliesslich der zukünftige Finanzierungsbedarf.

Franchising Vertriebsform, bei der ein Unternehmen als sogenannter Franchisegeber einem Franchisenehmer gegen ein Entgelt das Recht vergibt, Leistungen unter seinem Namen zu vertreiben.

Glossar

Fringe Benefits Indirekte finanzielle Lohnzusätze. Beispiele: Fitness-Abo, GA.

Fünf-Kräfte-Modell Instrument zur Beurteilung der Attraktivität bestehender und neuer Märkte. Es werden fünf verschiedene Wettbewerbskräfte unterschieden, welche die Marktattraktivität beeinflussen: bestehende Rivalität im → Markt, potenzielle neue Mitbewerber, Verhandlungsmacht der Kundschaft und der Lieferanten sowie die Gefahr durch Ersatzprodukte.

Funktionale Betriebswirtschaftslehre Ansatz der → Betriebswirtschaftslehre, der sich auf einzelne Funktionsbereiche von Unternehmen (z. B. auf → Beschaffung, Materialwirtschaft, Logistik, → Produktion, → Marketing, Personalwesen, Finanzen) fokussiert.

Funktionale Organisation → Organisationsform, welche die → Abteilungen nach Tätigkeiten bzw. Funktionen gliedert.

Fusion Zusammenschluss mehrerer bisher selbstständiger Unternehmen zu einem neuen; die ursprünglichen Unternehmen bestehen nicht mehr weiter.

Gebrauchsgut Gut, das wiederholt benutzt werden kann. Beispiele: Buch, Fernsehgerät, DVD, Pullover.

Gedeckter Kredit Kredit, bei dem der Kunde neben seiner → Bonität eine besondere Sicherheit bietet, z. B. ein Grundpfand.

Geldflussrechnung Teil des Rechnungswesens. Die Geldflussrechnung erfasst die Zunahme und Abnahme an liquiden Mitteln. Sie dient zur Analyse der Zahlungsbereitschaft, der Investierungsvorgänge sowie der Finanzierungsmassnahmen.

Geldmarkt → Markt für kurzfristige Kredite (Laufzeit bis zu einem Jahr).

Gemischtwirtschaftliches Unternehmen Unternehmen, das sowohl dem Staat als auch Privaten gehört.

Gesamtmarktstrategie → Wettbewerbsstrategie, bei der ein Unternehmen seine Leistungen auf die gesamte → Branche ausrichtet. Das Angebot deckt alle möglichen → Bedürfnisse ab.

Gewinnorientierung Gewinnziel steht im Vordergrund. Unternehmen sind entweder gewinnorientiert oder nicht gewinnorientiert (→ Non-Profit-Organisationen).

Going-public Umwandlung einer privaten Aktiengesellschaft in eine öffentliche Aktiengesellschaft.

Grossunternehmen Unternehmen mit mehr als 250 Beschäftigten.

Grundnutzen Teil des → Nutzens: grundlegende Anforderungen an eine Leistung.

Güterknappheit Beschränkte Deckungsmöglichkeit des Bedarfs an Gütern und → Dienstleistungen.

Handel Verbindungsglied in der Vertriebskette zwischen Produzenten und Konsumierenden. Der Handel ist unterteilbar in Einzelhandel (Verkauf an Endverbraucher) und Grosshandel (Verkauf an Wiederverkäufer).

Handelsmarke → Marke, die direkt von einer Handelskette vertrieben wird (auch Eigenmarke genannt).

Herzbergs Zwei-Faktoren-Theorie Darstellung der Faktoren zur Steigerung der Arbeitszufriedenheit. Es werden → Hygienefaktoren und → Motivatoren unterschieden.

Holding Unternehmen, das nicht selbst produktiv tätig ist, sondern ausschliesslich die Beteiligungen an anderen Unternehmen verwaltet.

Horizontale Diversifikation Form der → Diversifikation, bei der die neuen → Produkte im Zusammenhang zu den bisherigen Produkten stehen. Synergien können genutzt werden.

Hygienefaktoren Faktoren, welche nach → Herzbergs Zwei-Faktoren-Theorie höchstens vom Zustand der Unzufriedenheit zur Nicht-Unzufriedenheit führen können. Beispiele: → Lohn.

Hypothek Kredit, für den eine Immobilie Sicherheit bietet.

Immaterieller Anreiz → Anreiz im Bereich der Arbeitsorganisation (z. B. Arbeitszeitmodell) oder im sozialen Umfeld der Arbeit (z. B. Teamarbeit).

Immaterielles Gut Unkörperliches Gut. Beispiele: → Dienstleistung, Patent, Recht oder Lizenz.

Indirekter Absatzweg Vertriebsform, bei der zwischen dem Produzenten und den Konsumierenden noch weitere Vertriebsstufen zwischengeschaltet sind.

Input Mitteleinsatz im Wertschöpfungsprozess (Produktionsfaktor).

Instanz Vorgesetzte → Stelle, die neben Fachaufgaben auch Führungsaufgaben wahrnimmt.

Institutionelle Betriebswirtschaftslehre Ansatz der → Betriebswirtschaftslehre, der sich auf alle Funktionsbereiche eines Unternehmens eines bestimmten Betriebstyps fokussiert.

Interne Datenquelle Informations- und Datenmaterialien, die für Marktforschungsaktivitäten innerhalb des Unternehmens beschafft werden können.

Interview Vorstellungsgespräch, Bewerbungsgespräch.

Intrinsische Motivation Verhaltensbereitschaft einer Person aufgrund von → Anreizen, die aus dem Inneren der Person kommen. Beispiel: Interesse an der → Aufgabe.

Intuition Bauchgefühl, Gespür, Instinkt.

Investitionsgut Gut, das für die Erstellung von Konsumgütern verwendet wird. Beispiele: Maschinen, Gebäude, Fahrzeuge.

Investitionskredit Bankkredit, mit dem ein → Unternehmen sein Anlagevermögen oder grössere Anschaffungen finanziert.

Joint Venture Projektbezogene Zusammenarbeit zweier oder mehrerer Unternehmen unter Kapitalbeteiligung; die Unternehmen bleiben rechtlich und wirtschaftlich selbstständig.

Just-in-time-Produktion → Produktionssynchrone Beschaffung

Kalkulation Ermittlung der Herstellungskosten als Grundlage zur Preisbindung.

Kapitalerhöhung Erhöhung des Grundkapitals einer Gesellschaft.

Kapitalmarkt → Markt für den → Handel mit mittel- und langfristigen Schuldtiteln (mit einer Laufzeit von über einem Jahr).

Kartell Absprache bezüglich → Preis (Preiskartell), Menge (Mengenkartell), Absatzregion oder Konditionen zwischen Unternehmen bzw. Anbietern auf demselben → Markt.

Kennzahl Messzahl zu betrieblichen oder volkswirtschaftlichen Tatbeständen. Wichtige betriebswirtschaftliche Kennzahlen sind die → Produktivität, die → Wirtschaftlichkeit und die → Rentabilität.

Klassische Mediawerbung Kommunikationsform, die über gedruckte Medien, das Fernsehen, das Kino oder via Radio erfolgt.

KMU Kleine und mittlere Unternehmen. KMU umfassen Mikrounternehmen (bis 9 Mitarbeitende), kleine Unternehmen (10 – 49 Mitarbeitende) und mittlere Unternehmen (50 – 249 Mitarbeitende).

Kollektive Risikoübernahme Das Prinzip, individuelle Risiken zusammenzulegen; so funktionieren Versicherungen.

Kommissionsgeschäft Erbringung einer → Dienstleistung gegen eine Entschädigung.

Kommunikation Marketinginstrument, das eine Leistung bei den Konsumentinnen und Konsumenten bekannt machen soll.

Kompetenzen Rechte und Pflichten eines Stelleninhabers. Beispiele: Weisungsrecht des Vorgesetzten.

Konkurrenzanalyse Verfahren, bei dem die wichtigsten bestehenden sowie mögliche neue Konkurrenten anhand bestimmter Merkmale (z. B. Stärken und Schwächen) analysiert werden.

Konsumgut Gut für den privaten Ge- oder Verbrauch. Konsumgüter können in → Gebrauchs- und → Verbrauchsgüter unterteilt werden. Beispiele: Möbel, Lebensmittel, Autos.

Glossar

Konzentration Zusammenschluss von zwei oder mehreren Unternehmen, bei dem die beteiligten Unternehmen ihre Selbstständigkeit aufgeben bzw. verlieren.

Konzern Zusammenschluss mehrerer, rechtlich selbstständiger Unternehmen zu einer wirtschaftlichen Einheit unter gemeinsamer Leitung.

Kooperation Zusammenarbeit zweier oder mehrerer Unternehmen unter Aufrechterhaltung der rechtlichen und wirtschaftlichen Selbstständigkeit.

Kostenartenrechnung Teilrechnung der Kostenrechnung, die alle im Betrieb anfallenden Kosten erfasst und diese nach Kostenarten gliedert.

Kostenführerschaft → Aggressive Preisstrategie

Kostenrechnung → Betriebsbuchhaltung

Kostenstellenrechnung Teilrechnung der Kostenrechnung, die Kostenstellen definiert, sodass entstehende Gemeinkosten zugerechnet werden können.

Kostenträgerrechnung Teilrechnung der Kostenrechnung, die die entstandenen Kosten den Leistungen zurechnet (Kostenträger).

Kreisdiagramm Grafische Darstellung, welche die verschiedenen Anteile einer Menge in einem Kreis bzw. Kuchen (→ Kuchendiagramm) zeigt.

Kuchendiagramm → Kreisdiagramm

Kundendienst → Dienstleistung, die ein Unternehmen ergänzend zu einer Leistungen anbietet. Beispiele: Beratung beim Kauf, Lieferung, Installation.

Kurvendiagramm → Liniendiagramm; grafische Darstellung, die den Verlauf einer sich verändernden Grösse zeigt.

Lager Aufbewahrungsort für → Betriebsmittel, → Werkstoffe oder Fertigteile. Das Lager ist Teil der Leistungserstellung.

Laterale Diversifikation Form der → Diversifikation, bei der ein Zusammenhang zur bisherigen → Produktion fehlt. Das Know-how muss neu erworben werden.

Leasing Mittel- oder langfristiger Nutzungsüberlassungsvertrag. Leasing ist eine Mischform zwischen Kaufen und Mieten.

Leitbild Generelle Richtlinien, auf die sich das Verhalten des Unternehmens stützen soll.

Lieferbereitschaftsgrad → Kennzahl, die aussagt, in welchem Ausmass ein Unternehmen fähig ist, die gewünschten Leistungen bereitzustellen.

Liniendiagramm → Kurvendiagramm; grafische Darstellung, die den Verlauf einer sich verändernden Grösse zeigt.

Linienstelle → Stelle mit Entscheidungsbefugnissen. Linienstellen können leitend (→ Instanzen) oder rein ausführend sein.

Lohn Vertraglich geregeltes und regelmässig bezogenes Entgelt für das Ausüben einer festen Tätigkeit. Es werden u.a. folgende Lohnformen unterschieden: → Zeitlohn, → Akkordlohn, → Prämienlohn, → Provision.

Magisches Dreieck der Preispolitik Methode zur Bestimmung des → Preises einer → Marktleistung anhand dreier Einflussgrössen: Herstellkosten, Zahlungsbereitschaft der Kundschaft, Preise der Konkurrenz.

Management Bezeichnung für die Unternehmensleitung, welche die Interessen des Unternehmens gegenüber den → Anspruchsgruppen vertritt.

Management-Buy-out Aufkauf des Unternehmens bzw. von Teilen davon durch bisherige Mitglieder der Geschäftsleitung.

Marke Erkennungszeichen für ein → Produkt (engl. brand). Eine Marke kann einzelne Produkte oder eine Gruppe von Produkten markieren.

Markenfamilie → Marke, die für mehrere → Produkte (Produktvarianten) verwendet wird.

Marketing Funktionsbereich, der das Bindeglied zwischen Unternehmen und → Markt darstellt. Das Marketing nimmt die Aufgabe wahr, Kundenbedürfnisse zu erkennen und zu befriedigen.

Marketingkonzept Dokument, in dem alle marktbezogenen Aktivitäten aufeinander abgestimmt werden. Ein Marketingkonzept umfasst die folgenden Punkte: 1. Markt- und Leistungsanalyse, 2. → Marktforschung; 3. → Produkt- und → Marktziele, 4. → Marketing-Mix.

Marketing-Mix Kombination aller Marketinginstrumente (→ Produkt, → Preis, → Vertrieb, → Kommunikation) zur Realisierung des → Marketingkonzepts.

Marketingziel Angestrebter, zukünftiger Zustand, der vor allem durch den Einsatz des → Marketing-Mix erreicht werden soll. Es werden → Markt- und → Produktziele unterschieden.

Markt Zusammentreffen von Angebot und Nachfrage, aufgrund dessen sich Preise bilden.

Marktanteil → Marktgrösse, die den Anteil eines Unternehmens in Prozent am → Marktvolumen beschreibt.

Marktdiagnose → Marktforschung, bei der die Marktsituation zum Zeitpunkt der Erhebung bestimmt wird.

Marktdurchdringung → Unternehmensstrategie, bei der bestehende Märkte mit bisherigen → Marktleistungen intensiver bearbeitet werden.

Marktentwicklung → Unternehmensstrategie, bei der neue Märkte oder → Marktsegmente mit den bisherigen → Marktleistungen bearbeitet werden.

Marktforschung Beschaffung, Verarbeitung und Analyse von marktrelevanten Informationen und Tatbeständen, um die Marketingaktivitäten darauf auszurichten.

Marktforschungsmethoden Verfahren zur Untersuchung eines → Marktes, je nach Informationsbedarf zur → Marktdiagnose, → Marktprognose oder → Marktkontrolle.

Marktgrösse → Kennzahl zur Quantifizierung eines relevanten → Marktes bzw. der Stellung eines Unternehmens in diesem Markt. Es werden unterschiedliche Marktgrössen unterschieden: → Marktpotenzial, → Marktvolumen, → Marktanteil, → relativer Marktanteil, → Sättigungsgrad.

Marktkontrolle → Marktforschung, bei der die Wirkung der verschiedenen am → Markt eingesetzten → Marketinginstrumente untersucht wird.

Marktleistung Für den Verkauf bestimmte → Produkte und → Dienstleistungen.

Marktpotenzial → Marktgrösse, die den theoretisch höchstmöglichen Absatz einer Leistung im → Markt beschreibt.

Marktprognose → Marktforschung, bei der die Voraussage der Marktsituation in einem bestimmten Zeitraum im Fokus steht.

Marktsegment Teil eines Gesamtmarkts. Bei der Bildung von Marktsegmenten wird der → Markt in Gruppen von Konsumentinnen und Konsumenten aufgeteilt, die in Bezug auf ihre → Bedürfnisse und ihr Konsumverhalten ähnliche Merkmale aufweisen. Segmente sind in sich annähernd einheitlich (homogen), aber unterscheiden sich gleichzeitig deutlich voneinander (heterogen).

Marktvolumen → Marktgrösse, welche die effektiv verkaufte Menge einer Leistung pro Jahr auf dem interessierenden → Markt ausdrückt.

Marktziel Ziel, das festlegt, wie die → Marktleistung im → Markt positioniert werden soll. Markt- und → Produktziele bedingen sich gegenseitig und lassen sich nicht immer klar trennen.

Materieller Anreize → Anreize zur Förderung der Leistungsbereitschaft, die direkt (→ Lohn) oder indirekt (→ Fringe Benefits) in Geldwerten ausgedrückt werden können.

Materielles Gut Körperliches Gut (Sachgut). Materielle Güter lassen sich in → Konsumgüter und → Investitionsgüter unterteilen.

Matrixorganisation → Mehrlinienorganisation mit zwei Führungslinien, z.B. nach Funktionen und → Marktleistungen gegliedert.

Maximumprinzip Nutzenmaximierung. Mit einem gegebenen → Input (Mitteleinsatz) soll ein möglichst grosser → Output (Ergebnis) erzielt werden.

Glossar

Mehrlinienorganisation → Organisationsform mit mehreren Führungslinien. Beispiele: → Matrixorganisation (zwei Führungslinien), → Tensororganisationen (drei Führungslinien).

Messe Veranstaltung mit Marktcharakter unter Beteiligung verschiedener Unternehmen.

Mindmap Grafische Darstellung mit Ästen und Zweigen; visualisiert die Gliederung und Zusammenhänge eines Themas in Form einer Gedankenlandkarte».

Minimumprinzip Kostenminimierung. Ein vorgegebener → Output (Ergebnis) soll mit einem möglichst kleinen → Input (Mitteleinsatz) hergestellt werden.

Mitarbeitergespräch (MAG) Gespräch zwischen Vorgesetztem und Mitarbeitendem, in dem die Leistung des Mitarbeitenden kommuniziert und besprochen wird.

Modell Vereinfachte Abbildung der Wirklichkeit. Es werden folgende Modelle unterschieden: → Beschreibungsmodelle, → Erklärungsmodelle und → Entscheidungsmodelle.

Moral Hazard Fehlanreiz für Versicherte, sich aufgrund des Versicherungsschutzes risikofreudiger zu verhalten.

Motivation Zusammenspiel verschiedener Faktoren zur Erstellung der Verhaltensbereitschaft einer Person im Hinblick auf die Erreichung bestimmter Ziele. Man unterscheidet die → intrinsische und die → extrinsische Motivation.

Motivatoren Faktoren, welche nach → Herzbergs Zwei-Faktoren-Theorie zu nachhaltiger Arbeitszufriedenheit führen können. Beispiel: Arbeit an sich.

Nebennutzen Teil des → Nutzens: besondere → Dienstleistungen, die über den → Grund- und → Zusatznutzen hinausgehen.

Netzplantechnik Technik zur Abbildung komplexer Herstellungsprozesse und der damit verbundenen Terminplanung (Aufschlüsselung in einzelne Herstellungsteilschritte).

Nischenstrategie → Wettbewerbsstrategie, bei der ein Unternehmen seine Leistungen auf die Kundschaft einer bestimmten Nische und nicht den Gesamtmarkt ausrichtet.

No-Names → Produkte, die ohne → Marke verkauft werden.

Non-Profit-Organisation Unternehmen/Institutionen, bei denen in ihrer Zweckbestimmung nicht die Gewinnerzielung im Vordergrund steht, sondern eine spezielle Bedürfnisbefriedigung.

Nutzen Werteinschätzung, die Konsumentinnen und Konsumenten einer Leistung zur Befriedigung eines bestimmten → Bedürfnisses zumessen. Der Gesamtnutzen einer Leistung kann unterteilt werden in → Grundnutzen, → Zusatznutzen und → Nebennutzen.

Oberbegriff Begriff, der in einer → Begriffshierarchie einem → Unterbegriff übergeordnet ist, z. B. «Verkehrsmittel» als Oberbegriff von «Auto».

Objektbezogene Arbeitsleistung → Elementarer Produktionsfaktor, der die ausführenden, menschlichen Arbeitsleistungen am Erzeugnis beinhaltet.

Obligation Wertpapier mit festem Zinssatz und im Voraus festgesetzter Laufzeit.

Öffentliches Unternehmen Unternehmen, welches dem Staat gehört (Bund, Kanton, Gemeinde).

Ökonomisches Prinzip Grundsatz für wirtschaftlich optimales Handeln. Das ökonomische Prinzip lässt drei Handlungsalternativen offen: das → Maximumprinzip, das → Minimumprinzip und das → Optimumprinzip.

Online-Werbung Kommunikationsform, bei der das Internet vielfältig genutzt wird.

Optimumprinzip Ausprägung des → ökonomischen Prinzips. Wenn weder der zu erreichende → Output (Ergebnis) noch der verfügbare → Input (Mitteleinsatz) genau vorgegeben sind, wird nach dem Optimumprinzip vorgegangen: Es findet eine Abwägung zwischen Kosten und → Nutzen statt.

Organigramm Grafische Darstellung der Struktur eines Unternehmens (→ Aufbauorganisation).

Organisationsform Struktur eines Unternehmens. Es werden die folgenden Organisationsformen unterschieden: → Einlinienorganisation, → Stab-Linien-Organisation, → Divisionale Organisation, → Funktionale Organisation, → Mehrlinienorganisation.

Originäre Entscheidung Grundlegende, eigenständige Entscheidung der Unternehmensleitung.

Output Ergebnis des Wertschöpfungsprozesses (produzierte Güter).

Passivgeschäft Geschäft der Bank, bei dem Kunden ihr Sparkapital bei der Bank anlegen und dafür einen Zins (Passivzins) erhalten.

Personalfunktion Gliederung der anfallenden → Aufgaben im Personalbereich nach Themen/Funktionen. Es werden → Prozessfunktionen und → Querschnittsfunktionen unterschieden.

Persönlicher Verkauf Ursprünglichster Weg, den eine Leistung vom Produzenten zur Kundschaft zurücklegt. Verkaufsabschluss soll im direkten Kontakt zwischen Verkäufer und Käuferin realisiert werden.

Poor Dog Leistung im → BCG-Portfolio, die einen kleinen → Marktanteil und niedrige Marktwachstumsraten aufweist.

Potenzialfaktor → Betriebsmittel, das für die Leistungserstellung ausschliesslich mittelbar verbraucht bzw. gebraucht wird und in der Regel nicht teilbar ist. Beispiele: Maschine, Gebäude.

Prämie Beitrag, den ein Versicherter der Versicherungsgesellschaft für eine bestimmte Versicherung bezahlt.

Prämienlohn → Lohn unter Berücksichtigung von qualitativen und/oder quantitativen Zusatzleistungen.

Preis Marketinginstrument, das mit Bezug auf die definierte → Wettbewerbsstrategie den Preis und die → Zahlungskonditionen einer Leistung festlegt.

Primärmarktforschung Oberbegriff für → Marktforschungsmethoden, bei der Informationen unmittelbar für ein bestimmtes Forschungsprojekt erhoben werden. Es werden → Befragungen, → Beobachtungen und → Experimente unterschieden.

Private Equity Risikoreiche Beteiligungsform (z. B. bei Jungunternehmen) die nicht an einer → Börse handelbar ist.

Privates Unternehmen Unternehmen, das natürlichen (Menschen) oder juristischen Personen (Unternehmen oder Institutionen) gehört.

Produkt 1. → Wirtschaftsgut, das im Wertschöpfungsprozess geschaffen wird (→ Konsum- oder → Investitionsgut). 2. Marketinginstrument, das die Aspekte → Nutzen, → Qualität, → Verpackung, Markengestaltung und → Kundendienst einer Leistung festlegt.

Produktentwicklung → Unternehmensstrategie, bei der neue → Marktleistungen auf bisherigen Märkten angeboten werden.

Produktion Vom Menschen (Produzent) bewirkter Prozess der Transformation, der aus natürlichen wie bereits produzierten Ausgangsstoffen (Rohstoffe) unter Einsatz von Energie, Arbeitskraft und bestimmten Produktionsmitteln lagerbare Güter erzeugt (auch Fertigung, Fabrikation oder Herstellung genannt). Die Produktion ist Teil der Leistungserstellung.

Produktionsfaktoren → Betriebliche Produktionsfaktoren

Produktionsplanung Plan, in dem festgelegt wird, welche → Produkte (→ Programmplanung) mit welchen Produktionsfaktoren (→ Vollzugsplanung) hergestellt werden sollen.

Produktionssynchrone Beschaffung Produktionsstrategie, bei der die → Beschaffung von → Repetierfaktoren und → Werkstoffen zeitgleich mit der → Produktion erfolgt (Just-in-time-Produktion).

Produktivität → Kennzahl, die das Verhältnis zwischen produzierten Gütern (→ Output) und den dafür eingesetzten Produktionsfaktoren (→ Input) misst.

Glossar

Produktlebenszyklus → Modell, das die verschiedenen Phasen aufzeigt, die ein → Produkt von der Entwicklung bis zu seiner Eliminierung aus dem → Sortiment (Einführung, Wachstum, Reife, Sättigung und Rückgang) durchläuft.

Produkt-Markt-Matrix Visualisierung von vier möglichen Unternehmensstrategien (Produkt-Markt-Kombinationen): → Marktdurchdringung, → Marktentwicklung, → Produktentwicklung, → Diversifikation.

Produktziel Ziel, das festlegt, wie die → Marktleistung aussehen soll. → Marktziele und Produktziele bedingen sich gegenseitig und lassen sich nicht immer klar trennen.

Profit-Center Selbstständige Unternehmenseinheit mit Gewinnverantwortung.

Programmplanung Bestimmung der → Produkte (Design, → Sortiment, Produktionsmenge), die hergestellt werden sollen.

Pro- und Kontra-Liste Tabelle, welche die Vor- und Nachteile einer möglichen Lösung auflistet.

Provision → Lohn unter Berücksichtigung des individuell generierten Umsatzes, häufig bei Verkäuferinnen und Verkäufern.

Prozessfunktion 1. Funktion eines Unternehmens, die direkt mit dem zentralen Prozess der Leistungserstellung zusammenhängt. Beispiele: → Marketing, Leistungserstellung. 2. → Personalfunktion, die soweit möglich entsprechend dem Turnus eines Mitarbeitenden im Unternehmen (von der Personalsuche bis zum Austritt) gegliedert werden. Beispiele: Personalplanung, Personalentwicklung, Personalfreistellung.

Public Relations (PR) Massnahmen eines Unternehmens zum Beziehungsaufbau und zur Pflege des Kontakts mit den verschiedenen → Anspruchsgruppen.

Qualität Eigenschaften eines → Produkts. Qualität ist eine Gesamteinschätzung ausgehend von den Kundenbedürfnissen anhand von Komponenten wie Zuverlässigkeit, Haltbarkeit, → Nutzen u. a.

Querschnittsfunktion 1. Funktion eines Unternehmens, welche die → Prozessfunktionen unterstützt. Beispiele: Finanzen, Organisation, Personal. 2. → Personalfunktion, die der Unterstützung der → Prozessfunktionen dient. Beispiele: Personalmarketing, Personalinformation.

Question Mark Leistung im → BCG-Portfolio, die einen kleinen → Marktanteil, allerdings hohe Marktwachstumsraten aufweist.

Rabatt Preisvergünstigung in Bezug auf den Bruttopreis von bestimmten Angeboten.

Rechtsform Rechtliche Struktur eines Unternehmens, welche die Beziehungen gegenüber Dritten regelt und die eigene Organisationsstruktur bestimmt.

Relativer Marktanteil → Marktgrösse, die den → Marktanteil eines Unternehmens im Verhältnis zum stärksten Konkurrenten wiedergibt.

Rentabilität → Kennzahl, die den Gewinn in Beziehung zum investierten Kapital setzt.

Repetierfaktor → Betriebsmittel, das im Prozess der Leistungserstellung unmittelbar verbraucht oder umgewandelt wird (Verbrauchsfaktor). Beispiele: Treibstoff, Reinigungsmittel.

Sättigungsgrad → Marktgrösse, die das → Marktvolumen ins Verhältnis zum → Marktpotenzial setzt. Fällt der Sättigungsgrad hoch aus, wird der → Markt kaum noch wachsen, verstärkte Konkurrenzkämpfe sind zu erwarten.

Säulendiagramm Grafische Darstellung, die verschieden grosse Werte anhand senkrechter Säulen miteinander vergleicht.

Sekundärmarktforschung Oberbegriff für → Marktforschungsmethoden, bei denen bereits vorhandene Daten (→ interne und → externe Datenquellen) ausgewertet werden.

Selbstbehalt Summe, die der Versicherte bei einem Schadensfall selbst übernehmen muss.

Shareholder-Value-Ansatz Konzept, nach dem bei anstehenden Unternehmensentscheidungen die Ansprüche der Eigentümer bzw. Aktienbesitzer gegenüber anderen Ansprüchen prioritär zu berücksichtigen sind.

Skonto Barzahlungsabzug, der v. a. bei Geschäften zwischen Unternehmen gewährt wird.

SMART Kriterium zur eindeutigen Definition von → Unternehmenszielen. SMART bedeutet «Specific, Measurable, Achievable, Realistic, Timely»

Sortiment Gesamtheit aller vom selben Unternehmen angebotenen Leistungen. Das Sortiment lässt sich in zwei Dimensionen beschreiben: → Sortimentsbreite und → Sortimentstiefe.

Sortimentsbreite Sortimentsdimension, die beschreibt, wie viele verschiedenartige Artikelgruppen angeboten werden (Dimension: breit/schmal).

Sortimentstiefe Sortimentsdimension, die beschreibt, wie viele verschiedenartige Varianten derselben Artikelgruppe angeboten werden (Dimension: tief/flach).

Soziale Anreize → Anreize zur Förderung der Leistungsbereitschaft, die im sozialen Umfeld der Arbeit liegen, z. B. Führungsstil, Teamwork.

Spalte Teil einer → Tabelle, in dem die Inhalte senkrecht aufgeführt sind.

Spezielle Betriebswirtschaftslehre Teilgebiet der → Betriebswirtschaftslehre, das ausgewählte Fragen untersucht, welche ausschliesslich für bestimmte Unternehmen bzw. Unternehmensteile wichtig sind.

Sponsoring Kommunikationsinstrument, bei dem der Sponsor den Gesponserten mit finanziellen Leistungen oder Sachleistungen unterstützt. Im Gegenzug verpflichtet sich der Gesponserte, den Namen des Sponsors werbeträchtig einzubringen.

Stab-Linien-Organisation → Organisationsform mit Linien- und Stabsstellen.

Stabsstelle Hilfsstellen zur Entlastung der → Instanzen. Stabsstellen haben i. d. R. keine Entscheidungsbefugnisse.

Stakeholder-Value-Ansatz Konzept, nach dem bei anstehenden Unternehmensentscheidungen die unterschiedlichen Ansprüche der → Anspruchsgruppen möglichst gleichberechtigt zu berücksichtigen sind.

Star Leistung im → BCG-Portfolio, die einen hohen → Marktanteil und hohe Marktwachstumsraten aufweist.

Start-up Bezeichnung für ein Unternehmen in der Startphase. Die erste Phase im Unternehmenszyklus umfasst das Erstellen des → Businessplans bis hin zur Produktvermarktung.

St. Galler Management-Modell → Modell, das ein → Unternehmen ganzheitlich in Zusammenhang mit seinen → Umweltsphären und → Anspruchsgruppen zeigt.

Stelle Kleinste organisatorische Einheit, in welcher Teilaufgaben in logischem Zusammenhang zusammengefasst werden. Es werden → Linienstellen und → Stabsstellen unterschieden.

Strategie → Unternehmensstrategie

Strategisches Erfolgspotenzial Fähigkeiten und Kompetenzen, die es dem Unternehmen erlauben, im Vergleich zur Konkurrenz dauerhaft vorhandene Stärken, sogenannte → Wettbewerbsvorteile, aufzubauen.

Strategische Planung Prozess, mit dem eine → Unternehmensstrategie entwickelt und umgesetzt wird.

Strategische Unternehmensführung Gesamtkoordination und -steuerung eines Unternehmens. Die strategische Unternehmensführung ist den betrieblichen Funktionen übergeordnet.

SWOT-Analyse Instrument zur Gegenüberstellung der Stärken und Schwächen eines Unternehmens (z. B. aus der → Fähigkeitsanalyse) und der Chancen und Gefahren des Umfelds (z. B. aus dem → Fünf-Kräfte-Modell).

System In sich geschlossener, funktionsfähiger Teil der Wirklichkeit mit einer internen Struktur.

Glossar

Tensororganisation → Mehrlinienorganisation mit drei Führungslinien.

Test → Experiment

Transformationsprozess Umwandlungsprozess von → Input in → Output, wobei → Wertschöpfung geschaffen wird. Der Transformationsprozess wird auch als → Produktion bezeichnet.

Überversicherung Besteht bei einer Sachversicherung (z. B. Hausratversicherung), wenn die versicherte Summe grösser ist als der Wert der versicherten Sachen.

Umweltsphäre Umfeld, das ein Unternehmen wie auch die → Anspruchsgruppen umgibt. Es werden folgende Umweltsphären unterschieden: Ökologische (Umwelteinflüsse aus der Natur, z. B. Bodenknappheit, Rohstoffvorkommen), ökonomische (Einflüsse aus der Gesamtwirtschaft, z. B. Teuerung), rechtliche (Einflüsse aus dem Rechtssystem eines Landes, z. B. Gesetze, Verordnungen), soziale (Einflüsse aus der Gesellschaft, z. B. Konsumverhalten) und technologische (Einflüsse aus technologischen Veränderungen (z. B. neue Technologien).

Unterbegriff Begriff, der in einer → Begriffshierarchie einem → Oberbegriff untergeordnet ist, z. B. «Auto» als Unterbegriff von «Verkehrsmittel».

Unternehmen Dauerhafte organisatorische Einheit, in der → Marktleistungen hergestellt werden, um damit einen möglichst hohen Gewinn zu erzielen.

Unternehmensstrategie Massnahmenbündel, das die Unternehmensführung zusammenstellt, um die grundlegenden → Unternehmensziele zu erreichen. Die Unternehmensstrategie legt fest, welche Märkte mit welchen → Produkten bearbeitet werden sollen.

Unternehmensziele Oberste Ziele in der Zielhierarchie eines Unternehmens. Unternehmensziele zeigen die Prioritäten der Unternehmensleitung.

Unterversicherung Besteht bei einer Sachversicherung (z. B. Hausratversicherung), wenn die versicherte Summe kleiner ist als der Wert der versicherten Sachen.

Verantwortung Rechenschaftspflicht gegenüber Vorgesetzten.

Verbrauchsgut Gut, das mit seinem Konsum verbraucht wird. Beispiele: Lebensmittel, Zahnpasta, Benzin.

Verkaufsförderung Zeitlich befristete Massnahme, die den Absatz bei Händlern und Konsumierenden mit gezielten Aktionen fördern soll.

Verpackung Umhüllung eines → Produkts. Erfüllt sowohl technisch-logistische Funktionen (Schutz) als auch Marketingfunktionen (Träger von Informationen, Prestigeverstärkung).

Vertikale Diversifikation Form der → Diversifikation, bei der die Leistungen der vorgelagerten Stufe (Lieferanten) und/oder der nachgelagerten Stufe (Händler) neu ins Unternehmen integriert werden.

Versicherungspolice Von der Versicherungsgesellschaft ausgestellte Urkunde über den Abschluss einer Versicherung.

Versicherungsprämie → Prämie

Vertrieb Marketinginstrument, das die Verteilung einer Leistung zur Kundschaft und die Nahtstelle zu den Endverbrauchern definiert.

Vision Generelles Ziel des Unternehmens bzw. die Grundmotivation der Unternehmensleitung.

Volkswirtschaftslehre (VWL) Wissenschaft, die sich mit Entscheidungen einzelner Menschen befasst, dem Zusammenspiel von Menschen in vielfältigen wirtschaftlichen Beziehungen auf Märkten sowie mit der Gesamtbetrachtung all dieser Entscheidungen und Märkte.

Vollzugsplanung Vorgehen zur Beantwortung der Frage, wie und mit welcher Anordnung von Produktionsfaktoren die aus der → Programmplanung festgelegte Menge hergestellt werden soll. Fertigungsverfahren und Fertigungstyp sind Gegenstand der Vollzugsplanung.

Vorratsplanung Bestimmung/Festlegung des zusätzlichen Bedarfs an → Repetierfaktoren und → Werkstoffen aufgrund von Ausschuss, Lieferengpässen usw.

Werbekonzept Dokument, das für eine Werbekampagne die folgenden Elemente festlegt: Werbesubjekt, -objekt, -ziele, -botschaft, -medien, -periode, -ort, -budget.

Werkstoff → Elementarer Produktionsfaktor, der in der → Produktion weiterverarbeitet wird und in das Endprodukt (→ Output) eingeht.

Werte Grundlegende Einstellungen, die dem Handeln der Unternehmensleitung oder dem Unternehmen als Ganzem zugrunde liegen.

Wertschöpfung Resultat des → Transformationsprozesses. Der → Output weist einen höheren Geldwert auf als der → Input; diese Differenz ist die Wertschöpfung.

Wertschöpfungskette Netzwerk von Organisationen zwischen Lieferant und Kundschaft, zwischen denen Material, Güter, Informationen und Geld hin und her fliessen.

Wettbewerb Gemeinsame Marktbearbeitung von mindestens zwei Anbietern, die ihre → Unternehmensziele oft auf Kosten der Mitbewerber erreichen wollen.

Wettbewerbsstrategie Ziel-Mittel-Kombination, mit der festgelegt wird, wie der → Wettbewerb konkret bestritten werden soll. Die folgenden Wettbewerbsstrategien werden unterschieden: → Aggressive Preisstrategie, → Differenzierungsstrategie, → Nischenstrategie, → Gesamtmarktstrategie.

Wettbewerbsvorteil Dauerhaft vorhandene Stärke eines Unternehmens im Vergleich zur Konkurrenz.

Wirtschaftlichkeit → Kennzahl, welche die Effizienz eines Unternehmens aufzeigt. Dazu wird die → Produktivität mit den → Preisen für → Input (Einkaufspreis) und → Output (Verkaufspreis) multipliziert.

Wirtschaftssektor Gliederungsschema, das Unternehmen einteilt in den 1. Sektor (Land- und Forstwirtschaft, Gartenbau und Fischerei), den 2. Sektor (Industrie und Gewerbe) und den 3. Sektor (→ Dienstleistungen).

Wirtschaftsgut Knappes Gut, das durch die wirtschaftliche Tätigkeit von Menschen erzeugt oder bereitgestellt werden muss. Wirtschaftsgüter werden in → materielle Güter und → immaterielle Güter unterschieden.

Zahlungskonditionen Bedingungen, welche die Art und Weise der Zahlung (z. B. bar, Kreditkarte, → Leasing) sowie den Zahlungszeitpunkt bestimmen. Zusätzlich können weitere Vereinbarungen, wie → Skonto oder → Rabatte vereinbart werden.

Zeile Teil einer → Tabelle, in dem die Inhalte waagrecht aufgeführt sind.

Zeitlohn → Lohn auf der alleinigen Bemessungsgrundlage der Arbeitszeitdauer.

Zielbeziehung Beziehung unterschiedlicher → Unternehmensziele zueinander. Es kann zwischen Zielharmonie, Zielkonkurrenz und Zielneutralität unterschieden werden.

Zielgliederung Unterteilung der → Unternehmensziele in langfristige/strategische Ziele (über 3 Jahre), mittelfristige Ziele (1–3 Jahre), kurzfristige/operative Ziele (bis 1 Jahr).

Zielgruppe → Marktsegment, auf das die gesamten Marketingaktivitäten ausgerichtet werden.

Zinsmarge Differenz zwischen Aktivzins und Passivzins.

Zusatznutzen Teil des Nutzens: funktionale, ästhetische, ökologische oder symbolische Anforderungen an eine Leistung.

Stichwortverzeichnis

4 P **96**, 286

Ablauforganisation 48, **162**, 286
Ablaufplan **162**
Absatzweg **102**
Abteilung **165**
Aggressive Preisstrategie **70**, 286
AIDA-Modell **105**, 286
Akkordlohn **192**, 286
Aktiengesellschaft (AG) **25**
Aktie **237**, 286
Aktienindex **239**, 286
Aktienkapital **140**, 286
Aktivgeschäft **223**, 286
Aktuelle Themen **278**
Allgemeine Betriebswirtschaftslehre **16**, 286
Analyse **62**
Anforderungsgerechtigkeit **192**
Amortisationspflicht **230**, 286
Anhang **209**, 286
Anreiz **188**, 286
Anspruchsgruppe **37**, 286
Arbeitsplan **162**
Arbeitsstätte **20**
Arbeitsbestätigung **194**, 286
Arbeitszeugnis **193**, 286
Assessment-Center (AC) **185**, 286
Aufbauorganisation 48, **163**, 286
Aufgabe 48, **163**, 286
Aussenfinanzierung **138**, 286

Balkendiagramm **254**, 286
Baumstruktur **257**, 286
BCG-Portfolio **86**, 286
Bedarfsplanung **122**, 286
Bedürfnis **15**, 286
Befragung **91**, 286
Begriffshierarchie **257**
Beobachtung **92**, 286
Beschaffung 46, **120**, 286
Beschäftigte **20**
Beschreibungsmodell **37**, 286
Bestellmengenplanung **123**, 286
Beteiligungsfinanzierung **140**
Betrieblicher Produktionsfaktor **120**, 286
Betriebsbuchhaltung **148**, 286
Betriebskredit **228**, 286
Betriebsmittel **120**, 286
Betriebsstatistik **153**
Betriebswirtschaftslehre (BWL) **16**, 287
Beurteilungsbogen **186**, 287
Bilanz **143**, 287
Bonität **226**, 287

Börse **238**, 287
Brainstorming **256**, 287
Branche **22**, 287
Budget **148**, 287
Businessplan **203**, 287

Cash Cow **87**, 287
Cashflow **148**, 287
Corporate Social Responsibility (CSR) 46, **58**, 287
Costcenter **167**, 287
Computer-aided Design (CAD) **126**
Computer-aided Manufacturing (CAM) **126**
Computergestützte Fertigung **126**
Customer Relationship Management (CRM) **109**

Dachmarke **100**, 287
Derivative Entscheidung **120**, 287
Diagramm **253**, 287
Dienstleistung **18**, 287
Differenzierungsstrategie **70**, 287
Direkter Absatzweg **103**, 287
Direktmarketing **108**, 287
Dispositive Arbeitsleistung **120**, 287
Distribution 46, **129**, 287
Diversifikation **69**, 287
Divisionale Organisation **167**, 287

Eigenhandel **232**, 287
Einlegerschutz **224**, 287
Eigenfinanzierung **141**
Eigenkapital **141**
Eigenkapitalgeber **38**
Eigenkapitalrentabilität **27**
Eigenmarke **100**
Eigentumsverhältnis **23**
Einführungsphase **88**
Einlinienorganisation **165**
Einzelfertigung **123**
Einzelmarke **100**, 287
Einzelunternehmung **25**
Elektronische Medien **106**
Elementarer Produktionsfaktor **120**, 287
Entscheidungsmodell **37**, 287
Erfolgsrechnung (ER) **143**, 287
Ergänzender Bericht **152**
Erklärungsmodell **37**, 287
Evaluation **73**
Event **108**
Event-Marketing **108**, 287
Executive Summary **206**, 287
Experiment **93**, 287

Externe Datenquelle **93**, 287
Extrinsische Motivation **188**, 287

Factoring **139**, 287
Faustpfand **227**, 287
Fähigkeitsanalyse **63**, 287
Fertigungstyp **127**
Fertigungsverfahren **126**
Finanzbuchhaltung **143**, 287
Finanzen 47, **137**
Finanzierung 47, **137**, 195, 287
Finanzkontrolle **139**
Finanzmanagement **137**
Finanzplanung **137**, 195, 287
Fliessfertigung **126**
Flussdiagramm **162**
Franchising **103**, 287
Fremdfinanzierung **138**
Fremdkapital **138**
Fremdkapitalgeber **38**
Fringe Benefits **183**, 288
Fünf-Kräfte-Modell **65**, 288
Funktion **43**
Funktionale Betriebswirtschaftslehre **17**, 288
Funktionale Organisation **166**, 288
Fusion **173**, 288

Gebrauchsgut **18**, 288
Gedeckter Kredit **227**, 288
Geisteswissenschaft **16**
Geldflussrechnung **147**, 288
Geldmarkt **137**, 288
Gemischtwirtschaftliches Unternehmen **23**, 288
Gesamtkapitalrentabilität **27**
Gesamtmarktstrategie **71**, 288
Geschichte der BWL **277**
Gesellschaft mit beschränkter Haftung (GmbH) **25**
Gewinnorientierung **23**, 288
Going-public **140**, 288
Grösse **23**
Grossunternehmen **23**, 288
Grundbedürfnis **15**
Grundnutzen **97**, 288
Gut **18**
Güterknappheit **15**, 288

Handel **103**, 288
Handelsmarke **100**, 288
Herzbergs Zwei-Faktoren-Theorie **189**, 288
Holding **172**, 288

Stichwortverzeichnis

Horizontale Diversifikation **69**, 288
Hygienefaktor **189**, 288
Hypothek **224**, 288

Immaterieller Anreiz **188**, 288
Immaterielles Gut **18**, 288
Indirekter Absatzweg **103**, 288
Innenfinanzierung **138**
Input 19, **120**, 288
Instanz **164**, 288
Institutionelle Betriebswirtschaftslehre **17**, 288
Institution **38**
Instrumente **48**
Interne Datenquelle **93**, 288
Interview **184**, 288
Intrinsische Motivation **188**, 288
Intuition **262**, 288
Investitionsgut **18**, 288
Investitionskredit **229**, 288

Joint Venture **171**, 288
Journal **143**
Just-in-time-Produktion **123**

Kalkulation **150**, 288
Kapazität **119**
Kapitalerhöhung **140**, 288
Kapitalgesellschaft **25**
Kapitalmarkt **137**, 288
Kartell **171**, 288
Kennzahlen **27**, 288
Klassische Mediawerbung **106**, 288
KMU **23**, 288
Kleinunternehmen **23**
Kollektive Risikoübernahme **240**, 288
Kollektivgesellschaft **25**
Kommissionsgeschäft **231**, 288
Kommunikation **104**, 288
Kommunikationsinstrument **105**
Kompetenzen **153**, 288
Kongruenzprinzip **153**
Konkurrenz **38**
Konkurrenzanalyse **85**, 288
Konkurs **21**
Konsumgut **18**, 288
Konto **113**
Konzentration **172**, 289
Konzern **172**, 289
Kooperation **171**, 289
Kostenartenrechnung **149**, 289
Kostenführerschaft **70**
Kostenorientierung **101**
Kostenstellenrechnung **149**, 289
Kostenträgerrechnung **149**, 289
Kreisdiagramm **254**, 289
Kritischer Weg **128**
Kuchendiagramm **254**, 289
Kunden **38**
Kundendienst **100**, 289
Kurvendiagramm **255**, 289

Lager 46, **129**, 289
Laterale Diversifikation **69**, 289
Leasing **139**, 289
Leistungsanalyse **86**

Leistungserstellung 45, **117**
Leistungsgerechtigkeit **192**
Leitbild **57**, 289
Lieferant **38**
Lieferbereitschaftsgrad **103**, 289
Liniendiagramm **255**, 289
Linienstelle **164**, 289
Logistik **130**
Logistisches Konzept **130**
Lohn **192**, 289

Magisches Dreieck der Preispolitik **100**, 289
Management **209**, 289
Management-Buy-out **140**, 289
Marke **98**, 289
Markenarten **100**
Markenfamilie **100**, 289
Marketing 45, **81**, 208, 289
Marketingkonzept **81**, 289
Marketing-Mix **96**, 289
Marktanalyse **82**
Marktanteil **84**, 289
Marktdiagnose **90**, 289
Marktdurchdringung **68**
Marktentwicklung **68**, 289
Marktforschung **90**, 289
Marktforschungsmethoden **91**, 289
Marktgrösse **82**, 289
Marktkontrolle **90**, 289
Marktleistung **207**, 289
Marktorientierung **192**
Marktpotenzial **82**, 289
Marktprognose **90**
Marktsegment **84**, 289
Marktvolumen **82**, 289
Marktziel **95**, 289
Massenfertigung **107**
Materialwirtschaft **45**
Materielle Anreize **188**, 289
Materielles Gut **18**, 289
Matrixorganisation **168**, 289
Maximumprinzip **19**, 289
Mediawerbung **106**
Mehrlinienorganisation **168**, 290
Messe **108**, 290
Mikrounternehmen **23**
Mindmap **258**, 290
Minimumprinzip **19**, 290
Mitarbeitende **38**
Mitarbeitergespräch (MAG) **186**, 290
Mittelunternehmen **23**
Modell **37**, 290
Moral Hazard **240**, 290
Motivation **188**, 290
Motivatoren **189**, 290

Nachfrageorientierung **101**
Nebennutzen **97**, 290
Netzplan **128**
Netzplantechnik **127**, 290
Nischenstrategie **71**, 290
No-Names **100**, 290
Non-Profit-Organisation (NPO) **23**, 290
Nutzen **96**, 290
Nutzwertanalyse (NWA) **28**

Oberbegriff **257**, 290
Objektbezogene Arbeitsleistung **120**, 290
Obligation **138**, 290
Öffentliches Unternehmen **23**, 290
Ökologische Umweltsphäre **40**
Ökonomische Umweltsphäre **40**
Ökonomisches Prinzip **19**, 290
Online-Werbung **106**, 290
Optimale Bestellmenge **123**
Optimumprinzip **19**, 290
Organigramm **165**, 290
Organisation 48, **161**, 194
Organisationsform **165**, 290
Originäre Entscheidung **120**, 290
Output 19, **120**, 290

Passivgeschäft **223**, 290
PEAK-Modell **164**
Personal 48, **181**
Personalentlöhnung **192**
Personalerhaltung **188**
Personalmanagement **181**
Personengesellschaft **25**
Persönlicher Verkauf **104**, 290
Poor Dog **86**, 290
Pop-up-Werbung **106**
Potenzialfaktor 18, **121**, 290
Prämie **241**, 290
Prämienlohn **192**, 290
Preis **100**, 290
Preisfestsetzung **100**
Primärmarktforschung **92**, 290
Printwerbung **106**
Private Equity **236**, 290
Privates Unternehmen **23**, 290
Produkt 18, **96**, 290
Produktdesign **124**
Produktentwicklung **69**, 290
Produktion 45, **124**, 194, 290
Produktionsfaktor **120**
Produktionsmenge **125**
Produktionsplanung **124**, 290
Produktionsplanungssystem **126**
Produktionssteuerungssystem **126**
Produktionssynchrone Beschaffung **113**, 290
Produktivität **27**, 290
Produktlebenszyklus **87**, 291
Produkt-Markt-Matrix **68**, 291
Produktziel **94**, 291
Profitcenter **167**, 291
Programmplanung **124**, 291
Pro- und Kontra-Liste **258**, 291
Provision **192**, 291
Prozessfunktion 43, **45**, 182, 291
Public Relations (PR) **109**, 291

Qualifikationsorientierung **192**
Qualität **97**, 291
Querschnittsfunktion 43, **47**, 183, 291
Question Mark **87**, 291

Rabatt **102**, 291
Rechnungswesen 47, **142**
Recht **18**
Rechtliche Umweltsphäre **40**

294

Stichwortverzeichnis

Rechtsform **24**, 291
Reichweite **24**
Reifephase **89**
Relativer Marktanteil **84**, 291
Rentabilität **27**, 291
Repetierfaktor 18, **121**, 291
Rückgangsphase **89**

Sättigungsgrad **84**, 291
Sättigungsphase **89**
Säulendiagramm **254**, 291
Schweizer BWL-Beiträge **281**
Sekundärmarktforschung **93**, 291
Selbstbehalt **240**, 291
Selbstfinanzierung **141**
Shareholder-Value-Ansatz **39**, 291
Sicherheitsbedürfnis **15**
Skonto **102**, 291
SMART **26**, 291
Sonderrechnung **152**
Sortiment **94**, 93, 121, 291
Sortimentsbreite **94**, 291
Sortimentstiefe **94**, 291
Sortimentsgestaltung **94**
Soziale Anreize **188**, 291
Soziale Gerechtigkeit **192**
Soziale Umweltsphäre **40**
Sozialwissenschaft **16**
Spalte **256**, 291
Spezielle Betriebswirtschaftslehre **16**, 291
Sponsoring **109**, 291
St. Galler Management-Modell **37**, 291
Staat **38**
Stab-Linien-Organisation **166**, 291
Stabsstelle **165**, 291
Stakeholder-Value-Ansatz **39**, 291
Standortfaktor **29**
Standortwahl **28**, 130, 126
Star **87**, 291
Start-up-Unternehmen **205**, 291
Stelle **163**, 291
Stellenbeschreibung **164**

Strategie **207**, 291
Strategieentwicklung **44**
Strategische Analyse **66**
Strategische Planung **61**, 291
Strategische Unternehmensführung **44**, 55, 291
Strategisches Erfolgspotenzial **63**, 291
Strategisches Personalmanagement **181**
SWOT-Analyse **66**, 291
System **42**, 291

Technologische Umweltsphäre **40**
Tensororganisation **168**, 291
Terminplanung **127**
Test **93**, 291
Transformationsprozess **118**, 292

Überversicherung **242**, 292
Umsetzung **72**
Umweltanalyse **65**
Umweltsphäre **40**, 292
Unterbegriff **257**, 292
Unterversicherung **242**, 292
Unique Advertising Proposition (UAP) **71**
Unique Selling Proposition (USP) **71**
Unternehmen **35**, 42, 292
Unternehmensanalyse **62**
Unternehmensbereich **77**
Unternehmensführung **44**
Unternehmensgründung **21**
Unternehmensmodell **37**
Unternehmensstrategie **67**, 292
Unternehmensziel **26**, 67, 292
Unternehmenszusammenschluss **170**

Variantenfertigung **127**
Verantwortung **163**, 292
Verbrauchsgut **18**, 292
Verdrängungseffekt **189**
Verkaufsförderung **108**, 292
Verpackung **97**, 292
Versicherungspolice **241**, 292

Versicherungsprämie **241**, 292
Vertikale Diversifikation **69**, 292
Vertikale Integration **119**
Vertrieb **102**, 292
Virales Marketing **280**
Vision **57**, 193, 292
Volkswirtschaftslehre (VWL) **16**, 292
Vollzugsplanung **126**, 292
Vorratsplanung **122**, 292

Wachstumsphase **89**
Werbekonzept **104**, 292
Werkstattfertigung **126**
Werkstoff **120**, 292
Werte **56**, 292
Wertschöpfung **117**, 292
Wertschöpfungskette **118**, 292
Wettbewerb **208**, 292
Wettbewerbsorientierung **120**
Wettbewerbsstrategie **70**, 292
Wettbewerbsvorteil **68**, 292
Wirtschaftlichkeit **27**, 292
Wirtschaftsgut **18**, 292
Wirtschaftssektor **22**, 292
Wirtschaftswissenschaft **16**
Wissenschaft **16**

Zahlungskonditionen **101**, 292
Zeile **256**, 292
Zeitlohn **192**, 292
Zielbeziehung **26**, 292
Zielbildung **26**
Zielgliederung **26**, 292
Zielgruppe **84**, 292
Zielharmonie **26**
Zielkonkurrenz **26**
Zielneutralität **27**
Zinsmarge **223**, 292
Zusammenarbeit **171**
Zusatznutzen **97**, 292
Zwischenhandel **103**

Bildnachweis

Damiano Levati/Red Bull Photofiles: S. 71 (rechts)
Deutsches Bundesarchiv: S. 278 (oben, erstes von links)
Hitzberger: S. 211
ibex fairstay: S. 58
Illes, Robert: S. 30 (Mitte)
iStockphoto: Umschlag (oben), S. 29 (links, erstes und zweites von oben; rechts, alle), 52, 73, 92, 109, 134, 149, 158, 168, 170, 178, 185, 200, 204, 191, 278 (oben, drittes von links), 279 (unten, zweites von links und erstes von rechts)
Getty images: S. 261
Graubünden Ferien: S. 280
Keystone: Umschlag (unten), S. 12, 17, 19, 29 (links, zweites von unten), 30 (links und rechts), 34, 40, 48, 63, 71 (links), 78, 84, 88, 95, 99, 106, 114, 125, 151, 161, 163, 173, 189, 193, 207, 220, 225, 227, 229, 230, 233, 235, 237, 239, 241, 243, 248, 251, 260, 264, 267
Kulturgenossenschaft Alti Moschti Mühlethurnen: S. 39
Lantal Textiles AG: S. 117 (rechts)

LeShop: S. 68
Mobiliar: S. 244
National Archives and Records Administration: S. 278 (unten, drittes von links)
Parlamentsdienste: S. 29 (links, drittes von oben)
Rivella AG: S. 98, 105
Säntis-Schwebebahn AG: S. 145, 146, 147
Swiss International Air Lines Ltd.: S. 117 (links)
Swisscom AG: S. 29 (links, erstes von unten), 183
Tropenmuseum, Amsterdam: S. 278 (unten, erstes von links)
U.S. Navy National Museum of Naval Aviation: S. 278 (oben, zweites von links)
ullsteinbild: S. 274, 278 (unten, zweites von links), 279 (oben, erstes und zweites von links; unten, erstes von links)
VEG and The City: S. 214, 216
Victorinox AG: S. 69
Wikimedia Commons: S. 171

Lehrmittelreihe «Finanz- und Rechnungswesen»

Das attraktive und umfassende Gesamtangebot der Reihe «Finanz- und Rechnungswesen» richtet sich an ein breites Zielpublikum. Die gesamte Lehrmittelreihe besteht aus drei konzeptionell gleich aufgebauten Bänden, die für Lernende der Sekundarstufe II konzipiert wurden. Die Bände «Grundlagen 1» und «Grundlagen 2» bzw. «Grundlagen 2 | B-Profil» umfassen den gesamten Lernstoff für das E- und das B-Profil der kaufmännischen Berufsfachschulen. Zusammen mit dem dritten Band «Vertiefungen» deckt die Lehrmittelreihe dann auch den gesamten Lerninhalt der kaufmännischen Berufsmaturität sowie der Maturitäts-, Handels- und Fachmittelschulen ab. Das Gesamtkonzept eignet sich ebenfalls für Weiterbildungskurse auf unterschiedlichster Stufe.

B-Profil, E-Profil, M-Profil, Handelsmittelschule, Gymnasium

M-Profil, Handelsmittelschule, Gymnasium

Daniel Brodmann, Boris Rohr,
Marcel Bühler, Ernst Keller
Finanz- und Rechnungswesen
Grundlagen 1

256 Seiten | A4 | Broschur

«Grundlagen 1» vermittelt die grundlegenden Kenntnisse der Buchhaltung. Ausgehend von betriebswirtschaftlichen Problemstellungen wird die doppelte Buchhaltung schrittweise eingeführt und anhand eines Modells veranschaulicht.

Dazu erhältlich:
- Handbuch für Lehrpersonen
- Lösungen

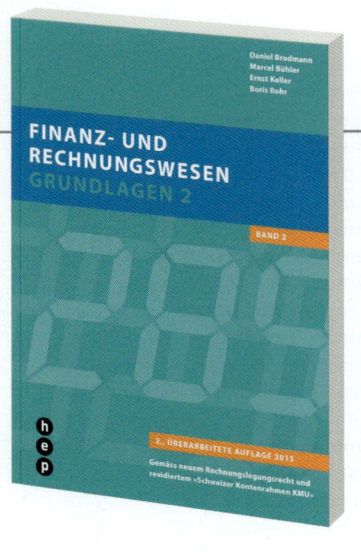

Daniel Brodmann, Boris Rohr,
Marcel Bühler, Ernst Keller
Finanz- und Rechnungswesen
Grundlagen 2

296 Seiten | A4 | Broschur

«Grundlagen 2» festigt die erarbeiteten Grundkenntnisse, indem auch anspruchsvollere Geschäftsfälle und Buchungen beim Jahresabschluss behandelt werden. Ausgehend vom Buchhaltungsabschluss wird zusätzlich in die Kalkulation, in die Nutzschwellenberechnung sowie in die Bilanz- und Erfolgsanalyse eingeführt.

Dazu erhältlich:
- Handbuch für Lehrpersonen
- Lösungen

Ebenfalls erhältlich:
- Ausgabe für das B-Profil

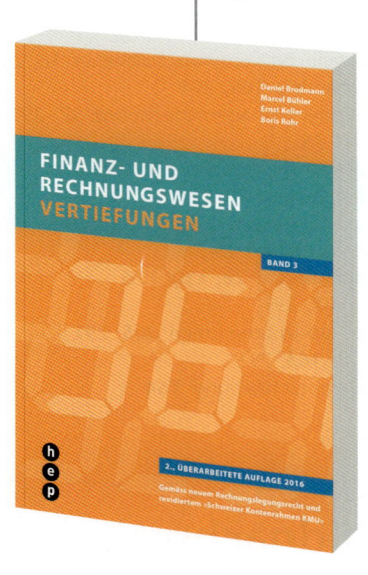

Daniel Brodmann, Boris Rohr,
Marcel Bühler, Ernst Keller
Finanz- und Rechnungswesen
Vertiefungen

336 Seiten | A4 | Broschur

«Vertiefungen» behandelt die weiterführenden Themen des Finanz- und Rechnungswesens, wobei u. a. die Anforderungen des Controllings und des Managements berücksichtigt werden.

Dazu erhältlich:
- Handbuch für Lehrpersonen
- Lösungen